HISTOIRE

DE

BALLEROY

ET

DES ENVIRONS

HISTOIRE

DE

BALLEROY

ET

DES ENVIRONS

Par l'Abbé J. BIDOT, Prêtre.

On doit aux morts la vérité impartiale,
Aux vivants la vérité bienveillante.

———⋙☙☙☙☙☙⋘———

SAINT-LO
IMPRIMERIE D'ELIE FILS, RUE DES PRÉS, 5
—
1860

RESPECTUEUX ET TENDRE

HOMMAGE

A la Mémoire de ma Vertueuse et Bonne

MÈRE

Marie=Madeleine Genest de Bouillon

Décédée à Bayeux, le 18 Février et inhumée à Balleroy
le 20 du même mois.

1855

J. BIDOT, prêtre.

A mon Brave et Honorable

AMI

BALTHAZARD-DENIS-JULES BIDOT

Capitaine Adjudant-Major au 31° de Ligne

SOUVENIR

D'ESTIME ET D'AMITIÉ

1860

J. BIDOT.

> Γηράσκω δ'αἰεὶ καινὰ διδασκόμενος.
> Solon. Vies de Plutarque.
>
> *Je deviens vieux en apprenant toujours.*
> Traduction d'Amyot.

Quand on étudie l'histoire de son pays natal, tout devient intéressant : les événements divers, les découvertes de la science, les progrès de l'agriculture, de l'industrie et du commerce, les noms des hommes de talent et de génie, la gloire de ceux qui se sont illustrés dans le sacerdoce, la magistrature et l'armée, attirent l'attention et font palpiter le cœur. Des faits même éloignés qui s'y rattachent viennent y donner une plus grande importance et satisfaire le sentiment national.

L'histoire, considérée d'après les plus beaux modèles que nous ont laissés les anciens, n'est pas seulement un simple énoncé de faits, c'est encore un art qui, comme tous les autres, exige de grands talents.

Sans me donner ici comme un homme de l'art et de talent, j'ai fait tout ce qui a dépendu de moi pour énoncer clairement les faits et en tirer des conséquences utiles au bien-être de mes concitoyens. Pour atteindre ce but, j'ai fouillé tous les vieux manuscrits qu'on a eu la bonté de m'offrir, et j'ai la confiance que mes lecteurs m'en sauront gré.

Cette histoire de Balleroy devrait, au fond, ne remonter qu'au commencement du xviie siècle, époque à laquelle le comte de Choisi éleva son magnifique château, et traça le bourg tel que nous le voyons aujourd'hui ; mais j'ai pensé qu'on ne lirait pas sans intérêt le chapitre préliminaire dans lequel j'expose rapidement les faits divers qui se sont accomplis dans nos riches contrées, ou sous la domination romaine, ou pendant les perpétuelles invasions barbaresques qui s'y sont succédées depuis les temps les plus reculés jusqu'à ce que les Normands en devinssent les maîtres par la conquête.

Cette longue suite de faits, qui se sont donc accomplis tour à tour sur le territoire du pays dont j'écris l'histoire, m'ont amené nécessairement à parler des divers peuples qui y ont pris part, et il n'en pouvait être autrement, car il m'eût été bien difficile, impossible même de raconter comment tel ou tel peuple s'est établi chez nous, si je n'eusse donné succinctement l'histoire de ces différents peuples, et celle même de leurs voisins avec lesquels ils furent en rapport d'amitié ou en guerre.

Les cinq premiers chapitres contiennent un aperçu sur les Thézard qui, descendants de l'un des lieutenants du duc Rollon, avaient obtenu, dans le partage du territoire fait par ce dernier, les terreins en friche où fut bâti le château féodal des Essarts, forteresse ou chef-lieu de toute la contrée. Un siècle après, les Thézard des Essarts contribuèrent à la conquête de l'Angleterre par Guillaume le Bâtard, et, devenus barons, ils se couvrirent de gloire dans les divers combats livrés aux Anglais pour repousser leurs invasions; ils figurèrent aussi dans les croisades et firent éclater leur piété par des fondations pieuses.

Dans les chapitres suivants, je parle des comtes de Choisi et des marquis de Balleroy, comme ayant pris part aux principaux événements de la France ; en groupant ces événements, je n'ai eu d'autre but que de faire ressortir davantage le vif intérêt qu'ils projettent sur l'histoire de notre contrée.

Cette histoire, avant de paraître, je dois l'avouer ici, a été chez quelques-uns l'objet de suppositions acerbes et malveillantes : je n'y ai répondu que par le silence de la charité chrétienne, et j'aime à croire qu'après m'avoir lu, ces mêmes hommes me rendront justice, ou du moins se diront qu'ils ont eu tort.

S'il en est que je dois oublier, ce n'est certes pas ceux qui, placés hors ligne par leur intelligence et la droiture de leur jugement, m'ont applani les difficultés sans nombre que l'on ma suscitées!... Les uns, par leur bienveillant et spontané concours, m'ont fourni les moyens de faire imprimer cette histoire ; les autres, par les sages conseils de leur critique, m'ont tracé la voie et signalé les écueils. Que tous donc reçoivent ici l'expression de ma profonde gratitude, ainsi que de ma sincère et bien vive reconnaissance.

J. BIDOT, prêtre.

Bayeux, le 25 avril 1860.

HISTOIRE

DE

BALLEROY

ET DES ENVIRONS

CHAPITRE PRÉLIMINAIRE.

Burleroy (*Burlarreyum*), Balaré (*Barlarreyum*).— Coup d'œil rétrospectif sur la situation du pays qui forme le canton de Balleroy avant sa fondation au xviie siècle. — Habitants primitifs du canton.— Les Galls.— Les Kimris.— Les Celtes.— Les Germains.— Pourquoi notre pays est attaqué par les Romains. — Publius Crassus.— Viridovix.— Traces du passage des Romains à Castillon, au Tronquay.—Vercingétorix.— Tenue des Etats de la Gaule.— Les Bajocasses.— Situation des différents peuples.—Le christianisme à Bayeux.—Notre pays au ive et au ve siècle. — Administration romaine.— Etat des vaincus. — Les Francs.— Les Carlovingiens.— Etat militaire.— Réglements.— Fiefs féodaux héréditaires.—Décadence de l'autorité impériale et royale.—La féodalité.—Son organisation.—Les Normands.— Leurs invasions.—Rollon.—Cession de la Neustrie ou Nouvelle France.

L'histoire, pendant les premiers siècles de notre ère, ne parle pas de l'ancien *Burleroy*, qui, sans doute, était réduit à peu de chose, ou peut-être, ce qui est plus que

Burleroy.

probable, n'existait pas ou même n'existait plus, soit qu'il se fût anéanti par la retraite de ses habitants, soit qu'il eût été incendié lors des invasions des barbares qui se succédèrent et envahirent les unes après les autres les riches contrées qui l'avoisinent. On ne trouve ni relations, ni monuments qui nous fassent connaître l'existence de cette bourgade avant le XIe siècle, où elle nous apparaît sous ce nom de *Burleroy*, et avant le XIIe, où nous la voyons sous celui de Balaré *(Barlarreyum)*. C'est alors que, sous ces deux noms, on la voit dans les chartes et les contrats (1).

Toutefois qu'il nous soit permis de jeter un regard en arrière et de rechercher, s'il est possible, quels ont été les peuples qui sont venus occuper nos riches et belles contrées en se mêlant aux Aborigènes. Les historiens les appellent Gaulois et les font venir de l'Asie. Ils les divisent, dès une époque fort reculée, en deux branches, les Galls et les Kimris. Ce furent d'abord les Galls qui s'établirent chez nous; et toutes ou presque toutes les cités qu'ils y fondèrent, firent partie de celle de leurs confédérations à laquelle on donna le nom d'Armorique, c'est-à-dire maritime (2).

Aux Galls vinrent bientôt s'adjoindre les Germains

---

(1) Charte de la fondation de Baugy.—Livre Pélut de l'Evêché.

(2) Il existe, sur divers points du littoral de nos côtes, de grandes enceintes retranchées dont je suis porté à attribuer l'établissement à cette population armoricaine, vers l'époque où elle aura été troublée dans ses possessions du territoire par la première ou la deuxième invasion kirmique.

(Ger mans), c'est-à-dire les hommes de guerre, les gens d'armes. Ces peuples s'appelaient également Celtes (1), d'où est venu le mot *celtique*, nom qui fut donné dans la suite à la province.

Trois grandes nations (2), *Celtæ, Belgæ, Aquitani*, distinguées par le langage comme par les coutumes, partagèrent entre elles toute l'étendue de la Gaule, mais d'une manière fort inégale. Les Celtes en occupèrent plus de la moitié, depuis la Seine et la Marne jusqu'à la Garonne, s'étendant au levant jusqu'au Rhin, vers la partie supérieure de son cours, et au midi jusqu'à la Méditerranée. Ils se rapprochaient plus aussi des Gaulois que les autres. Il faut dire encore que le nom de *Celtæ* et de *Celtica* s'étendait à la Gaule en général, et que c'était celui que se donnait la nation même ; c'est des Romains que venait l'usage de la dénomination de Gaulois, *Galli*, et de *Gallia*, Gaule.

Rome, dont la politique était d'avoir des alliés hors des limites de son empire, et sous le prétexte de secourir la ville de Marseille et le peuple Eduën, envoya ses légions victorieuses dans la Gaule cent vingt ans avant l'ère chrétienne. Cette première tentative mit la république romaine en possession d'une province qui, bordant la rive gauche du Rhône jusqu'à la mer, s'étendait de l'autre côté jusqu'aux Cévennes et le long de la mer jusqu'aux Pyrénées. Elle ne fut d'abord distinguée que par le terme générique de *Provincia*, si ce n'est que l'usage d'un vêtement qui

<small>Les Romains.</small>

---

(1) Mézerai, *Histoire de France* avant Clovis, pag. 4.
(2) D'Anville, *Géographie*, tom. 1er, pag. 51.

revêtait les cuisses la faisait aussi nommer *Braccata*, en même temps que le nom de *Comata* était donné à notre province la *Celtique*, parce que les peuples y portaient la chevelure dans toute sa longueur.

Ce qui restait de beaucoup plus grande étendue dans la Gaule Celtique, était une conquête réservée à César soixante et quelques années après la précédente. C'est en l'an 57 avant Jésus-Christ que Publius Crassus, l'un des lieutenants de César, fut chargé par lui d'aller, à la tête d'une légion, établir la domination romaine dans toutes les cités armoriques. Dès l'année suivante elles se soulevèrent; les *Lexoves* (les peuples de Lisieux) et les *Euburoviques* (ceux d'Evreux), après avoir égorgé leur sénat qui ne voulait pas se mettre à la tête du mouvement, fermèrent leurs portes et allèrent se joindre dans le Bessin à leurs compatriotes commandés par Viridovix.

On voit encore sur le mont Escure, à peu distance de Bayeux, sur le territoire des communes de Castillon (1), du Tronquay (2), de Reviers, l'emplacement des camps occupés par les lieutenants de César et par les Gaulois. Ceux-ci ayant été, malgré leur grande supériorité numérique, mis en déroute, renouvelèrent leur soumission.

En l'an 52 avant notre ère, notre pays prit encore part

---

(1) Ce camp était près de l'église où l'on en voit encore les traces.
(2) Dans le bois de cette paroisse se trouvent les retranchements connus sous le nom de château Goubian, dans lesquels on a trouvé en 1812 une médaille d'or à l'effigie de Tibère. (L'abbé Barette, *Histoire de Balleroy*).

au soulèvement dirigé par Vercingétorix. Les contingents fournis à son armée par les *Calettes* et par les *Unelli* furent de six mille hommes, ceux des *Bajocasses*, des *Lexoves* et des *Euburoviques* de trois mille, en tout vingt-un mille hommes. César a négligé de nous transmettre les contingents des autres cités qui sont peut-être compris dans ceux-ci.

Mais Auguste, tenant les Etats de la Gaule, l'an 27 avant l'ère chrétienne, fit un nouveau partage en provinces, avec plus d'égalité entre elles qu'il n'y en avait entre les nations. Les *Calettes* et les *Vélocasses* furent retirés de la Belgique et incorporés à la Celtique qui prit alors le nom de Lyonnaise. Cette grande province n'éprouva pas de démembrement pendant deux cents ans environ, c'est-à-dire jusqu'au règne de Dioclétien (284-305).

<small>Etats de la Gaule, an 27 avant J.-C.</small>

On pense que ce fut ce prince qui la divisa en deux provinces du même nom. Rouen devint alors la métropole de la seconde qui comprit les pays présentement occupés non seulement par la Normandie, mais encore par la Bretagne, l'Anjou, le Maine et la Touraine. Enfin, un siècle plus tard et probablement sous le règne de Valentinien Ier ou de son fils Gratien, la seconde Lyonnaise fut encore fractionnée en deux, savoir : l'une qui conserva le même nom, se trouvait comprise dans ce qui fait les limites actuelles de la Normandie. *Rotomagus,* Rouen, métropole de cette province, appartenait à un peuple dont le nom de *Vélocasses* est devenu par altération celui du Vexin, qui s'étend jusqu'à la rivière d'Oise, sur laquelle le nom celtique de *Brivæ-Isaræ* est traduit dans celui de Pontoise. L'autre province, sous le nom de troisième Lyonnaise, avait Tours pour métropole et se composait de tout le reste de la seconde Lyonnaise.

Les Calettes étaient bornés par la mer ; ils ont donné le nom au *Pagus Caleticus* qui est le pays de Caux, et le nom de *Juliobona*, leur capitale, se conserve dans celui de Lillebonne. Sur la rive gauche de la Seine étaient les *Aulerci*, *Eburovices* et les *Lexovii;* le nom antérieur à celui de *Viducasses* pour la capitale d'un peuple situé sur la rivière d'*Olina*, qui est l'Orne, nous est inconnu. Celui de la ville des Bajocasses qui étaient contigus, savoir *Au-*

Les Bajocasses. *gustodurum*, a été remplacé par le nom du peuple duquel est dérivé celui de Bayeux. Les *Unelli* étaient reculés jusqu'à la côte occidentale.

Le christianisme apporté à Rouen par saint Mellon, vers l'époque de l'élévation de cette ville au rang de métropole, ne pénétra qu'un peu plus tard dans les autres parties de la seconde Lyonnaise. La prédication de l'Evangile nous paraît dater de la fin du ive siècle ou du commencement du ve, à Bayeux. Les Suèves et les Bataves à la solde de l'Empire avaient leur quartier général dans la ville des Bajocasses, Bayeux, quand saint Exupère, apôtre de notre pays, vint prêcher à nos pères la foi chrétienne. Les Saxons tenaient toujours en bride les côtes du Bessin, et ces peuples, dont les irruptions ne se terminèrent guère que vers le milieu du viie siècle, sentirent, après avoir ravagé nos contrées, le besoin de leur propre conservation, et ce besoin leur inspira enfin le goût des établissements permanents, mais surtout à ceux qui, sous l'ancienne dénomination de *Sesnes*, habitaient entre la Dives et l'Orne, et entre l'Orne et la Seulles, les contrées désignées alors sous le nom d'*Otlingua Saxonica* et d'*Otlingua Harduini*. Réunis en corps de nation, ils ne tardèrent pas à se civiliser. On leur attribue la fondation de la ville de Caen.

C'est aux premières années du ve siècle (de 406 à 410) qu'on doit rapporter les principaux ravages exercés par les barbares dans la seconde Lyonnaise, la destruction définitive des monuments et des villes et l'anéantissement de la puissance gallo-romaine, dont ils disputèrent long-temps les lambeaux soit entre eux, soit avec les derniers dépositaires de l'autorité impériale, soit enfin avec les populations elles-mêmes qui, après avoir chassé ces dernières, s'étaient constituées en petites républiques indépendantes, ainsi que cela arriva particulièrement pour les cités armoriques. Des masses de barbares s'ébranlèrent donc à la fois du nord de l'Europe et du nord de l'Asie pour venir fondre sur notre malheureux pays incapable de se défendre, tant l'administration romaine l'avait appauvri, dépeuplé, abâtardi, démoralisé. « Des nations féroces et innombrables, écrivait alors saint Jérôme, ont occupé la Gaule : tout ce qui se trouve entre les Alpes et les Pyrénées, entre l'Océan et le Rhin, est dévasté par le Quade, le Vandale, le Sarmate, l'Alain, le Gépide, l'Hérule, le Saxon, l'Allemand, le Bourguignon et le Pannonien lui-même. Mayence, autrefois ville illustre, a été prise et détruite ; plusieurs milliers d'hommes y ont été massacrés dans l'église ; Worms a été ruinée par un siége ; la puissante ville de Rheims, Amiens, Arras, Thérouanne située à l'extrémité des Gaules, Tournay, Spire, Strasbourg, ont vu tous leurs habitants transportés dans la Germanie. Tout est ravagé dans les Aquitaines, la Novempopulanie, les Lyonnaises et Narbonnaises, à la réserve d'un petit nombre de villes que le glaive menace au-dehors et que la faim tourmente au-dedans. Je ne puis, sans verser des larmes, parler de Toulouse : si cette ville n'est pas prise, c'est aux vertus de son saint évêque qu'elle le doit. L'Espagne elle-même est dans la consternation. »

J'ignore si c'est aux Saxons seuls ou à quelque autre des peuples qui envahirent la Gaule ou aux Romains eux-mêmes dans leurs guerres civiles qu'il faut attribuer la destruction des chefs-lieux des *Viducasses* (vieux), des *Lexoves* (noviomagus), des *Abrincates* (Ingena) et des *Saii*, mais ce qui paraît constant, c'est qu'ils n'existaient déjà plus à la fin du IV⁰ siècle, puisqu'ils ne sont pas figurés à la manière des cités encore debout dans la table de Peutinger (1), exécutée sous le règne de Théodose le Grand (379-395). Quant à nos autres chefs-lieux qui, à l'exception de *Cosedia* (Coutances), y sont représentés comme des places ouvertes, on peut supposer que c'est à l'époque

---

(1) Ce célèbre jurisconsulte d'Ausbourg, mort en 1547, avait reçu de Conrad, celte, une carte dressée vers la fin du IV⁰ siècle, où sont marquées les routes que tenaient alors les anciens Romains. C'est cette carte que l'on nomme la table de Peutinger et que Marc Vesler fit imprimer à Venise, en 1591. Les savants en font beaucoup de cas. Je ne la connais pas, mais je la cite d'après les auteurs que j'ai consultés pour écrire cette histoire.

de la grande invasion, de 406 à 410, qu'ils furent détruits pour la dernière fois ; car tous ceux dont on a pu examiner avec attention les ruines ont présenté des vestiges authentiques de grands désastres antérieurs, et, si j'ose parler ainsi, plusieurs couches distinctes de dévastations.

Telle était au ve siècle la situation déplorable de notre pays sur lequel s'étaient rués les peuples du Nord, dont la misère et la dure existence n'ont jamais cessé de convoiter les climats plus doux et les terres plus fécondes des contrées du Midi. La barbarie triompha alors d'une civilisation lâche et corrompue, et l'ignorance et les mœurs brutales des conquérants la remplacèrent. Courbés sous ce joug avilissant, nos pères oublièrent tout-à-fait l'art d'écrire qui avait été cultivé avec quelque éclat dans la Gaule depuis le siècle d'Auguste et, jusqu'au xie siècle, un voile très-épais couvrit l'histoire de notre pays. A la vérité, divers événements apparaissent de loin en loin, mais on les aperçoit, plutôt qu'on ne les distingue nettement, à la faveur de ce demi-jour de chroniques qui éclaire certaines parties et laisse les autres dans l'ombre (1). On ne sait donc presque rien sur ces temps de misères et de transformation sociale, si l'on en excepte toutefois quelques faits capitaux, et ce qui concerne quelques grandes villes qui furent assez puissantes pour défendre leur civilisation et forcer leurs nouveaux chefs à s'y associer. Mais, quant aux petites villes de cette époque, aux simples bourgades qui étaient très-rares

---

(1) M. Deschamps. *Notice historique sur Thorigny*, pag. 8.

en ce temps, la cause de l'agrandissement des unes, de la décadence ou de l'anéantissement des autres est parfaitement inconnue ; de même que ce qui concerne leur existence, leur topographie, leurs mœurs, leur industrie, avant le xie et même le xiie siècle.

On sait que les colonies romaines avaient aggloméré dans notre pays toute la population. Nos campagnes, sans doute, étaient cultivées (1), mais les Romains ne les habitaient guère ; les propriétaires vinrent se fixer dans l'intérieur des villes, entretinrent seulement dans leurs domaines un certain nombre d'esclaves ou s'y rendirent avec eux à l'époque des travaux. Leurs monuments immenses étaient destinés à une nombreuse population, mais rien n'indique nulle part l'existence sociale des campagnes. Toute l'administration était centralisée et l'Empire romain forma une confédération de villes où se trouvaient rassemblés un clergé païen, une noblesse sénatoriale, une haute bourgeoisie, un peuple, des esclaves domestiques et ruraux et un état militaire. Telle était la société romaine qui dura près de cinq siècles.

Toutefois certaines parties de la Normandie, notamment les plaines comprises entre Caen et la mer, entre cette ville et Bayeux, et jusqu'à la baie des Veys, devaient être habitées et cultivées sous la domination romaine (2). Les dé-

---

(1) Les Romains attachaient une grande importance aux diverses parties de l'agriculture, comme on le voit dans les ouvrages de leurs écrivains.

(2) M. de Caumont.....

bris qu'on y a trouvés sur plusieurs points prouvent évidemment que l'aisance, le luxe même régnaient dans les habitations de nos cultivateurs, dont quelques-unes étaient pavées de mosaïques et peintes de couleurs brillantes comme les maisons de la ville. Les débris de leur mobilier sont aussi des témoins de ce que j'avance, puisqu'avec les vases en terre grise destinés aux usages les plus ordinaires de la campagne, nous trouvons de ces belles poteries rouges ornées de guirlandes, couvertes de personnages, etc., qui devaient être les vases de luxe de l'époque.

Les diverses hordes barbares dont je viens de parler paralysèrent malheureusement cette grande prospérité de nos contrées. M. de Caumont nous a tracé, dans le 3e volume de son *Cours d'Antiquités,* les malheurs sans nombre qui en furent la suite et qui accablèrent les populations laborieuses de nos campagnes au ive siècle. Mais personne n'a mieux expliqué que M. Guizot les résultats des invasions successives qui ruinèrent la Gaule au ive siècle et au commencement du ve.

« Les invasions, dit-il, étaient des événements partiels, locaux, momentanés. Une bande arrivait en général très-peu nombreuse ; les plus puissantes, celles qui ont fondé des royaumes, la bande de Clovis, par exemple, n'étaient guère que de cinq à six mille hommes. Elle parcourait rapidement un territoire étroit, ravageait un district, attaquait une ville, et tantôt se retirait, emmenant son butin, tantôt s'établissait quelque part, soigneuse de ne pas se disperser. Nous savons avec quelle facilité, quelle promptitude de pareils événements s'accomplissent et disparaissent. Des maisons sont brûlées, des champs dévastés, des récoltes enlevées, des hommes tués ou emmenés captifs ; tout ce mal fait, au bout de quelques jours les flots se referment, le sillon s'efface, les souffrances individuelles sont oubliées, la société rentre en apparence du moins dans son ancien état. Ainsi se passaient les choses en Gaule au IVe siècle...... »

Des historiens (1) n'ont voulu voir dans les invasions des Gaules par les barbares que le résultat d'un appel fait à ceux-ci par les populations indigènes pour les aider à secouer le joug des Romains, et qu'il y eut envahissement sans conquête ; que les Gaulois conservèrent le droit romain et la pleine possession de leur ancien état social; que chaque ville conserva son sénat municipal, sa milice et le droit d'administration dans ses propres affaires ; que les Francs et les Gallo-Romains vécurent avec des lois différentes sur un pied d'égalité ; qu'ils étaient également admis à tous les emplois publics et soumis à tous les impôts. D'autres historiens (2) soutiennent que les Français, conquérants des Gaules y établirent leur gouvernement tout-à-fait à part de la nation subjuguée qui fut destinée par les conquérants au travail et à la culture des terres ; que les Gaulois enfin devinrent sujets et les Français maîtres et seigneurs.

« Mais, dit Montesquieu, ces historiens ont fait chacun

---

(1) L'abbé Dubos.
(2) Le Cte de Boulainvilliers et M. Deschamps auquel j'emprunte ce passage.

un système, dont l'un semble être une conjuration contre le Tiers-Etat, et l'autre une conjuration contre la noblesse. Tenez entre les deux.

» En effet, il est parfaitement reconnu que l'envahissement de la Gaule par les Francs eut le caractère de l'hostilité brutale et de la conquête, mais que les villes conservèrent les franchises et les libertés municipales dont elles jouissaient sous l'Empire tombé, et que les habitants des campagnes, ceux que plus tard on appela les *vilains*, ne firent comme toujours que changer de maîtres, c'est-à-dire qu'ils continuèrent d'être attachés à la glèbe, comme ils y avaient été sous les Gallo-Romains. Ceux-ci furent en très-grand nombre dépossédés, en faveur des chefs conquérants, de leurs vastes et riches domaines. »

Dans ce partage des terres conquises, chacun des chefs francs reçut une part en rapport avec son grade, ses services et son degré de faveur auprès du souverain, et les serfs des Gallo-Romains attachés aux domaines usurpés devinrent la propriété de ces nouveaux maîtres (1). Misérables esclaves attachés à la glèbe, ils étaient un meuble, un instrument, une machine faisant partie de la terre domaniale sur laquelle ils travaillaient, n'ayant droit qu'au plus strict nécessaire pour la satisfaction de leurs besoins d'existence. Si le domaine était vendu, ils devenaient la propriété de l'acquéreur; mais les possesseurs de ces terres

---

(1) Il y eut des maîtres qu'on appelait alors *leudes* ou *vassal du prince*, qui en eurent jusqu'à 30,000, et le célèbre Alcuin, précepteur des enfants de l'empereur Charlemagne, en posséda 20,000.

n'en furent d'abord que les usufruitiers, et n'en jouirent qu'à la condition de s'acquitter de certains services, de certaines charges et de payer certains impôts ou redevances en rapport avec la valeur approximative des terres concédées, et en outre de prêter serment de foi et hommage entre les mains du chef ou du souverain de la nation. Tout à cette époque donc émanait directement du chef et convergeait vers lui. L'unité gouvernementale et la puissance royale n'étaient donc pas encore brisées et affaiblies comme elles le furent lorsque les fiefs eurent été rendus héréditaires.

Les Francs. Ce fut vers 445 que Clodion porta les frontières des Francs jusqu'à la Somme. Il ne paraît pas que ce peuple les ait immédiatement franchies pour s'emparer de notre territoire. Je suis porté à regarder l'année 474 comme l'époque vers laquelle les Francs exécutèrent ou tout au moins terminèrent la conquête de notre pays. On lit en effet dans Grégoire de Tours qu'après une guerre violente entre les Romains et les Saxons, où ceux-ci éprouvèrent de grandes pertes, les Francs les attaquèrent à leur tour, leur tuèrent beaucoup de monde et s'emparèrent de leur île qu'ils mirent à feu et à sang. Or, il est impossible que l'historien veuille parler ici des Saxons du nord, avec qui les Romains n'avaient plus, depuis long-temps, de points de contact. Je pense donc qu'il a eu en vue les Saxons de l'Armorique, ainsi que les îles situées sur nos côtes, et que les Francs, en s'emparant de ces îles, achevèrent la conquête de notre territoire.

Sous les rois francs, la seconde Lyonnaise ne subsista

plus que comme province ecclésiastique. Notre pays fut compris dans la *Neustrie* ou Nouvelle France. A l'exception des fondations pieuses, un bien petit nombre de souvenirs historiques de la dynastie mérovingienne se rattachent à nos contrées. Les premiers rois carlovingiens ont laissé encore moins de traces sur notre territoire que leurs prédécesseurs. Austrasiens d'origine, obligés d'embrasser dans leur surveillance la moitié de l'Europe, c'est presque toujours la France orientale qu'ils ont habitée. Tout ce que nous trouvons à citer de Pépin, c'est qu'après avoir vaincu Griffon, il lui assigna l'apanage ducal de douze contrées en Neustrie, parmi lesquelles on pense que figura le Bessin. En 802, je trouve le Bessin, le Cotentin, le Lieuvain, etc., cités dans la liste de tournée des *Missi dominici* de l'empereur Charlemagne (1). Mais c'était pour d'autres portions de leurs vastes Etats que ce prince et son fils réservaient leurs pieuses largesses.

Sous l'empereur Charlemagne, l'homme libre et propriétaire devait se rendre à l'assemblée générale indiquée par le souverain. C'est dans cette assemblée que ce dernier communiquait les plans de guerre, les lois, les réglements qu'il devait soumettre à l'examen général. Le Franc prenait aussitôt les armes, qu'il devait acheter lui-même de ses propres deniers : son équipement complet se composait d'une épée et d'un poignard, d'une cuirasse, d'un casque à

Etat militaire.

---

(1) Ces *Missi dominici* étaient des inspecteurs, de hauts commissaires chargés de l'inspection de toutes les parties du service public.

aigrette, d'un bouclier et d'une lance. M. de Saint-Prosper, dans son *Histoire de France*, évalue le tout à 320 fr. de notre monnaie, et si l'on ajoute que le guerrier était obligé de vivre à ses propres frais pendant toute la campagne qui, à la vérité, ne devait durer que quarante jours, après lesquels il était libre de rentrer chez lui, on reconnaîtra qu'il avait là un fardeau assez lourd à porter.

Mais, pour jouir de ce droit de porter les armes, il fallait être propriétaire d'une certaine quantité de terre, et cette possession était renfermée entre les mains d'un nombre d'individus assez restreint. Cette quantité de terre possédée, qui imposait au propriétaire l'obligation stricte, mais recherchée du service militaire, était déterminée et fixée avec assez de précision par le deuxième capitulaire (1) de nos rois : « Que tout homme libre, quel qu'il puisse être, et qu'il possède, dit-il, cinq manses (2) en propriété, se rende à l'armée, s'équipe et s'entretienne lui-même. Celui qui n'a que quatre manses et celui qui n'en a que trois se rendront aussi à l'armée. Dans chaque lieu où il y aura deux hommes qui auront chacun deux manses, un des deux défraiera l'autre ; celui des deux qui sera en état de marcher viendra à l'armée. S'il se trouve trois

---

(1) Recueils d'anciennes lois tant civiles qu'ecclésiastiques qui étaient faites dans les assemblées des Etats du royaume. Ceux qui les ont recueillis en fixent la première époque à Pépin, et les principaux sont ceux de Charlemagne, de Louis le Débonnaire et de Charles II, dit le Chauve.

(2) Du mot latin *mansus*, qui signifiait autrefois une certaine mesure de terre exempte d'imposition.

hommes possédant chacun une manse, que deux d'entre eux équipent le troisième ; celui qui sera le plus en état de marcher viendra à l'armée. Quant à ceux qui ne possèdent qu'une demi-manse, que cinq contribuent à en équiper un sixième et qu'il se rende à l'armée. » Ainsi, dans ces temps de gouvernement militaire, il fallait, pour être apte à la guerre et y porter les armes, être possesseur de fiefs, et les terres, ai-je dit, avaient été concédées viagèrement par le souverain à des conditions de service qui variaient suivant l'importance de la concession territoriale.

Charles II, dit le Chauve, petit-fils de l'empereur Charlemagne, décida, dans une diète tenue à Quierzy (1) *(Carisiacus)*, le 14 juin 877, que les fils des possesseurs de fiefs succéderaient à leurs pères dans cette possession comme à un héritage de famille : commandements militaires, fonctions de justice, dignités laïques et cléricales, emplois domestiques auprès des grands, tout était fief. Les plus petits officiers des palais et des tribunaux, comme concierges, greffiers, huissiers et autres, tenaient leurs offices en fiefs et arrière-fiefs, en faisaient hommage par gradation à leurs supérieurs qui les reportaient au Roi. Tout cela était possédé sous l'obligation de redevances tantôt pécuniaires, tantôt de service corporel. Dans les cas seulement où ils ne laisseraient pas d'enfants, l'Empereur

Fiefs héréditaires. 877.

---

(1) Séjour des Rois de la seconde race, où ils avaient un palais et où ils assemblaient les grands de leurs Etats. Cette localité est dans le diocèse de Soissons.

rentrait dans le droit de nommer lui-même leurs successeurs. De cette manière, la France se trouva couverte d'une multitude de souverainetés presque indépendantes ; et les peuples, au lieu d'être les sujets d'un chef unique, obéirent exclusivement dans chaque localité à un maître vivant au milieu d'eux.

On vit sous ce prince pusillanime se confirmer et s'accroître les grands fiefs déjà trop puissants, ce qui dut amener nécessairement la décadence où tomba plus tard la maison de Charlemagne. Voulant assurer leur indépendance et augmenter leur puissance, ces vassaux de la royauté, ces possesseurs de riches manoirs et de grands fiefs, firent de leurs demeures de véritables forteresses, et se donnèrent à leur tour des vassaux, au moyen de concessions de différentes parties de leurs vastes domaines, à la condition de foi et hommage de service militaire et de redevances de diverses natures. Il y a eu quelquefois de ces redevances très-onéreuses ; d'autres, selon le caprice du donateur, fort ridicules, quelques-unes même contraires à la bienséance et aux bonnes mœurs (1).

Certains titres vinrent alors en usage et marquèrent la hiérarchie des rangs. La qualification de *baron,* qui, chez les Romains, signifiait homme vaillant, ne fut plus applicable qu'aux gentilshommes de nom et d'armes de la plus haute noblesse ; et, pour être chevalier-banneret, c'est-à-dire ayant droit de lever bannière, il fallait être très-puissant

---

(1) Deschamps. *Notice historique sur Thorigny,* pag. 16.

en terre et avoir pour vassaux plusieurs nobles. Puis venaient ensuite les fiefs d'une importance secondaire, ceux de chevalier, d'écuyer, concédés la plupart par les barons et relevant de leur autorité.

Telle était sommairement parlant l'organisation féodale à l'époque de la cession de la Neustrie au chef des Normands, organisation qui ne subit aucun changement par le fait de l'avènement du duc Robert (Rol), puisqu'il lui fut imposé l'obligation qu'il accepta de maintenir les fiefs ce qu'ils étaient, de défendre la province et de lui conserver les priviléges qui lui avaient été accordés par les rois prédécesseurs (1).

Sous le nom de Cimbres, les Normands *(Nor mans)* avaient été compagnons de Marius, après avoir été vaincus par lui ; mêlés à la nation des Goths, ils s'étaient rendus maîtres de Rome et avaient renversé les Empereurs d'Occident. La polygamie était en usage chez les peuples du Nord, et les conséquences inévitables étaient une population surabondante et le désordre dans les familles. Les aînés seuls héritaient de leurs pères, et les cadets cherchaient fortune où ils pouvaient. La mer était leur élément et la piraterie leur besoin. Ceux que l'amour des aventures, ou le besoin de vivre et de s'établir, entraînait loin de leur terre natale, se donnaient un roi de la mer, un roi du combat. Il n'était que le plus brave de tous les braves et l'égal de tous. Après la victoire et au milieu du festin, il ne buvait qu'à son tour dans la corne remplie de bierre.

(1) Voir la *Neustria pia,* pag. 18.

Ces intrépides navigateurs se riaient des vents et de l'Océan. « La force de la tempête, chantaient-ils, aide le bras de nos rameurs, l'ouragan est à notre service, il nous jette où nous voulons aller. » Les Normands croyaient à une autre vie et pensaient qu'après la mort, le bonheur de l'homme consistait à boire, dans la salle d'Odin, de la bierre dans le crâne de ses ennemis. La salle d'Odin, l'Eden et les joies célestes appartenaient seules aux braves; le jour de la réprobation, les abîmes, l'enfer ou le Tartare attendaient les lâches et les efféminés.

C'est jusqu'au règne des enfants de Clovis qu'il faut remonter pour trouver la première invasion de notre pays par les Normands. Vers 511, un chef des Francs, vaincu par Thierry, se réfugia auprès de Chlochilaïc, roi de Danemark, et l'engagea à faire une descente sur les côtes de la France septentrionale, dans un lieu que l'histoire ne nomme pas. Un succès complet sembla couronner cette expédition. Les Scandinaves, trouvant peu de résistance, revinrent à leurs vaisseaux gorgés de butin et entraînèrent avec eux de nombreux captifs. Mais Théodébert, fils du monarque franc, étant accouru avant que Chlochilaïc fût rembarqué, le tua, s'empara de sa flotte et recouvra tout ce qu'ils emportaient. L'issue tragique de cette première tentative paraît avoir dégoûté, pour plusieurs siècles, les hommes du Nord de la renouveler.

Ce n'est plus qu'en 800 qu'on les voit se rencontrer sur nos côtes, que les rois carlovingiens avaient laissées sans défense, parce qu'ils les croyaient sans ennemis. Chassés du territoire en 840, ils reparurent cinq ans plus tard et débarquèrent à Maisy sous la conduite de Bier ou de Regnier, se dirigèrent sur Bayeux qu'ils assiégèrent, et, après l'avoir brûlé, ils gagnèrent le monastère de Livry où s'était retiré saint Sulpice (1), monastère non moins riche que celui des Deux-Jumeaux qu'ils avaient incendié. S'étant emparés de l'évêque, ils le massacrèrent et l'ensevelirent sous les ruines du monastère. Dès 843, ils avaient surpris Gontard, évêque de Nantes, pendant qu'il célébrait les saints mystères dans sa cathédrale, le tuèrent à l'autel, firent un effroyable carnage des fidèles assemblés autour de lui, et, complètement rassurés désormais sur la résistance qu'ils pourraient rencontrer, s'établirent pour passer l'hiver dans une île voisine (2). On peut juger de la terreur que dut répandre, dans toutes les contrées maritimes et fluviatiles de la France, une invasion aussi humiliante, consommée sans résistance à trente lieues de Paris, où ils entrèrent le samedi saint 18 avril 845, et reçurent du roi Charles, campé à Saint-Denis et trop faible pour lutter avec eux, un tribut de sept mille livres d'argent qu'il leur offrit honteusement.

Massacre de saint Sulpice. 845.

Ceux-ci rentrèrent dans la Seine en 850, et, les cinq années suivantes sous le commandement de Godefroi, d'Ogier et de Sydroc, ils pénétrèrent jusqu'à Rouen, pillèrent les monastères de Saint-Vandrille, de Saint-Germer, alors de Flay, et portèrent leurs ravages jusqu'à un lieu

---

(1) M. l'abbé Suriray. *Histoire de saint Sulpice*, évêque de Bayeux.
(2) Suivant d'Argentré, cette île est l'île de Bière.

désigné, dans la chronique de Fontenelle, sous le nom d'*Augustodunæ,* et jusqu'à une forêt que la même chronique désigne sous le nom de *Saltus-Particus,* et qui est peut-être la forêt du Perche. Là ils furent surpris et battus par le Roi. Mais cet échec n'eut d'autre résultat que de les ramener plus promptement dans la Seine. Sydroc en sortit en 856. Quant à Godefroi, il vint jusque sous les murs de Paris s'établir dans une île où nous le retrouverons bientôt.

La sécurité et la rapacité des Normands s'accroissant continuellement avec la faiblesse de leurs ennemis, ils sentirent le besoin de rapprocher de Paris leur principale station. C'était dans l'île de Bougival, qui portait alors le nom d'*Oscel,* que Bernon, l'un de leurs chefs, avait établi son quartier général. L'année suivante 858, ils firent prisonniers l'abbé de Saint-Denis et son frère Gauzlin, deux des plus grands personnages du royaume, qu'ils ne rendirent que moyennant une rançon exorbitante. Ils se dirigèrent ensuite sur Noyon, se saisirent de l'évêque et le firent périr par l'épée. L'évêque de Bayeux, Walfrid ou Balfrid, fut massacré par eux dans son château d'Evrecy qu'ils rasèrent. Leurs traces étaient couvertes de cadavres, non seulement de quelques braves qui les avaient combattus, mais d'hommes et de femmes de toute condition, d'ecclésiastiques, de religieuses, de vieillards et de jeunes enfants.

<small>Massacre de saint Walfrid. 862.</small>

A la fin du mois de juillet 866, ces pirates regagnèrent la mer et se dispersèrent de divers côtés. Une partie se porta sur le Cotentin probablement pour la première fois;

ayant laissé leur flotte à la Hougue ou dans la Vire, ils gagnèrent tant à pied qu'à cheval le château de *Briovère* (Saint-Lo) qui, à cette époque, était la plus forte et la plus imposante place de la contrée, et l'investirent immédiatement. Les habitants de cette ville furent bientôt obligés de se rendre faute d'eau ; et quoiqu'ils n'eussent stipulé que leur propre conservation, cette capitulation sembla encore trop douce aux vainqueurs qui les massacrèrent tous. L'évêque Litta qui, à l'exemple de plusieurs de ses prédécesseurs, venait passer l'été dans son château de Briovère (1), périt avec eux et le château fut rasé.

Ce fut probablement après la destruction du château de Briovère et de la ville qu'ils rentrèrent dans le Bessin pour y rejoindre quelques-uns de leurs vaisseaux qu'ils avaient laissés à l'entrée de l'Orne ou de Port-en-Bessin. Ce qu'il y a de certain, c'est qu'ils se dirigèrent sur Bayeux en suivant la voie romaine qui allait de cette ville à Briovère et traversait l'immense forêt de Burleroy. Bayeux fut emporté de vive force, brûlé et saccagé en 891. Une partie des habitants fut immolée avec leur comte Béranger ; l'autre partie fut faite prisonnière. La ville resta plusieurs années dans la plus déplorable situation ; ce n'était plus qu'un amas de décombres, ou tout au plus une simple bourgade composée de quelques infortunés échappés à la mort et à l'esclavage.

(1) Ce château, bâti par les premiers évêques de Bayeux, fut cédé par Leucade, évêque de cette ville, à saint Lo, évêque de Coutances, en échange de l'exemption de Sainte-Mère-Eglise et des paroisses qui en dépendaient.

Une lettre fort curieuse de Foulques, archevêque de Rheims, au roi Charles, prouve que, dès cette époque, le jeune monarque songeait à s'arranger avec les Normands et à user de leur bravoure militaire pour rentrer en possession de son autorité méconnue et trop souvent partagée. Peut-être cette disposition, qui n'a pas été assez remarquée, engagea-t-elle plus tard des membres du clergé, qui la voyaient pour la plupart avec horreur, à entrer dans le complot de ces douze seigneurs qui prêtèrent leurs mains à sa longue captivité dans Péronne.

Ici les renseignements historiques sur les dernières invasions des hommes du Nord, et sur les circonstances de leur établissement parmi nous, manquent complètement pendant une période d'environ vingt années. Après tant de calamités portées successivement sur tous les points du territoire de la France, les historiens, à la fin du IXe siècle, se turent devant les fiers et valeureux Normands, comme jadis l'Europe devant Napoléon Ier. La plume est tombée des mains de nos pieux annalistes, qui semblent à cette époque avoir désespéré de la patrie, de la civilisation, de la société tout entière. Oui, leur plume, fatiguée de retracer tant d'horreurs, est tombée de leurs mains et, par un surcroît de malheur, les quarante-deux premières années de la chronique du consciencieux Frodoard (1), qui nous auraient complètement dédommagés de ce silence unanime, se sont

---

(1) Cette perte doit être bien ancienne, puisque, dans la *Chronique d'Anjou*, écrite au milieu du XIe siècle, on indique l'année 917 comme le point de départ de Frodoard. Aujourd'hui il y a deux années de plus de perdues.

trouvées perdues. Malheureusement encore, notre premier historien normand, Dudon de Saint-Quentin, qui aurait pu recueillir à la cour du petit-fils de Rollon, tant de faits curieux et authentiques, a mieux aimé profiter de ce défaut de renseignements historiques, pour y substituer ses déclamations mensongères. Peu de personnes, excepté M. A. Le Prevost, auquel nous empruntons ces lignes, ne s'étaient occupées de les réduire à leur juste valeur. Ce savant et laborieux antiquaire avait cherché déjà, dans ses notes sur le *Roman de Rou,* à porter le flambeau de la critique sur quelques-uns des faits les plus défigurés par les impostures et les anachronismes de cet écrivain.

Ce n'est qu'en 911, et non dès 876 ou 896, comme s'efforcent de nous le faire croire nos vieux chroniqueurs, que je trouve des traces authentiques de la présence de Rollon ou Raoul (1) dans nos contrées. Sans doute, beaucoup de Normands y étaient restés et y avaient pris des établissements fixes, puisque, dès 900, sur la demande de Witton, archevêque de Rouen, celui de Rheims, Hervé, lui avait envoyé un traité sur les mesures à prendre et les formes à employer pour les convertir au christianisme. On sait encore que le même prélat crut devoir, dans un sujet si grave, recourir aux lumières du pape Jean IX, dont l'histoire possède la réponse pleine de sagesse et de prudence. De son côté, le jeune monarque français, quoique à peine âgé de vingt ans, pensait, dès la même époque, comme je l'ai dit,

Rollon. 911.

(1) L'abbé Vély. *Histoire de France,* IIe vol., pag. 193.

à la nécessité de traiter avec les Normands, et au parti qu'il en pourrait tirer pour la consolidation de sa chancelante autorité. Ce fut le samedi 20 juillet que Rollon paraît pour la première fois en face du soldat franc, et son premier coup d'essai ne fut pas heureux : étant venu mettre le siège devant Chartres, il fut battu et mis en déroute par Richard, duc de Bourgogne, et par Robert, comte de Poitiers. La présence d'une relique célèbre dès cette époque (la tunique de la sainte Vierge), portée par l'évêque, en guise d'étendard, à la tête de l'armée franque, contribua puissamment à retremper le courage des soldats (1). La perte des Normands fut, dit-on, de six mille huit cents hommes. Il n'existe pas d'autres détails authentiques.

La cession de notre pays à Rollon et à ses compagnons eut lieu l'année suivante 912. Le territoire, cédé à titre de vasselage, était borné au nord et à l'ouest par la Manche, c'est-à-dire la mer ; au nord par la Picardie, à l'est par l'Ile-de-France, au sud par le Maine, et au sud-ouest par la Bretagne. Il avait soixante lieues de longueur de l'est à l'ouest, et vingt-cinq, dans sa moyenne longueur, du nord au sud. Cette province se divisait en Haute-Normandie à l'est, et en Basse-Normandie à l'ouest : la rivière de Dives formait la ligne de démarcation entre ces deux parties. La première, qui avait pour chef-lieu la ville de Rouen, capitale de toute la Normandie, renfermait le pays de Bray, le pays de Caux, le Vexin normand, le Roumois, la cam-

Cession
de
la Normandie.
912.

---

(1) A. Le Prevost. Notes pour servir à l'*Histoire de Normandie.*

pagne de Neubourg, la campagne de Saint-André, le pays d'Ouche et le pays d'Auge; la seconde, dont le chef-lieu était Caen, comprenait la campagne d'Alençon, le pays du Houlme, la campagne de Caen, le Bessin, le Bocage, le Cotentin et l'Avranchin.

Ce fameux traité, dit l'abbé Vély, le plus honteux depuis la fondation de la monarchie, fut signé à Saint-Clair-sur-Epte. Rollon s'y rendit pour saluer le monarque et lui prêter serment de fidélité. On eut une peine infinie à l'engager au cérémonial usité en pareille occasion, surtout à l'usage de mettre ses mains entre celles du Roi. Mais, lorsqu'on lui parla de se jeter aux genoux et de baiser le pied du prince, ce qui se pratiquait alors quand on en recevait quelque grâce, le fier Normand, accoutumé à ne reconnaître que son épée, s'écria : *Nese by Got!* Oh! ma foi non! et il fit signe à un de ses soldats de baiser pour lui le pied royal. Celui-ci, soit maladresse, soit malice, prit le pied du jeune Roi, et le leva si haut qu'il le fit tomber à la renverse. Ses gens ébahis et honteux demeurèrent muets et immobiles au milieu des éclats de rire du sardonique Rollon et des siens. Quant au mariage de Rollon avec Giselle, fille de Charles, c'est une fable de Dudon de Saint-Quentin, répétée par tous nos historiens, et dont les études approfondies de M. A. Le Prevost et de M. Licquet sont venues donner à l'envi un démenti formel et profondément accentué. Celui qu'il a dû contracter également avec la fille du comte Béranger est plus que problématique, car il est évident que ce chef des Normands ne s'est point trouvé au siège et au pillage de Bayeux en l'année 891.

Ce fidèle exposé de cette longue suite de peuples qui ont occupé tour à tour, non seulement le territoire dont j'essaie de donner une histoire, mais encore tout le territoire de la province, n'est nullement étranger à mon sujet, car il serait bien difficile, impossible même de raconter comment tel ou tel peuple s'est établi dans nos contrées, si je n'eusse donné succinctement des notions sur ces différents peuples, et même sur leurs voisins avec lesquels ils furent en rapport d'amitié ou en guerre. D'ailleurs cet exposé, qui n'est qu'une simple analyse des notes savantes de M. Le Prevost, me parait propre à rectifier certaines erreurs historiques qui se sont glissées dans presque toutes les histoires de notre belle et riche Normandie.

CHAPITRE PREMIER.

Rollon est baptisé et prend le nom de Robert Ier.—Etats généraux de Normandie. — Tribunal de l'Echiquier. — Raoul Thézard obtient le territoire de Balleroy, comme Botton obtient le comté du Bessin.—Raoul Thézard défriche ses terres avec ses soldats.—Il bâtit le château des Essarts.—Eudes et Raoul des Essarts à la bataille de Croissanville.— Crimes et scandales du xe siècle.—Les vertus du clergé.—Monuments religieux du moyen-âge.— Activité religieuse du xe siècle.— Utilité de l'état monastique.—Révolte des paysans.—Herbert des Essarts, maître de la forêt de Burleroy, bâtit l'église de *Burlarreyum* (Burleroy). —Le château ducal de Bures-le-Roi, situé à Noron.— Herbert des Essarts et ses compagnons dévalisent à Salerne les vaisseaux des Sarrazins.—Mœurs du temps.—Gouvernement de la Normandie.—Peste et famine.—La trève de Dieu.—Les Croisades. —Herbert des Essarts part pour la croisade.—Herbert II des Essarts se révolte contre le duc Guillaume.—Bataille de Mortemer.—Herbert II des Essarts rentre sous l'obéissance de Guillaume.—Bataille du Val-des-Dunes.—Herbert Ier et Herbert II des Essarts vont à la conquête d'Angleterre.—Descente en Angleterre.—Bataille de Hastings.—Guillaume et Hubert des Essarts, cadets de Herbert Ier, obtiennent des terres en Angleterre.

En prenant le titre de duc de Normandie, Rollon voulut être baptisé : il se fit instruire par Francon, archevêque de Rouen, et reçut au baptême le nom de Robert. Il fit à cette occasion des dons considérables en terre à la métropole et aux autres cathédrales de son duché. Il ne survécut que cinq ans depuis son baptême, mais il fit un bien immense et à peine croyable dans ce court espace de temps. Il réta-

Robert Ier est baptisé.

blit la population et rappela l'abondance dans toute la province, releva les villes ruinées, rétablit quantité d'églises, fit refleurir la religion de toutes parts, donna de bonnes lois qu'il fit promptement observer, et surtout imprima si bien à ses sujets le goût de l'ordre et de la justice, que ce goût les caractérise encore depuis un temps si éloigné. Il n'institua pas ses lois en conquérant qui les impose, il les fonda en législateur qui domine, éclaire et relève son siècle.

<small>Etats généraux de Normandie. 914.</small> Notre beau pays avait dès l'an 914 ses Etats généraux, son assemblée nationale représentant les intérêts de l'époque et composée des évêques, des barons, des maires et des échevins des villes, centeniers des paroisses et autres *saïges hommes*. Ces nobles institutions existaient dans nos belles contrées alors que le reste de la France et Paris luimême étaient livrés au caprice, à l'imbécillité, aux rapines, aux mille et mille cruautés de leur mille et mille exploitateurs. Enfin le beau pays de Normandie jouissait d'une bonne partie de ses droits et ne payait d'impôts que ceux votés par elle, quatre siècles avant que le fourbe Philippe Le Bel, dans son besoin d'argent et ses démêlés avec le Pape, appelât à son aide le Tiers-Etat qui fit partie de ses Etats généraux et qui devait causer plus tard cette grande réforme de 1789.

<small>Tribunal de l'Echiquier.</small> Ce fut Rollon qui institua l'*Echiquier*, tribunal ambulant, espèce de jury et de cour d'assises, suivant le prince, ou rendant la justice dans les différents lieux qu'il indiquait, tribunal qui depuis devint permanent et fut transformé en parlement de Normandie.—Rollon institua de

plus un sénéchal pour réviser les sentences des juges subalternes, et juger les affaires provisoires dans l'intervalle des séances de l'Echiquier.

Dans la distribution qu'il fit à ses lieutenants des fiefs de son duché, il n'oublia pas son fidèle Botton, le plus brave après lui. Il lui donna le Bessin à titre de comté, et ce nouveau comte vint habiter la ville de Bayeux dont il releva les ruines : il la repeupla de Normands et répara de la sorte une partie des maux que cette ville avait soufferts. L'histoire nous peint ce guerrier comme un héros qui sut allier les plus belles qualités de l'esprit à celles d'un grand capitaine.

Le territoire de Balleroy, alors encore tout boisé ou en friche, échut à Raoul Theu-Zart ou Thézart, autre lieutenant de Rollon : il y emmena avec lui ses soldats ; ceux-ci en défrichèrent une partie et y bâtirent des exploitations rurales. Mais leur chef, redoutant probablement les anciens propriétaires de ces terres, y fit élever une forteresse à laquelle il donna le nom des Essarts (1). Ce castel était entouré de fossés larges, profonds et remplis d'eau : un vaste étang le protégeait au levant et en faisait une des forteresses les mieux défendues et les plus redoutables du pays.

<small>Raoul Thézard bâtit le château des Essarts.</small>

Nous ne devons pas oublier que ce lieutenant s'empressa de faire fleurir dans son fief l'agriculture, et, sous ce point de vue, on doit le considérer comme l'un des premiers bienfaiteurs de nos riches contrées où il vint se fixer défi-

---

(1) Ce nom seul, *des Essarts,* qui veut dire *terres défrichées,* prouve assez que notre pays était presque entièrement boisé. Ce château féodal, dont on n'a au juste aucun souvenir architectonique, fut détruit en 1772.

nitivement après la mort du duc Robert Ier et où il voulut terminer sa glorieuse carrière : on ignore au juste en quelle année il est mort, et s'il eut le bonheur de recevoir la grâce du baptême. Il laissa deux enfants, Richard et Eudes ; le premier qu'on appela Richard de Crocy, fut baron d'Aunay, et le second fut seigneur des Essarts. Ce sera, comme nous le verrons, un des descendants du second fils de Raoul, appelé Eudes ou Odon, qui fera élever la petite église de Burleroy (1) *(Burlarreyum)* et que nous retrouvons dans le XIIe siècle sous le nom de *Balare* (2) *Barlarreyum*. C'est donc les Thézard des Essarts qui sont les premiers barons et seigneurs de l'ancien Balaré (Balleroy).

Le fils du duc Rollon ou Robert Ier mourut paisible possesseur de son duché, mais son petit-fils Richard eut à le disputer à Louis d'Outremer, qui était devenu jaloux de la puissance du prince normand. Mais Richard eut recours à son allié et parent le roi de Danemark, qui vint en 947 aborder à l'embouchure de la Dives et remonta le pays jusqu'aux salines de Corbon. Sa flotte se composait de vingt-deux navires et de trois mille fantassins. Son armée fut aussitôt grossie des Normands du Bessin, à la tête desquels nous voyons et Eudes des Essarts et le vieux Raoul, son père, ainsi que tous leurs vassaux.

<small>Raoul et Odon des Essarts à Croissanville.</small> Le duc Richard et le roi de Danemark campèrent sur les bords de la Dives, du côté de Croissanville. Le roi de

---

(1) Archives de Londres, visitées avec lord Beaumont, en 1840.

(2) La charte de fondation de la commanderie de Baugy.—Le livre Pélut de l'Evêché.—L'abbé Beziers. *Histoire sommaire de Bayeux*, etc.

France, pour couper pied aux troupes alliées de Normandie et du Danemark, alla camper de l'autre côté de la rivière, près Corbon. Le premier jour se passa en légères escarmouches, pendant lesquelles le comte de Harcourt s'aboucha secrètement avec le roi de Danemark et lui fit connaître les plans de l'armée française. Ce fut également par son conseil que Harold somma Louis d'Outremer de laisser le duc Richard paisible possesseur de son duché de Normandie.

Le roi de France, intimidé par les remontrances du Danois, signa une suspension d'armes et consentit à une entrevue ; mais à peine le jour vint-il à paraître, que déjà la cavalerie du Bessin, renforcée par celle du Cotentin, avait passé la rivière et se disposait au combat. Le Roi de France, éveillé par le hennissement des chevaux et par l'apparition du comte Bernard, entra dans une violente colère de ce que les Normands s'étaient ainsi avancés ; il se leva, et, accompagné du comte de Montreuil, il se rendit au lieu assigné pour la conférence. Les deux Rois entrèrent seuls dans la tente dressée à cet effet, et tandis qu'ils étaient en pourparler, un soldat du Cotentin s'approcha du comte Herluin, lui reprocha son ingratitude et sa trahison, et lui fit asséner, par un Danois, un violent coup de hache sur la tête. A l'instant, le frère du comte et quelques Français voulurent venger cette mort ; mais, entourés de l'armée danoise et normande, ils furent tous taillés en pièces ou noyés. Le Roi de France, au bruit des armes, sortit aussitôt de sa tente et, voyant le danger qu'il encourait, monte à cheval et prend la fuite. Harold le poursuit, l'atteint, lui fait rendre les armes et le fait prisonnier. Cette action fut très-funeste aux Français : plus de trente seigneurs restèrent sur place, pas un seul n'échappa à la déroute. Le Roi devenu prisonnier avait trouvé l'occasion de s'échapper à travers l'armée victorieuse des Normands ; mais, tandis qu'il traversait la forêt de Touques, il fut reconnu par un soldat qui le ramena au camp de Harold. Cette bataille eut pour résultat de rétablir, sur le front de Richard, la glorieuse couronne ducale de Rollon. Odon revint donc dans son manoir des Essarts, et, l'année suivante, son épouse lui donnait un fils qui fut appelé Richard.

Le vieux duc de Normandie, que les historiens avaient surnommé Sans-Peur, s'éteignit paisiblement en 996, après avoir régné cinquante-quatre ans. Son fils Richard II lui succéda, et son second fils devint archevêque de Rouen. La France avait changé de maître : la maison des Carlovingiens venait de s'éteindre dans la faiblesse, pour faire place à un soldat parvenu. L'Europe entière était dévorée de scandales et de crimes. Le cardinal Baronius n'a point assez de larmes à répandre sur ce siècle de fer, de plomb et de ténèbres : l'abomination de la désolation avait pénétré jusque dans le sanctuaire. On vit des chefs de monastère, oubliant les devoirs de leur profession, se jeter dans le tourbillon des plaisirs mondains, déposer l'habit religieux, se parer de riches vêtements et passer, à la chasse au faucon, le temps destiné à la prière.

Toutes les calamités passèrent à la fois sur ce malheureux siècle. L'ignorance, qui a avili et flétri le peuple et les grands, s'était déjà même intronisée dans le clergé. La féodalité vint confisquer l'Eglise à son profit et vendre ses biens ; les évêchés sont vendus par les barons comme du bétail ou comme des serfs malheureux. On croirait que la hiérarchie va se dissoudre, car les évêques ne savent plus ce qu'ils doivent faire ; l'épiscopat a été envahi, gangrené par la barbarie : la crise est horrible à voir. Mais l'inouï se fait entendre dans ce siècle si accoutumé à entendre l'inouï. La honte, les crimes, la prostitution vont s'asseoir sur le trône pontifical. Il semble qu'il n'y ait plus qu'à se voiler la tête et à pleurer.

Crimes du Xe siècle.

Cependant, chose incroyable, au milieu de ces ténèbres épaisses et de cette licence de mœurs effrénée, la foi était toujours entière et même vive : on ne s'avisait point de douter des vérités qu'elle enseigne, et le respect pour la religion se manifestait, partout, par les honneurs et les prérogatives dont on comblait le clergé. Il faut convenir aussi qu'il méritait cette considération générale par ses lumières et les vertus dont le plus grand nombre donnait l'exemple. Que la meilleure portion du clergé ait conservé les lettres, ouvert des hôpitaux, des monastères et donné le spectacle de toutes les vertus chrétiennes, c'est aujourd'hui un fait que personne ne conteste et avoué de tous les auteurs.

Vertus du clergé.

Aussi hâtons-nous d'ajouter que, vers la fin de ce même siècle, un sentiment de vive douleur s'empara de tous les esprits et qu'une terreur indicible se répandit au sein des populations : des prophéties sinistres circulèrent dans les cités et les vieux manoirs féodaux sur la fin prochaine du monde qui ne devait pas vivre au-delà de mille ans ; mais, quand les temps marqués par ce grand cataclysme se furent écoulés, les hommes passèrent aussitôt de la tristesse à la joie et s'abandonnèrent à des sentiments d'allégresse et de bonheur. Alors les fondations pieuses furent regardées comme le plus sûr moyen de se rendre agréables à Dieu et de lui prouver sa reconnaissance.

Partout s'élevèrent des églises et des abbayes : les rois, les princes donnèrent l'exemple ; les barons et les vassaux les imitèrent. Chacun s'empressa de prévenir les autres dans l'accomplissement des bonnes œuvres et de les surpasser dignement par ses libéralités et ses riches constructions religieuses. « Il n'était pas un homme puissant, qui ne se crût digne de la dérision et du mépris de ses semblables, s'il n'entretenait convenablement, dans ses domaines, des clercs et des moines (1), pour y former la milice de Dieu. » N'était-ce pas d'ailleurs un moyen de s'immortaliser aux yeux des hommes? Une église bâtie, une abbaye fondée et richement dotée assuraient aux bienfaiteurs la faveur des religieux qui, dans leurs écrits, leur donnaient des éloges et s'engageaient à prier pour eux et pour les leurs jusqu'à la consommation des siècles.

Monuments religieux du moyen-âge.

Long-temps certains lieux, couverts d'habitations sous la domination romaine, étaient restés déserts après les invasions des barbares ; des forêts s'étaient emparées des ruines et couvraient de leurs feuillages les dernières traces des

---

(1) *Unusquisque optimatum certabat in prælio suo ecclesias ædificare et monachos qui pro se Deum orarent rebus suis locupletare.*—Guillaume de Jumièges, *De Gestis Normannorum*, liv. 6, ch. 22.—Ordéric Vital, *Histoire de Normandie*, liv. III.

villes et des exploitations rurales. Les congrégations religieuses réparèrent donc alors une partie du mal : nos pères les Normands avaient ruiné tous les monastères et les édifices religieux ; mais, quand ils furent convertis au catholicisme, grâce au zèle de Rollon, leur chef, ils semblèrent vouloir réparer leurs désastres ; ils rebâtirent des églises, et c'est dans les lieux qu'ils habitèrent que l'on retrouve les plus riches monuments de cette époque. Les monastères s'établirent alors de préférence au milieu des forêts, des landes et des terres incultes qui furent, par les nouveaux vainqueurs, concédées à de pauvres moines : ceux-ci les défrichèrent et les assainirent ; ils desséchèrent les marais et firent fleurir l'agriculture qui est l'âme du développement intellectuel et moral des peuples, de la civilisation et de la conservation de la société.

Nos abbayes n'étaient pas seulement des couvents où, comme le croit encore la multitude, l'on ne s'occupait que de la récitation de la prière et des psaumes : après la prière venait le travail. Les monastères étaient de grandes fermes modèles (1), quelquefois de grandes fabriques ou ateliers. En effet, quelques abbayes réunissaient les travaux industriels aux travaux agricoles ; on y voyait, par exemple, des frères brasseurs *(brassarii)*, des frères huilliers *(olearii)*, des frères corroyeurs *(corriarii)*, des frères foulons *(fullones)*, des tisserands, des cordonniers, des maréchaux,

---

(1) Pour bien connaître la distribution générale de ces établissements qui ont donné une si grande et si bonne impulsion à l'agriculture, on peut lire *l'Architecture civile* de M. de Caumont.

des charpentiers, etc... Chaque série avait son frère inspecteur ou contre-maître (1), et, à la tête de tous ces travailleurs, était un père-directeur, un patron qui distribuait la besogne. C'étaient donc de véritables ateliers que nos monastères et qui ne différaient de nos manufactures actuelles qu'en un seul point : c'est que, dans nos manufactures, le défaut de la foi abrutit l'âme des ouvriers, qui se persuadent qu'ils ne sont au monde que pour filer du coton ou faire des épingles, tandis que, dans ces communautés, on s'occupait de Dieu et de son salut. Ainsi, entre les monastères et nos manufactures, il y a la différence du catholicisme au matérialisme.

D'autres abbayes, dans ces temps où l'instruction, les lettres et les sciences ne savaient où se réfugier, leur offrirent un asile salutaire. Plus tard, on vit sortir de ces maisons des hommes dont les prodigieux travaux ont rendu des services incalculables aux lettres et aux sciences historiques. Les études auxquelles ces religieux se livraient, avec cette ardeur dont seuls sont capables des hommes détachés de toutes les distractions de leur siècle, produisirent des résultats immenses. Les précieuses collections qu'ils publièrent leur ont assuré la reconnaissance de la postérité, et elles resteront toujours comme des monuments impérissables de l'érudition la plus vaste. En voyant ces montagnes de volumes, n'est-on pas tenté de s'écrier avec le poète Regnier :

(1) Voir l'*Annuaire Normand*.

Voilà bien du papier sans doute, mais enfin
Je ne croirai jamais que tout cela soit plein?...

Cela est tout plein cependant et c'est, pour me servir de l'expression d'un savant et saint évêque (1), mais dans une autre circonstance, le dernier présent de cette puissante congrégation de bénédictins qui, en se retirant devant l'orage, eut la gloire de léguer à la science, aux arts et aux belles-lettres les monuments les plus célèbres et les plus justement admirés.

Mais, pour en finir avec les monastères, je dois signaler un fait incontestable, c'est que ceux qui se vantent de vouloir établir l'égalité devraient au moins être frappés de la retrouver là ; les ordres religieux opposaient la fraternité des premiers chrétiens à l'égoïsme qui règne dans le monde, et la communauté à l'avarice. C'est ainsi que l'église a réalisé, dans les ordres religieux, les vœux qui ont suscité mille désirs, mille utopies absurdes dans les rêves des incrédules. Au milieu de ces ordres religieux, on ne voit plus en effet de traces de l'inégalité contre laquelle se récrient nos démocrates : ils professaient l'égalité dix-huit siècles avant que l'Assemblée constituante l'eût décrétée.

Honneur donc à nos pères, honneur à ces guerriers normands et à leurs pieuses compagnes d'avoir élevé dans nos riches et fertiles contrées tant de si beaux et de si riches monastères ! En moins de deux siècles ils ont élevé,

---

(1) Mandement de Mgr l'évêque de Bayeux et Lisieux du 3 septembre 1859.

notamment comme nous le verrons sous le règne de Guillaume le Conquérant, et pendant celui de ses trois fils Guillaume, Robert et Henri Ier, plus de deux cents églises et monastères. Ces preux guerriers exécutèrent ces grandes fondations religieuses, et ils se bâtirent aussi ces redoutables forteresses, dont on ne voit plus aujourd'hui que les ruines, mais qui contribuèrent à distinguer notre beau pays et ont fait appeler la Normandie la terre classique des églises et des châteaux (1).

C'est également à cette époque de ferveur et de piété que nous devons aussi ces merveilleuses basiliques, ces majestueuses cathédrales, ces riches abbatiales, ces monuments enfin si grands et si poétiques. L'histoire nous apprend que c'était en chantant des cantiques et des hymnes (2), que nos aïeux bâtissaient ces églises si remarquables par leur nouveau style et leurs belles proportions, élevaient ces flèches pyramidales, ces tours qui décorent plusieurs de nos monuments religieux du moyen-âge, et excitent en nous un vif sentiment d'admiration. Je n'essaierai pas de peindre le saisissement involontaire qui s'empare de toutes nos facultés, lorsqu'on franchit les degrés de ces augustes basiliques, et que leur vaste nef retentit sous nos pas; alors les regards, plongeant dans un lointain mystérieux, me-

---

(1) Mgr Didiot, évêque de Bayeux, dans un de ses mandements.

(2) Lettre de Haimon, abbé de Saint-Pierre-sur-Dives, insérée dans les Annales de l'ordre de Saint-Benoît, n° 67, tome VI. Cette lettre, que nous transmet M. de Caumont, a été traduite et reproduite par M. Richomme, membre de la Société des Antiquaires de Normandie.

surent avec surprise la hauteur de ces ogives dont la pointe se termine à une voûte aérienne ; ils admirent ces colonnes étroitement enlacées, image touchante de la charité qui unit tous les enfants de Dieu. Au-dessus, c'est la flèche aiguë d'une pyramide octogone, avec laquelle l'espérance semble monter vers le ciel, et dans laquelle sont placées à dessein des cloches qui disent sans cesse au chrétien son origine, ses devoirs, ses destinées ; ce sont d'énormes piliers inébranlables comme la foi dont ils protègent le sanctuaire.........

Tout dans ces monuments porte le cachet d'une religion qui affranchit l'homme des passions et des sens, qui agrandit son intelligence, l'élève jusqu'à Dieu où elle lui montre le terme et l'accomplissement de ses désirs, d'une religion enfin aux yeux de laquelle nos édifices sacrés sont l'image terrestre du palais éternel où Dieu règne avec ses élus. On n'y pénètre jamais sans que la divinité fasse sentir sa présence ; on aime à penser que là ont prié nos pères, et que là aussi prieront à leur tour nos descendants ; car il est une remarque qui n'échappe à personne : c'est que la religion semble avoir communiqué aux édifices qui lui appartiennent le caractère de perpétuité que lui imprima son divin fondateur ; on dirait que, placés sous son égide, ils sont destinés à traverser victorieusement les révolutions et les siècles.

En élevant ainsi partout des temples à la divinité, tous nos riches et puissants barons espéraient par là expier les grandes fautes et les actes coupables qu'ils commettaient dans leur vie féodale, remplie alors de violence et de combats.

Mais où m'emporte l'ardeur de raconter? Je n'en suis pas encore arrivé au XIe siècle, à ce siècle si injustement appelé barbare et pendant lequel la foi, devenant la lumière des intelligences travailla, sans relâche, à sauver les lettres du naufrage? Je ne suis qu'en l'année 997 et je m'y arrête un instant pour signaler un fait qui mérite d'être cité : c'est la première fois qu'il se présente. Je veux parler de la révolte des paysans de nos contrées. Ces bons villageois, excités sans doute par les vexations de leurs seigneurs chez qui la débauche avait détruit, comme il arrive toujours, jusqu'aux premiers sentiments de l'humanité, prennent la résolution de secouer leurs chaînes de servage et forment des rassemblements sur divers points. Ils affichent la prétention de s'affranchir du pouvoir des seigneurs, d'user des avantages que présentent les bois et les eaux et de n'obéir qu'à des lois qu'ils auront sanctionnées eux-mêmes. Une grande assemblée centrale devait, selon leur projet, servir de corps législatif et recevoir les députés des communes.

L'entreprise était grande, mais trop neuve pour réussir : les esprits ne s'étaient point encore faits aux idées d'indépendance; l'humble serf, penché sur la glèbe, avait appris de son curé qu'il fallait obéir aux puissances; la révolte échoua. Le duc Richard furieux signala sa vengeance par des supplices destinés à épouvanter les masses. On arracha les dents aux uns, on coupa les poignets aux autres, on empala, on brûla vif tout ce qu'on put découvrir comme conspirateur. L'association fut poursuivie dans ses plus intimes retranchements. Il fallut céder, rentrer dans le devoir et partout se soumettre.

A peine échappé à ce premier péril, Richard en vit surgir un autre. Guillaume, son frère naturel, comte d'Exmes et de Brionne, lui refusa l'hommage lige que, d'après les lois du temps, tout vassal devait à son seigneur. Les mécontents qui avaient pris part à la première révolte se joignirent à lui. La querelle se vida dans une bataille dont le nom m'échappe. Le coupable fut fait prisonnier et enfermé non à Rouen, mais dans le château-fort de Bayeux, bâti par Richard Ier et appelé dans la suite *la forteresse* : elle s'élevait sur la place Saint-Sauveur.

Après cinq ans d'une longue et dure captivité, Guillaume s'échappa par une fenêtre au moyen d'une longue corde que lui avait fait passer un chevalier de ses amis. Une fois libre, il erra tout le jour et toute la nuit, sans trop savoir où il allait. Le lendemain, demi-mort de faim de soif et de fatigue, il vint tomber près d'un chêne dans le bois du Vernay (1) où il s'endormit. Ce jour-là le duc Richard était à la chasse dans ce bois. La meute hurlante passa sur le corps de ce pauvre homme couché sur l'herbe. O surprise ! Le duc Richard reconnaît son propre frère ! Cette fois, il tendit ses bras à Guillaume, et les deux fils de Richard Sans-Peur restèrent ensemble dans le palais de leur père : je pense que ce fut dans le

---

(1) On lit dans le *Roman de Rou*, au vers 6258 et suivants :

> A Vernei vint co fut la fin
> Une forest de Baessin,
> A piez li chaï sudement (tout-à-coup)
> Merci cria mult humblement.

palais de Bures-le-Roi *(Burum propè Bajocas)* qu'avait fait bâtir Richard Ier.

Nos ducs avaient plusieurs maisons de campagne sur divers points de la Normandie : ces lieux sont désignés dans leurs chartes sous le nom de Bures, Bourg *(burum* ou *burgum)*. Le savant abbé Delarue, qui a éclairé avec tant de sagacité plusieurs points obscurs de notre histoire de Normandie, pense que ce château de Bures-le-Roi est Balleroy. « Ce n'est qu'avec beaucoup de réserve, dit M. Pluquet, que je me permets de contredire l'opinion d'un savant confrère, dont personne plus que moi n'honore le caractère et les talents; mais je suis persuadé qu'il a été trompé par le voisinage de Balleroy et la forêt de Burleroy, et surtout l'analogie du nom de Balleroy avec celui de Bures-le-Roi, analogie qui paraît d'abord frappante, mais qui devient nulle si l'on fait attention que le nom de Burleroy *(Burlarreyum)* existait depuis long-temps avant que l'on ait donné à la résidence ducale du Bessin le nom de Bures-le-Roi. »

<small>Château ducal de Bures-le-Roi.</small>

J'ai long-temps pensé, avec le savant abbé Delarue, que cette résidence ducale était Balleroy; mais les raisons que donne M. Pluquet me paraissent plausibles. D'ailleurs il suffit de savoir que ce fut le roi Jean Sans-Terre qui ajouta au nom de *Bures* celui de *le Roi,* et que le territoire de Balleroy avait été érigé en paroisse dès la moitié du XIe siècle par Herbert, petit-fils d'Eudes ou d'Odon des Essarts, mort en cette même année 997.

L'église de Burleroy *(Burlarreyum),* dont les dîmes et le patronage passèrent aux religieux de saint Vital de l'abbaye d'Aunay (1), fut bâtie avant la première croisade, c'est-à-dire de l'an 1030 à 1034, par Herbert des Essarts, maître de la forêt de Burleroy, sur la rive droite d'un petit ruisseau dont j'ignore le nom, mais sur lequel est bâti le pont appelé le Wey-Sbire. Cette église était située à la place même de la ferme du Parc, qu'exploita si long-temps la famille Martin ; elle se trouvait (nous dit un vieux pouillé de l'évêché de Bayeux, connu sous le nom de livre Pélut *(liber velutus)*, transcrit textuellement, par l'abbé Béziers, à la fin de son histoire de Bayeux), dans l'archidiaconé des Weys *(Citra Vada)* ; elle payait, pour les annates en cour de Rome, vingt-cinq livres, et c'était l'abbé d'Aunay *(abbas de Alneto)* qui nommait à la cure. Elle faisait partie du doyenné de Thorigny (2) *(Thorigneïo)*. Ainsi je serais volontiers porté à croire, avec M. Pluquet, que le palais de nos ducs, dans le Bessin, se trouvait réellement à Noron

Herbert des Essarts bâtit l'église de Burleroy. 1030.

---

(1) L'abbaye d'Aunay ne fut dans l'origine qu'un simple monastère sous la dépendance de Savigny, fondé par Jourdain du Say et Luce des Essarts, son épouse. Ils en confièrent la direction au bienheureux Vital, abbé de Savigny. Elle ne fut érigée en abbaye qu'en 1152, par Richard du Hommet, qui s'y était fait religieux après la mort d'Agnès du Say, sa femme.

(2) Ce doyenné comprenait les paroisses de Balleroy, la Bazoque, Bures, Bérigny, Beuvrigny, Biéville, Brectouville, Cahagnolles, Castillon, Caumont, la Chapelle-du-Fest, la Chapelle-Heuzebroc, Condé-sur-Vire, Cormolain, Domjean, Sainte-Honorine de Ducy, Foulognes, Fourneaux, Saint-Georges-d'Elle, Giéville, Guilberville, Saint-Jean-des-Baisants, Lamberville, la Lande-sur-Drôme, Litteau, Saint-Louet-sur-Vire, Saint-Martin-le-Vieux, Montaigu, Montfiquet, Montrabot, Parfouru-

(Nogrondus), village fort ancien et probablement élevé à la place de l'ancien castel gallo-romain où est né Régnobert, l'un de nos saints évêques. On voit encore les ruines de cet édifice, non loin de l'église de Noron, qui fut aussi bâtie vers la moitié de ce siècle (1) à l'entrée du bois de Vernay, sur un côteau au pied duquel il y avait un étang qui fut desséché en 1793. Ces ruines sont connues dans le pays sous le nom de chapelle Sainte-Catherine de Burleroy (2).

Le duc Richard jouissait à peine, depuis quelques années, des douceurs de la paix, qu'il eut à reprendre les armes pour voler au secours de son ami Robert de France (1002). Mais, comme cette guerre ne touche en rien aux intérêts de notre localité, je pense que je dois la passer sous silence. Peu après le triomphe de notre duc, un chevalier normand qui revenait de la Terre Sainte avec quarante de ses compatriotes, parmi lesquels étaient les seigneurs des Essarts, ceux du Molay, de Montfiquet, de Sept-Vents, etc., car, en ces temps-là, les pélerinages

---

l'Eclin, le Perron, Placy, Plaines-OEuvres, Planquery, Précorbin, Saint-Quentin-d'Elle, le Quesnay-Guesnon, Rouxeville, Sallen, Sainte-Suzanne, Notre-Dame de Thorigny, Saint-Amand-de-Thorigny, Saint-Laurent, Saint-Symphorien, Trungy, Vaubadon, la Vacquerie, le Vernay, Vidouville.

(1) L'abbé Barette. *Histoire de Balleroy.*

(2) Le savant abbé Petite, official de Bayeux, dans la carte du diocèse publiée en 1676, place à Noron la chapelle de Sainte-Catherine de Burleroy, tout près d'une chapelle Saint-Nicolas à laquelle il donne la même épithète.

étaient fréquents, s'arrêta en Sicile, et le duc de Salerne, auquel ces aventuriers ne déplaisaient pas, les fit inviter à venir se reposer chez lui quelques jours. La proposition fut acceptée, comme elle était faite : vite et bien. On se réunit, on se met à boire, à raconter des histoires étranges, des actions fabuleuses, et quelques-uns de ces fameux coups d'épée qui n'étonnaient personne, lorsqu'au milieu du festin, Drogon crut entendre dans la pièce voisine le bruit de l'or et de l'argent. C'était, en effet, le tribut que la Sicile payait chaque année aux Sarrasins ; on comptait l'argent et on le pesait, ce qui devait causer certaine distraction à nos bons compatriotes.—Mon hôte, s'écria Drogon, que fait-on là, et qu'est-ce que c'est que la musique que j'entends?— C'est une musique d'argent et d'or, lui dit le duc de Salerne, une musique qui nous coûte cher et dont nous n'aurons que le son, car déjà vingt vaisseaux arrivent sur nos côtes pour emporter cet or et cet argent. —Par Dieu! dit notre compatriote, voilà une trop belle harmonie pour de pareils mécréants ; il ne sera pas dit qu'ils en auront la joie...... Achevons cependant notre fête et demain mes compagnons et moi nous irons recevoir ces avides Sarrasins.

En effet, les Sarrasins accouraient au nombre de vingt mille : ils arrivaient sans défiance, comme des gens qui n'ont qu'à peser de l'or et à l'emporter dans leurs vaisseaux. Ils furent reçus à coup d'épée, à coup de lance, et pendant qu'ils se demandent quels étaient ces ennemis inattendus, les Normands en firent une horrible boucherie. En même temps, la ville de Palerme tout entière battait

Les Sarrasins dévalisés à Palerme par les Normands.

des mains au courage de ces étrangers. Les gens de Sicile ne laissèrent qu'à regret partir leurs libérateurs. Cet or et cet argent destinés aux Sarrasins, ils prièrent les Normands de l'emporter comme un témoignage de leur reconnaissance, et ceux-ci ne se firent pas trop prier. Leur retour fut un véritable triomphe, et le butin qu'ils apportaient souleva toutes les imaginations. Telle fut l'origine de la puissance que les Normands devaient plus tard exercer en Sicile (Extrait de J. Janin. *La Normandie)*.

Pendant tous ces troubles et toutes ces guerres, Richard IIe du nom, duc de Normandie, se faisait vieux, sans toutefois rien perdre de sa bravoure : il régnait depuis trente ans environ. Il rendit son âme à Dieu en 1026. A cette nouvelle, dit un chroniqueur contemporain, une douleur profonde s'empara de toute la province : les moines et les clercs poussaient de lugubres lamentations ; les guerriers inondaient leur visage de larmes ; les pauvres en grand nombre se désolaient par la ville, en songeant à la perte qu'ils faisaient d'un père si chéri et d'un chef si invincible. Les historiens de cette époque l'ont surnommé le Bon. Il était en tout conforme à l'esprit du temps. Pendant que le duc de Normandie assistait dévotement aux offices de ses moines, le roi Robert de France, son ami, vêtu d'un froc et d'une chappe, chantait lui-même au lutrin de Saint-Denis. Richard III succéda à Richard II dans le duché de Normandie et mourut l'année suivante en laissant un fils qui ne lui succéda pas. Et pourquoi ?... C'est une question, dit M. Liquet, « dont je ne me rappelle pas avoir vu la solution. »

Mœurs du XIe siècle.

Le duc de Normandie avait la faculté de désigner son successeur, en obtenant néanmoins la sanction des grands du pays. Richard III étant mort subitement se trouve dans l'impossibilité de rien faire en faveur de son fils, et les barons libres ou intimidés élisent Robert, oncle de Nicolas. De tout ceci nous pouvons conclure que le gouvernement de Normandie, comme celui de France à la même époque, n'était ni tout-à-fait héréditaire, ni tout-à-fait électif, mais d'une nature mixte, tenant à la fois de l'un et de l'autre.

A peine Robert le Magnifique eut-il été proclamé qu'il se forma contre lui une ligue puissante, dans laquelle trempèrent l'archevêque de Rouen, son oncle ; Hugues, évêque de Bayeux, son cousin ; son beau-frère Alain, duc de Bretagne, et Guillaume de Bellesme, comte d'Alençon. Cette quadruple insurrection n'eut d'autre suite que la soumission de ses chefs. L'archevêque de Rouen, assiégé dans sa ville d'Evreux, fut obligé de l'abandonner et d'aller chercher un asile auprès du Roi de France. En partant, il frappa la Normandie d'excommunication (1). C'était la première fois que les foudres de l'Eglise tombaient sur la province. Cet interdit n'eut pas de suite. Les moines, amis de Robert, se hâtèrent de rétablir l'harmonie. La révolte de l'évêque de Bayeux fut encore moins importante. Il fit forti-

---

(1) Pendant l'interdit on ne célébrait point la messe dans les églises, ni ailleurs, dans toute l'étendue du territoire du duché ; on n'administrait point les sacrements, on n'enterrait pas les morts : enfin tout culte public de religion était défendu.

fier son château d'Evrecy et se sauva en France. Le duc de Normandie s'empara de la place, la garda et la laissa enfin à l'évêque quand il fit sa soumission. Les deux autres insurgés subirent le même sort, et Robert, parvenu à consolider sa puissance, devint l'arbitre de ses voisins, et sa cour hospitalière devint l'asile des princes opprimés.

<small>Année 1033. Peste et famine.</small> Vint l'année 1033 à jamais néfaste par la famine générale et la peste qui en fut la suite. Au moment de la récolte, la campagne ne se trouva couverte que d'herbes parasites. Seigneurs et vassaux, riches et pauvres, tous souffrirent du même mal. Quand le peu de provisions fournies par le sol fut épuisé, on mangea les animaux domestiques. Cette ressource venant à manquer, il fallut demander aux cadavres un horrible soulagement contre la faim!!!... Une douleur profonde alors s'empara de tous les esprits, et les troubles du duché et de la monarchie ne tendirent qu'à augmenter la désolation publique.

Dans l'intérêt de la société près de périr, le Roi et les grands vassaux de la monarchie réclamèrent encore hautement l'influence du clergé dans l'ordre temporel. Le clergé, alors si respecté des peuples, était, par sa doctrine, ses vertus et ses exemples, le plus ferme soutien de l'autorité royale si fréquemment ébranlée par l'insubordination et les révoltes de nos belliqueux barons et de nos petits seigneurs de village, occupés à se faire entre eux une guerre acharnée. Le clergé donc, pour combattre cette anarchie et arrêter les guerres civiles qui désolaient la <small>La trêve de Dieu. 1041.</small> France, proclama la *trêve de Dieu*, loi qui défendit les combats depuis le mercredi au soir jusqu'au lundi matin :

c'était alors tout ce que pouvait faire l'autorité du Roi et celle du clergé pour empêcher le peuple de se détruire.

Si cette trêve n'arrêta pas entièrement le mal, elle en arrêta du moins la marche progressive : il fallait sans doute un moyen plus énergique pour sauver l'Europe ; mais enfin si on eût laissé toutes les passions s'agiter à l'intérieur, on eût vu bientôt l'anarchie redoubler et l'Europe s'affaisser sur elle-même et retomber dans la barbarie. Il fallait creuser un torrent pour l'arrêter, donner à la féodalité un but religieux, celui d'une civilisation universelle. Les papes prêchèrent les croisades : à leur parole, on vit tous nos barons occupés à se faire la guerre, à piller les églises et les monastères, prendre la croix et se précipiter comme un torrent sur l'islamisme qui menaçait d'étouffer la chrétienté. Au lieu de se précipiter chacun sur un terrain local, ils se précipitèrent tous et en masse sur le terrain ennemi : rien ne put résister à l'impétuosité de leur courage. Jérusalem tomba en leur pouvoir et devint chrétienne.

Les incrédules, surtout au XVIIIe siècle, ont beaucoup crié contre les croisades ; mais, grâce à Dieu, ces déclamations furibondes commencent à se passer de mode ; les écrivains modernes, moins passionnés et plus impartiaux leur rendent justice : ils reconnaissent aujourd'hui les immenses services qu'elles ont rendus à la civilisation. D'ailleurs, quand elles n'auraient eu d'autre but que de venger l'honneur de l'Europe, elles seraient même, sous ce seul rapport, infiniment respectables. Mais les croisades eurent encore un autre but, celui de délivrer les chrétiens d'Orient de la plus dure tyrannie, et c'est ici où l'on voit la

Les croisades. réalisation de cette parole du Sauveur : *Quærite primum regnum Dei, et omnia adjicientur vobis ;* paroles profondes que ne devraient jamais oublier ceux qui s'occupent d'étudier l'histoire et, comme on dirait aujourd'hui, la philosophie de l'histoire (1). Les croisés, pour la plupart, ne songeaient qu'à venger l'honneur du christianisme, et n'avaient qu'une pensée de foi et de charité, mais ils eurent en récompense une multitude de bienfaits qu'ils n'avaient même jamais désirés.

Pendant plusieurs siècles, on vit les croisés aller répandre leur sang en Asie, mais il n'a pas été perdu ; ils délivrèrent l'Europe de l'anarchie qui la désolait et qui empêchait le développement de la civilisation. Les croisades divisèrent, morcelèrent les grandes propriétés et répandirent les richesses parmi toutes les classes inférieures de la société. En allant faire la conquête de Jérusalem, observe M. Michelet, les croisés trouvèrent la liberté. Ils ont donné un essor rapide au commerce, à la navigation, à tous les arts et à toutes les sciences ; ils ont rapporté d'Orient mille connaissances que l'Occident avait perdues ; car les arts, les sciences, les lettres, l'industrie, s'étaient mieux conservés en Asie qu'en Europe où les invasions des barbares les avaient entièrement détruits ; en Orient, les voyages et l'étude de la science grecque, en les sauvant, les conservèrent pour l'Occident.

Les croisades, outre ces bienfaits, eurent encore cet

(1) Extrait d'un manuscrit qui m'a été communiqué par un ami.

avantage qu'elles firent disparaître tout-à-fait les passions locales qui avaient divisé les peuples européens, et si aujourd'hui nous avons de grands peuples, de vastes royaumes, de puissantes monarchies, pleins d'ensemble, c'est aux croisades que nous le devons ; car ce sont elles qui ont éteint toutes les rivalités, les jalousies, les haines, en un mot toutes les passions qui entretenaient l'anarchie parmi les tribus barbares. Roberston, dans une admirable introduction à la tête de son *Histoire de Charles V,* a démontré que les croisades avaient exercé la plus heureuse influence sur la civilisation universelle. Michaud, dans son *Histoire des Croisades,* prouve aussi ce fait.

Ceux des pèlerins pénitents qui revenaient de la Terre Sainte par l'Italie disaient des choses incroyables sur cette Rome tant vantée, et de plus incroyables encore sur Jérusalem et l'Orient, si bien que l'esprit aventurier de notre duc Robert, que nos pères avaient surnommé le *Magnifique,* s'enflamma lui-même un jour du beau désir d'aller aussi porter son orgueilleuse visite au tombeau du Sauveur des hommes. Il se rappelait aussi, disent les poudreuses chroniques, qu'il avait à expier le meurtre de son frère.

Cette résolution étant une fois bien arrêtée, Robert le Magnifique fit appeler près de lui l'archevêque de Rouen et les grands de la province, pour que les prélats et les barons reconnussent comme leur seigneur son fils Guillaume qu'il avait eu d'Arlette, et lui fissent hommage (1). Le duc,

---

(1) Cette prestation de serment se faisait en plaçant les mains entre

ayant ensuite disposé tout pour son voyage d'outre-mer, conduisit le petit Guillaume à Paris pour le confier à la garde du Roi de France.

Parmi les barons qui accompagnèrent le duc de Normandie à la Terre Sainte, nous remarquons avec bonheur Herbert des Essarts, grand-maître de la forêt de Burleroy, Guillaume Bâcon du Molay, les sires de Bernières, de la Haye et de Monfiquet, les mêmes qui, quelques années plus tard, montèrent sur les vaisseaux de son fils Guillaume, pour aller avec lui conquérir le royaume d'Angleterre. « Le voyage du duc Robert et de ses compagnons pour la Terre Sainte, nous dit Jules Janin, dans son style enchanteur, fut une suite d'événements et de fêtes de tout genre. Il était suivi par les seigneurs les plus riches et les plus magnifiques de sa cour. L'esprit et la gaieté ne leur manquèrent pas, non plus que l'argent, les habits et les pierres précieuses. Certes, à les voir passer, on n'eût pas dit des pélerins qui allaient s'agenouiller au tombeau du Christ, mais bien de vaillants chevaliers qui se rendaient joyeusement à quelque joûte. Chaque jour amenait pour les gais voyageurs sa fête, son festin, ses licences. Sur les chemins, les populations se pressaient pour les voir, et voyant leur

<small>Herbert des Essarts part pour la croisade. 1034.</small>

celles du prince, ainsi que l'exprime la *coutume de Normandie,* mise en vers :

> Et ce fait à palme étendue
> Jointe entre les mains du sire
> Et qui le fait, doit ce mot dire :
> Je deviens nument votre homme
> A foi porter vers vous tout homme.

bonne mine, leurs casques pointus, leurs armes en forme d'écailles, leurs forts chevaux nés sur leurs terres, et cette foule de pages, de valets, de bouffons, d'écuyers, d'improvisateurs, de musiciens, de clercs tonsurés, on se demandait si ces descendants des vieux pirates du Nord n'étaient pas autant de rois qui s'amusaient à parcourir le monde. »

Robert et ses compagnons arrivent enfin aux portes de la ville sainte. Une foule de pélerins stationnaient en dehors, parce qu'ils manquaient du besant d'or (1) exigé par les infidèles. « *Par le cœur de mon ventre*, s'écrie Robert, en entendant leurs gémissements, *si j'entre dans la ville, ces gens-là ne resteront pas dehors, ou bien les besants me feront défaut.* » Il paya pour tous, et les fit entrer devant lui. Après avoir, huit jours entiers, répandu des larmes abondantes, accumulé les offrandes, multiplié les aumônes et accompli tous ses vœux, Robert se mit en route ; mais il ne devait plus revoir sa patrie. Il mourut à Nice qu'on vient de rendre à la France, où il fut inhumé (1035).

Une partie de ses compagnons revinrent en Normandie qu'ils trouvèrent en insurrection contre Guillaume le Bâtard, dont on ne voulait pas reconnaître l'autorité. Le comte de Brionne, son tuteur, Thouroude, son gouverneur, et Osberne, son intendant, furent massacrés par

---

(1) Il valait un double-ducat : ils ne furent connus en France que depuis Louis le Jeune, qui en rapporta de la croisade que saint Bernard lui conseilla de faire en personne, pour expier le crime d'avoir saccagé la ville de Pertois, dans la vue de se venger de Thibaud, comte de Champagne.

les insurgés. Le duc de Bretagne fit tous ses efforts pour soutenir le jeune duc, mais il mourut empoisonné, dit-on, pendant qu'il faisait le siège de Montgommery. Guillaume fut dès-lors en butte aux prétentions de tous les ambitieux. Guy, fils du duc de Bourgogne et d'Adèle de Normandie, tante de Guillaume, entreprit de le renverser. Un grand nombre de Normands, à la tête desquels était Régnault, comte du Bessin et ses vassaux, ceux de Montfiquet, de Valbadon, de Quiry, du Molay et des Essarts, nommé comme son père Herbert des Essarts, se déclarèrent en faveur de l'ambitieux duc de Bourgogne, et bientôt tous les habitants du Cotentin et de l'ouest du duché déployèrent l'étendard de la révolte.

Révolte de Herbert des Essarts.

Pour soutenir ses droits au duché, Guillaume se vit obligé d'implorer le secours du Roi de France, vers lequel il députa Mauger, son oncle, archevêque de Rouen, que plus tard il fit déposer de l'épiscopat dans un concile que présidèrent les légats du pape. Le Roi de France se détermina franchement à secourir le duc. Indépendamment de ce que c'était pour lui une occasion de se mêler des affaires de Normandie, il avait probablement intérêt que le duc de Bourgogne ne réunît pas sous son autorité les deux états de Bourgogne et de Normandie. Mais Guy et ses partisans appelèrent à leur aide les Manceaux et les Angevins qui accoururent pour combattre Guillaume et les Français, de sorte que le royaume se trouva divisé en deux parties prêtes à en venir aux mains.

Les Normands et les Bourguignons se rencontrèrent au Val-des-Dunes, dans cette belle campagne qui est entre

Valmeray (1) et Bellengreville, à quatre lieues de la ville de Caen. Les deux armées étaient séparées par la petite rivière de Muance. Les Normands la passèrent à Argences.

> Entre Argences et Mézodon
> Sur la rivière de Lison
> Se hébergèrent ceux de France
> Et jouxte leue de Méance
> Qui par Argence va courant,
> Se hébergèrent les Normands
> Qui o Guillaume se tenaient (2).

Au moment du combat, Raoul Tesson, seigneur de Harcourt, le baron d'Aulnay et son parent, Herbert des Essarts, passèrent, et bien leur en prit, du côté de Guillaume avec leurs cavaliers. Cette défection était de mauvais augure pour les insurgés. Cependant le combat s'engage ; les deux armées poussent leur cri de guerre : la mêlée fut terrible et long-temps la victoire douteuse. Le Roi de France, atteint d'une lance fut renversé et foulé aux pieds des chevaux. Mais Guillaume sut maintenir la supériorité de ses armes. Les insurgés, forcés de céder, furent poursuivis à travers la campagne de Caen. Un grand nombre se noya dans l'Orne, un plus grand nombre périt par le fer. Ceux qui restèrent virent resserrer les liens de leur liberté.

Bataille du Val-des-Dunes. 1047.

La victoire des Dunes amena une véritable révolution

---

(1) Ce fut dans l'église de Valmeray, dit M. de Caumont, que le Roi de France entendit la sainte messe.
(2) Robert Wace. *Roman de Rou.*

dans le gouvernement du duché. La nature de l'autorité changea : jusqu'alors les ducs de Normandie n'avaient été que les chefs, les premiers de la nation ; Guillaume en devint le maître et le souverain absolu. Sans droit à la couronne ducale aux yeux d'un grand nombre de seigneurs, ses vassaux, il ne pouvait régner que par la force. Pour se maintenir donc, il lui fallait abaisser tout ce qui se trouvait autour de lui et qui pouvait l'ombrager. Il transforma donc peu à peu son pouvoir en véritable pouvoir absolu.

Bataille de Mortemer. 1060. Le duc de Normandie ne tarda pas à avoir à combattre un nouveau prétendant, mais il fut taillé en pièces à Mortemer (1060). La paix fut conclue et le prétendant oublié. La mort du Roi de France, arrivée bientôt après, laissa le champ libre à Guillaume et lui permit de songer à la conquête d'Angleterre, grande et sublime idée qui l'occupait sans cesse. Edouard, fils d'Emma de Normandie qu'Alexandre III canonisa un siècle environ après sa mort, s'était rappelé les vingt-sept ans d'exil qu'il avait passés en Normandie, et on dit qu'en mourant il avait donné la couronne d'Angleterre à Guillaume. Le fils de Godwin, Harold, neveu de la femme d'Edouard, fit valoir un prétendu testament de son oncle, et se fit couronner roi d'Angleterre, le jour même des funérailles de ce prince. Ces deux événements parvinrent en même temps à la cour du duc de Normandie, qui fit aussitôt assembler son conseil pour l'informer de la résolution où il était de soutenir par les armes ses prétentions à la couronne d'Angleterre. Tous deux étaient d'avance déterminés à en appeler à leur épée, et les Anglais ne furent pas moins étonnés que les

Normands des vastes préparatifs que l'on faisait pour décider cette importante querelle.

Guillaume employa huit mois à rassembler les armes et les vaisseaux nécessaires à son invasion. Quand tout fut prêt pour l'accomplissement de ce vaste projet, le duc fit publier à son de trompe que tout homme sachant tenir une épée ou une lance serait le bien venu sous sa bannière. Il promettait le pillage après la victoire et, en attendant le pillage, une forte somme pour solde. A cet appel répondirent non seulement tous les Normands, mais encore tous les braves de l'Europe : le vieux seigneur de Burleroy, ce pélerin de Jérusalem, Herbert des Essarts et ses trois fils, Herbert que nous avons vu au Val-des-Dunes, Guillaume et Hubert, se hâtèrent, à l'envi les uns des autres, de s'enrôler sous la bannière du Conquérant.

Conquête d'Angleterre. 1066.

Le rendez-vous général était à l'embouchure de la Dive, rivière qui se jette dans la mer entre la Seine et l'Orne. Cinquante mille hommes, disent les uns, et soixante mille, disent les autres, plantèrent leurs drapeaux sur ce rivage d'où l'œil découvre à peine maintenant (1) quelques barques de pêcheurs cinglant à l'ouest vers les dunes de Sallenelles, ou à l'orient vers le petit port de Trouville. Le temps est froid et pluvieux, le vent est contraire, une brise du sud pousse la flotte jusqu'à l'embouchure de la Somme, au mouillage de Saint-Valery ; mais la tempête redouble et

---

(1)   Soubs Varaville vint osis nés soulement
        Là u Dives entre en mer assez près de Bavent.

il faut attendre encore. L'armée, naguère si belliqueuse, s'attriste et se décourage. Chaque jour, Guillaume voit sa conquête lui échapper. Chaque jour, il vole à l'église de Saint-Valery entendre la messe et, au sortir du saint sacrifice offert pour le succès de son entreprise, il regarde le coq du clocher pour savoir d'où vient le vent. Des prières publiques sont ordonnées, et l'on promène en chantant des hymnes la châsse de saint Valery autour de l'armée. Enfin, le soleil se dégage des nuages, le vent souffle; c'en est fait : quatre cents navires prennent le large, précédés par le vaisseau du duc, au haut duquel flotte l'étendard du pape, et le débarquement s'opère sans coup férir sur la côte ennemie, le 28 septembre 1066, à Pavensey.

Le duc descendit le dernier. Au moment, disent nos vieux chroniqueurs, où son pied touche le sol, il fit un faux pas et tomba en avant, ce qui était d'un mauvais présage. Mais lui, avec une présence d'esprit digne de César : « Terre, s'écria-t-il, je te tiens dans mes deux mains et par la grâce de Dieu, tant qu'il y en a, mes compagnons, elle est à vous. » A ce cri d'enthousiasme, toute l'armée applaudit et se mit joyeusement en route. Guillaume n'était pas homme à perdre inutilement le temps. Il savait combien l'activité est nécessaire dans une entreprise militaire surtout. Il se hâta, sans prendre aucun repos, de s'éloigner de la mer et vint camper assez près de la ville de Hastings : le lieu qui fut choisi pour vider la querelle s'appelait Sinlac, à neuf milles de cette dernière ville. C'était une hauteur ouverte vers le sud et couverte, sur ses derrières, par un bois fort étendu où était campée l'armée anglaise;

sur l'éminence opposée, Guillaume range la sienne en bataille et, là, mettant un genou en terre, en présence de ses barons, il fit à Dieu le vœu solennel, s'il remportait la victoire, de fonder une église pour le repos de l'âme de tous les guerriers. Ordéric Vital ajoute même que, le matin du combat, le duc se confessa et communia des mains de Godefroy, évêque de Coutances.

A neuf heures du matin, le samedi 14 octobre, l'armée commença à s'ébranler, franchit l'espace qui séparait les deux éminences, et gravit avec précipitation la hauteur sur laquelle étaient postés les Anglais. Le comte de Toustain surnommé le Beau, porte l'étendard du pape, et au cri national poussé par Taillefer (1), *Dieu est notre aide,* les Anglais répondent : *croix du Christ, la sainte croix ;* et le combat s'engage. Les Anglais, plus nombreux que les Normands, avaient, comme les Russes à la bataille de l'Alma, l'avantage du terrain, et il était difficile, parce que nos pères n'avaient ni l'agilité des zouaves, ni des soldats qui pussent encore leur ressembler en bravoure, d'emporter le camp de vive force. La confiance des nôtres s'évanouit à la vue de leurs pertes et de la contenance hardie de leurs ennemis ; après une courte pause, la cavalerie et l'infanterie de l'aile gauche commencent à fuir ; les Anglais les poursuivent avec acharnement et le bruit se répandit que Guillaume lui-même avait péri. Toute l'armée allait fuir, quand le duc, son casque à la main, parcourut la ligne à

---

(1) Au moyen-âge on n'attaquait jamais l'ennemi qu'en poussant son cri de guerre.

cheval en criant : « je vis encore, et avec l'aide de Dieu, je serai toujours vainqueur. »

Guillaume ramena ses troupes à la charge, mais la colonne anglaise serrée et inébranlable comme un roc au milieu des vagues, repoussa tous ses efforts : inquiet et désappointé, le Normand simule une retraite qui trompe son adversaire. Harold se mit à la poursuite des Normands qui bientôt font volte-face et chargent ses troupes avec la plus vive impétuosité ; mais le corps de l'armée anglaise se maintient opiniâtrement dans sa position et semble défier tous les efforts des Normands. Durant l'engagement, leur duc avait donné les preuves les plus signalées de sa bravoure personnelle. Trois chevaux furent tués sous lui et il fut forcé de lutter à pied contre toute l'armée anglaise. Enfin, un peu avant le coucher du soleil, une flèche lancée au hasard atteignit Harold à l'œil et il expira à l'instant. Vers la nuit, les Anglais qui n'avaient cessé de combattre depuis six heures du matin, lâchèrent pied et se dispersèrent dans les bois.

Telle fut l'issue de cette fatale et mémorable campagne où l'on assure que soixante mille Anglais furent immolés à l'ambition d'un farouche conquérant qui, de son côté, perdit une partie de son armée. Le duc Guillaume, profitant de sa victoire, marcha immédiatement sur Londres où il entra en vainqueur, mais couvert du sang de ses soldats et de ses nouveaux sujets : il y avait été déjà proclamé roi par Stigand, autre ambitieux, archevêque de Cantorbéry, que Guillaume déposa pour mettre à sa place son favori Lanfranc, abbé de Saint-Etienne de Caen.

Les deux enfants de Herbert des Essarts, Guillaume et

Hubert, obtinrent une large part dans les dépouilles des Anglais vaincus. Ils acquirent d'immenses domaines dans la province de Glocester dont était devenu comte Robert de Thorigny, fils Haimon (Ledentu), qui fut tué à la bataille du Val-des-Dunes et dont le corps dit Wace fut apporté par les siens à Esquay, et enterré en face de la porte de l'église :

> A Esquay, fut d'ileuc porté
> Et devant l'église enterré.

Il est donc évident que la famille des Essarts est loin de nous venir d'Angleterre comme le prétend (1) notre premier historien ; ce fut au contraire elle qui partit de Normandie avec le Conquérant, pour aller enrichir de son blason déjà célèbre, les vieux parchemins de l'aristocrate Angleterre. Herbert leur aîné revint dans ses terres où il ferma les yeux à son père.

---

(1) L'abbé Barette. *Histoire de Balleroy*, pag. 99.

CHAPITRE II.

Coup-d'œil rétrospectif sur les événements qui eurent lieu tant en Angleterre qu'en Normandie.—Guillaume inhumé à Caen.—Herbert des Essarts et son fils Robert partent pour la seconde croisade.—Ils assistent tous deux à la prise de Jérusalem.—Mort de Guillaume le Roux.—Le duc Robert débarque en Angleterre.—Descente de Henri Ier en Normandie.—Robert des Essarts se déclare pour Henri Ier, roi d'Angleterre.—Pillage du château des Essarts et du manoir de Burleroy.—Robert des Essarts fait prisonnier et conduit au château de Bayeux.— Henri Ier assiège Bayeux.— Bayeux est brûlé.— Caen se rend.— Bataille de Tinchebray.—Henri se fait duc de Normandie.—Burleroy rebâti prend le nom de Balaré (*Balare* et *Barlarreyum* dans les chartes).—Robert des Essarts fait respecter ses terres.—Les Templiers à Baugy.—Saint Bernard leur donne une règle.—Leurs richesses.—Leurs revenus.—Ils sont supprimés.—Leurs biens sont donnés aux religieux hospitaliers de Saint-Jean-de-Jérusalem.—Les chevaliers de Rhodes.—Ceux de Malte.—Le général Bonaparte s'empare de l'île de Malte.—L'ordre est supprimé.—Baugy est vendu.—Ses divers propriétaires.—Léproserie de Planquery.—Robert des Essarts marie sa nièce à Robert de Kent, bâtard du roi Henri.—Hugues des Essarts à la cour d'Angleterre.—Hugues II des Essarts part pour la troisième croisade.—Thomas Becket à Montfiquet, aux Essarts et à Balaré.

Guillaume le Conquérant étant mort à Rouen, le 9 septembre 1087, son fils Guillaume lui succéda sur le trône d'Angleterre, et Robert son aîné sur celui de Normandie. Arrivé à ce point de notre récit, je dois, comme je l'ai déjà fait dès le commencement de cette histoire, passer une revue rétrospective sur les événements qui eurent lieu en Angleterre et en Normandie ou qui s'y préparaient, afin de mettre mes lecteurs en état d'apprécier le rôle que remplit Robert des Essarts, maître de Burleroy (1), pendant leur cours et dans leurs péripéties diverses.

Ordéric Vital rapporte que Guillaume le Conquérant, étant sur son lit de mort, partagea de la manière suivante sa succession entre ses trois fils : « J'ai accordé, dit-il, à Robert le duché de Normandie, avant que j'eusse livré bataille à Harold dans les plaines de Sinlac. Comme il est l'aîné de mes fils, et qu'il a déjà reçu les hommages de presque tous les barons de ce pays, on ne peut lui enlever les biens que je lui ai donnés ; toutefois je sais, à n'en pouvoir douter, que la contrée qui sera soumise à son pouvoir sera véritablement malheureuse. En effet, il est orgueilleux, insensé et désordonné ; il aura long-temps à souffrir les plus cruelles infortunes.

» Je désire que mon fils Guillaume qui, dès son enfance, m'a toujours été attaché et, selon son pouvoir, m'a obéi de bonne grâce en toutes choses, se maintienne long-temps dans l'esprit de Dieu et, si c'est la volonté divine, brille heureusement sur le trône royal d'Angleterre. — Et moi, mon père, que me donnez-vous ? dit Henri, le plus

---

(1) C'est-à-dire que Robert des Essarts avait la haute inspection, la maîtrise des eaux et forêts de Normandie, notamment de la forêt de Burleroy, ce qui fit, dès-lors, qu'on donna le nom de Burleroy au manoir ou château qu'il habitait non loin du Wey-Sbire, à Mollandin. Cette maîtrise fut long-temps héréditaire.

jeune des fils du Conquérant.—Je vous donne, répondit-il, cinq mille livres d'argent de mon trésor. — Mais, reprit Henri, que ferai-je de ce don, si je n'ai ni terre, ni demeure? — Mon fils, répartit le Roi, contentez-vous de votre sort et confiez-vous dans le Seigneur. Souffrez pacifiquement que vos frères aînés vous précèdent : Robert aura la Normandie et Guillaume aura l'Angleterre; quant à vous, vous aurez, lorsque votre temps sera venu, tout le bien que j'ai acquis, et vous surpasserez vos frères en richesses et en puissance » (1). Henri sortit brusquement pour aller se faire peser les cinq mille livres d'argent, et Guillaume se retira en même temps pour aller recueillir la couronne d'Angleterre, suivant l'ordre que son père lui en avait donné ; et, en débarquant, ayant appris sa mort, il se rendit à Londres avec Lanfranc, qui le consacra Roi dans l'église de Westminster, tandis qu'on enterrait son père dans l'église de Saint-Etienne de Caen (1087).

Guillaume inhumé à Caen. 1087.

Pendant que Guillaume régnait assez sagement en Angleterre, dit Ordéric Vital, son frère le duc Robert vivait en Normandie, plongé dans un état de mollesse et d'oisiveté qui le rendit un objet de mépris aux yeux des hommes ambitieux et remuants, capables d'attentats pour satisfaire leurs passions, et qui se plaisaient à exciter de perfides séditions. Cependant ce prince était hardi et vaillant, et il n'était pas tout-à-fait indigne d'éloges. Il était éloquent, mais inconsidéré dans sa conduite et dans le gouvernement

---

(1) Ordéric Vital, liv. vii, pag. 207, 208 et 209.

des siens. Prodigue quand il donnait, exagéré dans ses promesses, léger et mal avisé dans le mensonge, miséricordieux pour ceux qui le suppliaient, faible et doux quand il fallait faire justice du crime; prompt à changer de résolution, trop affable et trop complaisant dans ses rapports avec tout le monde, et, à cause de ces défauts, peu considéré et peu craint des méchants et des insensés, il était replet et de petite taille. Il cherchait à plaire à tout le monde, et il donnait, promettait et accordait tout ce qu'on lui demandait. Chaque jour, par ses prodigalités, il diminuait le domaine de ses pères, faisant aux premières demandes des dons sans mesure, et il s'appauvrissait d'autant plus qu'il fortifiait les autres contre lui (1). Il ne tenait plus que d'une main faible les rênes du gouvernement : sa détresse le contraignit de solliciter l'assistance de son frère Henri, à qui il vendit pour trois mille livres tout le Cotentin, y compris l'Avranchin et le Mont-Saint-Michel, c'est-à-dire le tiers de la Normandie que Henri gouverna sagement, car c'était un prince instruit, économe et laborieux. Il posséda bientôt assez pour n'obéir qu'autant que cela lui conviendrait.

De son côté, le roi Guillaume s'était rendu maître de plus de vingt places fortes en Normandie, et il s'était attaché la plupart des grands barons et des citadins puissants. La province, partagée ainsi entre les fils du Conquérant, perdait nécessairement de sa force, et les puissants élé-

---

(1) Voyez Ordéric Vital, liv. VIII, pag. 224.

ments de prospérité qu'elle possédait en elle-même étaient affaiblis, paralysés par l'effet de cette division ; mais encore ce qu'il existait de barons et de châtelains pillards et factieux, fauteurs de désordres, et le nombre en était grand, profitait de cette anarchie et de l'absence d'un gouvernement fort et protecteur pour rançonner et ravager le pays.

Robert reconnut lui-même cette déplorable situation ; abandonné de presque tous les hommes sages, et redoutant de plus grands désastres pour sa fortune, il résolut, d'après le conseil de quelques personnes religieuses, de faire en croisé le voyage de Jérusalem. L'occasion était favorable. Urbain II, qui occupait la chaire pontificale, avait reçu les lettres les plus pressantes du patriarche de Jérusalem et de l'empereur de Constantinople. Le premier peignait avec de vives couleurs les souffrances des chrétiens orientaux, sous le joug des sectateurs de Mahomet. Le second cherchait à alarmer les nations occidentales, en décrivant le danger auquel l'approche rapide des Sarrasins exposait la ville impériale elle-même. Leurs représentations réussirent et le souverain pontife résolut d'opposer l'enthousiasme des chrétiens à celui des infidèles.

L'esprit d'aventures qui avait distingué les tribus du Nord vivait encore parmi leurs descendants ; et le pape pensa avec raison que cette ardeur serait invincible, si elle était sanctifiée et dirigée par l'impulsion de la religion. C'était d'ailleurs la plus belle époque de la chevalerie, cette institution pleine d'amour, de courage et de foi, qui faisait jurer aux chevaliers de consacrer leur vie aux redressements des maux de la société, et au soulagement des malheureux. Lorsque, comme je l'ai dit, Urbain II conseilla, dans le concile de Clermont, une seconde croisade pour recouvrer la Terre Sainte, la proposition fut reçue avec le cri unanime que c'était la volonté de Dieu. Ceux qui avaient entendu la voix éloquente du pontife, à leur retour dans leurs foyers, répandirent la même ferveur parmi leurs concitoyens, et des milliers d'hommes de toutes les parties de l'Europe, de la France surtout, se hâtèrent d'aller répandre leur sang pour la cause de la croix, et pour arracher à l'opprobre de la domination musulmane le sépulcre du Christ

Le duc Robert brûlait de prendre part à l'entreprise ; mais, pour paraître parmi les princes confédérés avec tout l'éclat dû à sa naissance et à son rang, il fallait faire des dépenses que ne lui permettait pas sa pauvreté. L'avarice de son frère fut sa seule ressource. Il lui offrit le gouvernement de ses états, durant cinq années consécutives, moyennant une somme de dix mille marcs d'argent pour les frais de son pèlerinage. Sa proposition fut acceptée à l'instant. Guillaume pressura les infortunés Anglais pour réunir cette somme, et Robert, tandis que son frère venait prendre possession de la Normandie (1096) partit pour aller chercher les dangers et la gloire. Herbert des Essarts (1) qui se faisait déjà vieux, son fils Robert, le châtelain du Molay, Guillaume Bacon, les seigneurs de Montfiquet, de Blagny, de Quiry et de Valbadon, accompagnèrent le duc Robert et assistèrent avec lui et Godefroy de Bouillon à la prise de la Ville Sainte, le 19 juillet 1099.

Herbert des Essarts Robert, son fils, partent pour la croisade. 1096.

(1) Barette. *Histoire de Balleroy et de son canton,* pag. 99.

Il n'entre pas dans mon plan de raconter ici ce qui a rapport à la vie de Guillaume le Roux et à son gouvernement. C'était, dit l'historien Lingard, un homme violent, avare et débauché, également détesté des Anglais et des Normands. Sa mort, qui arriva pendant l'absence de Robert, fut marquée par un incident qu'il n'est pas inutile de remarquer. Un jour qu'il se trouvait réuni avec quelques compagnons de débauche, il lui prit fantaisie d'aller chasser après de larges libations. Le Roi pénétrait dans un fouilli, quand un moine l'arrêtant d'un geste effrayé lui raconta que, la nuit même, il avait eu une vision : il avait vu le roi Roux, cité à comparaître devant le trône de Dieu. « Bon père, dit le prince, vous me dites là des choses que » ne croirait pas un porc saxon ; mais cependant j'ai hâte, » vous me raconterez le reste à mon retour…. » La chasse commence… Mais, soudain, tout s'arrête ; plus de bruit, plus de cris de joie !... le Roi est mort sans qu'on puisse savoir au juste qui l'a frappé. (1100).

Ce prince mort sans enfants, la couronne revenait à Robert, mais il n'était pas là pour recueillir la succession. Son plus jeune frère, Henri, qui déjà, ai-je dit, possédait tout le Cotentin, Coutances, Avranches, etc., et avait de nombreux partisans en Normandie, accourut de son exil de Bretagne où il s'était retiré après la prise de son château du Mont-Saint-Michel, s'empara du trésor, et, à l'aide de ce qu'il y trouva, parvint à se faire couronner roi d'Angleterre au préjudice du duc Robert qui, s'étant distingué par une foule d'exploits, avait été choisi par les croisés comme roi de Jérusalem. Cette couronne lui sembla trop lourde, il la céda aux mains généreuses de Godefroy de Bouillon, et, ayant accompli son pèlerinage, il reprit la route de son duché par l'Italie où il s'arrêta pour épouser Sibille, petite nièce du duc Guiscard.

Dans le courant du mois de septembre 1101, ce prince croisé arriva en Normandie dont il reprit possession sans obstacle ; il la gouverna sinon de fait, du moins de nom, pendant près de huit années, dit le chroniqueur souvent cité ; mais continuant de s'engourdir dans la mollesse et la nonchalance, il se rendit méprisable à ses sujets. Le vol et le brigandage s'étendirent partout sans relâche, et toutes les calamités fondirent de toutes parts sur elle et ses malheureux habitants. Henri Ier, au contraire, eut la sagesse, dès le commencement de son règne, de se concilier l'affection de tout le monde. Il occupait déjà depuis un mois le trône d'Angleterre, lorsque Robert et ceux qui l'avaient accompagné en Palestine débarquèrent en Normandie. Mais ses vassaux montraient une vive ardeur de combattre sous un prince qui avait cueilli des lauriers dans la Terre Sainte. Il lui vint secrètement d'Angleterre des offres de secours et des forces puissantes, en hommes d'armes, en archers et en fantassins.

Robert donne le commandement de quelques-unes des forteresses les plus importantes de la Normandie, aux barons anglais, qui vinrent s'engager à épouser sa cause, et, au mois d'octobre 1101, il s'embarqua au Tréport avec ses partisans. Mais, au moment où les deux frères étaient près d'en venir aux mains, grâce aux conseils de quelques courtisans intéressés, ils s'arrangèrent. Robert eut la faiblesse d'abandonner ses droits à la couronne d'Angleterre, moyennant le tribut annuel de trois mille marcs d'argent et la remise de tout le Cotentin.

<small>Descente de Henri Ier en Normandie. 1106.</small>

Le duc Robert rentré dans son duché pouvait réparer en quelque sorte la perte qu'il venait d'éprouver, s'il eût consacré ses soins à faire le bonheur de ses peuples; mais, au contraire, son mauvais gouvernement lui aliéna de plus en plus le cœur de ses sujets, et facilita les vues de Henri qui prit toutes les mesures pour usurper la Normandie. Ce prince, sous le prétexte de poursuivre les comtes de Mortain et de Bellesme qu'il a chassés d'Angleterre, mais indigné surtout que Robert eût tellement dilapidé l'héritage du Conquérant qu'il ne lui en restait rien en propre que la ville de Rouen, qu'il eût aussi donnée si les habitants le lui avaient permis, passe la mer à la tête d'une armée et vint débarquer à Barfleur au commencement de l'année 1106, où il est reçu à bras ouverts par les comtes de Meulan, de Chester, d'Aumale, d'Eu, de Mortagne, de Breteuil, par Raoul de Conches, Robert de Thorigny, Robert des Essarts, Robert de Monfiquet, Robert de Mortemer, qui tous avaient embrassé sa cause, et dont le patriotisme s'indignait des malheurs que les vices et l'inconduite de leur duc causaient à la patrie.

<small>Robert des Essarts se déclare pour le roi Henri Ier.</small>

L'année précédente 1105, Gunhier d'Aunay, surintendant des villes de Caen et Bayeux, et Guillaume de Varennes, soutenus de leurs garnisons, ravagèrent les villages du doyenné de Thorigny, pillèrent le château des Essarts, qu'ils incendièrent ensuite. Un jour, ils eurent avis que Robert de Thorigny, partisan du Roi d'Angleterre, était logé à Secqueville (1). Aussitôt ils avancent dans l'intention de le charger, mais il se retire dans la tour de l'église et se défend. Enfin, contraint par le feu qu'ils y mettent, il se rend et est conduit prisonnier au château de Bayeux, avec Robert des Essarts et plusieurs autres vassaux (2). Obligés d'opter entre deux devoirs opposés l'un à l'autre, Robert de Thorigny et Robert des Essarts, qui tous deux possédaient des domaines en Angleterre et des terres en Normandie, durent-ils donner la préférence au prince dont la sagesse et la haute capacité gouvernementale présentaient le plus de garanties pour le bonheur à venir de la patrie, réduite à la plus extrême misère par le gouvernement détestable de l'autre prince ? Je ne balancerai pas un instant à me prononcer pour l'affirmative. D'ailleurs, les hauts barons les plus estimables de la province ne s'étaient-ils pas rangés de ce parti ?

Robert des Essarts prisonnier à Bayeux.

Le roi Henri, ayant été averti de l'attentat commis contre Robert de Thorigny, se dirigea sur Bayeux dont il fit le siège, aidé d'Hélie, comte d'Anjou. Gunhier d'Aunay, qui y commandait au nom du duc Robert, se présenta au Roi d'Angleterre et lui remit d'abord Robert de Thorigny. Mais Henri, non content de cette déférence, lui ordonne impérieusement de lui rendre aussi les clefs de la

Henri Ier assiège et brûle Bayeux. 1106.

(1) Il y a quelques années on voyait encore les traces de l'incendie dont je parle sur les parties inférieures de l'église de Secqueville en Bessin, l'un des plus beaux monuments de la Manche.

(2) Dumoulin. *Hist. gal. de Norm.*, pag. 284.

ville. Gunhier refuse. Alors, le Roi d'Angleterre, n'écoutant que le ressentiment dont il est animé contre cette ville où il avait été détenu lui-même quelque temps prisonnier par Robert, en fit le siège, la força et la livra aux flammes, ne respectant ni le sacré, ni le profane (1). Avant cette horrible destruction, les richesses de la cathédrale avaient pu être enlevées ; le poète Wace nous l'affirme. Ainsi furent sauvées la chasuble de saint Régnobert et la célèbre tapisserie de la reine Mathilde.

> Tote fut l'église destruite
> Et la richesse fors conduite.

Caen se rend à Henri Ier. De Bayeux Henri se dirigea sur Caen. Il parvint à gagner quelques-uns des principaux de la ville qui lui en ouvrirent les portes. Le jardin où ce complot fut ourdi, situé entre Saint-Martin et la porte Artus, n'a jamais, dit Dumoulin, page 285, rapporté depuis aucun fruit qui soit utile à l'homme ; assertion qui aurait grand besoin d'être prouvée pour être admise. Quoi qu'il en soit, les bourgeois de Caen chassèrent de la ville le gouverneur et la garnison que le duc Robert, qui s'était enfui à Falaise, y avait laissés, et deux jours après, en ouvrirent les portes à Henri Ier.

Ce prince envoya un détachement pour l'assiéger dans le château de Falaise, mais la place était imprenable. On tenta une réconciliation, les deux frères eurent une en-

(1) Ordéric Vital, liv. II.

trevue à Cintheaux entre Caen et Falaise. Henri se montra exigeant à l'excès, la réconciliation fut manquée et le Roi d'Angleterre, renforcé par de nouvelles troupes, se dirigea sur Tinchebray où le duc Robert perdit pour toujours et sa couronne et sa liberté (1106).

Bataille de Tinchebray. 1106.

L'ami et le beau-frère de Robert des Essarts, Robert-Fitz Aymond de Thorigny, ayant été blessé au siège de Falaise et étant mort des suites de sa blessure, le maître de Burleroy se retira dans son manoir des Essarts qu'il avait fait restaurer, ainsi que la petite église de Burleroy qui avait aussi eu beaucoup à souffrir lors du passage des troupes de Gunhier, et qui prit alors le nom de Balaré (*Balaré, Barlarreyum*). Là, dans les douceurs d'un doux repos qu'offre toujours l'intérieur de la famille, il s'occupa dignement de l'éducation de son fils Hugues qui, comme lui, fut le bienfaiteur des établissements religieux qui furent fondés à cette époque dans nos contrées. A aucune époque de notre histoire on n'en vit autant se fonder que dans ce XIIe siècle.

Burleroy prend le nom de Balaré.

C'était un moyen de se racheter de leurs péchés, ai-je dit, que nos barons féodaux, aux goûts érotiques et aux habitudes de forban, avaient trouvé (ce qui leur mérite indulgence), car ils ouvrirent par là des asiles au malheur, à la piété, à la science et préparèrent ainsi des voies à la civilisation. Il est encore une remarque à faire en faveur de Robert des Essarts : c'est qu'il sut faire respecter ses domaines par les bandits qui ravageaient alors nos riches contrées et que ses vassaux trouvèrent sous sa protection paix et sécurité. Robert des Essarts, pour parler le langage

Robert des Essarts fait respecter ses terres.

du blason, dont l'origine remonte à cette époque des croisades portait : *de gueules à trois croissants d'or,* et dans nos vieilles chartes de fondation il est qualifié de *Miles* (1). C'est ainsi que, pour les distinguer son fils Hugues et lui des autres seigneurs de fraîche date, on les voit figurer dans la charte de fondation du monastère d'Aunay, fondé par leur parent en 1131, et dans une charte de l'an 1140, souscrite en faveur du prieuré de Saint-Vigor, où ils figurent père et fils comme les premiers protecteurs (2).

On les retrouve, en 1150, aumônant à la maison du temple de Baugy *(Balde),* la terre sur laquelle est bâti le château actuel de Balleroy (3) et dont la ferme d'exploitation se trouvait alors dans cette demi-lune que forme la Drôme entre le Pont-Blanc et le déversoir de la rivière, appelé vulgairement la *Perrée.* Enfin ils concédèrent à ce monastère quelques droits sur la terre du Coysel à la Bazoque. Cette maison du temple de Baugy, fondée en 1148 par Roger Bacon qui leur donna sa terre de Planquery, touche de si près le bourg actuel de Balleroy, que je me ferais un reproche de ne point parler de cette fondation et des religieux militaires qui l'habitèrent successivement. Je

<small>Les Templiers à Baugy(*Balde*). 1148.</small>

---

(1) Quelques historiens du moyen-âge pour désigner la noblesse originaire se sont servis du mot *Miles,* et pour désigner celle qui s'acquiert par sa propre valeur, ils emploient le mot *Eques.*

(2) L'abbé Barette. *Histoire de Balleroy.* — Chartrier du prieuré de Saint-Vigor.

(3) Le Lieu-Verdier qui est derrière le jardin du presbytère de Balleroy au midi s'appelait dans les vieux contrats, le Pré du Temple, des Templiers.

vais donc esquisser, le plus succinctement possible et par anticipation, la narration des faits successifs qui se rattachent à l'histoire de cette maison des Templiers, appelée depuis *Commanderie de Baugy*.

L'ordre des Templiers est le premier de tous les ordres militaires et religieux : il commença l'an 1118 à Jérusalem. Hugues de Paganès ou des Payens et Geoffroy de Saint-Omer en furent les fondateurs ; ils se réunirent avec six ou sept autres militaires pour la défense du Saint Sépulcre contre les infidèles et pour protéger les pèlerins qui y abordaient de toutes parts. Baudoin II, roi de Jérusalem, leur prêta une maison située auprès de l'église que l'on croyait être bâtie au même lieu que le temple de Salomon ; c'est de là qu'ils prirent le nom de Templiers. De là vint aussi que l'on donna dans la suite le nom de temple à leurs maisons. Ils furent encore nommés, d'abord à cause de leur indigence, les *Pauvres de la sainte Cité*. Comme ils ne vivaient que d'aumônes, le roi de Jérusalem, les préfets, les prélats et les grands leur donnèrent à l'envi des biens considérables. Les huit ou neuf premiers chevaliers firent entre les mains du patriarche de Jérusalem, les trois vœux solennels de religion, auxquels ils en ajoutèrent un quatrième, par lequel ils s'obligeaient à défendre les pèlerins et à tenir les chemins libres pour ceux qui entreprendraient le voyage de la Terre Sainte, mais ils n'agrégèrent personne à leur société qu'en 1128.

Il se tint alors un concile à Troyes en Champagne, présidé par le cardinal Mathieu, évêque d'Albe et légat du pape Honorius II. Hugues de Paganès, qui était venu en

<small>Saint Bernard donne une règle aux Templiers. 1145.</small>

France avec six chevaliers pour solliciter des secours en faveur de la Terre Sainte, se présenta à ce concile avec ses frères ; ils demandèrent une règle : saint Bernard fut chargé de la dresser. Il fut ordonné qu'ils porteraient un habit blanc, et, l'an 1146, Eugène III y ajouta une croix sur leurs manteaux. Les principaux articles de leur règle portaient qu'ils entendraient tous les jours l'office divin ; que, quand leur service militaire les en empêcherait, ils y suppléeraient par un certain nombre de *Pater ;* qu'ils feraient maigre quatre jours de la semaine ; que le vendredi ils n'useraient ni d'œufs ni de laitage ; que chaque chevalier pourrait avoir trois chevaux et un écuyer, et qu'ils ne chasseraient ni à l'oiseau ni autrement.

Cet ordre se multiplia beaucoup en peu de temps ; il servit la religion et la Terre Sainte par des prodiges de valeur. Après la ruine de Jérusalem, arrivée l'an 1186, la milice des Templiers se répandit dans tous les états de l'Europe. Elle s'accrut extraordinairement et s'enrichit par les libéralités des souverains et des grands. Mathieu Paris assure que, dans le temps de l'extinction de cet ordre, en 1313, par conséquent en moins de deux cents ans, les Templiers avaient dans l'Europe neuf mille couvents ou seigneuries. De si grands biens ne pouvaient manquer de les corrompre ; ils commencèrent à vivre avec tout l'orgueil qu'inspire l'opulence et à se livrer à tous les plaisirs que se permettent les militaires, lorsqu'ils ne sont pas retenus par le frein de la religion.

Dans la Palestine, ils refusèrent de se soumettre aux patriarches de Jérusalem, qui avaient été leurs premiers pères; ils envahirent les biens des églises, ils se lièrent avec les infidèles contre les princes chrétiens ; ils exercèrent le brigandage contre ceux-mêmes qu'ils étaient chargés de défendre et de protéger. En France, ils se rendirent odieux au roi Philippe le Bel, par leurs procédés insolents et séditieux ; ils furent accusés d'exciter la mutinerie du peuple et d'avoir fourni des secours d'argent à Boniface VIII dans le temps de ses démêlés avec le Roi. Conséquemment ce prince résolut de les détruire, et il en vint à bout de concert avec le pape Clément V qui résidait à Avignon (1).

Les chevaliers de la maison du Temple de Baugy étaient immensément riches : ils avaient des possessions à *Caumont, à Cahagnolles, à Sallent, à Lingèvres, à Hottot, à Castillon, à Balleroy, à Saint-Martin-le-Vieux, à Livry, à la Bazoque, à Arganchy, à Vaubadon, à Lyon-sur-Mer, à la Barre-de-Semilly, à Cahagnes, à Jurques*. Ils possédaient en outre les dîmes de *Saon, de Sallent, de Hottot et de Castillon;* ils avaient enfin des maisons à Bayeux, à Carcagny et à Aunay. Mais ce qui me paraît le plus curieux, c'est de rencontrer dans cette maison religieuse un luxe de bétail dont on se ferait difficilement une idée, si nous ne possédions à ce sujet les détails les plus précis dans un

Revenus de la maison de Baugy.

(1) Ceux qui voudraient voir les curieux détails et la suite des procédures faites contre les Templiers peuvent consulter l'*Histoire de l'Eglise gallicane,* tom. xii⁰, liv. 36ᵉ, sous l'an 1311. Elles y sont rapportées avec fidélité et avec l'extrait des actes originaux ; l'auteur paraît avoir observé la plus stricte impartialité.

inventaire du mobilier qui en fut fait le 13 octobre 1307. On y voit figurer 14 vaches à lait, 5 génisses de plus d'un an; un bouvillon, 7 veaux de l'an, 2 grands bœufs, 1 petit veau, 3 aumailles, appelés houdins; 100 moutons, 180 brebis ou agneaux, 98 porcs et truies, une truie avec 7 porcs de lait, 1 porc de plus d'un an, 8 juments pour le harnais, 8 poulains de plus d'un an, 4 poulains de l'année, le cheval du commandeur, 1 roncin, 4 roncins pour la charette (1).

<small>Biens des Templiers donnés à l'ordre de Saint-Jean-de-Jérusalem. 1313.</small>

Mais, pour n'y plus revenir, je vais anticiper sur les dates et les faits en mettant sous les yeux de mes lecteurs tout ce que je sais sur cette maison qui existe encore aujourd'hui, du moins à l'état de propriété particulière. Lors de la suppression des Templiers, en 1313, la maison du temple de Baugy et, par annexion, celle de Courval passèrent avec tous les biens qui en dépendaient aux religieux hospitaliers de Saint-Jean-de-Jérusalem dont la destination était la même que celle des Templiers.

Cet ordre, dit l'abbé Vertot (2), d'abord hospitalier, devenu militaire et depuis souverain, que la charité fit naître et que le zèle de défendre les Lieux Saints arma ensuite contre les infidèles, et qui, dans le tumulte des armes et au milieu d'une guerre continuelle, sut allier les vertus paisibles de la religion avec la plus haute valeur dans les combats, fut institué vers la fin du XIe siècle (1099). Il avait

---

(1) Léopold Delile. *Essai sur la condition de la classe agricole et l'état de l'agriculture au moyen-âge.*

(2) Vertot. *Histoire de Malte.*

commencé lorsque la ville de Jérusalem était encore sous la puissance des infidèles.

Des marchands de l'île d'Amalfi, dans le royaume de Naples, qui trafiquaient en Syrie et visitaient ordinairement les Saints Lieux de Jérusalem, souhaitèrent d'avoir dans cette ville une église où l'on pût célébrer l'office divin, selon le rit de l'église latine. Ayant obtenu du calife d'Egypte la permission de bâtir cette église, ils y adjoignirent un monastère de religieux de l'ordre de saint Benoît, pour avoir soin de recevoir les pélerins, et à côté du monastère s'éleva, quelques années après, un hôpital pour recevoir les chrétiens qui arrivaient malades à Jérusalem. La chapelle de cet hôpital fut consacrée sous le vocable de saint Jean-l'Aumônier; de là son nom d'hôpital de Saint-Jean. Un Français du nom de Gérard, né à Martigues, en Provence, en fut le premier recteur en 1099, et il eut pour successeur, en 1118, un autre Français nommé Raymond Dupuy, gentilhomme de la province du Dauphiné. Le bienheureux Gérard, en engageant les hospitaliers au service des pauvres et des pélerins, s'était contenté, pour toute règle, de leur inspirer des sentiments de charité; son successeur crut devoir leur donner des statuts particuliers; et, de l'avis de tout le chapitre de l'ordre, il ajouta aux devoirs de l'hospitalité l'obligation de prendre les armes pour la défense des Saints Lieux.

Après un long séjour à Rhodes, dans l'île de Chypre et en Sicile, les hospitaliers de Saint-Jean-de-Jérusalem se fixèrent dans l'île de Malte qui leur fut cédée en 1530 par Charles-Quint. Cette île devint le siège définitif de l'ordre

Les chevaliers de Malte.

qui s'obligea à une guerre perpétuelle contre les musulmans et les corsaires barbaresques. Telle fut l'origine de l'ordre religieux et militaire des chevaliers de Malte. Cependant leur véritable nom resta celui de *chevaliers de Saint-Jean-de-Jérusalem,* et le grand-maître prit toujours, dans ses titres, celui de *maître de l'hôpital de Saint-Jean-de-Jérusalem, et gardien des pauvres de Notre-Seigneur Jésus-Christ.*

Ces ordres, tout à la fois religieux et militaires, dit un écrivain (1), prirent rapidement une extension qu'expliquent l'importance de leur but, la grandeur de leur mission et l'esprit dont ils étaient animés. La force matérielle ne leur fit pas plus défaut que la puissance morale. Armés du glaive et de la foi, ils pouvaient défier hardiment des antagonistes dont les rangs s'éclaircissaient chaque jour. Bientôt ils comptèrent des partisans dans les plus hautes sphères sociales. Le monde politique, aussi bien que l'ordre religieux, se déclara en leur faveur, et donna à leurs succès l'éclatante coopération d'éloges publics et de félicitations chaleureuses. Des papes leur prêtèrent l'appui de leur influence, des rois et des empereurs les soutinrent du prestige de leurs noms et des ressources dont ils disposaient. Forts d'un tel patronage, les ordres de chevalerie s'élancèrent pleins d'ardeur partout où la religion fut menacée. Electrisés par un saint enthousiasme, ils semblaient se

---

(1) M. de Barghon-Fort-Rhion, dans plusieurs numéros du journal l'*Indicateur de Bayeux,* où il traite du rétablissement de l'ordre de Malte dont il est chevalier.

multiplier. Leurs excursions furent marquées par d'éclatantes victoires.

L'affaiblissement de la foi et l'envahissement progressif de ces doctrines matérialistes qu'on a décorées du nom de philosophie, portèrent un coup fatal à ces belles institutions. Plusieurs ont disparu dans la tourmente révolutionnaire. Pour expliquer alors leur dissolution, quelques écrivains mettent en avant des arguments plus spécieux que solides. Ils prétendent que ces ordres étaient nés de circonstances passagères qui n'existent plus aujourd'hui. Ils affirment qu'au temps où nous vivons, ils seraient sans utilité et sans influence : c'est là un sophisme qui ne saurait soutenir l'épreuve d'un examen sérieux; je n'en veux d'autre preuve que les réclamations qui se sont élevées à plusieurs reprises de tous les points de l'Europe, en vue du rétablissement de l'ordre de Malte, une des plus nobles et des plus utiles institutions dont le monde catholique puisse s'enorgueillir.

D'ailleurs, il y a là une question palpitante d'actualité. Les excès du fanatisme musulman, signalés naguères par tous les journaux de l'Europe, les scènes sanglantes qui viennent de se passer en Orient et dans le Maroc, les dangers qui menacent incessamment les chrétiens dans ces contrées lointaines, tous ces faits déplorables dont aucun homme intelligent et de bonne foi ne saurait contester la gravité, ne démontrent-ils pas jusqu'à l'évidence la nécessité de la réorganisation d'un ordre qui fut, pendant des siècles, la sauvegarde de la chrétienté? Ces hautes considérations ont déterminé Pie IX à autoriser, par une bulle, le rétablissement d'une commanderie à Jérusalem : une telle mesure promet à l'institution un brillant avenir.

L'ordre de Malte, dans ses jours de prospérité, était répandu sur presque toute l'Europe et avait partout de riches possessions. Il se composait de trois catégories de membres : les *chevaliers de justice* (1), les *chapelains* et les *servants d'armes*. On exigeait, pour être chevalier de justice, seize quartiers de noblesse, huit du côté paternel et autant du côté maternel (2). La seconde catégorie comprenait les chapelains pour le service spirituel, et attachés par leur état ou à l'église primatiale de Saint-Jean ou à l'hôpital de Malte, ou sur les vaisseaux de guerre (3). La troisième catégorie comprenait les frères servants d'armes, religieux qui, sans être prêtres ni chevaliers, étaient chargés tout à la fois des travaux de la guerre et des soins de l'infirmerie. Le chef suprême prenait le titre de *grand-maître*, et, dans ses rapports avec les puissances, celui d'*altesse sérénissime* (4).

(1) Je trouve en 1699, dans Vertot, Louis-Jacques de la Cour-de-Balleroy, nommé chevalier de Malte le 25 juillet. François-Auguste de Balleroy, qui fut décapité à Paris en 1794, était commandeur de l'ordre. Le marquis actuel de Balleroy en est chevalier.

(2) Il y avait aussi des *chevaliers de grâce,* qui n'étaient nobles que du côté paternel.

(3) Il y avait encore des prêtres d'obédience, qui sans être obligés d'aller à Malte, recevaient l'habit religieux en faisant leurs vœux solennels et étaient ensuite attachés au service particulier de quelque église de l'ordre, sous l'autorité du grand-maître ou d'un commandeur. Le dernier prêtre d'obédience de la commanderie de Baugy fut l'abbé Docquet, né à Balleroy.

(4) Le dernier grand-maître, M. de Hompesch, est mort à Montpellier

Napoléon Ier, n'étant encore que général de la république, s'empara de l'île de Malte, lors de son expédition d'Egypte (1797), et mit la France en possession de cette place la plus forte de la chrétienté. La trahison seule avait pu paralyser la valeur d'une garnison nombreuse, aguerrie et capable d'une vigoureuse résistance. Les fortifications étaient si formidables que le général Caffarelli (1) s'écriait dans sa franchise militaire : « Il est bien heureux qu'il se soit trouvé quelqu'un là dedans pour nous ouvrir les portes, car nous n'y serions jamais entrés seuls.... » Mais la perfide Angleterre se trouvait là derrière l'armée française, toute prête à fomenter des troubles, à exploiter le mécontentement général, et, au milieu d'une insurrection qu'elle avait suscitée, elle s'empara de l'île qu'elle possède encore. Ah ! pourquoi donc quelque grand prince catholique, tel que Napoléon III, l'Empereur d'Autriche, le Roi de Naples, ne prend-il pas une glorieuse initiative et ne se déclare-t-il pas, à l'exemple de l'Empereur de Russie, protecteur de l'ordre de Saint-Jean-de-Jérusalem (2)?

Je ne me lasse point de le répéter, la politique, la philosophie, un prétendu zèle de l'humanité n'ont jamais fait et

---

dans une si profonde détresse qu'on l'enterra par charité. Punition terrible de sa trahison !

(1) Louis-Marie-Joseph-Maximilien de Caffarelli, né au château du Falga, et mort au siège de Saint-Jean-d'Acre en 1799, était le frère aîné du comte de Caffarelli qui épousa Mlle d'Hervilly.

(2) Paul Ier accepta, en 1799, le titre de protecteur de l'ordre. Il prit celui de grand-maître et nomma le duc d'Angoulême grand-prieur de France.

ne feront jamais ce que la religion a fait faire dans tous les temps, dans les siècles que nous appelons si injustement barbares, encore plus que dans les âges prétendus éclairés. Les barbaresques, les sauvages même admirent la charité des hospitaliers : ceux de la Nouvelle France, charmés des bons offices qu'ils avaient reçus des hospitaliers de Québec et des missionnaires, formèrent entre eux le projet d'enlever les *robes noires* et les *filles blanches*, et de les transplanter chez eux, meilleurs juges en cela que nos philosophes les plus vantés. Dans les siècles d'ignorance, on ne dissertait pas, on faisait du bien et il subsiste encore ; aujourd'hui, on fait des spéculations et le résultat est presque toujours de détruire : de quel œil notre siècle sera-t-il envisagé par la postérité ?

Mais que l'on me pardonne cette réflexion, je la devais à la vérité et à la dignité de mon sujet qui me la suggère tout naturellement. Je reviens vite achever ma narration pour en finir enfin avec la commanderie de Baugy.

Il ne reste plus de cette riche commanderie que la charmante habitation du commandeur, située sur la pente doucement inclinée d'une belle et magnifique vallée. En venant de Bayeux à Balleroy par Castillon, et arrivé au pied du tertre où est planté le vieux sapin, le rendez-vous des fêtes révolutionnaires, on voit, en face de soi, le château des marquis de Balleroy, et sur la gauche, à égale distance, est le manoir du commandeur de Baugy, bâti en 1750. J'ignore en quelle année cette propriété fut aliénée et qui en devint le premier adjudicataire (ce qui importe peu du reste à l'histoire), mais ce que je sais, c'est que M. l'abbé Cottentin, ancien précepteur du prince Eugène de Beauharnais, occupa cette maison de 1799 à 1809, et qu'il y ouvrit un célèbre pensionnat qui fut érigé en école secondaire ou collége par décret du 22 octobre 1802. Le collége de Baugy fut long-temps inspecté par le grand-maître de l'Université de Paris, et il devint bientôt un des plus florissants de tout l'Empire. Les familles les plus distinguées, cent lieues à la ronde, s'empressèrent d'y placer leurs enfants qui, presque tous, occupèrent dans la suite des postes éminents dans la diplomatie, la magistrature et l'armée (1).

Les enfants du bourg de Balleroy, si rapproché de ce précieux établissement, y étaient admis en qualité d'externes, et nous en avons quelques-uns qui y puisèrent une forte éducation qui les mit à même de se rendre utiles au pays et à la patrie : ainsi le chevalier Michel Pitet, mort chef-de-bataillon en 1843, fut un des élèves de Baugy ; le lieutenant Le Maire, poëte et historien (2), et le capitaine Jean Hébert, membre du conseil général et chef-de-bataillon de la garde nationale de Balleroy, avaient été élevés par l'abbé Cottentin (3).

---

(1) M. le capitaine du Chévreuil, grand-officier de la légion-d'honneur, ancien élève de Baugy, a prié son ami M. Tenneguy-Blouët de souscrire pour lui à cette histoire, pensant avec raison que je parlerais des lieux charmants où ils passèrent leur jeunesse.

(2) Le Maire est auteur d'une *Histoire ou tableau historique de la Normandie* et de plusieurs pièces de vers.

(3) L'abbé Cottentin, après avoir été principal du collége de Bayeux, de 1812 à 1815, est allé mourir sur mer en allant à la Martinique. Le neveu de mon grand-père paternel, Du Parc, l'un des plus distingués profes-

Cet ecclésiastique fit restaurer avec un goût exquis la charmante chapelle des chevaliers de Malte où chaque année Mgr l'évêque de Bayeux, l'illustre et pacifique Charles Brault, venait communier et confirmer les élèves du collége de Baugy. Cette chapelle subsiste encore aujourd'hui le long de l'étang et, quoiqu'elle serve depuis 1817 de manoir au fermier, l'on voit encore, malgré les nombreuses mutilations qu'on y a faites, qu'elle était de style ogival : les fenêtres étaient de grandes et belles ogives divisées par deux meneaux fourchus. La moitié de la voûte a été conservée vers l'occident et sert de plafond à l'une des chambres (1).

Le corps d'un chevalier hospitalier de l'ordre de Saint-Jean qu'on y trouva en 1817, et dont on porta les restes au cimetière de Planquery, pouvait être celui d'un chapelain, et même celui de dom Jean-Baptiste Le Moyne, si ce corps était réellement revêtu des ornements du sacerdoce ; mais,

seurs de Baugy, fut plus heureux que lui : il devint précepteur des enfants du duc d'Orléans qu'il avait connu et avec lequel il s'était lié en exil où, comme l'on sait, il avait professé lui-même les mathématiques. Il a fait et dirigé l'éducation du duc de Chartres, du duc de Némours et du prince de Joinville : ces deux derniers aiment encore à citer son nom. Du Parc est mort, dans le château royal d'Anet, l'ami et le commensal du Roi des Français. Je dois à ce parent de mon père l'honneur d'avoir passé quelque temps à la cour de S. M. la reine Marie-Amélie de Bourbon.

(1) C'est dans cette chapelle que l'un des oncles de mon père, Pierre Bidot, est mort et qu'est né l'abbé François Bidot, vicaire de Formigny ; c'est sous cette chambre qu'avant 1789 le grand-oncle maternel (l'abbé Docquet) du vicaire de Formigny, offrait le saint sacrifice de la messe, en qualité de chapelain de l'ordre de Malte.

par cela même qu'il soit prêtre, ce ne sera jamais le corps d'un commandeur, puisqu'il n'y avait que les chevaliers de justice qui pouvaient parvenir au grade de commandeur. Les chapelains et les frères servants s'en trouvaient exclus par les statuts de l'ordre que nous avons sous les yeux (1). Le titre de commandeur était amovible, c'est-à-dire révocable à volonté et selon le bon plaisir du grand-prieur (2) de France : *ad decem annos, aut ampliùs, ad beneplacitum nostrum, pour dix ans ou davantage, selon notre bon plaisir,* ainsi que portaient les provisions émanées de la chancellerie de Malte.

Au nord de cette commanderie, toujours sur le territoire de Planquery, s'élevait sur le bord de la route de Caen une maladrerie, où notre premier historien ne fait remonter la fondation qu'au XIVe siècle, tandis qu'elle existait dès le XIIe, puisque nous voyons dans le testament du roi Louis VII, que ce prince légua cinq sols de rente à la maladrerie de Planquery en 1180. Cette maladrerie était une espèce d'hôpital où l'on soignait les lépreux. On avait soin d'isoler cette maison dans une campagne très-aérée, afin que les malades ne s'infectassent point les uns les autres.

La lèpre est une maladie contagieuse comme la peste qui corrompt la masse du sang : elle nous est venue d'Orient, lors des croisades. A cette époque, l'intensité de cette

Léproserie à Littry, à Juhaye.

---

(1) L'abbé Vertot. *Histoire de Malte,* tom. v, pag. 302.

(2) Le grand-prieur de France avait sous sa juridiction 45 commanderies.

maladie devint si pernicieuse et si grande dans notre pays, qu'on fut obligé de bâtir des léproseries à Littry, à Planquery, à Castillon, à Cahagnolles, à Juhaye. Cette maladie avait aux yeux des peuples un caractère sacré qui inspirait à la fois la terreur et la compassion. Quoique les lépreux fussent considérés comme morts civilement, dit M. Laffetay (1), et qu'ils ne pussent ni tester, ni hériter, ni rien aliéner, on leur laissait l'usufruit de leurs biens quand ils en possédaient, mais un grand nombre d'entre eux étaient indigents : il fallait donc que la charité publique pourvût à leur subsistance. Ils vivaient du produit des biens assignés à leurs établissements ou des fonds que la commune faisait pour leur entretien, ou des aumônes que l'on recueillait pour eux. Les souverains et les particuliers rivalisèrent de générosité envers les léproseries. Eudes de Vassy autorisa, en 1213, le chapelain de la léproserie de Juhaye, à prélever tous les ans, au profit des lépreux, huit setiers d'orge, sur le moulin qu'il possédait à Juhaye. Hugues II des Essarts donna, en 1258, vingt portions de froment à la léproserie de Planquery, pour autant de malades.

Il est d'usage, dans notre siècle, de déclamer contre ces fondations pieuses qui furent faites à cette époque et contre toutes celles qui ont eu lieu depuis quatre ou cinq cents ans. On serait moins étonné de leur multitude, si l'on faisait attention aux causes et aux circonstances qui les ont fait naître. A cette époque, on ne pouvait fonder des hôpitaux

---

(1) *Histoire du diocèse de Bayeux*, par M. l'abbé Laffetay.

pour les invalides, les incurables, les orphelins, les enfants abandonnés, des maisons d'éducation et de travail, des manufactures, ni des académies; on n'en avait point l'idée, et le gouvernement était trop faible pour protéger ces établissements. Avant de juger que l'on a fait mal, il faudrait montrer que l'on pouvait faire mieux, et qu'il était possible de prévenir tous les inconvénients (1).

On sait que Robert des Essarts était beau-frère de Robert de Thorigny, et qu'en cette qualité il était devenu tuteur de Sibille, à la mort du baron Robert. Cette jeune fille, la plus riche héritière du duché de Normandie, possédait la baronnie de Thorigny, les seigneuries de Creully, de Maisy et de Bercy, les comtés de Glocester et de Bristol en Angleterre : sa main dut être alors recherchée par plusieurs de nos barons, car les hommes, à cette époque, étaient ce qu'ils sont encore aujourd'hui, c'est-à-dire avides de riches épousailles, et chacun, quelque haut placé qu'il soit, aime à bien établir et à enrichir les siens, n'importe souvent à quel prix et par quels moyens. Le Roi d'Angleterre ayant perdu ses deux fils et sa fille en 1120, dans le naufrage de la *Blanche-Nef,* sur les rochers du raz de Gatteville, et son second mariage, après la mort de la reine Mathilde, étant resté stérile, avait reporté toute sa tendresse sur l'aîné de ses enfants naturels, nommé Robert de Kent. Il négocia son mariage avec l'orpheline du baron de Thorigny. Les parents de la jeune fille y consentirent

<small>Robert des Essarts marie sa nièce à Robert de Kent.</small>

---

(1) Bergier. *Dictionnaire.*

très-volontiers et le mariage se conclut non sans quelques difficultés de la part de la riche héritière qui osa poser des conditions à la volonté royale (1).

<small>Hugues des Essarts à la cour d'Angleterre.</small>

La famille Thézard des Essarts, alliée au nouveau baron de Thorigny, qui fut le plus grand homme et l'un des plus puissants seigneurs de son temps, dut partager avec lui les honneurs de la cour du Roi d'Angleterre. Aussi voyons-nous Hugues des Essarts, fils de Robert, partager avec son cousin la faveur et la gloire dont Henri Ier entoura son bâtard : sa vie politique ayant donc été intimement liée à ce prince et à certains événements historiques d'un ordre majeur, il est nécessaire d'en faire le récit d'une manière aussi succincte que le réclame le plan restreint de cette histoire, afin de pouvoir bien apprécier la part qu'il y prit et les motifs de sa conduite.

On sait qu'après la mort de son premier mari, Mathilde d'Angleterre, sœur de Robert de Kent, avait épousé le comte d'Anjou, Geoffroy Plantagenest, et qu'un fils nommé Henry était issu de ce mariage en 1133. Henri Ier, à la naissance de son petit-fils, convoqua ses barons d'Angleterre et de Normandie et les somma de reconnaître pour son successeur cet enfant de sa fille. Tous en prirent l'engagement. Mais deux ans après, le Roi étant mort le 1er décembre 1135, Etienne de Blois, son neveu et son favori, passa en toute hâte en Angleterre et se fit couronner roi par les mêmes prélats qui avaient juré de donner le sceptre

---

(1) M Deschamps. *Notice historique sur Thorigny.*

au fils de Mathilde. Dans une assemblée tenue quelque temps après au Neubourg, quelques prélats et barons le reconnurent pour héritier du duché. La princesse Mathilde réclame aussi ses droits et entre en Normandie avec son époux le comte d'Anjou, où, aidée de Robert de Kent et de Hugues des Essarts, elle fit le siège d'Argentan dont elle se rendit maîtresse. Cette princesse partagea ensuite ses troupes : elle envoya son mari vers Lisieux, tandis qu'elle se dirigea sur Falaise qui lui ouvrit ses portes. La ville de Lisieux se défendit long-temps, mais le comte d'Anjou y fit mettre le feu.

Hugues des Essarts au siège d'Argentan. 1136.

Etienne de Blois reparut bientôt en Normandie et en chassa ses compétiteurs ; il reprit Lisieux et força le duc d'Anjou à se retirer. Geoffroy, sans se déconcerter, quitta cette ville et s'empara de toute la Basse-Normandie : il fortifia quelques châteaux-forts, rasa ceux qu'il crut ne pouvoir défendre et se retira avec le jeune Henri, d'abord au manoir des Essarts, puis au château de Bures-le-Roi, pour lequel le jeune prince eut une prédilection toute particulière quand il fut devenu Roi d'Angleterre. Grâce à l'influence personnelle et au pouvoir qu'exerçait dans nos contrées Robert de Kent et auprès des châtelains et sur les villes de Caen et Bayeux et autres places fortes, tout le pays se soumit au parti de Mathilde d'Angleterre. C'était un rude adversaire pour l'usurpateur Etienne de Blois, car, dit Ordéric Vital, (Chap. XIII), qui allait bientôt terminer sa laborieuse carrière (1), il tenait du Roi son père.

---

(1) Cet écrivain célèbre termina sa judicieuse et savante *Histoire ecclé-*

94   HISTOIRE

Pendant les années 1144 et 1145, Robert de Kent obtint des avantages marqués sur Etienne. Mais les deux partis, fatigués d'une guerre qui n'amenait aucun résultat, se contentèrent de garder leurs positions. Enfin le comte étant mort en 1147, cette perte fit évanouir les espérances de Mathilde qui se retira en Normandie, qu'elle donna l'année suivante (1148) à son fils Henri. Peu de temps après cet abandon, Eustache, fils et héritier d'Etienne, mourut (1150) et précéda seulement de quatre ans son père qui termina sa carrière à Cantorbéry en 1154.

<small>Etat du pays au XIIIe siècle.</small> Jamais alors notre pays n'avait été si malheureux : chaque petit seigneur, retiré dans son château défendu par des fossés et des tours, s'y gorgeait à loisir du butin enlevé aux gens de la glèbe, à ces nobles et laborieux paysans ; la faim, la soif, la corde, le feu, le sac, le pillage, tels étaient les moyens de torture mis en usage pour forcer ces malheureux à livrer leurs richesses ou à déclarer le lieu où ils les avaient cachées. Joignez à cela les horreurs d'une famine désastreuse. Telle était la désolation du pays que, si l'on en croit la chronique, un voyageur pouvait quelquefois cheminer toute une journée sans découvrir sur sa route une seule créature humaine.

siastique quelques jours avant de mourir : elle est en treize livres. C'était peut-être le meilleur historien de son temps, mais d'une humilité et d'une modestie extraordinaires. On le laissa passer sa vie dans une cellule sans faire servir ses talents au service de la patrie et de l'église, tandis qu'une foule d'intrigants sans gloire et sans vertu possédèrent l'autorité et les dignités ecclésiastiques et publiques, au dommage de l'église et des peuples. Il mourut dans son abbaye d'Ouche le 16 octobre 1142.

Pendant que ces choses se passaient, l'Europe continentale était émue par la voix puissante du grand saint Bernard, abbé de Clairvaux, qui appelait tous les guerriers à une seconde croisade pour la délivrance de la Terre Sainte. Le roi de France Louis le Jeune, brave, hardi et dévot, commanda l'exécution, et le fils de Hugues des Essarts, nommé Hugues comme lui, partit avec ses vassaux pour cette expédition lointaine et aventureuse. Mais il ne fut qu'en Allemagne, d'où il revint au plus vite vers le toit paternel où il trouva du moins du pain et les choses nécessaires à la vie, tandis qu'à la suite de l'armée tout lui manquait.

<small>La troisième croisade. 1154.</small>

Henri II, après s'être fait couronner roi d'Angleterre et avoir ravagé la Bretagne dont il avait assassiné les évêques, brûlé les villes de Josselin et de Fougères, déclara la guerre au Roi de France. Mais le pape Alexandre III, qui se trouvait en France, réconcilia les deux Rois.

Quoique l'histoire des trois derniers ducs de Normandie soit devenue totalement étrangère à notre pays, nous ne pouvons passer sous silence un fait qui semble s'y rattacher en ce qu'il honore Gilbert de Montfiquet (1) et les seigneurs des Essarts. Ce Gilbert, devenu seigneur de Montfiquet par son mariage avec Luce des Essarts, faisait rebâtir l'église du bourg de Montfiquet, dédiée à Sainte-Catherine, quand il reçut la visite de Thomas Becket, archevêque de Cantorbéry, exilé d'Angleterre par Henri II.

---

(1) Le *Monasticum Anglicanum*, tom. II, pag. 23, qualifie Romain d'origine et parent de Guillaume le Conquérant ce même Gilbert.

Thomas Becket à Montfiquet. Ce prélat, descendu aux Essarts, voulut visiter les travaux de cette église, et comme Gilbert de Montfiquet lui demandait à quel saint il devait dédier sa nouvelle église, l'illustre et saint archevêque répondit : *Au premier martyr qui répandra son sang pour la religion.* Quelques années après, l'an 1183 (1), cette église fut dédiée à saint Thomas de Cantorbéry, qui fut mis au nombre des saints, trois ans seulement après sa mort.

Elevé d'abord à la dignité de chancelier d'Angleterre, Thomas Becket avait rendu au roi Henri et à la nation les plus importants services. Placé ensuite sur le siège de Cantorbéry, l'an 1160, il encourut la disgrâce de son souverain et des grands du royaume, par sa fermeté à défendre les droits de l'église contre les entreprises et les usurpations de l'un et des autres. Obligé de se retirer en France, il y fut accueilli par Louis VII et le pape Alexandre III qui y était pour lors. Après plusieurs tentatives et de longues négociations, l'un et l'autre parvinrent à le réconcilier avec son roi et à le faire rétablir sur son siège. Mais, comme il continuait de s'opposer aux abus qui régnaient et à demander la restitution des biens enlevés à son église, il excita de nouveau la colère du Roi : quatre courtisans partirent de Bures-le-Roi où se trouvait Henri, passèrent en Angleterre et crurent se rendre agréables à ce prince en assassinant ce vertueux prélat au pied des autels.

(1) *Dictionnaire de la Noblesse* de Delachesnaye des Bois, tom. x, pag. 358.

Avant le schisme de l'Angleterre et l'introduction du protestantisme dans ce royaume, tous les Anglais rendaient un culte religieux à saint Thomas Becket et le regardaient comme un des grands hommes de leur nation, mais ils ont changé d'idées en changeant de religion. Plusieurs de leurs écrivains se sont emportés en invectives contre ce personnage ; jugeant de sa conduite, comme si au XIIe siècle leur Roi s'était déjà déclaré chef souverain de l'église anglicane, ils ne voient plus, dans le saint archevêque, qu'un fanatique ambitieux, un brouillon, un séditieux, un opiniâtre frénétique, révolté contre son Roi et son bienfaiteur. C'est ainsi qu'il est traité par le traducteur anglais de l'*Histoire ecclésiastique* de Mosheim : cet historien en avait parlé avec décence et avec modération. Quelques incrédules français ont encore enchéri sur les termes injurieux du traducteur.

CHAPITRE III.

Philippe-Auguste s'empare de la Normandie.—Eglises rebâties.—
Fondation de l'abbaye de Mondaye.—On y établit des enfants
de saint Norbert.—Mlle de Châteaubriant, religieuse-trappistine,
s'établit à Mondaye avec ses religieuses.—Lettre de l'auteur du
Génie du Christianisme.—Fondation de l'abbaye de Cordillon.
—Hugues II des Essarts fait la guerre contre les Albigeois.—Il
bâtit l'église de la Bazoque. — Guillaume Ier des Essarts à la
prise de Damiette.—Il fait partie de la dernière croisade.—
Il épouse Alix de Saint-Pol, fille du baron de Thorigny.—Les
Etats de Normandie.—La charte normande.— Clameur de haro.
—Jeanne Bacon, châtelaine du Molay.—Siège des châteaux du
Molay et de Neuilly.—Supplice de quelques barons félons.—
Edouard, roi d'Angleterre, prend leur défense.— Les Anglais à
la Hougue, près Saint-Waast.—Balleroy et tout le pays ravagé
par l'Anglais.—Pillage des châteaux de Neuilly et du Molay.—
Siège et prise de Caen.—La citadelle résiste.—La peste noire.
—La famine.—L'abbé Louis des Essarts, chanoine de Bayeux.
—Supplice du comte de Harcourt.—Charles le Mauvais dans le
Cotentin. — Le duc de Lancastre brûle Bayeux. — Prise des
châteaux-forts de Lingèvres et de Saint-Waast.—Destruction du
château ducal de Bures-le-Roi à Noron.— Paix de Brétigny.

D'autres événements, survenus de 1189 à 1203, avaient agité en sens divers notre pays ; mais je ne trouve rien qui puisse regarder notre histoire et intéresser nos lecteurs. La famille Thézard, habitait toujours le château-fort des Essarts et possédait encore le fief de Balleroy (Balaré), La

Bazoque, etc... Mais elle se tint sans doute à l'écart pendant les règnes désastreux de Richard et de Jean Sans-Terre. Dans ces temps malheureux, on n'entendait parler que de viol, de meurtres, de villes et de châteaux surpris et ravagés de fond en comble. C'est alors que la majeure partie de la noblesse féodale, ambitieuse, avide et sans nul frein moral respecté, saisissait, pour satisfaire ses ardeurs de pillage, de vengeance, de destruction, toutes les occasions que lui offraient impunément, soit la faiblesse, l'indolence personnelles du souverain, ses vices et son inconduite, soit les fautes ou les embarras de son gouvernement.

xiiie siècle.

On le sait, Philippe-Auguste s'empara sans coup férir de toute la Normandie en 1204, et ce duché, séparé de la France pendant près de trois siècles entiers, sous douze ducs de sa nation, fut réuni à la couronne de France. Cette réunion procura dès-lors à nos pères une paix, une tranquillité dont ils jouirent pendant un siècle et demi, et pendant ce temps ils occupèrent leurs loisirs à bâtir des églises et des monastères. Ainsi s'élevèrent les églises *de Cahagnolles, de Couvert, de Chouain, de Trungy, de Castillon, de Condé-sur-Seulles, de Bernières-Bocage, d'Ellon, de Tournières, de Notre-Dame de Blagny, de Litteau, de Planquery et de Juhaye.*

Philippe-Auguste s'empare du duché de Normandie. 1204.

Ce fut dans cette dernière paroisse que Jourdain du Hommet, évêque de Lisieux, petit-fils de Jourdain de Say et proche parent des seigneurs des Essarts, fonda l'abbaye de Mondaye *(Mons Dei)* en 1214 d'après la *Neustria pia*, et en 1216 d'après l'abbé Delarue. Le père Dumoustier

Les enfants de saint Norbert à Mondaye. 1214.

s'est trompé, dit M. Laffetay (1), en assurant que cet évêque avait établi le monastère sur son propre patrimoine. Une charte de Guillaume le Conquérant confirme la baronnie de Nonant à l'évêque de Lisieux qui la tenait de ses prédécesseurs. Ainsi, dès le XIe siècle, cette baronnie, dont dépendait Juhaye, appartenait à l'évêque de Lisieux, et conséquemment c'est sur le patrimoine de son évêché et non sur celui de sa famille que Jourdain du Hommet fonda l'abbaye de Mondaye. Elle était sous l'invocation de saint Martin et comptait saint Louis au nombre de ses bienfaiteurs, ainsi que la famille des Essarts.

L'évêque de Lisieux appela les enfants de saint Norbert dans son abbaye de Mondaye. Ces religieux, connus sous le nom de *Prémontrés,* furent institués en 1120 comme chanoines réguliers par Norbert, ami du grand saint Bernard, et approuvés par Honoré II, l'an 1126, et confirmés par plusieurs papes. Ce nom de Prémontrés leur vient d'un vallon solitaire que saint Bernard donna à leur fondateur dans le diocèse de Laon. Saint Norbert établit aussi des religieuses qui pratiquaient les mêmes observances que les chanoines réguliers. Si nous en croyons le traducteur de Mosheim, l'ordre de Prémontré, dans le temps de sa prospérité, a possédé mille abbayes, trois cents prévôtés, un grand nombre de prieurés, et cinq cents couvents de religieuses ; il a eu trente-cinq maisons en Angleterre, et soixante-cinq abbayes en Italie ! Quoi qu'il en soit, le

---

(1) Introduction à l'*Histoire du diocèse de Bayeux,* pag. LXVIII.

succès de saint Norbert, la rapidité avec laquelle son ordre s'est répandu, la quantité de chapitres qu'il a réformés, le secours qu'il a reçu de la part des évêques et des souverains pontifes, nous paraissent prouver qu'au XIIe siècle le clergé séculier n'était pas aussi corrompu et aussi gangréné que le prétendent ses ennemis. Des ecclésiastiques sans mœurs et sans principes, sans honte et sans religion, n'eussent pas consenti aussi aisément à se réformer; et, dans un siècle perverti à tous égards, un réformateur n'aurait pas trouvé autant d'appui, ni autant de sympathies.

<small>Fondation de l'abbaye de Mondaye. 1214.</small>

Pour corriger les abus et rétablir la régularité, Norbert, simple prêtre alors, n'employa ni les déclamations, ni les discours séditieux, ni la calomnie, ni la violence, comme ont fait les prétendus réformateurs du XVIe siècle : la douceur, la charité, les exhortations paternelles, le bon exemple, de ferventes prières pour implorer le secours de Dieu, la patience furent les seules armes dont il se servit (1). A la vérité, le bien qu'il a produit ne s'est pas soutenu pendant plusieurs siècles; l'an 1245, le pape Innocent IV se plaignit du relâchement qui s'était introduit dans l'ordre des Prémontrés; il en écrivit au chapitre général, et il y a lieu de présumer que cette remontrance ne fut pas inutile. En 1288, le général Guillaume demanda et obtint du pape Nicolas IV la permission de manger de la viande pour les religieux de son ordre qui seraient en

---

(1) *Histoire de l'Eglise gallicane*, tom. VIII, liv. XXIV, an. 1120. — L'abbé Bergier, *Dictionnaire de Théologie morale*.

voyage ; preuve que l'abstinence était pratiquée dans ces maisons. En 1460, à la prière du général de l'ordre, Pie II accorda la permission générale de manger de la viande, excepté depuis la Septuagésime jusqu'à Pâques.

Comme, dans tous les pays de l'Europe et dans tous les temps, les aliments maigres ont toujours été plus rares et plus chers que la viande, la pauvreté des monastères a été souvent une juste raison d'user d'indulgence envers plusieurs ordres religieux. Mais si celui de Prémontré a été sujet au relâchement, il s'y est fait aussi plusieurs réformes : il y en a eu en Lorraine, où ces religieux possédaient et desservaient plusieurs cures ; elle a commencé à Sainte-Marie-au-Bois et à Verdun : le chef-lieu était la maison de Pont-à-Mousson (1), où se trouve maintenant l'un des petits séminaires de l'évêque de Nancy et de Toul. Paul V, Grégoire XV, Urbain VIII, Innocent X et Innocent XII approuvèrent cette réforme. Il s'en est fait une en Espagne qui est beaucoup plus ancienne et plus austère ; Grégoire IX et Eugène IV l'ont confirmée. Les Prémontrés avaient un collége à Paris et pouvaient prendre des degrés dans les facultés de théologie.

Je crois faire plaisir à mes lecteurs en leur donnant tous ces détails, qui leur paraîtront d'autant plus dignes d'intérêt que nous avons, depuis peu parmi nous, cinq religieux

---

(1) Charmante et belle habitation que j'ai visitée en 1839, lorsque j'étais secrétaire et aumônier de Mgr le Cte Charles de Forbin-Janson, mort évêque de Nancy et de Toul, au château des Aigalades, chez son frère le Cte Palamède de Forbin-Janson, en 1840.

prémontrés venus de Belgique pour relever cette antique abbaye de Mondaye, veuve, hélas! depuis déjà plus de soixante ans, de ses premiers habitants qui laissèrent dans notre contrée de si honorables souvenirs (1).

Ce beau monastère, qui eut pour premier abbé régulier Roger de Jués, mérite d'être visité par nos touristes amateurs des beaux-arts et de la peinture surtout : j'engage vivement les étrangers qui viennent à Bayeux de diriger leurs pas vers cette charmante abbaye (2), si artistement décorée par le célèbre moine Restout, architecte, sculpteur et peintre tout à la fois, et qui en a fait un des monuments les plus remarquables que nous ait laissés le xviiie siècle.

Philippe l'Hermite, abbé régulier de 1704 à 1723, com-

---

(1) Le lundi de la Pentecôte 1859, Sa Grandeur l'Evêque de Bayeux et Lisieux, Mgr Charles-Nicolas-Pierre Didiot, assisté de presque tous les membres de son chapitre, est allé à Mondaye installer ces chanoines réguliers dans l'église et le monastère qu'on avait fait restaurer.

Un des religieux de cette abbaye a été nommé, par Mgr l'Evêque, curé de Juhaye-Mondaye, qui, comme on le sait, est aussi le curé de Couvert, Juhaye et Bernières-Bocage, trois anciennes communes qui n'en forment plus qu'une sous la dénomination de Juhaye-Mondaye. Un des autres religieux est vicaire.

Je dois, en passant, comme historien, rendre un juste, sincère et public hommage à Mgr l'Evêque de Bayeux, qui, dès le 24 juin 1857, en homme vraiment supérieur, spontané, sachant juger les choses et les hommes par lui-même, a osé prendre sur lui de rendre à cette belle abbaye les beaux tableaux qui avaient été déposés provisoirement dans la cathédrale par la commission préposée à la conservation des objets d'art, en 1794.

(2) L'abbaye de Mondaye n'est éloignée de la ville de Bayeux que de sept kilomètres, et le chemin est très-facile pour y accéder.

mença la belle église de ce monastère, qui fut terminée par son successeur Olivier Jahoüel, aussi abbé régulier, en 1725, et qui mourut en 1728, également distingué par ses talents, sa piété et sa science. Ce superbe et magnifique édifice, construit dans le goût italien, subsiste encore dans tout son entier. Le vandalisme de 1793 a paru s'arrêter devant ce seul monument monacal, échappé parmi tant d'autres à une entière destruction. L'église paraît dans toute sa splendeur ; ses belles et riches peintures à fresques, élaborées avec avant d'art par Restout, subsistent encore dans toute leur fraîcheur. Le dôme est d'une richesse et d'une beauté admirables. Il est à regretter que l'autel primitif, placé sous ce beau ciel ouvert, ait été enlevé ; celui qui le remplace ne répond pas assez à la richesse du vaisseau, ni à la beauté du sanctuaire que couronne ce dôme magnifique (1).

Au fond du chœur, sur l'ancienne chaire abbatiale placée dans l'abside, s'élève un Christ de la dernière perfection. Mais ce que l'on admire avec le plus d'intérêt, c'est une Madelaine (2) de grandeur naturelle, agenouillée au pied de la croix, dans la plus belle et la plus naïve expression

---

(1) L'ancien autel de Mondaye fut acheté par M. Poutrel qui le mit dans l'église de Balleroy, et qui, depuis, l'a transporté à Bricqueville où il est encore.

(2) Je ne suis allé qu'une seule fois à Mondaye : c'était en 1828, lorsque j'étais au petit séminaire de Bayeux sous la direction de M. l'abbé Rivière qui nous y conduisit. Je ne parle donc pas des améliorations qui ont pu être faites à cet édifice depuis ce temps.

de la douleur : on voit couler ses larmes, on entend, pour ainsi dire, ses sanglots ! Tout, dans ce monument, est marqué au coin de l'art et de la grandeur. Dans la croisée ou transept septentrional, qui servit trop long-temps de sacristie, se trouve une Assomption la mieux exécutée : elle est de terre argileuse (1), soutenue par des Anges qui portent les draperies du linceul d'une main et de l'autre jettent des fleurs dans le tombeau ouvert que quitte la mère de Dieu. Cette église, isolée au milieu d'une vaste et belle campagne, servira désormais aux religieux prémontrés qui sont chargés par Mgr l'Evêque de desservir Juhaye-Mondaye.

Le cloître, que les nouveaux religieux ont fait restaurer, s'était un peu ressenti du malheur des temps, sans pourtant jamais avoir été l'objet de la dévastation ; la révolution de 1789 survint comme on y travaillait : alors on ne l'acheva pas. Il fut acheté, le 8 mai 1815, par Mlle de Châteaubriant qui s'y établit l'année suivante avec quelques religieuses trappistines. Ces religieuses arrivèrent à Bayeux dans un état de dénûment tel qu'un âne suffit pour porter leur petit mobilier à Mondaye où elles restèrent jusqu'en 1845. Née en Bretagne, Mlle de Châteaubriant était cousine germaine du célèbre écrivain de ce nom, fille d'un frère de son père. Avant d'être trappistine, elle avait été long-temps religieuse bénédictine au couvent de la Victoire, à

Mlle de Châteaubriant à Mondaye. 1815.

---

(1) C'est avec de l'argile prise à Noron qu'Eustache Restout façonna ce beau chef-d'œuvre.

Saint-Malo ; enfin, pressée par le désir d'une plus grande perfection, elle embrassa la stricte observance de l'abbé de Rancé dans la forêt de Sénart. Quand elle quitta cette solitude pour venir à Mondaye, m'écrivait, à la date du 10 mai 1841, l'illustre auteur du *Génie du Christianisme* (1), elle passa par Paris avec ses religieuses et resta quelque temps avec lui. Si donc ces religieuses parurent, en arrivant à Bayeux, si pauvres, c'est qu'elles le voulaient bien, car il est à présumer que l'illustre auteur, qui était alors tout puissant à Paris, eût pu leur procurer un mobilier sinon confortable, du moins suffisant. Mais elles refusèrent ! Honneur donc à la pauvreté monastique de ces saintes filles, si riches en vertus !

On comprendra que, pour en finir avec Mondaye, j'aie voulu anticiper encore sur les dates et les faits : je reviens donc bien vite, alors que ma tâche est remplie, au

---

(1) Travaillant alors à écrire l'*Histoire des diocèses de Bayeux et Lisieux réunis*, j'écrivis à M. de Châteaubriant qui me donna la réponse suivante : « Ce n'était point ma sœur, Monsieur l'abbé, qui était à
» la tête des trappistes femmes dont vous voulez bien me parler, c'était ma
» cousine germaine née en Bretagne et fille d'un frère de mon père.
» Avant d'être trappiste elle avait été long-temps religieuse bénédictine
» au couvent de la Victoire à Saint-Malo. Quand les trappistines quit-
» tèrent la forêt de Sénart, ma cousine passa par Paris avec ses religieuses
» et je la vis un moment. Agréez, Monsieur l'abbé,... etc...
» *Signé* CHATEAUBRIANT. »

J'ai communiqué cette lettre à MM. Lambert et Laffetay et j'ai autorisé ce dernier à la transcrire et publier dans son histoire du diocèse. J'en garde l'original avec bonheur.

XIIIe siècle d'où je suis parti. C'était bien peu à cette époque pour les châtelains de fonder des églises et des monastères ; mais, à l'exemple de Guillaume le Conquérant, ils étaient heureux et très-honorés de pouvoir consacrer au service des autels et aux austérités du cloître quelques-uns de leurs enfants. Aussi est-il bien peu d'abbayes qui n'aient compté parmi ses religieux ou religieuses quelques-uns des enfants de leurs fondateurs. Guillaume de Soliers, seigneur de Lingèvres, avait élevé, dès l'an 1209 (1), le monastère de Cordillon pour sa fille qui voulait embrasser la vie monastique, et il fut aidé dans cette fondation par Hugues II des Essarts qui désirait aussi y placer une de ses filles qui s'y fit religieuse en 1212. Ce monastère, qui devint une riche abbaye jouissant de dix mille livres de rentes, fut dédié à saint Laurent, martyr, et ce fut la règle de saint Benoît, de l'ordre de Cîteaux, qu'embrassèrent les religieuses de ce monastère. On a donné à ces religieuses le nom de Bernardines, à cause de saint Bernard, premier abbé de Clairvaux, le plus illustre abbé de cet ordre, dont les vertus et les talents lui ont acquis, ainsi qu'à l'ordre entier, une grande réputation. Anciennement, les bénédictins et les bernardins ne faisaient qu'un même ordre de religieux sous la règle de saint Benoît. Dans la suite, ce corps se divisa en deux branches : il fut question d'une réforme que les uns embrassèrent et que les autres ne voulurent point adopter.

<small>Fondation de l'abbaye de Cordillon. 1209.</small>

---

(1) M. l'abbé Laffetay. *Introduction à l'Histoire du diocèse de Bayeux*, pag. XXVIII.

L'ordre de Citeaux dont il s'agit ici a pris naissance dans l'abbaye de ce nom, située en Bourgogne, diocèse de Châlons, et fondée en 1098 par le duc de Bourgogne. Saint Etienne, son troisième abbé, en 1107, est celui que l'ordre reconnaît pour son vrai fondateur. Il donna des statuts à l'ordre, qui furent approuvés par le pape Calixte, en 1119. Après la rédaction de ces statuts, saint Etienne fonda quatre abbayes, dont la troisième, en 1115, fut celle de Clairvaux. Il y institua pour premier abbé saint Bernard, si célèbre par sa haute réputation de capacité, de prudence, de sainteté et surtout de charité chrétienne, devant laquelle s'inclinèrent nos philanthropes : à leurs yeux, c'était bien peu que les papes, les évêques, les rois et les princes l'eussent choisi pour arbitre dans leurs différends, quand ils parlaient de la chaleureuse opposition qu'il avait soutenue contre le moine Raoul qui prêchait qu'il fallait tuer tous les Juifs (1) !....

Toute religieuse de Citeaux prononçait le vœu de stabilité ; par ce contrat, le monastère acquérait des droits sur sa religieuse, comme celle-ci en acquérait sur son monastère.

(1) Saint Bernard est le dernier des saints Pères et l'un des plus illustres : on le consultait dans toutes les affaires importantes. Le pape Innocent II fut reconnu par son avis ; ce fut lui qui éteignit le schisme en obtenant l'abdication de l'anti-pape ; il écrivit contre Abailard, réfuta les erreurs de Pierre de Bruis, poursuivit les sectateurs d'Arnaud de Bresse, s'éleva contre Gilbert de la Porée et Eon de l'Etoile ; enfin, après avoir fondé 160 monastères, il mourut en 1153. Le style de saint Bernard est vif, fleuri, ses pensées nobles et ingénieuses, son imagination brillante et féconde en allégories. Il est plein d'onction et de tendresse ;

Dans les délibérations, les choses se réglaient à la pluralité des suffrages, et l'abbesse n'avait point, en chapitre, de voix prépondérante. A l'égard des novices, l'abbesse, comme ayant seule juridiction intérieure dans les monastères de sa filiation, avait droit de les bénir et de recevoir l'émission de leurs vœux. Il n'appartenait qu'à l'abbesse de les admettre à la profession; cependant elle était obligée de consulter le monastère. L'évêque diocésain était néanmoins en droit de les examiner (1), nonobstant tous les priviléges de l'ordre.

Les religieuses de Cordillon dépendaient de l'abbaye de Cîteaux, mais elles avaient pour père immédiat l'abbé de Clairvaux, c'est-à-dire que c'était à ce dernier qu'était dévolu le droit de visite et celui de bénir les abbesses. L'abbé de Cîteaux, en sa qualité de chef et de supérieur général, était en droit et en possession de visiter, tant par lui que par ses commissaires, toutes les maisons de l'ordre et, pendant le cours de ses visites, d'y exercer toutes sortes d'actes de juridiction. Les autres abbés, qu'on appelait pères immédiats, avaient seulement la visite de leur filia-

---

il gagne d'abord l'esprit par des manières insinuantes et délicates, ensuite il touche le cœur avec force et véhémence. L'Ecriture Sainte lui est si familière qu'il en emploie presque à chaque période et à chaque phrase les paroles et les expressions. Pour 28 francs, on a ses œuvres en 4 vol. in-4°, chez M. l'abbé Migne.

(1) En 1617, François Servien, qui était évêque de Bayeux, suspendit de ses fonctions d'abbesse Marie Le Prévost, sœur Saint-Joseph, parce qu'elle avait fait faire profession à Charlotte de Matignon sans qu'il lui eût fait subir l'examen préparatoire.

110 HISTOIRE

tion, c'est-à-dire les visites des monastères qui dépendaient de leurs abbayes.

<small>Bernardines à Cordillon.</small> L'abbesse de Cordillon avait, dans son monastère, une autorité toute particulière et presque absolue. Un arrêt du grand conseil du 10 juillet 1702 déclara qu'elle avait le droit d'instituer et de destituer les officières de l'abbaye, et cet arrêt déclare en même temps abusive une élection faite de ces officières par les religieuses de la communauté. Le même tribunal a jugé par cet arrêt que, lorsqu'il y aurait des demandes concernant la clôture et l'exécution des autres clauses d'un bref d'Alexandre VII, rendu pour les religieuses de cet ordre, ces demandes seraient portées devant l'abbé général de Cîteaux (1).

Il ne reste plus aujourd'hui de l'abbaye de Cordillon que le vaste parc entouré de murs, au milieu duquel s'élève encore la charmante habitation de l'abbesse et une petite chapelle dédiée à la très-sainte Vierge. Le cloître et l'église ont entièrement disparu sous le marteau et la hache des spéculateurs.

L'abbesse de Cordillon possédait les dîmes de Lingèvres, de Manvieux et d'Orbois, et elle présentait ou nommait à trois cures dont elle avait le droit de patronage. Ce droit, cédé par les évêques non seulement à leurs chapitres, mais même à des laïques que les richesses seulement distinguaient du commun, devint plus tard un fléau pour l'église ; les sujets souvent les plus indignes furent quel-

(1) *Dictionnaire de Jurisprudence.*

quefois préférés et placés à la tête des paroisses, parce qu'ils avaient flatté l'orgueil ou prôné les vices de tel ou tel châtelain. L'évêque, convaincu de leur incapacité ou même de leur indignité, ne pouvait plus leur refuser l'institution : force à lui était de leur accorder le *regimen animarum*. C'est ainsi que la générosité ou la faiblesse des évêques tourna à leur détriment et fournit des armes aux ennemis de la religion.

Il semble qu'il entrait dans la destinée des seigneurs de Balleroy (Balaré) de se trouver à toutes les croisades qui eurent lieu successivement alors dans ces temps chevaleresques et barbares tout à la fois. Ce n'est plus les infidèles qu'il s'agit d'aller combattre, ce sont de misérables sectaires qui se rendaient depuis quelque temps formidables par leurs réunions et leurs excès. Mais on donna, selon l'usage du temps, trop d'importance à ces rassemblements que le mépris seul eût pu dissiper. Avec les idées de chevalerie qu'on avait alors, ces bandes ne pouvaient manquer de chefs que le désir seul de faire parler d'eux jetait dans les combats et le brigandage. Des légats envoyés au roi Philippe prêchèrent une croisade contre ces nouveaux ennemis de l'église, et l'on vit les princes, les prélats, les seigneurs, les barons, s'enrôler à cette guerre sainte, dont les récits font horreur. Hugues II des Essarts accompagna dans cette expédition Robert des Ablèges, qui était alors évêque de Bayeux. Cette croisade était comme une fièvre intermittente ; les croisés ne s'engageaient que pour quarante jours, et ce terme expiré ils se retiraient, puis d'autres survenaient.

<small>Hugues des Essarts fait la guerre aux Albigeois. 1207 à 1212.</small>

Cette guerre entreprise contre les Albigeois, les supplices auxquels on les condamna, l'inquisition que l'on établit contre eux, ont fourni une ample matière de déclamation à nos incrédules, qui ont répété cent fois que cette guerre fut une scène continuelle de barbarie ; qu'il y avait de la démence à vouloir convertir des hérétiques par le fer et par le feu ; que le vrai motif de cette guerre fut l'ambition du comte de Montfort, qui voulait s'emparer des états du comte de Toulouse, et la fausse politique de nos rois, qui ont été bien aises d'en partager les dépouilles.

Je n'ai aucun dessein, dans cette histoire toute locale, de justifier les excès qui ont pu être commis de part et d'autre par des gens armés, pendant une guerre de dix-huit ans. Je sais assez que, dès que l'on a tiré l'épée, l'on se croit tout permis ; qu'un trait de cruauté commis par l'un des deux partis devient un motif ou un prétexte de représailles sanglantes : c'est ce que nous verrons dans nos guerres civiles du XVIe siècle ; l'on n'est pas plus modéré au XIIIe. Je ne prétends pas soutenir non plus qu'il est louable ou permis de poursuivre à feu et à sang des hérétiques dont la doctrine n'intéresse en rien l'ordre et la tranquillité publique et dont la conduite est paisible d'ailleurs ; toute la question est de savoir si les Albigeois étaient dans ce cas : c'est une discussion dans laquelle les ennemis de la religion n'ont jamais voulu entrer. Ils avaient raison, car les excès auxquels ils s'étaient livrés se trouvent prouvés par la confession même que le comte de Toulouse fit publiquement au légat, l'an 1209, pour obtenir son absolution. Que penser des Albigeois, quand on voit leur protecteur et leur chef pousser la barbarie jusqu'à faire étrangler son propre frère, parce qu'il s'était réconcilié à l'église catholique ? Le comte de Foix était un monstre encore plus cruel. Enfin Simon de Montfort porta le coup mortel à ce parti si long-temps redouté ; il remporta sur lui à Muret une des victoires les plus éclatantes dont il soit fait mention dans l'histoire.

De retour dans ses terres après la paix, Hugues des Essarts et son frère cadet, qui était religieux de l'ordre de saint Benoît dans l'abbaye de Fécamp, bâtirent, pour les serfs ou manants qui cultivaient leurs terres du Coysel et de la Bazoque, la petite église qui, dans la suite, prit le nom paroissial de la Bazoque. Les dîmes de cette nouvelle paroisse furent données à l'abbaye de Fécamp avec le droit de patronage, c'est-à-dire avec le droit de nommer à la cure. Son fils et successeur Guillaume Ier accompagna aussi le roi saint Louis à la dernière croisade, à côté duquel il s'était déjà trouvé vingt ans plus tôt à la prise de Damiette (1249), n'étant seulement âgé que de dix-huit ans ; il fut assez heureux cette fois d'échapper au carnage que firent des nôtres les Sarrasins et de recevoir, pour prix de sa bravoure, la main d'Alix, fille du comte de Saint-Pol, Gauthier de Chastillon, qui avait soutenu avec tant de valeur et d'intrépidité le passage du pont que saint Louis avait fait jeter sur le Tanis, non loin duquel ce prince fut fait prisonnier. Guillaume des Essarts avait été fait chevalier de Rhodes, c'est-à-dire, comme on le sait, chevalier de Saint-Jean-de-Jérusalem, par le grand-maître de l'ordre, Hugues de Rével, qui avait remarqué ses rares talents militaires en combattant à ses côtés.

Hugues des Essarts bâtit l'église de la Bazoque. 1214.

Guillaume des Essarts à la prise de Damiette. 1249.

Les seigneurs de Balleroy (Balaré) furent donc encore à cette époque alliés et proches parents des seigneurs de Thorigny, car on sait que le roi Jean Sans-Terre avait donné cette baronnie de Thorigny (1218) à Gauthier de Chastillon, dont Guillaume des Essarts, sire de Balaré, venait d'épouser la fille.

La papauté humiliée et frappée par Nogaret dans la personne de Boniface, la condamnation, le supplice et l'extinction des Templiers, le procès injuste et la mort d'Enguerrand de Marigny avaient déshonoré, désolé et révolté la France. La mort de ce ministre ne délivra pas le pays des taxes. Il paraît que ceux qui lui succédèrent dans le maniement des finances furent aussi inventifs que lui. Nos pères, épuisés par les extorsions de Philippe le Bel, et n'en éprouvant que de nouvelles sous Louis Hutin, menacèrent de secouer le joug. Les Etats assemblés signifièrent au Roi leurs plaintes. C'est alors que ce prince donna la charte normande : ce n'était qu'une charte octroyée ou arrachée, sottement bâclée, souvent jurée et invoquée et toujours fort peu respectée. C'était du moins un hommage rendu à l'ombre de Rollon, dont les compagnons, comme toutes les races germaniques et scandinaves, ne pouvaient se faire à l'idée que la volonté d'un seul pût être au-dessus de la volonté de tous ou même y être égale. Telle quelle, cette charte était plus que n'en avaient à cette époque les autres provinces de la France. Elle fut confirmée par plusieurs rois et subsista jusqu'en 1789.

C'était un vieux monument de franchises normandes qu'on laissait debout sans vouloir s'en servir ou sans s'en inquiéter, que l'on accompagnait toujours de tout l'entourage monarchique avec cette formule : *car tel est notre bon plaisir et nonobstant clameur de haro et charte normande et toutes lettres à ce contraires.* Cette charte nous procura une paix de vingt ans pendant laquelle l'histoire ne nous fournit rien d'intéressant.

Mais cette paix de vingt ans s'écoula bien vite, et notre malheureux pays est de nouveau désolé par les horreurs de la guerre civile et étrangère. Roger Bacon, seigneur du Molay, n'avait laissé en mourant qu'une fille unique ; ce fut la célèbre Jeanne, que sa fortune rendit pour nos contrées une seconde Hélène. Sortie, comme on le sait, de l'une de nos plus anciennes familles et considérée comme la plus riche héritière de son temps, elle était recherchée par les seigneurs les plus marquants de la province. Geoffroy d'Harcourt, baron de Saint-Sauveur-le-Vicomte, prétend que Roger Bacon, son père, la lui a promise pour son neveu. Le maréchal de Bricquebec, frère de l'évêque de Bayeux, soutient qu'elle a été accordée à son fils Robert. De là une jalousie, une haine, des dissensions fâcheuses, que le Roi de France veut apaiser en sommant les deux compétiteurs à comparaître en personne devant le Parlement. Mais Geoffroy de Harcourt, au lieu d'obtempérer aux ordres formels du Roi, vient mettre le siège devant le château de Neuilly, dans le dessein de le piller, parce qu'il appartenait à l'évêque de Bayeux, frère du maréchal qui a, de son côté, assiégé le château du Molay situé sur une colline et bien défendu.

<small>Jeanne Bacon, châtelaine du Molay.</small>

<small>Sièges des châteaux du Molay et de Neuilly.</small>

Philippe de Valois, qui n'avait pu réussir à calmer les

esprits, fit maladroitement d'une querelle particulière une affaire d'Etat. On fit entendre à ce prince que Geoffroy de Harcourt entretenait en Angleterre une intelligence secrète, afin qu'à l'aide de cette puissance il pût se faire reconnaître duc de Normandie. On assura même le Roi que plusieurs autres châtelains, dont les plus puissants étaient Guillaume Bacon, oncle de Jeanne, Richard de Percy et Jean de la Roche-Tesson, devaient lever l'étendard de la révolte aussitôt qu'Edouard mettrait les pieds en Normandie. Sur ces documents, Philippe les fit arrêter, à l'exception de Geoffroy qui prit la fuite et se retira en Angleterre ; et, sans que leur procès eût été fait, du moins publiquement, puisqu'il n'en reste aucune trace, ils furent conduits aux halles, exposés au pilori, décapités, leurs corps mis au gibet et leurs têtes envoyées en Normandie pour être attachées sur les portes de Carentan, afin de servir de spectacle et de leçon à ceux qui avaient du penchant pour la faction anglaise.

Supplice des barons.

Edouard regarda cette exécution comme une injure personnelle qui lui était faite en haine de l'amitié que ces seigneurs lui portaient, et il en garda un profond ressentiment. Dans le premier moment de sa colère, il s'était cru autorisé à user de représailles sur les prisonniers français qu'il avait entre les mains, et il se serait porté contre eux à cette injuste barbarie sans les vives et puissantes sollicitations de Henri de Lancastre, son cousin. Il se satisfit du moins en rompant la trève que lui avaient fait jurer les légats du pape Clément VI.

Alors la guerre éclata de nouveau, mais plus générale,

plus atroce qu'elle n'avait jamais été. Edouard publia qu'il ne l'entreprenait que pour venger les nobles décapités à Paris, où ils avaient été attirés par trahison et mis à mort contre la teneur du traité d la trêvee, qui stipulait une sûreté générale tant que la suspension d'armes durerait. A ce motif, il joignait hautement la prétention à la couronne de France, usurpée par son injuste compétiteur, qu'il n'appelait plus que Valois. C'est le seul titre qu'il lui donna dans le défi envoyé pour déclarer la guerre.

Une flotte de mille vaisseaux reçut ordre d'aller porter l'armée anglaise dans la Guyenne où le prince Jean faisait des prodiges de valeur. Geoffroy de Harcourt suivit le roi Edouard dont la flotte, au moment d'arriver, fut repoussée par les vents contraires sur les côtes de la Bretagne et forcée de rester six jours à l'ancre. Pendant ce temps, le vindicatif de Harcourt fit tant d'instance auprès du monarque, qu'il le détermina à porter ses forces en Normandie. Ce prince aborda au port de la Hougue, près Saint-Waast, qu'il trouva sans défense le 1ᵉʳ juillet 1346, où il resta pendant six jours pour faire débarquer ses troupes et les mettre en marche. Il les divisa en trois corps, commanda le premier et mit les deux autres sous la conduite de Geoffroy de Harcourt et du comte de Berwick, qu'il fit maréchaux d'Angleterre. Ils prirent des routes différentes, et c'était en effet le véritable moyen de mieux piller et mieux ravager cette province.

Les Anglais à la Hougue. 1346.

Le Roi dirige son corps d'armée sur Cherbourg dont il s'empare sans coup férir, brûle tous les vaisseaux qui se trouvent dans le port et vient coucher le 18 à Valognes qui se rend. Il arrive le 20 à Carentan qu'il livre au pillage et à l'incendie. Saint-Lo fut pris le 22 et, le dimanche 23, Edouard vint coucher à l'abbaye de Cerisy. Son armée répandue dans les paroisses voisines brûla beaucoup de villages; Littry, Montfiquet, Balaré, le château du Mesnil-Hamel au Vernay ne furent pas épargnés. Le lundi et le mardi suivants, le Roi d'Angleterre continua sa route par le château de Bures-le-Roi où il se rafraîchit, laissant Bayeux sur la gauche, et se dirigea sur Ouistreham, où était fixé le lieu de réunion de tout l'effectif de l'armée anglaise, afin de se porter ensuite en masse sur la ville de Caen, capitale de la Basse-Normandie.

Balaré et le pays ravagés par l'Anglais. 1346.

Le perfide et haineux Geoffroy allait enfin assouvir ses ressentiments : il prit le long des côtes de la mer, marchant sur la gauche de l'armée royale comme pour la protéger, passe par Isigny et vole mettre le siège devant le château de Neuilly où il croyait surprendre l'évêque de Bayeux et ses gens. Mais il se trompait, le prélat s'était retiré avec son frère dans la citadelle du château de Caen. Ayant donc trouvé ce riche manoir des évêques de Bayeux sans défense aucune, il en ordonna le pillage à ses soldats et y fit mettre le feu, puis il marcha sur le château du Molay où il trouva la belle Jeanne entourée de ses gens, prête à soutenir une vigoureuse attaque : elle le défendit longtemps avec un courage au-dessus de celui d'une femme, fit mordre la poussière à plus d'un assaillant. Ainsi l'on peut dire avec justice que si l'attaque fut vigoureuse, la défense ne le fut pas moins. Cependant craignant de devenir prisonnière entre les mains d'un homme qu'elle mé-

Siège du château du Molay. 1346.

prisait, Jeanne Bacon s'échappa furtivement du château avec quelques-uns de ses gens et ordonna à ceux qu'elle laissa pour sa défense de capituler à l'heure qu'elle leur fixa. Geoffroy de Harcourt ne voulut entendre aucune proposition ; il s'empara de vive force du château, le pilla et y mit le feu, le réduisit en cendres et le rasa. *Le château est brûlé et rasé. 1346.*

Le maréchal de Berwick avait dirigé son corps d'armée sur Thorigny dont il n'osa faire le siège, et il vola sur la ville de Vire qui ouvrit ses portes, puis enfin il se hâta de rejoindre Edouard à Ouistreham le 26 juillet, d'où les trois corps réunis se dirigèrent sur la ville de Caen qui opposa la plus vive résistance. Chaque maison devient une citadelle, une forteresse qu'il faut emporter de force ; hommes, femmes et enfants, vieillards, tout se met aux fenêtres, sur le toit des maisons, pour assommer les assiégeants à coup de pierres et avec les meubles, les soliveaux et les autres débris des chambres et des greniers. Cependant la ville fut pillée méthodiquement pendant trois jours. Les fortifications seules du château arrêtèrent Edouard et le firent replier entre l'Orne et la Seine, vers Louviers et Pont-de-l'Arche, qu'il brûla et arriva à Poissy. Notre pays n'en était pas encore au point d'humiliation où il devait tomber sous le même règne, humiliation qui peut encore paraître légère en comparaison des maux réservés au règne suivant. *Siège de la ville de Caen. 1346.*

Aux désastres de la guerre se joignit nécessairement le fléau de la peste, et l'année 1348 devint à jamais néfaste dans les annales de notre histoire : elle y fait tristement époque ! On l'appelait *la peste noire.* Peut-être était-ce le *La peste noire. 1348.*

choléra asiatique dont nous avons subi, il y a peu d'années, les effrayants ravages ; comme cette dernière maladie, *la peste noire,* était arrivée des extrémités de l'Orient. A cette époque, point d'hygiène connue ou observée, grossière débauche et nulle retenue, science à peine supposée, partout ignorance et superstition. Cette peste enleva le quart de la population européenne : la plus grande partie des cultivateurs succomba. La famine acheva ce que la guerre, la peste et les fureurs populaires avaient commencé. Nos contrées, ainsi que toute la France, de 1347 à 1348, virent périr la moitié de leurs habitants. L'évêque de Bayeux et un grand nombre de ses chanoines ne purent échapper à ce désastre. La terreur devint si générale qu'on n'osa plus rendre aux morts aucun honneur funèbre. Robin des Essarts, fils de Guillaume IIe du nom, perdit, enlevée par l'épidémie, Robine de Villiers, dont il avait Louis Thézard, chanoine de Bayeux, Thomasse Thézard, novice à Cordillon, puis abbesse de Rheims (Saint-Pierre), Pierre Thézard, dont les descendants possédèrent la baronnie de Tournebut.

Le comte de Harcourt avait enfin payé de sa tête les crimes odieux qu'il avait commis, et le roi de Navarre, Charles le Mauvais, avait été arrêté et fait prisonnier à Rouen, par le roi Jean lui-même, qui se rendit à Caen, pour y faire confisquer les domaines qu'il possédait dans le Cotentin et le reste de la Normandie ; mais ce prince avait eu la précaution de garnir toutes les places fortes et d'hommes et de vivres, et elles refusèrent de se rendre. L'année suivante (1355), le gouverneur de Caen écrivit au Roi que les Bretons et les Navarais menaçaient les villes de Caen et de Bayeux. On convoqua le ban et l'arrière-ban, depuis l'âge de 18 ans jusqu'à 66. Pour plus de précaution, le grand bailli ordonna que, dans toutes les paroisses, on ne sonnerait qu'une cloche pour l'office divin, et que l'on en sonnerait deux à l'approche de l'ennemi, de manière que chacun pourrait, par cet avertissement, se retirer aux forteresses et châteaux avec tous ses biens. Il enjoignit également d'y porter les grains des paroisses, afin d'affamer l'ennemi s'il avançait dans le pays et promit sûreté pour les personnes, et garantie pour tout ce qui serait déposé dans les places fortes. Enfin il mit en réquisition tous les charpentiers et les maçons de la vicomté.

Le Roi de Navarre, maître du Cotentin (1356), son apanage, où il avait une multitude de partisans dévoués, était débarqué à Cherbourg avec dix mille hommes qui, réunis aux Anglais trois fois plus nombreux, se répandirent sur divers points de la Basse-Normandie, pour s'emparer des forteresses et des châteaux-forts qu'ils incendièrent et rasèrent pour la plupart. Beaucoup de châtelains, mécontents de la cour, se réunirent à eux et dévastèrent le pays. Le plan des ennemis n'était pas de s'arrêter à faire le siège des villes, mais bien de s'emparer des châteaux et surtout des forteresses qui se trouvaient isolés dans les campagnes, de s'y fixer et de vivre aux dépens des paroisses environnantes en les pillant.

Le Roi de Navarre dans le Cotentin. 1356.

Le duc de Lancastre, à la tête de quatre mille soldats seulement, était aussi descendu dans le Cotentin, où il fit des dégâts considérables : il s'empara de Saint-Lo, du château de Bérigny, pilla l'abbaye de Cerisy et se dirigea sur Bayeux. Cette ville, qui avait eu tant à souffrir de la peste et des guerres précédentes, craignit pour son sort.

Le duc de Lancastre brûle Bayeux. 1356.

Ce qu'on avait prévu arriva : la ville fut assiégée et, peu de temps après, prise, pillée et brûlée. L'église cathédrale fut entièrement dévastée : ce ne fut plus qu'un amas confus de ruines et de décombres. Cet échec, le dernier de ce genre arrivé à Bayeux, lui fut entièrement préjudiciable, par la diminution considérable qu'il occasionna à son enceinte. Après bien des ravages dans l'intérieur du reste de la Normandie, le duc fut arrêté enfin dans sa marche par l'armée du Roi de France, qui le força de battre en retraite et d'évacuer les villes de l'Aigle, d'Argentan, de Falaise et les bourgs de Villers et de Harcourt, et le poursuivit jusque dans le Cotentin, sur les terres du Roi de Navarre.

Tandis que le duc de Lancastre était vivement poursuivi par l'armée du roi Jean, Robert de Lewes, général anglais, s'emparait de la forteresse de Saint-Waast, appartenant à la famille Tesson, et du fort de Lingèvres, dépendant de l'abbaye de Cordillon ; de là il se porte sur le château royal de Bures-le-Roi, à Noron, défendu par les troupes françaises. Ce château était une place forte assez importante et avait encore à cette époque un gouverneur particulier. Robert de Lewes s'en rendit maître après des efforts inouïs de valeur, y mit le feu, le réduisit en cendres et le rasa pour ne plus jamais reparaître.

Il rase le château de Bures-le-Roi. 1356.

Le chevalier de Lewes se replia ensuite sur la forteresse de Saint-Waast et sur le château-fort de Lingèvres, où il établit son quartier général. De ces deux points, les soldats maraudèrent dans les campagnes avoisinantes et les mirent à contribution ; ils pillaient les fermes et tuaient tous ceux qui osaient leur résister. Les habitants d'un grand nombre de paroisses avaient abandonné par crainte leurs demeures dès le commencement des troubles et n'avaient pas encore reparu depuis quinze à seize ans. Ainsi plus d'hommes, plus de bétail, plus de culture. Les curés étaient également en fuite, parce que l'ennemi avait pillé leurs églises, leurs habitations, et que leurs paroisses étaient désertes. Dans quelques paroisses il n'était resté que des vieillards et des femmes. Enfin un orage épouvantable ayant éclaté à Chartres, sur l'armée anglaise, détermina le Roi à offrir la paix. Le traité en fut signé le 8 mai, à Brétigny, en 1360; mais la guerre ne finit réellement dans nos contrées qu'en l'année 1365.

<small>Paix de Brétigny. 1360.</small>

CHAPITRE IV.

Louis des Essarts élu évêque de Bayeux.—Baldus, curé de Balleroy.—Zèle de Louis des Essarts.—Son administration.—Pierre des Essarts, sous les ordres de du Guesclin, fait la guerre aux routiers.—Victoire de Montiel.—Du Guesclin à Maisy.—Fondation de l'hôpital de Villers, par Jeanne Bacon, dame du Molay. — Louis Thézard des Essarts est nommé archevêque de Rheims.—Nouvelle invasion des Anglais.—Ils se rendent maîtres du pays.—Henri V en partage les terres à ses lieutenants.—Le domaine de Balaré (Balleroy) passe à l'abbé Trégory.— Herbert des Essarts défend le fort Saint-Michel. — On se soulève en masse contre les Anglais.—Le Roi de France profite de ce soulèvement.—Il s'empare de Rouen.—Le comte de Dunois fait le siège de Bayeux.—Bataille de Formigny.—Charles VII assiège Caen.—Entrée de ce prince à Caen.— Les luthériens ou protestants.—Les huguenots ou calvinistes.—La seigneurie de Balleroy passe au Trexot.—Jean Quentin, curé de Balleroy—Avenue Quentin.—Jean et Jacques Trexot, curés de Balleroy.—Les huguenots prêchent leurs erreurs.—Les églises des catholiques sont pillées et brûlées.—Massacre des prêtres.—Nicolas Duvey, curé de Balleroy.—Massacre des calvinistes le jour Saint-Barthélemy.—Le clergé est étranger à ce massacre.—Le territoire de Balleroy passe à Madeleine Sauvat, veuve de Germain Le Charron, seigneur d'Ormeilles.—Jean de Choisi, secrétaire de Henri IV, épouse Madeleine Le Charron d'Ormeilles.—Il devient par son mariage seigneur de Balleroy.

Louis des Essarts, évêque de Bayeux. 1360.

Le fils de Robin des Essarts, sire de Balaré, avait été nommé chanoine de Bayeux en 1353 et vicaire général de Rheims l'année suivante. A la mort de Pierre de Vilaines, le chapitre de Bayeux le choisit pour évêque de cette ville en 1360. Il ne prit possession de son évêché que le 28 mars 1361, qui tombait le jour de Pâques. Cette cérémonie fut très-solennelle et tout le monde, dit Hermant (1), y donna des marques de joie et d'allégresse : les abbés mitrés de l'abbaye d'Aunay qu'avaient fondée les aïeux du nouvel évêque et celui de l'abbaye de Longues l'honorèrent de leur présence. Arrivé à la cathédrale, Louis des Essarts s'agenouilla sur un carreau de velours violet, et jura, la main placée sur le livre des évangiles, de respecter les droits, statuts, coutumes et libertés de l'église de Bayeux ; après quoi les portes lui furent ouvertes.

Je passe sous silence la messe qu'il dit pontificalement, assisté des deux abbés de Longues et d'Aunay, portant comme lui la crosse et la mitre, la réception dont elle fut suivie dans les salons de l'évêché, l'offrande du chapitre consistant en douze pains et douze flacons de vin, le dîner et les réjouissances publiques. C'était un enfant du pays dont on connaissait la famille, les talents et les vertus. Non content de s'être fait précéder à Bayeux par d'abondantes aumônes, Louis des Essarts voulut servir les pauvres en personne le jour même de son arrivée, et il leur distribua une somme d'argent. A une éducation solide, il joignait un zèle infatigable, une héroïque charité, une patiente énergie qui ne se démentit jamais pendant qu'il gouverna les églises de Bayeux et de Rheims, enfin un rare discernement dans le choix des hommes auxquels il accorda sa confiance.

(1) *Histoire du diocèse de Bayeux.*

Son humilité était trop éclairée, il comprenait trop bien la grandeur de sa tâche pour dédaigner les lumières d'autrui, et la providence qui bénit surtout la pureté de nos intentions, sembla lui désigner elle-même les hommes remarquables qu'il devait associer à l'exécution de ses projets. Le premier auquel il voulut demander des conseils fut le chanoine Baldus, l'un des juges de l'Echiquier de Normandie et l'un de ses anciens confrères du chapitre de Bayeux. Ce savant ecclésiastique avait été curé de Balaré et avait eu un soin tout particulier de la première éducation de notre jeune évêque : ses talents transcendants l'avaient fait l'ami de Pierre Roger, doyen du chapitre de Bayeux, qui fut pape (1) sous le nom de Grégoire XI, et qui l'emmena à Rome pour en faire son conseiller intime (1371). C'était un prêtre d'une éminente piété et qui pratiqua toute sa vie, avec une grande édification, la charité dont il avait inspiré l'amour à son élève. Comme lui, il ne préleva jamais sur les revenus de ses bénéfices que le strict nécessaire ; le reste s'écoulait en bonnes œuvres. Etant à Rome, il travailla à la réunion des princes chrétiens et à la condamnation de Wiclef.

Baldus, curé de Balaré.

Mais, pour réparer tous les désastres qu'avait éprouvés son église cathédrale pendant le dernier sac de la ville épiscopale, il fallut à Louis des Essarts non seulement des ressources prodigieuses, mais encore un zèle et une patience à toute épreuve. Les travaux qu'il y fit exécuter sont

---

(1) C'est ce pape qui fut le dernier pape d'Avignon.

immenses et ils ne furent achevés que sous l'épiscopat de l'un de ses successeurs. Actif et laborieux, ce prélat, après avoir assisté aux Etats généraux, le 25 novembre 1366, revint dans son diocèse où il prit l'œuvre réparatrice qu'il avait si noblement commencée. Outre sa cathédrale, il releva de leurs ruines plusieurs églises rurales qui avaient souffert pendant la dernière guerre : les églises de Balaré et de la Bazoque ne furent pas oubliées. Le chanoine Baldus sacrifia presque tout le revenu de sa prébende à embellir l'église où il avait été curé. L'évêque de Bayeux venait très-souvent visiter son vieux et noble père, ainsi que son frère Pierre des Essarts. C'est à ces visites fréquentes qu'est due sans doute l'érection de la chapelle Saint-Louis dans le château-fort des Essarts, chapelle qui n'existe plus aujourd'hui : tout vestige même en a complètement disparu pendant la commotion politique de la fin du siècle dernier.

Zèle de Louis des Essarts pour sa cathédrale.

Dans le courant des années 1365, 1366 et 1367, des troupes nombreuses de pillards, composées de soldats de toutes les nations, hommes intrépides et habitués à la guerre qui, pour la plupart, étaient revenus en France après avoir servi en Italie sous les ordres du marquis de Montferrat, la dévastaient sous le nom de *malandrins, brabançons, cottereaux, routiers*, etc.... Voici comment en parle la chronique de Bertrand du Guesclin (selon Daniel, *Histoire de la milice française*, tom. 1er) :

> Mais où noble royaume avait confusion
> D'une grand compagni et avait à foison
> Gents de maints pays et de mainte nation,
> L'un Anglais, l'autre Escot, si avait maint Breton,

Hannuyers et Normands y avait à foison,
Par li pays allaient prendre leur mansion,
Et prenaient partout les gens à rainçon.
Vingt capitaines trouver y pouvait-on,
Chevaliers, écuyers, y avait, ce dit-on,
Qui de France exilier avaient dévotion,
Et il n'y demeurait bœuf, vache, ni mouton,
Ne pain, ne chair, ne vin, ne oie, ne chapon,
Tout pillard, meurtrier, traiteur et félon
Etaient en la route dont je fais mention.

Pierre des Essarts, sire de Balaré, sous les ordres de du Guesclin. Ces brigands s'étaient réunis, pendant la captivité du roi Jean, au nombre de 16,000 et s'étaient jetés dans le Lyonnais et le Beaujolais qu'ils ravagèrent. En vain le connétable Jacques de Bourbon les attaqua-t-il avec une armée, il fut défait par eux et perdit la vie avec son fils Pierre de Bourbon. Mais, par bonheur, Charles V parvint à en délivrer le territoire national, en les prenant à sa solde pour faire la guerre à Pierre le Cruel, roi de Castille, qui, pour complaire à sa maîtresse, avait empoisonné Blanche de Bourbon, sa femme, et qui, par ses crimes, était devenu la terreur de ses sujets. Bertrand du Guesclin prit le commandement de ces troupes, ayant sous ses ordres un prince du sang, Jean de Bourbon; Olivier et Guillaume du Guesclin, Bertrand de Matignon, Olivier de Mauny, sire de Thorigny, Pierre des Essarts, sire de Balaré, les sires de Montauban, de Beaumont, de Montfiquet, étaient les autres chefs de l'expédition qui eut pour péripéties diverses la victoire de Montiel (1), la mort de Pierre le Cruel, l'avènement

---

(1) Deschamps. *Notice historique sur Thorigny.*

au trône d'Espagne de Henri de Transtamare et la destruction totale de ces grandes compagnies de brigands (1).

Du Guesclin, ce guerrier illustre et l'un des plus populaires de notre histoire, habita, comme on le sait, avec sa femme le château de Maisy, ancien domaine des premiers barons de Thorigny dont ils furent dépossédés par Philippe-Auguste, lorsqu'il enleva la Normandie à la domination anglaise. Tandis qu'il habitait ce château, ce grand capitaine s'étant rappelé qu'il avait à l'abbaye de Mondaye un de ses frères d'armes, qui s'y était fait religieux, vint le visiter. A cette nouvelle, l'évêque de Bayeux et une partie de son chapitre, ainsi que quelques députés de la noblesse et de la bourgeoisie de Bayeux, se transportèrent à Mondaye pour offrir leurs hommages au futur vainqueur des Anglais. Cette députation spontanée de l'évêque et de la cité bayeusaine offrit à ce guerrier illustre, en hommage de ses glorieux services, une pipe de vin de Beaune, un muid d'avoine et un demi-cent de cire œuvrée. (*Histoire de Bayeux*, par Béziers). *Du Guesclin à Mondaye.*

Dès le mois de juin 1366, Louis des Essarts avait ratifié la fondation d'un hospice à Villers-Bocage, par Jeanne Bacon (2), châtelaine de l'Ile, dame du Molay et de Villers. *Jeanne Bacon fonde l'hôpital de Villers. 1369.*

---

(1) Deschamps. *Notice historique sur Thorigny.*
(2) Elle était veuve de Guillaume Bertrand, vicomte de Roncheville, fils du maréchal de Bricquebec et neveu de l'évêque de Bayeux, et elle avait épousé en secondes noces Jean de Luxembourg, châtelain de l'Ile, seigneur de Roussy, quand elle fonda l'hospice de Villers. (V. *Dictionnaire de la Noblesse*, tom. 1er, pag. 638.)

Elle fonda ce prieuré hospitalier dans un grand manoir qu'elle avait acquis, dit M. de Caumont (1), de Perrin Castel, en sa bonne ville de Villers, paroisse Saint-Germain, et le dota de deux cents livres de rentes. Un second acte, passé en l'année 1379, expliqua les volontés de la donatrice. L'administration de l'établissement fut confiée à deux prêtres séculiers dont l'un était prieur et administrateur en titre et l'autre chapelain. Le prieur devait rendre compte à l'évêque de son administration une fois chaque année. Cet hôpital ne demeura pas long-temps dans un état florissant. Il fut réduit dans la suite à l'état de prieuré simple, mais son histoire est hors de mon sujet.

Louis des Essarts est nommé archevêque de Rheims 1374.

Ce ne fut qu'en 1374 que Louis des Essarts fut transféré sur le siège archiépiscopal de Rheims où il avait été vicaire général sous Humbert de Vienne, son ami et parent. Il emmena avec lui sa sœur qui était religieuse à l'abbaye de Cordillon, qu'il fit abbesse de Saint-Pierre de Rheims. Le reste de sa vie ne nous appartient plus, et je reviens à son frère Pierre, le chef de sa famille.

Le brave du Guesclin étant mort le 13 juillet 1380 dans sa 67e année, à la suite de fatigues excessives, éprouvées au siège de Château-Neuf de Randon, le roi Charles V ne tarda pas à suivre au tombeau son fidèle et illustre connétable, qu'il avait fait enterrer à Saint-Denis à côté du tombeau qu'il avait fait édifier pour lui-même et où reposait déjà la reine sa femme; car il fut enlevé à l'amour de ses sujets le 16 septembre 1380.

(1) *Cours d'Antiquités.*

Pendant la minorité et la folie de Charles VI, la France désunie et déchirée par les intrigues ambitieuses et criminelles des oncles du jeune roi et par la faction des Armagnacs et des Bourguignons, perdit tous les fruits de la sage administration du défunt Roi, et l'Anglais profita des discordes civiles pour l'envahir de nouveau. Une flotte commandée par le comte d'Arondel, et qui côtoyait la Normandie dans le dessein d'y fomenter des troubles, y fit une descente ; cette fois ce fut à Touques, et il se dirigea sur la ville de Honfleur (1417) dont il fit le siège que les habitants soutinrent avec une vigueur extraordinaire pendant cinq semaines. Henri V vole ensuite vers Lisieux, abandonné de ses habitants, dont il s'empare, et se dirige sur Caen, dont il fait le siège ; le sire de Montamy qui en était gouverneur avait à peine sous les armes deux cents soldats, cependant il résista pendant long-temps avec un courage héroïque : les habitants le secondèrent au-delà de toute attente, résolus de se défendre jusqu'à l'extrémité ; mais il fallut céder... Les Anglais pénétrèrent dans la ville du côté des Jacobins et s'en rendirent maîtres le 9 septembre. Le château se défendit encore trois semaines, mais il fallut se rendre à composition. Il se dirigea ensuite sur Bayeux dont il se rendit maître le 19 septembre. Peu de jours après, Falaise et Condé-sur-Noireau tombèrent en son pouvoir, ainsi que les forteresses de Lingèvres, de Neuilly, de Maisy, de Colombières et le château de Thorigny.

L'année suivante, Henri V pilla le château de Harcourt, dont on lui avait vanté les richesses et la magnificence et

Nouvelle invasion des Anglais. 1417.

se dirigea ensuite sur Rouen dont il fit le siège et dont il se rendit maître. Cette prise consterna Paris, d'autant plus que la cour en était sortie et s'était retirée à Troyes. Le Roi d'Angleterre alors donna la terre et seigneurie de Campigny à Thomas Hawton, la châtellenie du Molay à Guillaume Ekles; celle de Montfiquet, le château et la seineurie de Thorigny, de Planquery et de Semilly à Jean Popham... La domination anglaise dura 33 ans; d'abord violente et spoliatrice, elle finit par être favorable au progrès de la civilisation.

Ce fut en cette même année que périt, pendant le siège de Vire, le poète Olivier Basselin, qu'on s'accorde communément à regarder comme l'inventeur du vaudeville :

Le Normand né malin créa le vaudeville !

Evreux, le Pont-de-l'Arche, Louviers, tombèrent comme à l'envi au pouvoir de l'Anglais, et la rapidité de ses conquêtes répandit partout la terreur et la consternation. On prit la fuite de toutes parts, et l'épouvante redoubla quand on vit les plus puissants seigneurs du pays perdre leurs forteresses et se trouver eux-mêmes sans asiles, obligés pour leur propre sûreté à prendre aussi la fuite, et cela depuis Cherbourg jusqu'à Caen et depuis cette dernière ville jusqu'au Maine. Personne cependant ne voulut se soumettre à la domination anglaise : une partie de la noblesse abandonna également ses foyers et se réfugia vers son souverain légitime. Une autre partie de la noblesse non moins brave sans doute, et certainement beaucoup plus sage, crut qu'il valait mieux rester dans ses foyers, garder ses possessions, attendre tout du temps et des événements, enfin se soumettre au vainqueur, que d'aller se réfugier auprès du Roi, privé de tout moyen d'action et de défense. Parmi les gentilshommes qui prêtèrent foi et hommage au Roi d'Angleterre pour rester dans leurs terres, furent Jean de Vaubadon, Pierre de Litteau, Roger de Couvains, Simon de Couvert et Jean Langret, évêque de Bayeux.

L'évêque de Bayeux se range du côté des Anglais.

Le territoire de Balaré, le château des Essarts, les terres du Coysel, de la Bazoque, furent donnés à un prêtre anglais, nommé Michel Trégory, que le duc de Bedford créa plus tard (1440), recteur de l'académie de Caen et qui depuis devint archevêque de Dublin. Herbert Thézard des Essarts, propriétaire de ces domaines, s'était retiré dans le château-fort du Mont-Saint-Michel, que les Anglais assiégèrent en 1425. Il n'avait pour toute garnison que cent dix-neuf braves comme des Essarts, commandés par Louis d'Estouteville, qui le défendirent avec tant d'habileté, de courage et d'intrépidité, que ces insulaires ne purent s'en emparer (1).

Balaré passe à l'abbé Trégory. 1418.

Enfin les Anglais, par la morgue naturelle de leur caractère, indisposèrent tant le pays qu'ils avaient conquis que leur joug devint insupportable aux Normands. Les habitants de Vire et des environs se révoltèrent (1431), mais faute de chefs, ils furent forcés de se dissiper; quelques-uns furent sacrifiés près de Saint-Sauveur-le-Vicomte.

(1) *Dictionnaire de la Noblesse.*—M. Louis Enault. *Itinéraire de Paris à Cherbourg*, pag. 228.

Malgré cet échec, les mécontentements continuèrent à se propager. Tout le bailliage de Caen se leva en masse pour chasser les Anglais de son territoire. On porte à soixante mille le nombre des hommes qui combattirent pour repousser leurs oppresseurs, et parmi eux se trouvèrent les braves défenseurs du Mont-Saint-Michel. Le duc d'Alençon reconnut trop tard qu'on avait eu tort de ne pas profiter de cette insurrection en faveur de Charles VII, qui lui-même comprit alors qu'il pouvait avoir l'espérance de rentrer un jour en possession de tous les droits de légitime souverain, car alors c'était la voix du peuple et, comme on dit aujourd'hui, *le suffrage universel* qui le voulait et le demandait. Rien de plus puissant que cette grande voix du peuple, qui n'est autre, en résumé, que la voix de Dieu.

On se soulève en masse contre les Anglais. 1448.

Arrive enfin l'année 1450 ! Et il faut en finir avec le perfide Anglais ! Cette fois les préparatifs répondent à la grandeur de l'entreprise. Chaque commune de France est tenue de fournir un homme d'armes destiné à se présenter à la première réquisition. Charles VII prend là une détermination de haute importance, de haute politique, dont la noblesse cette fois n'aperçoit pas toute la portée. Il ordonne que tout homme appelé à ce genre de service soit exempt de la taille qu'il vient également d'établir. De là vinrent les compagnies d'archers et les compagnies d'ordonnance et la taille perpétuelle pour leur entretien, et les troupes soldées et les armées permanentes, et un premier et puissant abaissement de la noblesse, et l'empire chaque jour croissant de la royauté.

Le Roi de France profite de ce soulèvement.

Tout étant ainsi réglé, Dunois poursuit ses conquêtes ; il se présente devant Rouen. Les Anglais maîtres de cette capitale de la Normandie, firent d'abord quelque résistance; mais le duc de Sommerset et Talbot sont forcés par les habitants d'abandonner moitié gré, moitié par force la place et de capituler. Le Roi y fit son entrée avec toute la magnificence alors connue. Il y confirme les droits, privilèges et franchises de la ville, la coutume de Normandie, la charte aux Normands et l'Echiquier. Il va ensuite attaquer Honfleur, dont la défense fut plus vigoureuse : ses troupes prennent Condé-sur-Noireau le même jour, 4 décembre 1449. Elles s'étaient également emparées de Lisieux le 16 août, après avoir levé le siège de Pont-Audemer qui avait capitulé. *(Le Roi de France s'empare de Rouen. 1449.)*

La ville de Bayeux était depuis 1418 au pouvoir des Anglais, quand Dunois, accompagné des comtes de Clermont, d'Eu et de Nevers, vint mettre le siège devant cette ville, défendue par neuf cents Anglais. Le siège dura quinze jours et fut entièrement vigoureux de part et d'autres : enfin il fallut capituler. Les Anglais se retirèrent dans la plaine de Formigny, à quatre lieues de cette ville, où ils espéraient avoir un renfort de six mille hommes casernés à Cherbourg. Ce renfort, commandé par le général Kiriel, passa le Grand-Vey et rejoignit Matagot dans la plaine de Formigny : Dunois l'y poursuivit et quoique inférieur en nombre de moitié, il eut le courage d'attaquer l'armée anglaise. Le choc fut sanglant, les deux armées étaient peu nombreuses, mais composées de troupes d'élite. Elles se battirent avec tant d'acharnement de part et d'autre, que la moitié resta sur le champ de bataille (15 avril 1450). Le général anglais Matagot se retira avant la *(Dunois assiège Bayeux. 1450.)* *(Bataille de Formigny. 1450.)*

défaite entièrement décidée et se replia sur Bayeux, emmenant un corps considérable qu'il sauva. Kiriel fut fait prisonnier. On blâma la retraite de Matagot ; il répondit : une bonne fuite vaut mieux qu'une défaite. Dunois l'atteignit bientôt à Bayeux et le força le 4 mai d'évacuer la ville entièrement, d'où ils sortirent comme des pèlerins, chacun un bâton blanc à la main et se retirèrent à Cherbourg. Tandis que Dunois s'emparait de la ville de Bayeux, le comte de Villars s'emparait de Vire.

C'était le comte de Clermont, fils aîné du duc de Bourbon, gendre du Roi et depuis connétable, qui commandait les Français à Formigny. Malgré le talent avec lequel il avait masqué l'infériorité de ses forces à une armée quatre fois plus forte que la sienne, peut-être allait-il succomber sous le nombre, lorsque le connétable qu'il avait fait prévenir arriva au fort du combat et le rétablit à l'avantage des Français. « En cette besogne furent faits beaucoup de chevaliers, dit Alain Chartier ; c'est ainsi qu'on se réjouit d'avoir battu l'Anglais. On battit toujours l'Anglais de siècle en siècle, mais on ne le chassa jamais si bien de France que le 15 avril 1450 à Formigny. Cette bourgade est modeste (1), mais elle se glorifie de sa grande journée, et les plus débonnaires de nos compatriotes aiment à regarder en passant sa modeste chapelle (2), bâtie sur le champ même de bataille. »

Il ne restait plus aux Anglais dans la Normandie que

---

(1) M. Louis Enault. *Itinéraire de Paris à Cherbourg.*

(2) Cette modeste chapelle a été dignement restaurée par les soins de

quatre places fortes : *Caen, Falaise, Domfront et Cherbourg.* On commença par le siège de Caen où le duc de Sommerset s'était renfermé avec quatre mille Anglais, résolu de la défendre jusqu'à la dernière extrémité. Le Roi de France, avec une armée de trente mille hommes, accompagné des comtes et des barons normands, vint l'assiéger le 5 juin 1450. Le comte de Dunois attaqua les boulevards qui étaient sur la rivière, auprès de la porte appelée *Milet,* dont il se rendit maître. Le carnage des Anglais devint horrible ! Des mines furent pratiquées sous les murailles, particulièrement du côté de Saint-Etienne : l'explosion de l'une d'elles, qui fit sauter une tour, étonna tellement les assiégés que, se croyant déjà près d'être emportés d'assaut, ils demandèrent à capituler. Le siège durait depuis dix jours; le roi Charles, voulant épargner à la ville assiégée les désastres de l'assaut et les malheurs d'un plus long siège, reçut l'offre des Anglais et, peu de jours après, il fit son entrée dans la ville où il fut reçu par le clergé, la noblesse et la bourgeoisie, qui s'étaient portés à sa rencontre jusqu'à la porte. Le 21 du même mois de juillet, Potron de Saintrailles attaqua Falaise et le soumit en quatre jours ; il en fallut dix pour réduire Domfront : Cherbourg tout imprenable qu'il était réputé ne résista pas davantage.

Alors l'expulsion totale des Anglais après la bataille de

<small>Entrée de Charles VII à Caen. 1451.</small>

M{sr} Louis-François Robin, de gracieuse mémoire, évêque de Bayeux et Lisieux.

Formigny laissait entrevoir à notre riche contrée des jours calmes et sereins, lorsque le calvinisme présagea les plus affreux bouleversements. Pendant les trois invasions anglaises, les études furent négligées, et l'ignorance favorisée par le bruit des armes poussa de tous côtés de profondes racines. Elle pénétra même dans les corps desquels on devait espérer plus de lumière, ce qui se perpétua jusque dans le seizième siècle, et les disciples de Calvin en profitèrent, comme nous le verrons, pour répandre ses erreurs pestilentielles.

Pour prévenir toute confusion dans les idées de mes lecteurs et les guider dans le récit qu'il me faudra bientôt faire que les principes, la doctrine et les actes des révolutionnaires de tous les temps sont les mêmes que les principes, la doctrine et les actes des calvinistes ou huguenots, il est nécessaire d'observer que, quoique Calvin soit mis partout, même par nos historiens, sur la même ligne que Luther ; que même jusqu'à nos lois, sans en excepter un édit de 1787, se soient servis de cette dénomination *de non catholiques*, comme générique, pour désigner les sectaires de France, cependant les véritables sectaires qui ont fait tant de maux à la France, sont les calvinistes (1).... ; que la doctrine de Calvin a établi son empire particulièrement en France, et que cette doctrine est infiniment plus hétérodoxe que celle de Luther, et plus

---

(1) Il est certain que le rationalisme qui enfanta tant d'incrédules dans le dernier siècle, est sorti des entrailles putréfiées du calvinisme.

infiniment liée avec celle des hérésiarques connus sous le nom de *sacramentaires*, que les luthériens détestent et condamnent; que les luthériens, sous le nom de *protestants,* datent de l'année 1521 ; que les calvinistes ou *huguenots,* datent de celle de 1536 ; que ces derniers diffèrent en tous points de l'église romaine et des dogmes de l'église catholique; que les luthériens *ou protestants* sont au contraire d'accord en plusieurs points des dogmes avec l'église catholique romaine ; que les protestants ont de tout temps repoussé les calvinistes qu'ils accusent d'avoir détruit la toute puissance de Dieu et n'ont jamais voulu les admettre à leur communion malgré les efforts que les calvinistes ont faits pour se rapprocher d'eux, et quoiqu'ils aient déclaré au synode de Charenton de 1631, adopter la confession d'Augsbourg de 1530, déclaration toujours et constamment refusée par les luthériens protestants (1), comme elle est démentie par les calvinistes *ou huguenots.*

Les luthériens ou protestants. 1520.

Les calvinistes ou huguenots. 1536.

En effet, les luthériens ou protestants, en se séparant de l'église catholique apostolique romaine, ne l'ont pas pour cela répudiée; ils la reconnaissent pour la véritable église

---

(1) Le protestantisme est arrivé aujourd'hui à une décomposition complète. Un disciple de l'école d'Hégel divise les protestants d'Allemagne en quatre classes : 1" les *vieux croyants.* Ce sont les vieillards imbus de préjugés qui croient encore à la trinité, aux miracles et à la satisfaction par la mort de Jésus-Christ ; 2" les *croyants éclairés* qui sont des déistes et des philosophes des écoles de Kant. Pour eux, les maximes évangéliques sont dignes de l'admiration du sage ; 3° les *croyants modernes* qui font de la religion une espèce de *sentimentalité,* mais sans fondement bien solide ; c'est le christianisme poétisé ; 4" le *straussisme* qui est l'incrédu-

dans laquelle on peut se sauver : principe qui ne laisse pas sans espoir de les voir un jour, plus particulièrement frappés de la grâce de Dieu, ouvrir les yeux à la lumière et rentrer dans le sein de l'église. « Je sais que, dans la papauté, disait Luther dans ses écrits (tom. IV, pag. 130), se trouve la vraie écriture sainte, le vrai baptême, les vrais sacrements, le vrai pouvoir des clefs pour remettre les péchés, le vrai ministère de la parole de Dieu, la vraie mission pour l'annoncer, le vrai catéchisme, le vrai christianisme, bien plus le noyau du vrai christianisme.

Les calvinistes enseignent tout le contraire, et leur schisme avec l'église romaine et avec la religion catholique s'étend jusqu'à l'exclusion. Cette barrière de dissidence entre les luthériens protestants et les calvinistes ou huguenots subsiste tellement que ces derniers sont aussi odieux aux protestants qu'aux catholiques. Le principe de cet éloignement de la part des protestants luthériens est fondé sur les maximes séditieuses et éversives de toute autorité que

---

lité complète, ou, pour me servir d'une expression consacrée : *la non croyance illimitée,* qui donne à chaque siècle d'ajouter ou de retrancher à volonté aux dogmes chrétiens.

Cette courte exposition de l'état du protestantisme en Allemagne nous montre qu'il n'y a plus réellement de christianisme chez les enfants premiers-nés de la réforme. Les protestants modernes, dit le protestant du Tremblay, s'éloignent entièrement de tout ce que les chrétiens ont cru depuis le temps des apôtres, et un musulman qui admettrait les miracles de Jésus-Christ serait plus près du chrétien que ne le sont les docteurs du protestantisme. (*Etat présent du Christianisme*, par le baron Starck.)

professent les calvinistes, comme sur leurs erreurs en matière de religion. Non seulement ils diffèrent dans les points essentiels et principaux de leurs dogmes et de leur morale, mais ils diffèrent encore dans leur politique, car les luthéro-protestants professent l'obéissance à l'autorité légitime. En effet, si l'on excepte les premiers actes de Luther lui-même, on ne voit, depuis l'établissement du luthéranisme, qu'un seul exemple de rébellion de la part des luthéro-protestants.

L'histoire du calvinisme dans nos contrées, comme dans la plupart des autres contrées de la France, se décompose en plusieurs périodes. La première fut caractérisée par ses envahissements et ses violences : profanation, pillage, incendie des édifices religieux, statues mutilées, images religieuses, reliques, ornements, livres et manuscrits précieux jetés au feu, prêtres et religieux torturés et mis à mort ; c'est à la faveur de ces scènes lugubres que la prétendue réforme s'imposa un moment, dit un écrivain, dans le manoir des Essarts, ce qui semble très-extraordinaire, car je vois un Pierre des Essarts, chevalier de Malte et possesseur de ce château en 1531 (1), et, d'après le même auteur, je vois les Trexot posséder le fief de Balaré depuis 1521 jusqu'en 1597, qu'il passa, ainsi que la seigneurie de Balleroy, à Madelaine Sauvat, veuve de Germain Le Charron (2), seigneur de Saint-Ange et d'Ormeilles.

Dès l'an 1448, nous voyons une famille de gentils-

---

(1) L'abbé Vertot. *Histoire de Malte*, tom. VII.
(2) *Dictionnaire de la Noblesse.*

hommes propriétaires de la terre de la Bazoque, du Coysel et de Courteil, à Balleroy, et les noms de quelques-uns sont parvenus jusqu'à nous. Richard Trexot et son fils du même nom, successivement possesseurs du fief de Baleré, comme on l'écrivait alors, et de ses dépendances, étaient, dit cet écrivain, vassaux des barons d'Aunay, c'est-à-dire des Thézard des Essarts de la branche ainée, héritiers sans doute de la cadette depuis la mort de Pierre des Essarts, chevalier de Malte (1531). Or, cette famille ne pouvait être calviniste. D'un autre côté, nous voyons, toujours d'après le même écrivain, un Jean Trexot, docteur en théologie et en droit canon, vicaire général d'Avranches, ancien chanoine de Bayeux et de Coutances. C'est ce Jean Trexot qui, en 1521, acheta de Jean des Essarts, seigneur d'Aunay, la seigneurie de Balleroy et ses dépendances, pour l'amortissement d'une rente grevée à son profit sur le fief de Balaré par Louise de Saint-Maars, dame d'Aunay et mère de Jean des Essarts. Ce dernier ne se réserva sur le domaine de Balleroy qu'une rente de 10 sols et un épervier, avec l'obligation pour l'acquéreur de rendre foi et hommage lige aux seigneurs d'Aunay.

Après la mort de Jean Trexot Ier du nom, la seigneurie ou fief de Balleroy passa par héritage à Jean Trexot, son neveu. Ce Jean Trexot, avocat du Roi à Bayeux, eut trois enfants, Jean, Jacques et Rolland, qui furent successivement possesseurs du fief de Balleroy. Le dernier, criblé de dettes, fut obligé de l'abandonner à Madelaine Sauvat, veuve Le Charron, belle-mère de Jean de Choisi que nous verrons bientôt possesseur de ce fief.

Le premier des curés de Balleroy, dont on nous ait donné la chronologie, est Jean Quentin (1), originaire de Balaré, c'est-à-dire du village nommé, dans la charte de fondation de la commanderie de Baugy, *Balaré*, et, dans le vieux cartulaire de l'évêché, *Barlarreyum* (2). Il y remplit les sublimes fonctions de pasteur pendant neuf ans, et laissa dans tout le pays une réputation de haute piété et de haute sagesse. C'est pour perpétuer sa mémoire parmi nous que Jean de Choisi fit planter cette belle avenue à laquelle il donna le nom de chasse Quentin. Il eut pour successeur, dans la cure de Balleroy, les deux frères Jean et Jacques Trexot qui, tous deux, furent successivement chanoines de Bayeux.

Jean Quentin, curé. 1520 à 1529.

Jean Trexot. 1529.

Jacques Trexot. 1550.

Déjà, depuis quelques années, le calvinisme avait pris un grand développement surtout dans la province de Normandie. Gabriel de Montgommery, obligé de se soustraire à la haine et à la vengeance de Catherine de Médicis pour le meurtre involontaire de Henri II, était devenu le chef des huguenots de cette contrée. La nouvelle religion fut prêchée à Saint-Lo, à Caen et à Bayeux; des pillages eurent lieu dans cette dernière ville surtout, et les abbayes de Cerisy, de Cordillon, de Mondaye, la cathédrale de Bayeux, ainsi que les églises abbatiales de Saint-Etienne et de Sainte-Trinité de Caen, furent dévastées. M. de Bras, dans

---

(1) Il est évident qu'il y avait eu à Burleroy, à Balaré, des curés avant Jean Quentin : nous y avons vu le savant Baldus !

(2) L'abbé Béziers. *Histoire sommaire de Bayeux*, pag. 52 du *(Liber velutus)* livre Pélut.

ses *Antiquités de Caen,* nous fait une peinture affreuse des cruautés et des excès en tous genres que commirent les religionnaires.

Montgommery, à la tête d'une armée anglaise, s'empara de Rouen, du Hâvre et de Dieppe. Matignon, nommé gouverneur de Normandie, pourvut dans le même temps à la sûreté de Falaise, de Bayeux et de Vire, menacés par Colombières, l'un des chefs les plus braves et les plus habiles des révoltés. Au commencement de l'année 1562, les ministres calvinistes continuèrent en toute liberté leurs prédications, et se saisirent de beaucoup d'églises. Le 8 et le 9 mai, un rassemblement de huguenots se rua sur toutes les églises de Bayeux; ils abattent les autels, dévastent les objets d'art et de sculptures, pillent les sacristies, volent les vases sacrés, les reliquaires, et brûlent les chapes, linges et ornements. Ces misérables se répandirent dans les campagnes où ils se livrèrent aux mêmes excès contre les églises de Balleroy, La Bazoque, Planquery, Montfiquet, Valbadon, Littry, Tournières, Le Molay, Noron, Castillon, Juhaye, etc. Tout fut pillé, dévasté; les voûtes furent abattues en plusieurs endroits, tout le plomb des couvertures fut enlevé, ainsi que la presque totalité des charpentes. Les belles tours de Castillon et du Molay furent à moitié abattues : celle du Molay fut rasée l'année suivante. Tous ces édifices sacrés furent tellement endommagés qu'on fut près de deux ans sans pouvoir y célébrer le service divin.

Après avoir assouvi leur rage sur les lieux consacrés à Dieu par leurs pères, les calvinistes la tournèrent contre le sacerdoce et les religieux. On a peine à croire ce que rapportent quelques manuscrits de toutes les cruautés qu'ils commirent envers ces derniers; ils enfouissaient les uns jus- Prêtres tués et massacrés. 1562. qu'au cou et faisaient servir leurs têtes de but à des boulets qu'ils jetaient par forme de jeu ; ils en éventraient d'autres et présentaient dans leurs corps de l'avoine à manger à des chevaux. Un de leurs ministres, le savant Théodore de Bèze, fit massacrer à Bayeux, sous ses yeux, André-Dumont et Bérot, cordeliers du couvent de cette ville. Le curé du Molay fut maçonné tout vif dans une des niches de son église (1). Ces horreurs durèrent depuis le printemps de 1562 jusqu'à l'été de 1563. Je ne veux pas rendre les calvinistes actuels responsables de ces excès de leurs ancêtres, mais puisqu'on nous jette sans cesse à la face les dragonnades et la Saint-Barthélemy, qu'on les fait même jouer sur les théâtres en haine de la religion, il doit bien m'être permis de rappeler ici les excès qui occasionnèrent ces réactions.

La ville de Rouen ayant été reprise sur Montgommery, en 1562, qui s'échappa dans un bateau, laissant sa femme et ses enfants prisonniers, et la bataille de Dreux gagnée par le duc de Guise, qui fut assassiné par Poltrot, la paix se fit à la condition que les huguenots rendraient les places dont ils s'étaient emparés et jouiraient librement de l'exercice de leur religion. Les premiers établissements des calvinistes, dit M. l'abbé Laffetay (2), n'eurent d'abord aucun caractère

---

(1) Archives de la mairie du Molay, que me communiqua M. André Jonas, dit Le Baron, maire du Molay, tandis que j'étais dans cette paroisse.

(2) *Histoire du diocèse de Bayeux.*

de fixité : c'étaient des réunions improvisées, où le premier venu discourait sur un texte de la bible ; elles se tenaient quelquefois en plein air, plus ordinairement sous le toit d'un édifice public, ou d'une maison particulière que le zèle des adeptes mettait à la disposition du prédicant.

Mais, comme ces assemblées, tantôt clandestines, tantôt tumultueuses, pouvaient devenir menaçantes pour la tranquillité publique, dès que le calme eut succédé aux agitations de la guerre civile, le gouvernement exigea que les prédications se fissent dans les lieux déterminés, et défendit aux ministres d'exercer leurs fonctions hors du territoire pour lequel ils seraient élus. De leur côté, les calvinistes comprirent la nécessité de régulariser leur position, et ils prirent pour leur propre compte des mesures analogues. L'histoire de leurs établissements est pleine de vicissitudes, aujourd'hui sans intérêt; mais il est faux qu'ils aient jamais eu aucun établissement au château des Essarts ou aux environs. Le Parc aux Huguenots, dont parle un auteur toujours assez mal renseigné, est un endroit où furent inhumés des religionnaires qui avaient péri dans un combat contre les catholiques des environs et dont le souvenir s'est effacé.

Le calme ne fut pas de longue durée, car Montgommery et Colombières agitaient sourdement le pays et préparaient une nouvelle levée de boucliers, mais Matignon les surveillait. Ayant appris qu'un gentilhomme nommé de Pierre-Pont avait fait cacher des soldats dans le dessein de surprendre Cherbourg, il le fit attaquer, mit sa troupe en fuite et, l'ayant fait prisonnier, il le livra entre les mains de la justice. Le comte de Matignon vint également à Bayeux et il y fit mettre à mort, dit l'abbé Béziers, quatre bandits qui avaient massacré le curé de Saint-Ouen de cette ville. Cette exécution fit trembler les méchants et enhardit les prêtres, qui s'étaient cachés, à reparaître en public et à reprendre leurs fonctions. Alors, chacun s'empressa de réparer le sanctuaire de son église pillée et profanée.

Enfin j'en suis arrivé à un des plus fâcheux événements de notre histoire, dont les ennemis de la religion sont très-attentifs à renouveler le souvenir, et qui fournit une ample matière à leurs déclamations : c'est le massacre des calvinistes, fait à Paris le 24 août 1572, que l'on a nommé la journée de la *Saint-Barthélemy* (1). En supposant que les catholiques furent poussés à cet acte de cruauté par le zèle de la religion, il a été aisé de rendre ce motif odieux et de faire conclure qu'il n'est point de passion plus redoutable.

<small>Massacre des calvinistes. 1572.</small>

Mais il est prouvé par des monuments incontestables, que la religion ne fut point le motif réel, mais bien le prétexte de ce massacre, et que les ecclésiastiques n'y eurent aucune part. L'entreprise formée par les calvinistes d'enlever deux fois le Roi, plusieurs villes soustraites à l'obéis-

---

(1) Cette boucherie de la part des catholiques ne fut qu'une réaction des représailles des massacres dont les calvinistes venaient de se souiller à Nîmes, le 29 septembre 1567, cinq ans avant la Saint-Barthélemy : qu'on lise l'histoire de Nîmes par Mésiard et Baragnon. Voir aussi *La Crételle,* tom. 2, pag. 90 ; qu'on lise *la Guerre des Camisards dans*

sance, des sièges soutenus, des troupes étrangères introduites dans le royaume, quatre batailles rangées livrées au souverain, n'étaient-elles pas des raisons assez puissantes pour irriter Charles IX, sans le motif de la religion, et pour lui faire envisager les calvinistes comme des sujets rebelles et dignes de mort? Ils ont beau excuser leur révolte par la prétendue droiture de leurs intentions et par la raison du bien public, ce motif toujours aisé à feindre ne peut pas plus servir à les justifier qu'à excuser la cruauté des catholiques.

Aucun ecclésiastique ne fut consulté et n'entra au conseil dans lequel le massacre des calvinistes fut résolu. Il est faux, quoiqu'en dise l'auteur des *Essais sur l'Histoire générale*, que cette funeste résolution ait été préparée et méditée par les cardinaux de Birague et de Retz ; ces deux hommes n'avaient pour lors que très-peu d'influence dans les affaires; ils ne furent élevés au cardinalat que longtemps après. Si Grégoire XIII rendit solennellement grâce à Dieu de l'événement, ce n'était pas pour se réjouir du meurtre des calvinistes, mais de la conservation du Roi qui écrivit dans toutes les cours que les rebelles avaient mis sa vie et sa couronne en danger. Que le fait fût vrai ou faux, le pape pouvait le croire de bonne foi et remercier

<small>Le clergé y est étranger.</small>

---

les Cévennes, par Baragnon.—La Constituante de 1791 emprunta aux assemblées organiques de Nîmes et de Montauban presque tous les noms que les calvinistes avaient créés, quand ils arrêtèrent, en 1585, de créer une république, *département, arrondissement, district......*

Dieu de ce que le Roi et la religion catholique étaient sauvés. Si les ennemis étaient sur nos frontières, si on les battait et que l'on en tuât un grand nombre, nous remercierions Dieu sans doute, non de l'effusion du sang, mais de la cessation du péril.

Il est prouvé encore, par l'aveu même des calvinistes, que les évêques, les ecclésiastiques, les religieux, loin de prendre part au meurtre dans les villes où le peuple voulait massacrer les calvinistes, comme on avait fait à Paris, firent leur possible pour l'empêcher, et en sauvèrent un grand nombre dans leurs couvents. Cela se fit même dans la ville de Nîmes, où les huguenots avaient deux fois massacré les catholiques de sang-froid. Plusieurs catholiques furent enveloppés dans le massacre des calvinistes. L'auteur des *Annales politiques* n'a donc pas eu tort de soutenir (tom. III, n° 18) que le clergé n'a eu aucune part à cette boucherie.

La proscription des calvinistes ne fut point dictée par une fausse politique. L'ambition de l'amiral de Coligny, sa jalousie contre les Guises, sa conduite séditieuse, furent la vraie cause de tous les troubles du royaume. Il était plus souverain à l'égard des calvinistes que Charles IX ne l'était à l'égard des catholiques. Les huguenots avaient osé dire au Roi : *Faites la guerre aux Espagnols, où nous serons contraints de vous la faire;* l'amiral avait eu la témérité d'offrir au Roi dix mille hommes pour entrer dans les Pays-Bas : il les avait donc à ses ordres. Ce sujet rebelle n'avait que trop mérité l'arrêt de proscription prononcé contre lui ; mais ce n'est pas par un massacre qu'il fallait le punir. Les éloges que lui ont prodigués les calvinistes sont trop suspects pour servir à sa justification (1).

Il est encore prouvé que le massacre de l'amiral et de ses partisans ne fut point un projet prémédité et préparé de longue main, mais l'effet momentané de Catherine de Médicis et de son fils le duc d'Anjou, et de la colère qu'ils inspirèrent à Charles IX. La proscription regardait seulement Paris et les chefs du parti huguenot, et non les autres villes du royaume; mais la fureur du peuple une fois allumée se porta beaucoup plus loin que le gouvernement n'aurait voulu. Il est donc faux que le Roi ait dépêché des courriers dans les différentes villes du royaume pour y faire massacrer les huguenots. Du reste, on peut lire dans une notice sur Thorigny, par M. le docteur Deschamps, que, la veille de la Saint-Barthélemy, le comte de Matignon, gouverneur de la Normandie pour le Roi, était à Lonré, l'un de ses châteaux-forts, voisin de la ville d'Alençon, dans laquelle il y avait un très-grand nombre de huguenots. Les catholiques ayant appris ce qui s'était passé à Paris, commencèrent à prendre les armes et crurent qu'à l'exemple de la capitale du royaume, ils devaient faire pareil traitement à ceux qui demeuraient dans la province. Le comte de Matignon accourut aussitôt à Alençon, suivi de ses amis, de ses domestiques et de ses gardes, et, après avoir fait fermer les portes et posé des corps-de-garde par

---

(1) L'abbé Bergier. *Dictionnaire de Théologie dogmatique et morale*, tom. II, pag. 514 et 515; édition de l'abbé Migne.

tous les quartiers, il défendit, sous peine de mort, aux catholiques de rien attenter contre les huguenots, jusqu'à ce qu'il ait reçu les ordres du Roi. Or, je ne vois nulle part qu'il y ait eu des exécutions faites à Alençon par ordre du Roi; donc le comte de Matignon n'en reçut aucun.

Enfin, il est certain que le nombre de ceux qui périrent à Paris et dans la France est beaucoup moindre qu'on ne l'a supposé. Si quelques écrivains l'ont porté jusqu'à cent mille hommes, d'autres ont soutenu qu'il n'a pas passé dix mille hommes, et c'est, hélas! encore trop. Le martyrologe des calvinistes qui en comptait mille à Paris, n'a pu en assigner dans le détail que quatre cent soixante-huit, et pour tout le royaume, sept cent quatre-vingt-dix, au lieu de quinze mille qu'il supposait en bloc.

Si l'on y veut faire attention, ce n'était pas au bas peuple calviniste que l'on en voulait; c'était aux chefs, à ceux auxquels on attribuait les révoltes, les séditions, les meurtres qui s'étaient commis dans les différentes villes. Il est donc impossible que le nombre des morts ait été aussi grand que nos déclamateurs modernes l'ont supposé.

Ce que je viens de dire est tiré d'un ouvrage dont on a indignement calomnié l'auteur, en prétendant qu'il avait fait l'apologie de la Saint-Barthélemy, tandis qu'il ne s'est proposé autre chose que de montrer que les huguenots et leurs copistes ont déguisé le vrai motif de cette exécution sanglante, en ont exagéré l'atrocité et en ont chargé des hommes qui n'y eurent aucune part. Un auteur qui commence par dire : « Quand on enlèverait à la journée de la Saint-Barthélemy les trois quarts des horribles excès qui l'ont accompagnée, elle serait encore affreuse pour être détestée de ceux en qui tout sentiment d'humanité n'est point éteint » et qui finit par les vers du président de Thou : « *Excidat illa dies,* » peut-il être désigné, de bonne foi, comme l'apologiste de ce massacre(1) ?

<small>Matignon préserve notre pays des excès de la Saint-Barthélemy.</small>

Grâce aux soins, à la sagesse et à la vigilance du comte de Matignon, toute la Normandie se vit exempte de la sanglante exécution qui fit périr ailleurs tant de milliers d'hommes. J'ai dit ailleurs (2) ce que Jean Lehennuyer, évêque de Lisieux, fit à l'égard des calvinistes de son comté de Lisieux et je n'y reviendrai pas ici ; mais l'on me saura gré, j'en suis persuadé, d'avoir examiné encore avec impartialité cette sanglante boucherie qui, quoique étrangère en quelque sorte à notre pays, n'en sera pas moins lue avec intérêt, d'autant plus qu'elle paraît encore aujourd'hui dans nos contrées toujours palpitante d'actualité.

Henri III succède à son frère Charles IX, et, sous ce prince faible, la France est de nouveau déchirée par la guerre civile. Notre pays est surpris par les ligueurs et obligé de céder à la force : il devient le théâtre des plus affreux désordres. Si on ajoute à ces tristes calamités les progrès rapides des maladies contagieuses qui se répandirent de tous côtés comme un tourbillon de fumée, on aura une ébauche de l'extrême misère de nos riches con-

---

(1) L'abbé Bergier. *Dictionnaire*, tom. II......

(2) *Histoire des diocèses réunis de Bayeux et Lisieux* (manuscrit), qui, j'espère, sera imprimée de mon vivant ou après ma mort.

trées dans ces temps déplorables. Balleroy fut un des plus vexés ; la peste y sévit comme à Bayeux, d'une manière effrayante : elle lui enleva son pasteur Jacques Trexot, qui fut remplacé par Nicolas Duvey, originaire de Cahagnolles.

Enfin, Henri III tombe sous les coups d'un lâche assassin, et Henri de Bourbon, roi de Navarre, est proclamé roi de France, sous le nom si justement cher et à jamais béni de Henri IV : ainsi tout rentre dans le devoir. Cet heureux avènement éteignit le flambeau de la discorde et nous donna la paix de Vervins (1598).

CHAPITRE V.

Jean de Choisi est créé baron de Beaumont-le-Richard.—Il relève de l'Evêque de Bayeux.—Le comte son fils se compromet et tombe dans la disgrâce de la régente.—Il est exilé dans ses terres.— Il conçoit le projet de bâtir un château.—Mansard est son architecte.—Situation pittoresque et magnificence du château de Balleroy. — Alignement symétrique du bourg. — Sa situation.—Son coup-d'œil.—Son église.—Marin Pichard, curé de Balleroy en prend possession.— Aspect de Balleroy.—Ses promenades.— La forêt de Burleroy ou de Cerisy.— Le peintre Louis Dupont.—Ardoisières de Castillon et de La Bazoque.— Découverte de filons métalliques.— Forges de fer à Balleroy.— La tradition parle d'une riche mine d'or à Balleroy.

Enfin nous arrivons au XVIIe siècle, à ce siècle de Louis XIV qui devait relever si haut l'autorité royale et la venger de tous les attentats dont elle avait été en butte pendant le siècle qui vient de s'écouler. Cependant la royauté devait encore tomber au commencement de celui-ci, sous les coups d'un exécrable assassin. Un monstre frappera le meilleur des rois (16 mai 1610). Henri IV laissera la couronne à son fils Louis XIII, et ce prince aura pour ministre le tout puissant cardinal de Richelieu qui, lui, saura mettre à la raison les huguenots et les factieux féodaux. Louis XIV gouvernera par lui-même ! Il entrera au parlement un fouet à la main et, pendant soixante ans, les faiseurs de remontrances qui, de simples juges royaux sous Philippe le Bel, s'étaient insolemment substitués aux assemblées nationales et plus tard les provoqueront, croyant y figurer, ces juges à l'âme vénale enregistreront sans mot dire tout ce qu'il plaira au Roi de leur faire enregistrer. Le despotisme de Louis XIV aura de la grandeur ; il sera fier de sa nation ; il ne se parjurera pas devant elle : Il la prendra tel que soixante rois et deux aristocraties l'avaient faites, mais il ne traînera pas sa couronne aux pieds de ses ennemis ; il ne sera point le vassal de ses voisins, mais il représentera avec orgueil la dignité de la France. Sully avait dit : *labourage et pâturages sont les mamelles de l'Etat.* Colbert, successeur de Mazarin, agrandira la pensée de Sully. L'agriculture est la base de toute sa véritable richesse. Elle le devient et s'ennoblit plus encore avec la main de l'industrie, le génie des arts, les découvertes de la science et les développements du commerce.

Coup-d'œil sur le XVIIe siècle.

Notre belle et riche Normandie, par sa force et sa position, et surtout par ses grands précédents, ne pourra rester stationnaire dans le grand mouvement intellectuel du XVIIe siècle ; loin de là, elle saura conserver son poste d'avant-garde en s'associant à toutes les gloires et faisant rejaillir sur la France toute celle de ses enfants.

C'est aux premières années de ce siècle, c'est-à-dire en l'an 1626, que l'on fait remonter le commencement des travaux du château de Balleroy. Jean de Choisi n'acheta pas, comme le prétend un écrivain, le fief de Balleroy, mais il lui advint en héritage du chef de sa femme Madelaine (1)

---

(1) *Dictionnaire de la Noblesse* de Delachesnaye des Bois, tom. IV, pag. 225. V. dans le même Dict. au mot LE FÈVRE DE CAUMARTIN.

Le Charron d'Ormeilles, dont il avait deux enfants, le comte Jean de Choisi et Madelaine de Choisi qui épousa, en avril 1622, Louis Lefêvre IIe du nom, seigneur de Caumartin, et mort deux ans après d'apoplexie, en partant en ambassade. Madelaine de Choisi n'eut qu'un fils de ce mariage : elle resta veuve et mit tout son bonheur à élever son fils *Louis-François Le Fêvre de Caumartin,* qui se maria plusieurs fois et eut jusqu'à dix enfants. Le huitième de ces enfants, *Madelaine-Charlotte-Emilie Le Fêvre de Caumartin, épousa, le 8 mars 1693, Jacques de La Cour, seigneur de Manneville, chevalier de Malte.* C'est ainsi que Jacques de La Cour, sire de Manneville, devint très-proche parent et seul héritier de l'abbé de Choisi, et qu'il put en cette qualité, comme nous le verrons, *clamer à droit lignage* le château et la seigneurie de Balleroy, vendus par ledit abbé à la princesse de Brancas, duchesse de Harcourt. Mais n'anticipons pas sur les faits.

<small>Jean de Choisi est créé baron.</small> Jean de Choisi était secrétaire du roi Henri IV, et cette fonction le retenait souvent à la cour où il jouissait d'un très-grand crédit, tant auprès de Sa Majesté, qu'auprès de Marie de Médicis, régente du royaume, pendant la minorité de Louis XIII. Henri IV lui donna le fief de Beaumont-le-Richard, au diocèse de Bayeux, et le créa baron. Le baron de Choisi en fit hommage lige à l'évêque de Bayeux, dont relevait ce fief seigneurial; mais il vint bien peu habiter parmi nos ancêtres, à cause de ses fonctions de secrétaire du Roi. Une circonstance fortuite y amena son fils et le fixa dans notre pays dont il fut l'âme et la providence.

Ce jeune seigneur, connu sous le nom de comte de

Choisi, était entré fort jeune encore dans la cabale de femmes et de jeunes gens sans expérience contre la Régente. Les hostilités se réduisirent à une guerre de plume, et le comte de Choisi fut envoyé dans ses terres (1614) pour y réfléchir sur l'instabilité des grandeurs humaines. Il vint d'abord à Beaumont-le-Richard, où il ne fit que passer; puis il se fixa dans le manoir des Trexot qui se trouvait non loin de la ferme qu'habita la veuve Martin. Ce fut pendant ce séjour de quelques mois dans ce vieux manoir, qu'il conçut l'idée de bâtir le magnifique château qui fait tant aujourd'hui l'admiration des étrangers. Cependant il rentra en grâce, devint intendant de Metz, écuyer du duc d'Orléans et conseiller du Roi. A la mort de son père (1625) qui lui laissa une fortune immense, il entreprit les travaux de construction de son château, dans le site agréable et pittoresque qui l'avait tant charmé en 1614.

Le comte de Choisi disgracié est exilé dans ses terres.

Il choisit les environs du lieu Verdier, comme le plus propre à ses desseins, et ce fut sur le flanc d'une colline dont les pieds sont baignés par la Drôme, à l'ouest d'une autre colline plus élevée, qu'il construisit ce château dont les proportions toutes princières rappellent une autre fortune et un autre siècle. Ce fut sur les dessins du célèbre Mansard (1), architecte de l'hôtel des Invalides à Paris, qu'on dirigea les travaux de sa construction. Commencés sous le règne de Louis XIII, en 1626, ils ne furent terminés qu'en 1636, précisément deux ans avant la nais-

Jean de Choisi bâtit le château de Balleroy. 1626.

---

(1) **Mansard** fut anobli par lettres du mois de juillet 1699.

sance de Louis XIV, dont Mansard devint le grand architecte. Le plafond qu'on y admire n'est pas dû, comme le prétend un écrivain, au pinceau de Le Moine, qui ne vint au monde qu'en 1668, mais il fut peint par Nicolas Mignard d'Avignon (1), qui excellait surtout dans le coloris.

« Nous avons remarqué, écrivait à la Convention nationale la commission (2) préposée à la conservation des arts, le plafond du château de Balleroy, peint par Mignard, et nous avons admiré ses grandes beautés. Les peintures ont conservé leur fraîcheur et nous pouvons les regarder comme ce qu'il y a de mieux dans notre district. Malheureusement il ne nous est pas possible de faire parvenir cet objet dans notre dépôt. La couleur étant appliquée sur le plâtre, ce n'est que par le procédé délicat de quelque habile artiste qu'on pourrait parvenir à en opérer le transport. Vous seuls, citoyens, vous pouvez prendre à cet égard les mesures convenables. Quant à nous, nous nous acquittons de notre devoir en vous prévenant qu'il serait à désirer qu'un dépôt public pût être enrichi d'un morceau aussi précieux par la composition que par la couleur. » C'était, dit M. le président Pézet (3), appeler l'attention de l'auto-

---

(1) Nicolas Mignard, surnommé d'Avignon pour s'être marié dans cette ville, est mort en 1668. — Son frère, surnommé le Romain, Pierre Mignard est mort en 1695.

(2) Cette commission se composait de l'abbé Bouissait, chanoine de Bayeux, né à Balleroy, de MM. Moisson de Vaux, Delaunay, constituant, de Le Brysois Sur-Mont et de Jéhanne aîné.

(3) *Bayeux au XVIIIe siècle.*

rité, et un moyen détourné de placer sous sa protection cet objet d'art dont elle donna longuement la description.

Ce beau plafond a été conservé intact. Il n'en fut pas ainsi du portrait de Louis XIV enfant et de celui du grand Condé, trouvés dans ce château. Le sceptre du premier avait été remplacé par une pique, et le bâton de maréchal du second, dont on barbouilla les fleurs de lis, était devenu une canne avec des glands.

Le château de Balleroy, composé d'un corps avancé et de deux ailes, présente deux étages d'appartements au-dessus du rez-de-chaussée, avec terrasse, beffroi, cour d'honneur et avant-cour. On l'accède par une belle chaussée construite en travers de la vallée qui règne entre les deux collines. Dans la partie la plus profonde, cette chaussée n'a pas moins de 30 mètres d'élévation, ce qui peut donner une idée des immenses travaux de terrassement exécutés pour ce seul objet. A droite et à gauche de la cour sont des bâtiments peu élevés et placés en dehors du prolongement des lignes extérieures du château, de peur d'en masquer la vue. Aux deux côtés de l'entrée de cette cour, on voit deux tours ou colombiers qui, à raison de leur hauteur, ont été relégués sur un plan encore plus reculé.

Le comte de Choisi ne se borna point à la construction d'une demeure splendide, il voulut attirer près de lui une nombreuse population. Dès 1634, on voyait au nord et au sud de la place des maisons disposées symétriquement et en amphithéâtre par rapport au château, et séparées en deux groupes par une vaste rue ouverte précisément vis-à-vis

Alignement symétrique de Balleroy.

de l'entrée de ce magnifique édifice, passant au milieu de la colline et se prolongeant en ligne droite à l'est, avec une avenue des deux côtés, jusqu'à un carrefour de quatre anciennes avenues (1) dont le centre est occupé par un vieux sapin (2).

A cette époque donc, le plan du bourg de Balleroy était déjà tracé tel que nous le voyons aujourd'hui. La place du marché affectait une forme elliptique que couronnait la vaste avenue du Sapin, et que traversaient à l'ouest, vers la chaussée du château, la rue des Forges et la rue des Etangs. Ce fut le comte de Choisi qui fit bâtir, de chaque côté de l'avenue partant du marché, sur l'alignement de chacune des extrémités du château, une maison destinée à servir de régulateur aux autres, après quoi il inféoda des emplacements aux particuliers qui se présentèrent. Grâce à ces précautions, la belle rue du Sapin fut alignée avec autant de régularité que les plus belles rues de Paris, et il resta entre les deux rangs de maisons un espace libre de

(1) Il y avait au-dessus du sapin une avenue dans laquelle j'ai vu faire la route de Bayeux par Castillon et qui aboutissait jusqu'au premier détour de cette route. Une autre avenue était à partir du sapin des deux côtés de la route de Caen et aboutissait à l'avenue Quentin. Une troisième avenue était du côté opposé dans la langue de terre qui appartient à M. André. Enfin, une quatrième qui allait jusqu'au château et était placée là où vient de faire planter des hêtres M. le marquis de La Cour de Balleroy.

(2) C'était autour de ce vieux sapin que se faisaient toutes les fêtes de nos deux républiques : ce fut là qu'on dit la messe dite de la fédération : ce fut là qu'en 1830 on chanta *la Marseillaise*, et en 1848 le *Ça ira*...

quarante mètres de largeur dont la partie moyenne était occupée par la route longée par l'avenue.

C'est au nord du château que s'étend en amphithéâtre, sur le triple penchant d'un côteau, cette élégante et magnifique bourgade ; ses rues vastes et alignées laissent apercevoir de tous côtés, aux regards émerveillés du voyageur, l'agrément et la diversité de ses paysages. La vaste rue du Sapin est sans contredit digne des plus admirables boulevards de la capitale ; ses belles et riches maisons, qui ont remplacé les arbres touffus et le gazon verdoyant de l'avenue, semblent être bâties pour l'embellissement du château qui se perd à son extrémité et disparaît au milieu des vergers bigarrés qui s'élèvent comme par enchantement, mais au loin, au-dessus de son élégant beffroi.

Situation du bourg de Balleroy.

L'étranger, stupéfait à la vue de ce panorama, descend lentement et contemple avec le plus grand intérêt cette longue rue du Sapin dont l'admirable point de vue augmente à chaque pas son étonnement et sa curiosité. Arrivé au rond-point de la place, où mon cœur appelle de tous ses vœux l'établissement d'une fontaine publique, il est forcé de s'arrêter et de contempler le spectacle le plus magnifique et le plus intéressant qui puisse nous être offert par la simple nature : devant lui, c'est le château et sa fraîche vallée, et ses bosquets, et ses beaux jardins, et ses longues avenues dominant la vallée ; à sa droite, c'est la longue rue des Forges qui semble se perdre dans la Drôme, et au-dessus de laquelle s'élèvent et s'élargissent de nombreux vergers que couronne l'énorme masse de la forêt ; à sa gauche, c'est la rue rapide des Etangs si admirablement taillée à pic dans le flanc d'un rocher; un peu plus loin, entre le château et cette rue, à une portée d'arbalète, se dresse isolée sur un petit monticule, comme sur un petit fort et au milieu d'arbres touffus qui la dérobent aux regards du profane, la charmante église que fit bâtir, en 1650, le comte de Choisi.

Eglise de Balleroy. 1650. Cette église, dont le neveu de Mansard est l'architecte, bâtie en croix, ne possède aucun ornement architectonique : simples, mais solides, ses voûtes sont en pierres schisteuses ; son transept, couronné d'un dôme sur lequel s'élève sa trop modeste tour octogone, est presque aussi long que le corps entier de l'église. Ce charmant petit édifice, construit dans le style de la Renaissance, est terminé en abside ; mais, en voyant cet étroit et petit oratoire pour un bourg comme Balleroy, l'étranger n'est pas sans faire cette réflexion qui n'échappe à personne : « La demeure des marquis de Balleroy est plus grandiose et plus magnifique que ne l'est la maison de Dieu. » La grand Roi éleva bien aussi vers ce temps un palais à Versailles, mais il voulut que le toit de l'appartement qu'il destinait à la majesté divine fût d'un tiers plus élevé que celui qu'il réservait aux majestés terrestres. Belle et noble pensée que les rois et les moines purent seuls comprendre et mettre à

Marin Pichard, curé de l'ancien Balaré, en prend possession. exécution ! La modeste église de Balleroy fut dédiée à saint Martin et bénite par Edouard Molé, évêque de Bayeux, le 14 juillet 1651. Son premier curé fut Marin Pichard qui avait succédé à Etienne Fouques, en 1646.

Aspect de Balleroy. L'aspect de Balleroy est riant et agréable, et il est peu de ses quartiers, de ses jolies habitations d'où l'on ne jouisse d'une vue souvent lointaine et toujours agréable et variée ; mais ce qui charme davantage l'œil de l'étranger qui visite Balleroy, c'est l'agrément et la diversité de ses paysages : ses collines pittoresques, ses fraîches vallées, ses bois touffus, ses ruisseaux, ses cascatelles sans nombre qui prêtent à son site un charme si puissant, l'accroissent encore, s'il est possible, par la variété sans cesse renaissante et les contrastes de leurs coupes, de leurs contours, de leur coloration ; de loin, ces détails se cachent et disparaissent sous la voûte épaisse de verdure qui les recouvre et leur a mérité si souvent l'admiration du visiteur.

Les promenades de Balleroy l'emportent sur celles de beaucoup de villes, soit par leur étendue, soit par l'agrément des paysages qui les environnent. Les avenues du château, ses bois, ses bosquets, son vaste parc, sont un véritable oasis de l'Orient. L'avenue qui longe le château donne à cette promenade un attrait particulier ; soit qu'on la remonte, soit qu'on la descende, soit qu'on se repose sous ses ombrages solitaires, il est impossible qu'on n'oublie pas les heures en respirant l'air pur de la colline et en contemplant le majestueux spectacle de la forêt ; le côteau qui s'élève en amphithéâtre avec ses maisons et ses jardins pittoresques ; le village de la Couture avec ses cabanes d'argile aux toits de chaume ; les prairies avec leurs troupeaux ; les cascades de la Drôme dont les ondes s'échappent au bas de la colline, en décrivant des courbes délicates qui traduisent en action le joli vers d'Ovide :

Flumina obliquis strinxit declivia ripis ;

le pont sans cesse traversé par une population active et laborieuse ; cette forêt des anciens ducs de Normandie où retentit quelquefois le bruit du cor et du fusil et au-dessus de laquelle se perd l'horison ; la ferme du Coysel avec ses étangs argentés, ses saules et ses vieux peupliers; et, au-delà, la petite église de Montfiquet, son charmant presbytère, d'où s'élève parfois une légère fumée annonçant au pauvre inquiet et affamé que le pasteur est au foyer : cet ensemble de scènes touchantes, nobles et variées, se prête merveilleusement à toutes les illusions de la poésie et de la peinture.

Aussi est-ce à Balleroy (1) que le négociant de Paris, délivré du souci des affaires et désirant jouir, dans le *dolce far niente* de la fortune acquise, de *l'aurea mediocritas* du bon Horace, vient passer ses vieux jours : il y trouve des maisons confortables et à bon marché, des amis de loisirs et très-affables pour lui faire société; enfin la vie n'y est pas chère, lors même qu'on veut se la faire luxueuse. On peut plus que partout ailleurs y mettre en pratique l'excellent précepte de l'école de Salerne : *post prandium ambula*. Fut-il jamais en effet pays plus varié en promenades diverses ? Ses cinq belles grandes routes, ses vastes et longues avenues, ses vergers bigarrés, sa rivière poissonneuse, enfin ses bosquets, ses taillis, sa vaste forêt de Bur-

---

(1) Il existe à Balleroy un service régulier de voitures publiques qui correspondent avec les trains de la ligne de fer de l'Ouest, et, en partant de Balleroy à neuf heures du matin, on arrive à Paris sur les six heures du soir.

leroy, où l'on peut aller respirer un air frais et vivifiant, en font un véritable jardin des Hespérides (1).

Mais certes, la promenade de la forêt est la plus grandiose, la plus mystérieuse, la plus symbolique ! Il semble, en y entrant, qu'on pénètre dans le redoutable sanctuaire de la divinité, et, au respect qu'impriment ses multiples ogives, l'esprit se sent comprimé de tendresse et d'amour ; le cliquetis et l'ondulation de ses robustes rameaux, la fuite du lapin qu'effraie votre marche, le chant varié des oiseaux, les pas précipités et craintifs du délinquant, le doux zéphir des vents, tout en un mot comprime l'âme, la ressère, l'affaisse et lui dit : *crains, aimes et adores*. Pour peu qu'on s'y arrête, on devient poète malgré soit ; et, comme l'immortel auteur du *Génie du Christianisme*, on s'écrie dans l'enivrement de sentiments poétiques :

<small>Promenades de la forêt de Burleroy.</small>

> Forêt silencieuse, aimable solitude
> Que j'aime à parcourir votre ombrage ignoré !
> Dans vos sombres détours, en rêvant égaré,
> J'éprouve un sentiment libre d'inquiétude.
> Prestiges de mon cœur, je crois voir s'exhaler,
> Des arbres, des gazons, une douce tristesse ;
> Cette onde que j'entends murmure avec mollesse
> Et dans le fond des bois semble me rappeler.
> Oh ! que ne puis-je, heureux, passer ma vie entière,
> Ici loin des humains, au bord de frais ruisseaux,
> Sur un tapis de fleurs, dans ce lieu solitaire,

---

(1) C'est à Balleroy, qu'à côté de ma pieuse et bonne mère, je désire être un jour inhumé !!!....

> Qu'ignoré, je sommeille à l'ombre des ormeaux !
> Tout parle, tout me plaît sous ces voûtes tranquilles ;
> Ces genêts, ornement d'un sauvage réduit,
> Ce chèvre-feuille atteint d'un vent léger qui fuit,
> Balancent, tour-à-tour, leurs guirlandes mobiles :
> Forêts, agitez-vous doucement dans les airs ;
> Moi de vos charmes seuls j'entretiens vos déserts.
>
> CHATEAUBRIANT (1).

Forêt de Burleroy. — Cette immense et belle forêt s'appelait, dans les XIe, XIIe et XIIIe siècles, la forêt de *Burleroy*, et, depuis le XIVe jusqu'au XVIIe, elle prit le nom si célèbre et si bien connu de *grand buisson des Biards*. J'ignore dans quel temps elle prit le nom de forêt de Cerisy. On la divisait en quatorze buissons ou coupes, et elle eut pendant plusieurs siècles une verderie ou maîtrise des eaux et forêts, dont le grand-maître se qualifiait, comme nous l'avons vu en parlant des seigneurs des Essarts, de maître de Burleroy (2), et de lieutenant-général des eaux et forêts de Normandie. Chaque buisson paraît avoir formé une sergenterie-fief qui relevait nûment du Roi. Cette forêt, qu'on appelle aujourd'hui si improprement la forêt de Cerisy (3), appartient à l'Etat et est située sur la commune de Montfiquet. Elle

---

(1) M. de Châteaubriant, à l'âge de 15 ans, se reposant dans la forêt de Fontainebleau, au pied d'un chêne, qu'on appelait *le Chêne de la reine Blanche*, y improvisa ces vers.

(2) Je vois dans le *Dictionnaire de la Noblesse*, tom. IX, pag. 646, qu'un Jean Le Févre de la Maillardière, écuyer, seigneur d'Eculleville, est qualifié, dans un titre de 1415, de maître de Burleroy.

(3) La forêt de Burleroy est sur le Calvados et Cerisy est sur la Manche.

fait partie de la troisième conservation forestière dont le chef-lieu est à Rouen. Un inspecteur forestier y est chargé du service : il a sous ses ordres un sous-inspecteur résidant à Balleroy, deux brigadiers et dix-huit gardes à pied.

La forêt de Burleroy est toute en plaine, à l'exception de la partie qui avoisine le bourg de Balleroy et qui présente un côteau peu élevé. Le sol en est humide et profond en terres végétales dans une partie, mauvais ou médiocre dans plusieurs autres. Elle est traversée par de belles routes qui en rendent l'exploitation d'autant plus facile qu'on trouve dans les carrières de la forêt des matériaux propres à leur entretien. Son exploitation ou ses coupes actuelles sont de 100 à 120 ans pour la haute futaie des chênes et du hêtre, et de 45 à 50 ans pour les bois blancs, tels que le bouleau et le tremble. Chaque coupe annuelle est de quinze à vingt hectares : on les subdivise en plusieurs séries.

Dès le XIIIe siècle, un énorme chêne (1) qui existe en-

---

(1) La tradition raconte qu'en 1760, une femme de Balleroy, mère de Louis Dupont, jeune peintre distingué, y fut prise des douleurs de l'enfantement et y mit au monde le protégé d'Appelles. Ce jeune homme fut protégé par Mgr d'Albert de Luynes, alors évêque de Bayeux, qui avait reconnu en lui des talents extraordinaires pour la peinture, et il l'envoya étudier à Rouen où il est mort. Ce quatrain que fit le prélat pour être mis sur sa tombe, fait honneur tout à la fois et au pays qui l'a vu naître, et à son digne et illustre protecteur, et à sa famille dont les descendants existent encore à Balleroy :

> Ci git qui fut à tous égards
> Digne d'une illustre mémoire,
> Il naquit pour l'honneur des arts
> Et vécut trop peu pour leur gloire.

core, et dans l'intérieur duquel un habitant de Littry (1) a élevé une petite chapelle, était regardé, dans l'administration forestière de ce temps et dans les vieilles chartes de cette époque, déjà elle-même si reculée, comme très-ancien. Ce chêne immense, appelé vulgairement *la grosse chesnesse,* se trouve à trois ou quatre cents pas au septentrion de la route de Balleroy à Littry, et est un objet curieux dans son genre : tout le cœur de cet arbre est creux, et il n'y a que l'écorce qui alimente des rameaux plus énormes encore par leur grosseur que ne le sont les arbres les plus vieux de la forêt. Rien ne pousse et ne végète à l'entour de son vieux tronc ouvert au levant par une énorme crevasse, et par laquelle jadis un bûcheron entrait avec toute sa famille pour y établir sa demeure.

<small>Terrein schisteux.</small> Le bourg de Balleroy est bâti sur un terrain schisteux, bleuâtre à certaine profondeur et roussâtre à la surface qui se casse en morceaux irréguliers. C'est avec cette dernière pierre que sont bâtis le château, l'église et tout le bourg. En général, le schiste est une espèce d'ardoise et on lui donne ce dernier nom quand elle est feuilletée et scissile, c'est-à-dire qu'elle peut se fendre en lames minces : au contraire, elle porte le nom de schiste, quoique ayant les mêmes propriétés chimiques et un peu scissile, lorsqu'elle est ou graveleuse, ou compacte, informe en rognons, ou traversée de veines quartzeuses.

Les pierres schisteuses sont communément remplies

---

(1) Le forgeron Le Bas, célèbre dans le pays comme auteur de plusieurs inventions mécaniques.

d'empreintes végétales et animales : je les regarde volontiers comme le résultat de matières limoneuses ou vaseuses grasses, telles qu'on en trouve dans les lacs et dans la mer, et qui ont été produites par la décomposition des corps semblables à ceux dont elle porte l'image. Les schistes forment les *salbandes* de la bonne ardoise, de la mine de cuivre, et souvent du charbon même. A prendre les choses dans leur principe, le schiste ne diffère de la terre argileuse que par l'arrangement de ses parties et le mélange des différentes substances métalliques qui s'y trouvent. On en a rencontré à Balleroy, dans les carrières du bois du Pavillon, de gris, de bruns, de noirs, qui avaient différentes consistances, diverses pesanteurs, mais qui n'étaient que peu ou point feuilletés.

Il n'est pas rare de trouver, dans les blocs de grosse ardoise ou schiste, des cristaux de sélénite ou de gypse, et des arborisations formées, par déliquescence, des pyrites qui s'y trouvent toujours et qui sont peut-être la base colorante des pierres schisteuses. C'est donc la variété de ces substances qui se trouvent dans les schistes qui fait que ces pierres ont des caractères peu constants tant pour le coup-d'œil que pour les propriétés chimiques : c'est aussi à l'union et à l'arrangement de ces différents corps que les schistes doivent leur dureté qui les rend propres à bâtir. J'ai dit que le château de Balleroy avait été bâti avec des pierres schisteuses extraites des grandes carrières que l'on voit encore dans le bois du Pavillon, et j'ajoute qu'il fut aussi couvert avec des schistes ardoisiers également extraits des mêmes carrières placées à ciel ouvert au

Schistes ardoisiers.

midi le long de la Drôme, aux environs du Pont-Blanc, en remontant vers Planquery où l'ardoise est très-commune, mais d'une médiocre qualité (1).

L'ardoise au sortir de la carrière est tendre, mais elle se durcit à l'air ; elle est disposée dans la carrière par bancs dans lesquels il y a des fentes qui sont si près les unes des autres que les lames qu'elles forment ont très-peu d'épaisseur. C'est par ces fentes qu'on les divise fraîches encore pour les préparer à servir de couvertures aux bâtiments.

Ardoisières de La Bazoque et Castillon. On trouve à Balleroy, à La Bazoque, à Castillon, à Planquery, de grands lits d'ardoises, dont quelques-uns sont assez perpendiculaires et les autres inclinés : ces lits d'ardoises, comme ceux des terres et des pierres, n'ont pu être formés que par des eaux et dans l'eau même. L'extrême finesse du gris argileux de cette pierre, les empreintes d'animaux marins, de plantes qu'on y trouve, démontrent qu'elle est l'ouvrage des eaux. Les couches minces et lamelleuses qui la composent prouvent aussi que le limon mis en mouvement, soit par des courants, soit par le flux et le reflux, s'est déposé peu à peu et en différents temps. Cette précipitation de matières différemment colorées et de différente nature, qui se trouvent de distance en distance entre les grands bancs d'ardoise, démontre encore qu'elle n'a pu se faire que dans une longue suite d'années, au moyen des eaux qui se seront répandues subitement en

---

(1) On a tenté de 1825 à 1834 d'en exploiter à Planquery, mais elles blanchissent au soleil et n'ont aucune durée.

certains cantons et s'en seront retirées ensuite. Dans ce séjour des eaux, le limon gras très-fin et comme fluide se sera déposé peu à peu et se sera arrêté facilement sur un plan plus ou moins incliné.

Les plus fameuses ardoisières de la France sont aux environs d'Angers, mais elles ne valent pas les ardoisières de La Bazoque et de Castillon qui n'ont encore été exploitées que par de pauvres paysans sans capitaux, et qui, cependant, ont su donner l'éveil à des hommes assez riches pour y en appliquer de suffisants et en faire une branche de commerce très-importante pour le pays (1). Les ardoisières de La Bazoque et de Castillon sont à cinq kilomètres les unes des autres et l'exploitation en est très-facile à cause de la proximité des grandes routes et des beaux chemins vicinaux qui les entourent. Les ardoisières de Castillon se trouvent à égale distance des stations du chemin de fer de Bayeux et du Molay-Littry. Celles de La Bazoque se trouvent plus rapprochées de la station du Molay.

Les ardoisières actuellement exploitées (2) sont placées sur des collines qui ont bien chacune un quart de lieue de longueur : à Castillon, il peut y avoir à peu près deux cents mètres de longueur de fouillis, et à La Bazoque, il y en a moins. L'élévation de ces collines varie de vingt-cinq à

---

(1) De riches capitalistes de Paris viennent de faire ouvrir à Caumont de grandes ardoisières exploitées par une société en commandite.

(2) Quatre ardoisières sont en exploitation à Castillon, et trois à La Bazoque. Cinq à six ont cessé d'exister sur ces deux communes faute d'argent pour épuiser l'eau.

trente mètres au-dessus des vallées qui se trouvent précisément et presque à pic au pied des collines où sont les ardoisières. Une seule de ces ardoisières qui est sur La Bazoque, la plus considérable des sept (1), n'a pas, comme les autres, l'avantage de se trouver sur le bord de la vallée, elle est sur un terrein plus uni ; aussi l'eau l'incommode plus que les autres, et je pense qu'on sera forcé de l'abandonner.

<small>Qualité supérieure des ardoises de La Bazoque.</small> L'ardoise de La Bazoque est d'un bleu plus clair que celle de l'Anjou et conséquemment plus agréable à l'œil. Elle coûte cinq à six francs de plus par mille, et cependant elle est malgré cette augmentation préférée à l'autre, car aussi-

(1) Je suis allé visiter avec un de mes confrères une des ardoisières nouvellement ouverte à La Bazoque, et j'ai vu que le mode qu'on employait pour extraire l'ardoise était le seul praticable et qui, jusqu'à ce jour, n'avait point été mis en usage. Placée, comme les autres carrières dont je viens de parler, sur les bords des vallées, on y a fait pratiquer des tranchées qui donnent aux eaux leur écoulement naturel dans la direction de la vallée. J'ai remarqué aussi qu'on ne partageait pas l'opinion de ceux qui sont persuadés que, quand on est descendu à vingt-six ou vingt-sept mètres de profondeur, on ne trouve plus l'ardoise ; on pense au contraire que, comme dans l'Anjou, la meilleure ardoise se trouve à une profondeur de 50 à 80 mètres, et on espère trouver à la même profondeur, dans celle qui vient d'être ouverte, de très-belle marchandise et plus facile à fendre que celle qui se trouve plus rapprochée du niveau du sol.

Si l'on veut s'assurer de la qualité de l'ardoise, on doit placer un morceau de cette pierre perpendiculairement dans un vase où il y a un peu d'eau et l'y laisser une journée. Si l'ardoise est de bonne qualité, elle n'attirera pas l'eau au-delà de six lignes au-dessus de son niveau. Si elle ne vaut rien, elle s'imbibera d'eau comme une éponge.

tôt qu'une voiture d'ardoise est prête, elle est enlevée de suite et l'on attend toujours après. Cette ardoise a une durée de *cent cinquante ans* de plus que celle de l'Anjou ; le grain en est plus serré, le son en est plus clair et plus sonore ; elle ne se détériore pas aussi promptement dans la partie imbriquée qui n'est pas exposée à l'air ; elle résiste parfaitement aux vents les plus violents ; une tempête accompagnée de grosse grêle ne produit pas sur une couverture le quart des dégats qu'elle occasionne sur les ardoises d'Angers ; étant plus serrée et plus pleine, elle est aussi plus difficile à fendre.

L'ardoise ne paraît avoir été exploitée à Balleroy que pour l'usage du château, du moins les propriétés sur lesquelles sont les anciennes ardoisières appartiennent aux marquis de Lacour de Balleroy, et presque toutes placées au midi, le long du côteau où s'élèvent les charmants bosquets du Pavillon.

J'engage fortement le touriste ou le citadin, l'industriel ou le commerçant qui voudront se promener à Balleroy, de descendre par la *chasse Quentin* jusqu'au bois du Pavillon ; leurs regards jouiront d'un effet à la fois pittoresque et enchanteur : toutes les avenues qui y conduisent ont une fraîcheur qui parfume ; elles sont majestueuses comme les vastes nefs de nos riches et vieilles basiliques ; les rameaux centenaires de leurs vieux hêtres, forment au-dessus de la tête d'admirables ogives, où les oiseaux chantent le bonheur et leurs amours. Le soleil éclaire d'un réflet modeste et pur cette ombreuse promenade où l'art n'est pour rien, où la végétation charmante est tout. Le site poétique est partout, mais il se résume ici dans la verdure et l'ombre. Si le voyageur pénètre dans le charmant oasis du Pavillon, qu'il ne craigne pas de s'engager dans les mille sentiers tortueux qui se présenteront à lui, formant sur sa tête comme des berceaux naturels : ils le conduiront tous au même centre où il pourra lire, sur le flanc des schistes ardoisiers, des vers qui lui apprendront l'histoire de ces lieux champêtres.

<small>Carrières du Pavillon.</small> C'est là où il verra cette immense carrière d'où le comte de Choisi fit extraire le schiste dont il bâtit son magnifique château, et, plus loin, les ardoisières dont les mêmes lames couvrent encore aujourd'hui les toits de ce royal édifice; là, il verra les nobles occupations du fondateur de Balleroy. L'étude des secrets de la nature dans les entrailles de la terre est sans doute la plus hardie, mais aussi la plus belle et la plus élevée. La matière est vaste, le travail s'y fait en grand, l'ouvrage frappe les yeux, ravit d'admiration, mais la main de l'ouvrier est invisible. C'est là donc que le châtelain de Balleroy venait souvent étudier la géographie de Strabon et l'histoire naturelle de Pline. Le premier nous dit, comme on le sait, que les Romains tiraient abondamment des métaux de la Gaule, au point qu'elle pouvait à cet égard le disputer avec l'Espagne ; le second nous parle de l'or qui se trouvait dans notre pays : nous ignorons l'emplacement de ces anciennes mines. Ont-elles été totalement épuisées ? Non, elles existent probablement encore en partie ; mais la fureur des guerres, la barbarie et la révolution des temps en ont effacé jusqu'à la trace.

Il serait digne d'un savant, et c'était ce qu'ambitionnait

le comte de Choisi, de s'occuper, dans les auteurs anciens, de la recherche de tout ce qui peut être relatif aux mines du pays que nous habitons ; il est à présumer qu'après une inspection étudiée des lieux, on viendrait peut-être à bout de faire des découvertes heureuses, et l'on trouverait certains emplacements de ces anciennes mines dont plusieurs s'étant certainement reproduites offriraient encore de nouvelles richesses. Le comte de Choisi avait découvert, dans l'exploitation de son schiste, des indices de filons métalliques qui se décélaient par des veines de quartz ou de spath communément vitreux, des matières ferrugineuses ; alors il conclut qu'il devait y avoir au milieu de la colline une minière de fer et il résolut de l'exploiter. *Filons métalliques.*

Balleroy ne pouvait mieux convenir à l'établissement d'une grosse forge : il était baigné par la belle rivière de la Drôme, sillonné en tous sens par de limpides ruisseaux ; de plus, il se trouvait entouré de bois taillis, de forêts immenses, deux choses indispensables à ce genre d'établissement. Le comte de Choisi fit donc construire de vastes bâtiments le long de la Drôme (1) et il se mit à faire l'essai de la mine, fit pratiquer des puits ou *bures* pour aller chercher la matière minérale à Balleroy et aux environs, y établit des machines pour en épuiser les eaux et y renouveler l'air. On trouva bien peu de minerai à Balleroy : la butte de Montbosq en fournit une plus grande quantité et, dès le mois de mai 1655, le comte de Choisi fut en état de pouvoir alimenter sa forge. Louis XIV crut devoir encou- *Grosse forge de fer établie à Balleroy.*

---

(1) Ce sont les bâtiments qu'occupent les héritiers Poidevin.

rager cette industrie naissante et si utile à une grande monarchie, par des priviléges et des dons qui honorent la magnificence du grand Roi : il donna au comte de Choisi, pour alimenter la fournaise, les bois du Tronquay, du Vernay, du Parc et de Baugy (1), en échange d'une simple maison située à Paris, auprès du Louvre (1567).

Dès les premiers âges du monde, les hommes ont connu le fer. On prétend qu'il avait été trouvé et travaillé par Tubalcain (fils de Lameth et de Scilla), ou le sixième descendant de Caïn : on s'en servit beaucoup du temps d'Abraham. On lit aussi dans les annales de Semat-Chin (2), que ce métal a été mis en usage, même avant les premiers Rois ou Empereurs de la Chine, et que les anciens habitants de Pékin connurent la castine de fer. Ce métal n'eut d'abord d'autre usage que la culture de la terre ; le luxe, l'avarice l'ont fait servir à fouiller dans ses entrailles, l'ambition et la tyrannie en firent des armes pour la destruction des êtres. Le besoin et l'industrie l'emploient à la perfection des arts ; il y a plus, il en est l'âme, et l'usage de ce métal s'étend partout.

Le fer a ses mines propres et particulières. Il se rencontre dans les eaux, dans les différentes terres et dans les pierres ; il est allié à quantité de minéraux, de pyrites, de

---

(1) Un jour que le comte de Choisi assistait au petit lever de Louis XIV, ce prince lui demanda des nouvelles de sa forge : « Sire, elle irait bien si j'avais assez de combustible ; il me faudrait le buisson des Biards qui l'entoure et elle marcherait. » Le Roi allait le donner, quand Colbert lui fit observer que ce buisson des Biards était la grande forêt de Burleroy.

(2) Et Leant-Cheou.

demi-métaux, mais surtout avec les mines d'or. Suivant la nature des menstrues qui l'ont attaqué, ces menstrues se colorent différemment et se filtrent ainsi à travers les matières fossiles ; ils impriment leur teinte à quantité de marbre, d'argiles à potiers, de jaspes, d'agates, de cristaux, de pierres précieuses, de pétrifications (1), etc.

Communément il faut écraser et laver la mine de fer dans une fosse appelée *lavoir* ou *patouillard* avec une eau courante qui emporte les parties terreuses inutiles. On le fond ensuite à l'aide d'un fondant et d'un feu violent et entretenu à force de charbon. On tient le fer fondu pendant douze heures ; puis on le coule en lingots dans des moules ou ruisseaux triangulaires de sable. Ce fer de première fonte s'appelle *fer en gueuses* ou *fer de fonte*. On peut, dans l'instant de la fonte, connaître si le fer est cassant à froid ou à chaud : le premier est le fer doux ; il est ductile, très-malléable étant rouge, mais il est fragile et casse sous le marteau étant refroidi ; le fer cassant à chaud est le ferme et c'est celui qui se trouve à Balleroy, comme tous ceux des terrains intermédiaires de la Basse-Normandie ; étant rougi, il se casse sous le marteau et se sépare par éclats en beaucoup de morceaux, mais étant refroidi, il prend du corps, résiste au marteau et s'y laisse en quelque sorte étendre plutôt que d'y casser.

<small>Le fer de Balleroy est cassant à chaud.</small>

---

(1) Emmanuel Swedenborg. *De ferro.—Dictionnaire de Chimie.— Dictionnaire des Arts et Métiers.*—Vallerius, Linnæus, Margraf, Stahl, Henckel.

Manière de travailler le fer.

Quand le fer est doux et ductile, ses parties sont, dans l'endroit de la fracture, petites comme du sable fin ; mais, lorsqu'il est aigre et fragile, elles sont grosses, anguleuses et offrent à l'œil des parties comme rhomboïdales. Pour purifier davantage le fer, on le fait passer par la forge de l'affinerie, où on le fond de nouveau en le remuant fortement avec des barres de fer. Lorsqu'il est à demi refroidi, on le porte sur des enclumes où, à l'aide d'un marteau de plus de trois cents kilogrammes, on le bat et rebat en tous sens ; alors le fer est malléable. On le porte de là à la chaufferie où, après avoir supporté la violence du feu jusqu'à l'incandescence, on le travaille de nouveau sur l'enclume et, à l'aide des bras nerveux des forgerons, on le bat et on l'étend de la manière que l'on veut en bandes ou barres rondes, ou carrées ou plates.

Seul souvenir de cette grosse forge.

Je ne trouve à Balleroy maintenant aucun souvenir de ce bel établissement, si ce n'est un énorme bloc de crasse de fer appelé vulgairement *sornes*, qui se trouve rue des Etangs, à l'angle de la maison de Nicolas James et de la rue Vélochy. Dans ma jeunesse, j'ai souvent pris mes ébats avec mes amis d'enfance sur d'énormes blocs ferrugineux qui se trouvaient derrière les écuries actuelles du moulin et qui ont été ensevelis sous terre par le fermier Bazirre. Le moindre de ces blocs (ils étaient au nombre de trois ou quatre) n'avait pas moins de deux mètres de hauteur sur quatre de largeur. Le plus gros était comme une montagne : il avait sur son sommet une espèce de petit fort où nous aimions assez à pénétrer, tout en nous exposant à de périlleuses dégringolades. Ce bloc n'avait pas moins de sept à neuf mètres (1) d'élévation sur autant d'étendue et de largeur. J'ai très-souvent regretté qu'on ait fait disparaître ces vieux et précieux souvenirs que j'aime à consigner dans cette histoire, et que mes bons amis d'enfance ont encore, comme moi, présents à la mémoire.

La tradition raconte que des ouvriers à la solde de Mme Poterin d'Orbendelles trouvèrent, dans une carrière de pierres schisteuses qu'ils creusaient derrière sa maison (2), des filons d'or, ce qui força, dit-on, cette dame de faire combler cette exploitation dans la crainte que le gouvernement ne s'emparât de sa propriété. Je ne sais quel degré de confiance nous devons ajouter à ce récit; mais, en examinant bien la nature du terrain, il est certain qu'il pourrait bien se trouver sur les territoires de Balleroy, La Bazoque, Castillon et Planquery, des filons ou veines d'or, car la matrice ordinaire de l'or est le quartz, le schiste, le pyrite et quelquefois la pierre cornée, souvent le fer et l'argent, rarement le cuivre et le plomb ; quelquefois l'or se trouve dans l'argile endurcie, tantôt il est en petits points ou en grains, tantôt en feuilles ou en masses, ou en rameaux semblables à la chevelure des racines d'une plante qui a pénétré le schiste.

Minière d'or à Balleroy.

On connaît facilement que les grains jaunes que l'on voit dans une pierre sont de l'or, quand, avec la pointe

---

(1) MM. Michel de Miharent et Fontaine, membres du Conseil municipal, m'ont assuré que ces blocs étaient beaucoup plus élevés.

(2) C'est aujourd'hui l'école communale. Cette carrière était ouverte où se trouve la maison de la veuve Néel.

d'un ciseau, on y trace facilement des lignes ou quand, en lui faisant recevoir la vapeur du mercure, il blanchit et que, jeté dans le feu, il ne se détruit point. On distingue quatre espèces d'or : l'or vierge ou natif, facile à graver, est celui de la première espèce ; l'or qui forme des espèces de filons ou veines dans des pierres, ou ferrugineuses, ou schisteuses, ou quartzeuses, qui pourrait bien se trouver à Balleroy, est celui de la seconde espèce ; celui qui se rencontre dans les glaises rougeâtres et les sables comme à Noron (c'est le *lavaderos* des Espagnols), et qui est en petites paillettes, n'a besoin que d'une simple lotion pour en être séparé ; cet or de lavage est de la troisième espèce, on l'appelle or paléole ou poudre d'or ; enfin l'or qui est en grains, et que des plongeurs retirent des rivières, est celui de la quatrième espèce : il s'appelle or pépite, c'est le moins bon. La méthode usitée pour l'extraction et la purification de ce métal, interposé dans les pierres, consiste dans le lavage, le pilage, l'amalgame et l'ignition. S'il y a mélange de métaux, l'on a recours ou aux dissolvants ou à la fusion.

L'or n'est altéré ni par l'air ni par l'eau, ni par le feu des fourneaux. Il tombe au fond du vif-argent qui le dissout, ou plutôt avec lequel il s'amalgame en tout ou en partie, tandis que tous les autres métaux, tant parfaits qu'imparfaits, y surnagent jusqu'à ce qu'ils aient été dissous ou pénétrés par ce menstrue métallique ; il n'y a que ceux qui ne s'amalgament point avec le mercure qui y surnagent continuellement.

Certes, ce serait un bien grand avantage pour Balleroy

et ses alentours, si l'on pouvait arriver à y rencontrer une riche minière d'or. Pline, ai-je dit déjà plus haut, parle de l'or dont la mine était dans la France : on en ignore l'emplacement. Que chacun donc s'efforce, quand il sondera les entrailles de la terre, de bien examiner, surtout dans les carrières de pierres, d'ardoises, etc., s'il ne rencontre pas quelques paillettes ou feuilles bien minces, quelques filaments ou quelques petits grains de couleur d'or, et de faire alors ce que je viens de dire pour s'assurer par lui-même si c'est véritablement de l'or.

Quoique assis sur un triple côteau, le bourg de Balleroy est un des bourgs de France le mieux sillonné par les eaux courantes des ruisseaux et des fontaines. Les fontaines en général y présentent des singularités bien propres à piquer la curiosité, soit par rapport à leur écoulement, soit par rapport aux propriétés particulières du fluide qu'elles produisent.

Il y a des fontaines uniformes, c'est-à-dire qui ont un cours soutenu, égal et continuel et qui produisent dans certaines saisons la même quantité d'eau ; d'autres sont périodiques, et de celles-là, les unes sont *intermittentes*, les autres sont *intercalaires*. Les intermittentes sont celles dont l'écoulement cesse entièrement et reparait à différentes reprises en un certain temps : telle est la fontaine qui jaillit abondamment un peu au-dessus de la rue Vélochy, au pied de la maison de Nicolas James. Les fontaines intercalaires sont celles dont l'écoulement, sans cesser entièrement, éprouvent des retours d'augmentation et de diminution qui se succèdent après un temps plus ou moins

Ruisseaux et fontaines à Balleroy.

considérable : telles sont les fontaines qui descendent du septentrion au midi, entre les rues du Sapin et Vélochy, vers l'étang, et viennent se confondre avec les eaux de la fontaine (1) qui prend sa source au levant, dans le pré du presbytère, traverse la chaussée du château et vient arroser la presque totalité des jardins de la rue des Forges au midi. Ceux du nord ne sont pas moins privilégiés : une fontaine intercalaire, située à peu de distance du Sapin, à droite en descendant le bourg, baigne les prés ou jardins de cette rue, en passant par le lieu Gilles (2) et vient se jeter dans l'un des réservoirs de la Drôme (3).

Comme presque toutes nos rivières tirent leur origine de l'écoulement des fontaines, et que j'ai à vous parler de la Drôme qui enferme le territoire de Balleroy au midi, dans une espèce de fer à cheval, je dois ajouter quelques détails sur les phénomènes qu'ils produisent. D'un côté, il n'y a point d'effets plus visibles, ni peut-être de plus grand ornement dans notre globe, que cet inépuisable flux des fontaines et ce cours des rivières qui roulent majestueusement leurs eaux à plein canal dans la longue durée des siècles ; d'un autre côté, il n'y a point d'effet dont la nature semble avoir plus affecté de nous cacher les causes. Où peuvent être placés les réservoirs pour ainsi dire éternels, immenses, invisibles, qui, de leur plénitude, fournissent, d'une manière aisée, des eaux toujours nouvelles, et qui

---

(1) Cette source est un peu salée.
(2) Fief féodal appartenant depuis des siècles à la famille Courtemer.
(3) Le bief du moulin.

remplissent, par des canaux inconnus, les vastes lits des rivières avec une profusion assez grande pour pourvoir à tous nos besoins, et ordinairement assez mesurée pour ne pas toujours inonder la terre au lieu de la fertiliser? Par quel mécanisme enfin ces réservoirs réparent-ils abondamment leurs pertes journalières? Ceci n'est point du domaine de l'histoire, et d'ailleurs les hommes ont en vain fait usage de tout leur génie pour chercher l'origine de ces phénomènes : ils n'ont pu parvenir à s'entendre.

Les rivières et les fleuves, on le sait, prennent toujours leur origine du milieu ou du bas des montagnes. La Drôme, qui baigne le territoire de Balleroy, du sud-est au nord-ouest, prend sa source au pied d'une colline qui se trouve sur le territoire de la commune de Drôme, canton de Caumont. C'est un spectacle vraiment intéressant que de considérer cette rivière dans ses divers accroissements. Ce n'est d'abord qu'un filet d'eau qui découle d'une chétive colline sur un fond de sable et de glaise. Les moindres cailloux épars à l'aventure suffisent pour l'embarrasser dans sa route ; elle se détourne et se dégage en murmurant ; elle s'échappe enfin, se précipite et gagne la plaine, emplit les lieux bas où elle tombe et, grossie par la jonction de quelques ruisseaux, elle s'élève en écartant par le choc de ses eaux, le limon qu'elle a détaché ; elle le dépose de côté et d'autre, elle mine insensiblement ce qui lui résiste et se renferme dans le sillon qu'elle s'est elle-même tracé.

Cette rivière, après avoir alimenté plusieurs moulins et parcouru plusieurs communes, vient s'enfoncer brusquement sous terre au-dessus du Pont-Fatu, à quelque distance de Port-en-Bessin, dans un espèce de gouffre appelé les *Fosses du Soucy* (1). Ces fosses sont répandues dans une prairie qui se termine au pied d'une élévation appelée le Mont-Cauvin, qui se trouve à gauche du Mont-Escure, où campèrent les troupes de César. Dans l'été, l'eau arrive à peine aux bouches les plus éloignées ; elle se perd par des ouvertures que nous appelons vulgairement *Bétoires,* dont le lit de la rivière est percé au-dessus de l'endroit où elle disparaît tout-à-fait. En hiver, ces eaux, trop abondantes pour être toutes absorbées, se débordent, inondent la vallée voisine et coulent à la mer en se réunissant à l'Aure-Inférieure. Le Mont-Cauvin, qui arrête ces rivières dans leur cours, est composé de bancs de pierres calcaires ; l'eau, pour franchir cet obstacle, s'est frayé une route souterreine jusqu'à la mer : on la voit reparaître en jets et en ruisseaux dans les sables qui composent la grève de Port-en-Bessin.

(1) Haller et Guettard croient que ces abîmes sont fort communs. Le premier dit en avoir vu où l'eau s'engouffrait par un tourbillon et murmurait encore sous ses pieds dans le lit de l'eau froide. Guettard, outre la Drôme, compte en Normandie encore la Rille, l'Ithon, l'Aure, la rivière du Sap-André.

CHAPITRE VI.

Révolte des cordonniers. — Pomme de terre importée d'Angleterre à Balleroy.—Le comte de Choisi la cultive.—Il améliore la manière de brasser le cidre.--Origine du pommier.—Sémence du pommier.—Plantation du pommier.—La greffe du pommier.—Les pommiers en fleurs.—Les pommiers couverts de fruits.—Récolte des pommes.—Brassage des pommes.—Pressoirs.—Maladie des cidres.—Altération des cidres.—Ancienneté du cidre.—Distillation des cidres.—Le comte de Choisi assiste à l'installation de Mgr de Nesmond, évêque de Bayeux, en qualité de vassal.—Il établit des foires et des marchés à Balleroy, un sénéchal pour y rendre la justice.—Mort et éloge du comte de Choisi.—Culture.—Industrie.—Jean-Paul de Choisi, IIe seigneur de Balleroy.—L'abbé de Choisi.—Son éducation.—Il est nommé ambassadeur à Siam, où il se fait ordonner prêtre.—Il est nommé prieur de Saint-Lo, de Rouen, de Saint-Benoît-du-Sault et de Saint-Geslain, membre de l'académie.—Le comte Paul de Choisi bâtit l'église du Vernay.—Sa mort.— Debaudre, IIe curé de Balleroy.—Rogier, IIIe curé de Balleroy.—L'abbé de Choisi hérite du château de Balleroy, et Jacques de Lacour, de la seigneurie de Balleroy, du chef de sa femme Emilie de Caumartin, petite-fille de Madelaine de Choisi, tante de l'abbé.—Cet abbé est élu grand-doyen du chapitre de Bayeux.—Il vend le château de Balleroy.

Le comte de Choisi reçut à Balleroy la visite de son ami le chancelier Séguier, venu à Bayeux pour réprimer et châtier la révolte des Va-nu-Pieds. La Normandie tout entière s'était soulevée (1640), à cause d'une taxe qui fut mise sur les cuirs. Cette révolte, que la cour qualifia de *Va-nu-Pieds*, eut d'abord lieu à Avranches : l'auteur, cor-

<small>Le chancelier Séguier à Balleroy.

Révolte des Va-nu-Pieds.</small>

donnier de cette ville, prit, de l'avis de ses associés, le titre de colonel de l'armée souffrante. La même chose arriva à Caen, Coutances, Valognes, Saint-Lo, Bayeux. Dans cette dernière ville, la révolte s'ouvrit par le pillage de la maison du principal commis de la taxe. Ces désordres, qui commencèrent aux premiers jours d'août, ne finirent qu'au mois de septembre, à la nouvelle que la cour se disposait à faire avancer des troupes pour châtier les rebelles. Le général de Gassion vint effectivement en Basse-Normandie, avec pouvoir de mettre au pillage les villes où il se trouverait la moindre résistance. Durant ces mouvements de troupes et tandis que M. de La Poterie, envoyé par le chancelier et son conseil, instruisait contre les séditieux, M. Séguier, se rendit à Balleroy pour y admirer les travaux d'art et de peinture qu'y exécutait alors Nicolas Mignard. Il y resta la journée du 1ᵉʳ mars et, le 2, il partit pour Saint-Lo et les autres villes où il était arrivé des émeutes.

Paris, malgré ses immenses dépôts scientifiques, ne pouvant procurer au comte de Choisi des ouvrages concernant les régions ferrugineuses, il fit un voyage de dix jours à Londres : c'est à ce voyage, entrepris dans l'intérêt de sa grosse forge, que le pays doit l'importation de la batate ou pomme de terre *(solanum tuberosum esculentum)*. On doit être surpris de ce que ce n'a été qu'au commencement du xviiᵉ siècle, long-temps après la découverte de l'Amérique, que les Européens ont pensé à en faire usage. Les Irlandais commencèrent les premiers cette culture. La Bretagne est, après l'Irlande, l'endroit où elle croît le mieux. De

[marginal note: Pomme de terre importée à Balleroy d'Angleterre. 1651.]

l'Irlande la culture de cette plante a passé bientôt en Angleterre, de là successivement en Flandre, en Picardie, en Franche-Comté, en Alsace, en Bourgogne, enfin en Suisse, où, depuis trente-cinq à quarante ans, la culture s'en est tellement accrue que cette manne fait en hiver la nourriture du peuple, surtout des enfants qui, comme l'on sait, ne deviennent pas des hommes moins robustes que nos Français nourris avec le plus beau froment.

La culture de la pomme de terre n'a pas été traitée jusqu'à présent avec autant de soin qu'elle le méritait (1). Elle est digne d'attirer l'attention du gouvernement, surtout depuis que ce tubercule a éprouvé cette maladie funeste (1845 et 1846) qui lui a fait perdre les deux tiers de sa production annuelle. Les sociétés d'agriculture ont rivalisé de soins, d'étude et d'ardeur avec les meilleurs agronomes pour arriver à connaître les causes de cette maladie : espérons donc un prompt et efficace remède. Cette plante aime les pays froids, une terre meuble et un peu humide. A force de la cultiver on parvient bientôt à des variétés qui pourraient passer, mais mal à propos, pour des espèces originaires.

Cette plante est originaire du Chili, où les naturels l'appellent *papas* : sa racine leur sert de pain ; ils la mangent

Nature de la pomme de terre.

---

(1) Pour préserver la pomme de terre de la maladie, il suffit, en les plantant, de les entourer, après les avoir recouvertes légèrement de terre, d'une chaux vive éteinte à l'avance et réduite à l'état de terreau. On en mettra grand comme une assiette autour et au-dessus de la semence, ayant soin de ne point recouvrir cette chaux de terre à la surface du sol.

bouillie ou rôtie, et ne la conservent qu'après l'avoir exposée au soleil où à la gelée. Chez nous, la pomme de terre pousse des tiges anguleuses de deux ou trois pieds de hauteur, des rameaux desquels sortent des feuilles qui sont conjuguées, lanugineuses et découpées ; sa fleur est communément gris de lin et monopétale, ses fruits sont de grosses baies charnues, à peu près de la grosseur d'une cerise : elles deviennent jaunes en mûrissant et contiennent quantité de semences. Cette plante pousse en terre vers son pied trente ou quarante grosses racines tuberculeuses qui ressemblent, en quelque façon, à un rognon de veau, d'où partent les tiges et les racines blanches et chevelues (1).

Le comte de Choisi la cultive à Balleroy. 1632.

La pomme de terre est nourrissante, légère et tempérante : elle tient le ventre libre, elle est un excellent antiscorbutique. Les Anglais la cultivent avec soin dans toutes leurs colonies et la préfèrent à toutes les autres racines qui y croissent. Etant en Angleterre, le comte de Choisi avait été reçu chez un agronome distingué, qui lui fit servir des pommes de terre frites : il les trouva excellentes et en demanda à son hôte une assez grande quantité pour en essayer la culture. Il fit à cet effet murailler un vaste carré de terre et, l'année suivante, il l'ensemença, en mettant les petites tout entières à deux pieds les unes des autres, coupant les grosses pommes par tranches ; car on lui avait

(1) *Journal économique* de 1762.—Examen critique de M. Parmentier.—Bourgeois, Mutel, Duhamel.

dit qu'il suffisait de laisser sur chacune de ces tranches un ou deux œils pour qu'elles puissent pousser.

La récolte fut si abondante que le comte de Choisi put en nourrir, pendant l'hiver de 1652, une partie des pauvres de sa bourgade. Chacun alors voulut avoir des pommes de terre et il n'y eut pas de petit ménage ayant un jardin qui n'essayât d'en récolter (1). Heureux, puis-je dire en cette circonstance, heureux celui qui consacre sa fortune, ses talents, ses sueurs, au bien de l'Etat et au bonheur de l'humanité ! Le comte de Choisi pouvait-il mieux remplir sa tâche ?

Rien en effet ne pouvait échapper à l'œil investigateur du comte de Choisi, quand il était question de procurer le bonheur des bons habitants qui entouraient son château. En 1623, et il n'habitait encore que le vieux manoir des Trexot à Balaré, la récolte des pommes à cidre fut si abondante qu'on manqua de futailles ; il fit faire beaucoup de tonneaux de quatorze à seize cents litres (auparavant on ne se servait que de pipes, comme on le fait encore dans le département de l'Orne), par là il se procura beaucoup de cidre que plus tard il fit distribuer aux pauvres paysans de ses terres.

Amélioration dans le brassage du cidre.

Mais on apportait alors la plus grande négligence dans le brassage et dans le choix des pommes qui produisent le meilleur cidre. Il est évident que la qualité des fruits in-

---

(1) Elle fut cultivée sous le nom de truffe anglaise par le baron Néel de Christot, qui l'avait aussi lui-même importée d'Angleterre. Assez mal accueillie comme plante alimentaire, sa culture fut abandonnée aux environs de Caen.

flue considérablement sur celle de la boisson, quelle que soit d'ailleurs l'influence du terrein qui les produit. Telle espèce de pommes donne un cidre plus léger, d'un goût plus agréable que telle autre espèce, et si l'on faisait plus d'attention aux proportions dans lesquelles doivent être combinés les fruits qui produisent le meilleur cidre, on arriverait à des résultats tout autres que ceux que l'on obtient le plus généralement.

Le comte de Choisi avait bien vite compris que la culture des pommiers était pour la Normandie ce que celle de la vigne était pour le pays vignoble. Ces arbres méritaient donc, selon lui, toute la sollicitude de ceux qui cultivaient ses terres, et il disait que le choix, la conduite de ces arbres, ainsi que la confection du cidre, devaient être pour eux l'objet des soins les plus assidus et les plus éclairés. Aussi, à cette époque, la culture des pommiers fit de grands progrès ; les pressoirs se multiplièrent, on perfectionna la préparation du cidre et on abandonna presque entièrement l'usage de la bière.

Dès 1588, on comptait dans nos contrées plus de trente espèces de pommes à cidre (1). En 1622, on comptait, sui-

---

(1) On distinguait le *girard* (amère), bonne espèce, cidre de bonne qualité ; le *bélet* (deux espèces), les douces, cidre léger et bon ; *l'amer-doux*, cidre fort et durable ; le *doux-véret* (douce), cidre de bonne qualité ; *petit-cour*, cidre bien coloré, agréable et de longue durée; le *gros-bois*, le *mouronnet* et l'*avocat* (douces) ne sont communes que dans nos contrées ; le *marin-onfroy*, le *bédan*, le *messire-jacques*, la *germaine*, l'*aufriche*, le *maltat*, le *gros-cour*, les pommes de *filasse*, etc........

vant le président La Barre, cent soixante-trois espèces de pommiers à cidre. Aujourd'hui, par l'effet des greffes et des semis, le nombre s'en est élevé à plus de trois cents. On divise les pommiers à cidre en trois ordres suivant l'époque de la maturité de leurs fruits.

On a prétendu et répété que les pommiers nous sont venus de la Biscaye ; c'est une erreur, le pommier et le poirier sont enfants de la Normandie. *La culture, la greffe et les semis* ont rendu leurs fruits plus doux et plus succulents, et nous ne devons point cette amélioration aux étrangers. Un chanoine de Bayeux, qui était poète au milieu du XIIe siècle, Wace, parle des pommiers cultivés dans les jardins de Caen :

<small>Origine du pommier.</small>

> Kar unker pois cel parlement,
> Ço pois dire veroiement,
> Li gardin ne fructefia,
> Pome ne altre fruict ne porta.

Le comte de Choisi prétendait qu'il y avait avantage à donner dans les semis la préférence aux variétés les plus belles et les plus vigoureuses. On ne sème plus de pépins dans la contrée : on se procure de jeunes plants d'un an dans la commune de *Sallent,* près Caumont ; ces jeunes plants sont repiqués en pépinières. Les pépiniéristes de *Sallent* ont oublié, ou n'ont jamais connu, ce qu'avait enseigné à nos pères le comte de Choisi : ils tirent leur semence sans aucun choix d'espèces et le plus souvent sur les monceaux de marcs à la porte des cidreries ; ils ne greffent presque jamais dans les pépinières ; les arbres

<small>Semence du pommier.</small>

sont greffés après leur plantation à demeure. Si, par exception, quelques propriétaires greffent en pépinières, c'est presque toujours en tête : on préfère la greffe en pied, c'est-à-dire la greffe en écusson pour obtenir des variétés vigoureuses et productives. On choisit pour cela les sujets qui paraissent languissants : la greffe en tête est réservée pour les sujets les plus forts et pour les variétés les moins vigoureuses.

Plantation du pommier.

Lorsqu'on fait une plantation, on plante de préférence les variétés de première et seconde saison dans les terres labourées, afin que le sol soit plus tôt débarrassé et qu'on puisse le cultiver ou y mettre les bestiaux. Les plantations en bordures dans les fonds se font à 18 mètres de distance et les plantations en plein dans les sols légers à 12 mètres. On plante à 12, 13 et 14 mètres dans les pâturages, selon l'humidité ou la sécheresse du sol. Les pommiers sont disposés de telle sorte que chacun d'eux forme l'angle d'un triangle équilatéral, et c'est ce qu'on appelle planter en quinconce. Les fosses dans les terres labourables présentent, en général, deux mètres de largeur ; leur profondeur varie selon l'humidité du sol. La terre de la surface et celle du fond sont mises à part; puis, lors de la plantation, on met la terre de dessus en contact avec les racines de l'arbre, et celle du fond à la surface du sol. Quelques cultivateurs placent une botte de jonc marin au fond de la fosse. Dans les pâturages, les arbres sont plantés à la surface du sol à l'aide de terres rapportées.

La greffe du pommier.

On greffe les pommiers lorsqu'ils sont bien repris, c'est-à-dire deux à trois ans après la plantation, en plaçant une ou deux greffes sur le même sujet, selon qu'il est plus ou moins vigoureux. Lorsque la place est cicatrisée, on supprime la plus faible des deux greffes; la longueur des greffes est proportionnée à la vigueur des sujets : il est indispensable de surveiller le développement de la greffe pendant les premières années, afin de donner à la tête de l'arbre une disposition régulière. Ce que nos cultivateurs redoutent le plus pour la prospérité et la bonne venue de leurs pommiers, c'est le puceron *laniger* (1).

Rien n'est plus beau que le pommier en fleurs : au printemps, nos campagnes fortunées ressemblent aux jardins des Hespérides. Quel spectacle ravissant de voir cet arbre d'origine normande couvert de fleurs blanches nuancées du blus bel incarnat! Il faut que cela soit bien beau, dit spirituellement M. Louis Enault, puisque nous autres froids Normands nous l'admirons encore tous les ans. *Les pommiers en fleurs.*

L'automne offre un spectacle moins brillant, mais plus majestueux et plus riche; les pommiers sont chargés de fruits vermeils, leurs branches sont courbées vers la terre : bientôt ces fruits seront amoncelés et de leurs tas jaunissants s'exhalera une odeur suave et délicieuse qui embaumera les airs.—Généralement les pommes de chaque sai- *Les pommiers couverts de fruits.*

---

(1) Parmi les divers essais tentés pour la destruction du puceron, ce sont les corps gras qui ont donné les résultats les plus satisfaisants. Nos ancêtres, pour le détruire, passaient rapidement sous les arbres attaqués, la veille de l'Epiphanie, avec une torche de paille enflammée en chantant le refrain que l'on connaît : *couline, couline volo*, etc., etc...

son sont récoltées séparément pour être brassées ensemble ; mais toutes les espèces d'une même saison sont confondues ensemble (1), sans avoir égard à leurs qualités et à leurs proportions respectives. On n'apporte aucune distinction quant à la saveur des fruits : le plus ordinairement on attend, pour effectuer la récolte, que le plus grand nombre des pommes soient mûres ; on monte alors dans les pommiers et on secoue violemment les branches ; celles qui résistent à cet ébranlement sont crochetées ou gaulées (2).

<small>Récolte des pommes.</small>

On laisse les pommes habituellement sur le sol en grands tas (3) ; quelques cultivateurs cependant les réunissent dans des greniers aérés, et c'est selon moi (4) la meilleure méthode. Mais généralement on fait les tas beaucoup trop gros ; il en résulte le grave inconvénient que la chaleur

<small>Préparation des pommes pour le brassage.</small>

---

(1) Il est bien à regretter que nos cultivateurs n'attachent pas assez d'importance au mélange des pommes de plusieurs solages (mauvais terreins), seul moyen de neutraliser les défauts des uns par les bonnes qualités des autres.

(2) Le meilleur moyen serait de secouer les pommiers au fur et à mesure de la maturité des fruits ; car la gaule, agitée en sens divers dans les arbres, détruit presque toujours une grande quantité de bourgeons et compromet ainsi la récolte de l'année suivante.

(3) C'est une bonne pratique de réunir les pommes en tas, après la récolte et avant le brassage.

(4) Je pense qu'il vaut mieux placer les pommes en petits tas dans les greniers ou sous les charreteries que de les laisser dehors ; car les alternatives de sécheresse et d'humidité sont très-contraires à une bonne maturation. Le cidre provenant des pommes que l'on a mises à l'abri est d'une qualité supérieure à celui qui provient des pommes que l'on a laissées dehors.

s'élève considérablement dans leur centre, et qu'alors, au lieu d'avoir une simple réaction favorable dans les principes de la pomme, il se produit une altération complète ou *blossissement* qui fait disparaître le principe sucré et ne permet plus d'obtenir des fruits *blets* qu'un liquide plat qui passe rapidement à l'aigre ou à l'acétification.

Les meilleurs cidres sont ceux qu'on obtient avec les pommes de seconde saison et qu'on mélange en proportions raisonnées avec des pommes amères (1) et des pommes douces.

Pressurage des pommes.

A Balleroy et dans presque toutes les communes du canton et même de l'arrondissement de Bayeux, on se sert, pour triturer les pommes, de tours en granit, dans lesquels un cheval traîne deux lourdes meules de bois qui écrasent les fruits et les réduisent en une espèce de bouillie qu'on jette dans une grande cuve, et on laisse ainsi le tout cuver pendant douze à quinze heures (2) ; d'abord, parce que la pulpe prend une couleur rougeâtre qui se communique au jus ; puis parce que cette macération facilite la sortie du jus, le mouvement intestin qui se produit dans la pulpe faisant déchirer les cellules qui le retiennent, divisant le parenchyme qui a résisté à l'action des moulins, et probablement aussi déterminant un commencement d'altération dans le

---

(1) On doit avoir soin de séparer les pommes aigres ou acides ; car ces sortes de fruits donnent toujours, quel que soit le sol, une liqueur d'une qualité fort inférieure et qui gâte le jus des pommes douces et amères.

(2) Le cuvage est très-bon pour les petits cidres : il ne serait pas moins avantageux pour les gros, mais le plus souvent le temps manque.

mucilage qui s'oppose, jusqu'à un certain point, à l'écoulement du liquide sucré.

Pressoir à mouton.

On ne connaît à Balleroy et dans les environs que deux espèces de presses : le gros pressoir à mouton et le pressoir à vis. Il serait convenable d'abandonner les gros pressoirs qui pressent mal, dont le maniement est pénible et lent, qui, exigeant beaucoup de force, sont sujets à de fréquentes réparations et nécessitent un grand emplacement (1). Dans les cidreries un peu considérables comme à Balleroy, chez MM. Guilbert, Sanson-Tirel et Courtemer (2), on pourrait employer avec avantage la presse hydraulique ; on obtiendrait plus de jus de la même quantité de pommes et la main d'œuvre serait bien diminuée.

Maladies des cidres.

Les cidres comme les vins éprouvent des maladies et, pour parler le langage du pays, les cidres souvent se tuent, mais on ne sait pas les guérir (3). Cette maladie, dit un savant agronome (4), provient de l'eau qu'on emploie ou de la malpropreté des tonneaux ou des barriques. Les eaux des puits creusés dans la marne, celles des mares rendues ammoniacales par l'urine du bétail ou les infiltrations des

---

(1) On devrait adopter les presses à vis en fer, qui fonctionnent bien avec peu de frottement, dont les frais d'achat sont bien moins dispendieux, et qu'on emploie partout dans les pays vignobles.

(2) Il y a encore à Balleroy les grandes cidreries de MM. du Merle et James de la Lande.

(3) Pour rétablir les cidres qui se tuent, il faut mettre dans le tonneau 30 à 32 grammes d'acide tartrique par hectolitre. Cet acide fait disparaître l'alcalinité.

(4) M. J. Girardin, correspondant de l'Institut.

fumiers amènent ce résultat ; car l'expérience a démontré que le cidre qui se tue a toujours une réaction alcaline. Il faut donc n'employer pour le brassage des pommes que des eaux claires et limpides.

Comme la plupart des denrées alimentaires, le cidre est susceptible de toutes sortes d'altérations frauduleuses et nuisibles : tantôt c'est une craie malsaine qu'on y ajoute sous le prétexte de le clarifier, tantôt ce sont des alcools qui le rendent capiteux et malfaisant, tantôt du caramel, du miel ou de la fleur de coquelicot qui lui donnent une couleur menteuse. Mais, au contraire, quand il a été préparé avec soin et que le fruit se trouve dans des conditions normales de maturité, il offre la plus agréable et la plus fraîche boisson du monde. Balleroy, Cahagnolles, Le Vernay, Littry, Planquery, sont renommés pour leur cidre : nulle part le nectar normand ne se couronne d'une écume plus généreuse (1). L'esprit du cidre fortifie le cœur et convient aux affections mélancoliques.

Altération des cidres.

Il est certain cependant que l'usage du cidre est fort ancien en Normandie (2), de graves autorités ne permettent pas d'en douter ; toutefois il est fort surprenant que nos chartes n'en fassent aucune mention, qu'aucunes rentes, aucunes redevances anciennes, ne consistent en cidre. Il est encore plus surprenant que les anciens auteurs qui parlent de cette boisson soient étrangers à la Norman-

Ancienneté du cidre.

---

(1) *Itinéraire de Paris à Cherbourg,* par M. Louis Enault.

(2) Je trouve, dans le *Dictionnaire des Critiques,* que les Hébreux faisaient usage du cidre, ainsi que les Grecs et les Romains.

die, et que nos trouvères, nos vieux légendaires, nos anciens historiens, qui entrent quelquefois dans les plus petits détails de la vie domestique, n'en disent rien. La plus ancienne pièce manuscrite, dit M. Louis Enault, où il en soit fait mention, est un compte de dépense de l'Hôtel-Dieu de Bayeux pour 1466 ; cette année-là, on en fit quelques pipes pour la consommation de l'établissement.

Le plus ancien auteur normand qui ait parlé du cidre, est le chanteur de taverne, Olivier Basselin, mort comme je l'ai dit au siège de Vire, le siècle précédent ; viennent ensuite Julien Paulmier, médecin, qui écrivit en 1588, de Bras de Bourgueville, Cahagnes et le président La Barre. Ce silence absolu des chartes et des écrivains Normands, antérieurs au XVIe siècle, serait inexplicable, dit encore Louis Enault, s'il ne paraissait démontré que, jusqu'à la fin du XVIe siècle et même au commencement du XVIIe, le cidre fut une boisson méprisable, mal préparée et seulement à l'usage des pauvres. Avant cette époque, même encore du temps du comte de Choisi, le vin était la boisson des riches (1), et la bière ou la cervoise, celle du peuple. Les pressoirs étaient, comme je viens de le dire, très-rares, les pommiers très-mal cultivés et leurs fruits acerbes ; on conçoit qu'il en devait résulter une boisson très-désagréable.

Distillation des cidres.

Il y avait à Balleroy, dans ces dernières années, une dis-

(1) En 1307, lorsqu'on fit l'inventaire du mobilier de la commanderie de Baugy, on ne trouva ni cidre ni bière, mais seize tonneaux de vin qui avait été récolté dans le vignoble que possédait cette maison religieuse à

tillerie (1) assez remarquable par la qualité et la finesse de ses produits. Elle consistait à se procurer la lie des cidres et à la distiller : souvent aussi on achetait pour cette distillerie les cidres malades et les cidres médiocres qui étaient soumis à la distillation. Rarement on y employait les cidres forts ; et cependant il est certain pour tous que les cidres les plus forts donnent les meilleures eaux-de-vie. Les poirés ne sont pas connus chez nous.

Il serait bon d'adopter, pour la distillation des cidres, les appareils perfectionnés dont on fait usage dans tout le midi de la France pour la distillation des eaux-de-vie de vin. Ce sont ceux de Dérosne (2) qui marchent d'une manière continue et donnent un alcool plus parfait, sans goût d'empyreume ou de feu, plus rectifié et plus fort, et cela avec une grande économie (3) dans la main-d'œuvre, le combustible et le temps.

Planquery. Je vois et lis ce que j'avance dans la charte de fondation de cette maison : *Quas dedit in dedicatione basilicæ de Balge..... et sextum vinarii et insulam,...etc...*

(1) M. Laroque, ancien pharmacien-chimiste de Paris, enfant de Balleroy, vient d'établir dans ce bourg, à la place de l'ancienne fabrique de poterie de grès, une distillerie des marcs de pommes, dont nos cultivateurs ne pouvaient rien retirer même comme compost. J'avais le désir de parler plus au long de cette nouvelle branche d'industrie : M. Laroque m'avait promis de me donner les plus amples détails sur cette distillerie ; ne les ayant pas reçus, l'on comprendra que je dois m'abstenir.

(2) Un appareil de Dérosne, construit de manière à pouvoir distiller en 12 heures trois à quatre barils de vin ou de cidre, coûte 800 fr.

(3) Pour obtenir 600 litres d'eau-de-vie à 22°, on dépense :
Avec l'appareil simple... 17^f 16^c

En sa qualité de seigneur et de baron de Beaumont-le-Richard, le comte de Choisi avait déjà assisté en 1655 à la cérémonie qui se fit à Bayeux (1) le jour de l'installation de l'un de ses évêques. Il assistait encore à celle qui se fit en 1662. A cette époque, dit le jeune écrivain (2) normand précité, où la religion tenait une si grande place dans la vie des peuples, c'est à son évêque que Bayeux devait tout son lustre et tout son éclat. Quand la mort avait rendu le siège vacant, c'était la préoccupation de tout le pays de savoir qui lui serait donné pour successeur. Clergé et peuple allaient et vont encore sur le tombeau de saint Exupère, l'apôtre de Neustrie, le prier de présider à ce choix.

Louis XIV avait nommé François de Nesmond à l'évêché de Bayeux, en remplacement de François Servien, décédé en 1659. Le pape, dans le conclave des cardinaux, ne préconisa le nouveau prélat qu'à la fin de 1661. Les cloches de la cathédrale annoncent la bonne nouvelle qui se répand dans tout le pays à l'entour. Mais déjà Monsieur de Bayeux, comme disaient nos pères, a fixé le jour de son entrée dans sa bonne ville épiscopale. Les mémoires du temps nous ont laissé des détails très-circonstanciés sur cette cérémonie. Le 14 mai, il part de Caen pour la Délivrande où ses pré-

Le comte de Choisi assiste à l'installation de Mgr de Nesmond. 1662.

A chauffe-vin.. 11ᶠ »ᶜ
A conducteur d'Adam et Bérard....................... 8 70
A distillation continue de Dérosne.................... 7 16

(1) Le 8 juin 1655, François Servien, 72ᵉ évêque de Bayeux, assisté de l'abbé Cottin, l'un des quarante de l'Académie et si maltraité par Boileau, prenait possession de son évêché.

(2) M. Louis Enault a fait ses classes au collége de Bayeux sous dom Le Comte.

décesseurs, depuis le XIIIe siècle, avaient coutume de faire un pélerinage avant d'entrer à Bayeux. Il est reçu et harangué à la porte par le chapelain ; ses vassaux de la baronnie de Douvres le saluent de cent coups de mousquet. M. Louis Enault a si bien rendu ce cérémonial que je n'aurai rien de mieux à faire que de lui céder la parole : j'y ajouterai seulement quelques détails qu'il a passés sous silence.

« On présente, dit-il, à Mgr l'évêque de l'eau bénite et il est conduit processionnellement dans le sanctuaire de la chapelle où il fait sa prière. Après avoir célébré la sainte messe, il va coucher à Saint-Vigor, prieuré de l'ordre de saint Benoît (1), à un kilomètre de la ville de Bayeux. Quand le prélat y arrive, il doit être monté sur une haquenée blanche et avoir des éperons d'argent. Le sire de Choisi, seigneur de Balleroy, qui relève de l'évêché pour son fief de Beaumont-le-Richard, se trouve à sa descente pour lui rendre hommage comme vassal ; après lui avoir aidé à mettre pied à terre, il prend la haquenée et la fait conduire à son écurie, ce qui est un des plus beaux droits de son fief. Un autre vassal, possesseur du fief de Saint-Vigor, vient aussi saluer le nouvel évêque ; un genou en terre, il lui ôte ses éperons d'argent, ce qu'il est tenu de faire à cause de son fief, ainsi que de marcher, armé de

Le comte de Choisi prend le cheval de l'évêque.

---

(1) Les dames religieuses de la charité de Bayeux ont acheté ce beau monastère et s'y sont installées en 1859. Il est probable que les nouveaux évêques de Bayeux suivront désormais le vieux cérémonial d'installation : qu'ils viendront coucher à Saint-Vigor, s'asseyeront dans l'antique siège d'Odon pour bénir le peuple, et de là partiront pour la cathédrale.

toutes pièces derrière le prélat, le jour de son entrée solennelle et toutes les fois qu'il officie pontificalement.

» L'évêque se met ensuite sous un dais, porté par quatre religieux, marchant vers l'église, entouré du comte de Choisi, du sire de Saint-Waast qui remplace le seigneur d'Etréham qui est calviniste, et suivi par le gentilhomme de Saint-Vigor ; il rencontre à l'entrée du monastère le prieur qui le harangue et l'accompagne. Après avoir assisté au *Te Deum* que chantent les religieux, il se retire dans l'appartement qui lui a été préparé. La journée finit par un souper en maigre que les religieux font servir à l'évêque (1). Le sieur d'Etréham fut remplacé dans le service d'échanson par le sieur du Bosq-Brunville, et celui-ci reçut, en conséquence, le gobelet d'argent dans lequel avait bu l'évêque. D'après le dénombrement du temporel de l'évêché, rédigé par ordre de Mgr de Harcourt, c'était au seigneur de Saint-Waast et d'Ondefontaine qu'appartenait « la première coupe, hanap ou autre vaissel en quoi boit » ledit évêque ; » de plus le manuscrit ajoute : « *la première » fois qu'il dîne en son manoir ou hôtel épiscopal audit lieu » de Bayeux.* » Il n'y est point question du prieuré de Saint-Vigor. Cependant il paraît certain que les choses se passèrent à l'arrivée de Mgr de Nesmond, comme je viens de le raconter.

» Le chapitre de Bayeux, ajoute M. Enault, envoie ordinairement au-devant de l'évêque une députation (2) de

---

(1) M. l'abbé Laffetay, chanoine. *Histoire du diocèse de Bayeux.*
(2) Il y avait autrefois à Bayeux cinquante-deux chanoines.

huit chanoines à Saint-Vigor ; mais le jour de l'entrée solennelle qui se fait toujours le lendemain, on dit primes à la cathédrale à cinq heures du matin. Pendant ce temps, le clergé séculier et régulier de la ville s'assemble et part ensuite processionnellement avec le chapitre à six heures. Lorsqu'ils sont arrivés au prieuré, le doyen et les principaux du chapitre vont trouver l'évêque à sa chambre, où il est en rochet et en mosette. Après lui avoir fait de profondes révérences, le doyen le conduit dans une des chapelles de l'église où le sacristain lui ôte ses souliers et ses bas, dont il fait son profit ; il lui met ensuite de simples sandales liées avec un ruban. On lui donne une chape blanche et une mitre simple ; le doyen lui présente la crosse qu'il prend, et en cet état on le conduit à un siège de marbre rouge (1) près du grand autel ; là, s'étant assis sous un dais, le doyen le harangue en présence de tout le clergé. Après la réponse du prélat et la première bénédiction, on part pour la cathédrale ; au sortir de l'église, le canon se

(1) L'abbé de Saint-Martin, dans sa lettre à M. de Saint-Jean, dit : « Alors le doyen lui présente sa crosse, qu'il tient entre les mains assis sous un grand dais de toile d'argent, en un grand siège de pierre de jaspe, que l'antiquité a non seulement rendu vénérable ; mais encore le même Odo, qui l'apporta de Rome et ordonna que tous les évêques s'y asseoiraient avant que de prendre possession, ce qui a toujours été pratiqué depuis, et elle ne sert à d'autre usage. » Ce siège de marbre, appelé *cathedra lapidea Sancti Vigoris*, existe encore malgré les temps et les révolutions : il est dans le sanctuaire de Saint-Vigor du côté de l'évangile. Il a été conservé par les amis de nos vieilles antiquités. Le dernier évêque qui nous ait donné sa première bénédiction de ce siège est Mgr Dominique-Joseph de Cheylus.

fait entendre, et il annonce la venue de l'évêque à la ville, qui se pavoise de curieux sur tout le parcours que va suivre le nombreux cortège.

» Pendant la messe, le prélat, précédé du prieur de Saint-Vigor, portant une aumusse blanche sur le bras, est entre le comte de Choisi, seigneur de Balleroy et baron de Beaumont-le-Richard, et le baron du Bosq-Brunville, tous deux soutenant les bouts de la chape dont la queue est portée par deux aumôniers. Derrière lui est l'autre vassal, armé de toutes pièces ; il a une hallebarde sur l'épaule et sur la tête un casque, orné de panaches. Un autre vassal marche immédiatement devant le prieur de Saint-Vigor, semant de la paille depuis le prieuré jusqu'à l'église Saint-Sauveur; venait ensuite la justice, la maison de ville et quantité de gentilshommes. Toutes les milices bourgeoises sont en armes depuis le couvent des Capucins jusqu'à la cathédrale. Le peuple chante Noël ! Noël ! Noël ! et crie *vive Monseigneur !*

» L'évêque s'arrête à l'église Saint-Sauveur : il est reçu à la porte par le curé. Etant entré dans l'église, il se place sur un siège où il reçoit l'encensement, puis on lui ôte ses habits pontificaux pour lui en donner de plus riches et de plus magnifiques. Avant de le revêtir, le curé lui verse de l'eau sur les mains et sur les pieds. L'aiguière et le bassin d'argent qui sert à cette cérémonie appartiennent au curé : ils appartiennent au chapitre quand la cure est vacante, en vertu de son droit de déport (1).

---

(1) On donnait ce nom en matière bénéficiale à une espèce d'annate

» L'évêque sort ensuite de l'église, accompagné du clergé de la paroisse jusqu'à la porte de la rue. Le clergé rentre dans l'église et le laisse entre les mains du peuple qui seul a droit, en cette occasion, de conduire l'évêque de Bayeux à la cathédrale.

» La cathédrale est fermée. On demande au prélat ce qu'il est et ce qu'il veut. Son secrétaire présente les bulles de Rome et le décret impérial, et aussitôt l'évêque s'agenouille sur un carreau de velours violet, et jure, la main placée sur le livre des évangiles, de respecter les droits, statuts, coutumes et libertés de l'église de Bayeux ; après quoi les portes lui sont ouvertes par quatre chanoines ; puis on le conduit au chœur, en sa chaire épiscopale où s'assied avant lui le doyen du chapitre et d'où il se lève pour en faire l'abandon au prélat. Après qu'on a chanté le *Te Deum,* il va à la sacristie, où s'étant revêtu de la chasuble, il célèbre pontificalement la messe du Saint-Esprit, assisté de deux chanoines, de quatre diacres et de quatre sous-diacres. A l'issue de la messe, le chapitre le conduit à son palais épiscopal, où il retient à dîner, avec le comte de Choisi, les trois autres vassaux de l'évêché et toutes les personnes de qualité qui l'ont accompagné. Après quoi il fait des libéralités au peuple, et reçoit les compliments de tous les corps de la ville. »

C'est au comte de Choisi que les habitants de Balleroy

Foires et marchés.

appartenant aux évêques ou chapitres, et qui consistait dans la jouissance des revenus d'une cure, lorsqu'elle était vacante de fait ou de droit, lorsqu'elle était en litige, etc.

durent encore, dès 1634, l'érection d'un marché hebdomadaire le mardi et d'une foire mensuelle le même jour : l'ordonnance royale de leur érection porte que les foires de mai et d'octobre dureront trois jours. Un autre marché se tient encore les dimanches entre les deux messes ; il est très-fort, parfaitement suivi et approvisionné de viandes, de légumes et de denrées de toutes espèces. Le comte de Choisi fit aussi construire les halles que nous avons vu démolir pour construire à leur place l'hôtel de la mairie, la halle aux grains, la boucherie et les bureaux du commissariat de police (1).

Haute justice de Balleroy. Les habitants de Balleroy avaient aussi, par le crédit de leur châtelain, obtenu du comte de Flers, seigneur de Condé-sur-Noireau un sénéchal pour rendre à Balleroy, la justice qu'on était obligé d'aller invoquer à Condé. Ce tribunal fut remplacé en 1790 par une justice-de-paix ou de conciliation. Le premier juge-de-paix nommé au scrutin, fut M. Michel Mignot, qui géra cet emploi jusqu'en 1808. M. L'Etournel, avocat, le remplaça jusqu'en 1830, et depuis cette époque, c'est M. Pesquerel qui gère cette honorable fonction (2). Dès l'an 1450, le bailliage de Caen subit le retranchement de cinquante paroisses de son ressort, pour rendre la châtellenie de Thorigny, possédée par la famille des Goyon-de-Matignon, un grand bailliage : ainsi il plut

---

(1) Ce monument ne peut que faire honneur à la sage administration de M. le docteur Villeroy, maire de Balleroy.

(2) La République de 1848 nous donna pour juge-de-paix M. Féron, avocat, qui ne fit que passer.

à Henri III de récompenser les services du célèbre maréchal Jacques de Matignon. Mais en 1703, un comte de Matignon fut autorisé par Louis XIV à démembrer de la vicomté de Vire et Vassy seize paroisses dont il composa un bailliage à Condé-sur-Noireau, et Gilles Dumont, propriétaire du fief d'Urville (bisaïeul du célèbre navigateur), acheta pour douze mille livres la nouvelle charge de grand bailli, haut justicier civil et criminel (1).

L'ancien Balleroy (Balaré) avait eu ses tabellions dès l'an 1560 : ils y remplirent leurs fonctions jusqu'en 1690, époque à laquelle furent créés les notariats. On compte depuis ce temps quatorze notaires, depuis Pierre Garnier, jusqu'à maître Le Blond, notaire actuel (2).

Le comte de Choisi avait épousé Jeanne de Brionne, dont il eut deux enfants, Jean-Paul et François-Timoléon : ce dernier vint au monde dix ans après son frère. La comtesse de Choisi est morte à Paris en 1657 et son corps, rapporté à Balleroy, fut inhumé au milieu du chœur de

---

(1) Isidore Le Brun. *Biographie du prince de Monaco.*

(2) Les tabellions sont : Bertrand (Pierre), de 1560 à 1588 ; Bertrand (Martin), de 1588 à 1613 ; Bertrand (Thomas), de 1613 à 1646; Delangale (Olivier), de 1646 à 1661 ; de Binville (Pierre), de 1661 à 1677 ; Bertrand (Michel), de 1677 à 1683. Les notaires sont : Garnier (Pierre), en 1690 ; Le François (Georges), 1692 ; Després (Jean), 1693 ; Bertrand (Jacques-François), 1703 ; Delarue (Jacques), 1730 ; Colleville (Laurent-Gabriel), en 1733 ; Le François (Pierre), 1736 ; Colleville (Pierre), en 1744 ; Désert (Jean), de 1752 à 1800 ; Dufey (Adrien), en 1800-1801 ; Geslin (Exupère-Jacques), de 1801 à 1822 ; Prempain (Louis-Frédéric), de 1822 à 1841 ; Bessin, en 1841 ; et Leblond, notaire actuel.

Mort du comte de Choisi. 1665. l'église : le comte fut mis à côté d'elle en 1663, à gauche, du côté de l'évangile, son fils Jean-Paul ayant réservé le côté droit pour y être inhumé. Ce jeune comte de Choisi était d'une complexion très-délicate et très-maladive : né en 1634, il est mort en 1697. Son père était plus qu'octogénaire quand il mourut dans son château de Balleroy, entouré de l'estime et de l'amour de tous ceux qui le connaissaient. On peut dire avec M. l'abbé Laffetay (1) que le comte de Choisi s'était signalé par ses bienfaits : rechercher les besoins des populations et proposer des remèdes à leurs souffrances, augmenter par leur travail leur bien-être physique et moral, constater et développer les succès et les améliorations de nos productions et de nos diverses industries, répandre aux alentours de Balleroy et même déjà dans toute la province les bonnes méthodes pratiquées avec succès par sa propre expérience, affranchir notre pays des tributs qu'il paye aux autres parties de la France et même à l'étranger, enfin porter au premier rang des provinces industrielles de la France notre belle Normandie,

Culture, industrie. déjà la première par le goût des lettres, des sciences et des beaux-arts, tel est le but que s'était proposé le comte de Choisi, en ouvrant sur ses terres de riches ardoisières, en fondant à Balleroy sa grosse forge de fer ; enfin, en enseignant à nos pères la manière de bien cultiver la terre et surtout de bien brasser le cidre, ce nectar si vanté de la Basse-Normandie.

(1) *Histoire du diocèse de Bayeux,* pag. 269.

Sans doute, la grande manufacture de nos contrées c'est la terre; c'est par elle que se développe l'industrie première du pays. Et en effet, le champ ouvert par la nature à cette industrie est si beau, les produits qu'il donne sont si bien le résultat de l'action combinée du sol et du climat que, même dans ces temps où tout s'agite et se presse en avant, on ne pense chez nous qu'à cultiver la terre. « Il est bon, disait le comte de Choisi, de cultiver la terre, ce sont les mamelles nourricières des générations qui se succèderont; mais il importe de ne point faire cela seulement. Frappé de l'oisiveté de ses capitaux, le possesseur terrier doit tourner ses regards vers quelque branche industrielle à raviver, à perfectionner ou à fonder; par là, il donnera la vie à des produits que jusque-là on allait chercher au loin. » C'est ce qui frappa la haute intelligence du comte de Choisi et des seigneurs de Balleroy, qui ont fait le bonheur de nos contrées en les dotant, comme nous l'avons vu et le verrons encore, de ces riches exploitations qu'ambitionnent et recherchent nos voisins.

Le comte Jean-Paul de Choisi, comme aîné de son frère François-Timoléon, eut la terre et seigneurie de Balleroy, c'est-à-dire les fiefs du Vernay et du Tronquay, avec la baronnie de Beaumont-le-Richard. Son frère qui se destinait à l'état ecclésiastique eut de riches bénéfices et des rentes. Il n'avait que dix-neuf ans quand son père mourut, de sorte que le comte Paul devint en quelque sorte son tuteur. Elevé par ses parents dans les principes d'une solide religion, joignant la culture de l'intelligence à une exquise bonté de cœur et à la fermeté du caractère le plus

Jean-Paul de Choisi, 11ᵉ seigneur de Balleroy 1663.

droit, ce jeune seigneur fut, dès son enfance, ce qu'il devait être toute sa vie, un homme respectable et respecté. Sans affectation de gravité, sans ambition de paraître, il commandait l'estime de tous, et sa supériorité s'imposait d'elle-même sans être à charge à ceux qui en subissaient l'ascendant.

Je n'ai vu nulle part que le comte Paul de Choisi se soit jamais marié, du moins ce fut son frère François-Timoléon, si célèbre depuis sous le nom d'abbé de Choisi, qui fut son héritier, et auquel passèrent tous ses domaines et son immense fortune. L'abbé de Choisi est né au château de Balleroy, le 16 avril 1644, et non à Paris, comme le prétendent plusieurs biographes. Personne n'était plus modeste, plus simple, plus poli, plus accessible et plus ennemi de ce sentiment que l'on appelle suffisance, et qui dénote toujours un esprit étroit. Il avait été élevé très-sévèrement par son père ; il conserva toute sa vie une certaine timidité qui tenait peut-être aux impressions reçues dans son enfance. Quoi qu'il en soit, le père de l'abbé de Choisi, homme très-instruit, agronome et ingénieur très-habile, lié avec les géologues les plus savants de son siècle, dirigea de bonne heure les études du jeune Timoléon vers les sciences physiques, naturelles et mathématiques. Il confia son éducation religieuse au vénérable curé de Balleroy, Marin Pichard, ecclésiastique d'un rare mérite, sincèrement pieux, aux manières aimables et d'une simplicité de mœurs touchantes qui plaisaient au seigneur de Balleroy. Cependant l'abbé de Choisi alla terminer ses études à Paris et reçut avant de partir la tonsure cléricale en 1657 des mains de l'évêque de Bayeux. Le Roi lui donna en 1663 l'abbaye de Sainte-Seine, dont il se démit en 1676.

Peu d'hommes se sont consacrés à l'étude des lettres d'une manière plus exclusive, et ont poursuivi aussi activement leurs travaux jusqu'à un âge plus avancé. On pourrait presque dire que l'abbé de Choisi est mort en écrivant, car on a trouvé de lui des mémoires sur le règne de Louis XIV dont il s'occupait et qu'il était à la veille de terminer. On reconnaît que la mort seule lui a fait tomber la plume des mains, bel exemple de dévoûment à l'étude, laissé aux savants qui viendront après lui.

Avant de partir pour Siam (1685), il fit imprimer à Paris des dialogues sur l'immortalité de l'âme, sur l'existence de Dieu et sur la providence. Ces livres d'une diction pure, entraînante, furent accueillis avec empressement, et Louis XIV voulut en récompenser l'auteur en l'envoyant ambassadeur auprès du Roi de Siam, en cas que ce prince se fît instruire de la religion chrétienne, et ambassadeur extraordinaire à la place du chevalier de Chaumont (1), si ce dernier venait à mourir pendant le voyage. L'abbé de Choisi résolut enfin de se consacrer tout entier au service des saints autels et, pour accomplir dignement la mission qu'il avait acceptée de travailler à la conversion du Roi de Siam, il voulut recevoir les ordres sacrés à Siam même,

L'abbé de Choisi nommé ambassadeur auprès du Roi de Siam. 1685.

---

(1) Alexandre de Chaumont IIe du nom, dit le chevalier, puis le marquis de Chaumont, était de la branche des seigneurs d'Athieules et proche parent de M. le marquis de Chaumont-Quitry, chambellan de l'empereur Napoléon III...

par les mains de l'évêque de Métellepolis, vicaire apostolique.

<small>L'abbé de Choisi prieur de Saint-Lo de Rouen.</small>

L'année suivante 1686, il revint prêtre de Siam et fut nommé successivement et presque aussitôt prieur de Saint-Lo de Rouen, de Saint-Bénoît-du-Sault et de Saint-Gelain. Il avait quarante-deux ans, et son imagination vive et hardie avait conçu et rapidement exécuté un commentaire sur les psaumes de David, où les différences notables de l'hébreu et de la vulgate sont marquées ; il s'y attache au sens littéral et rend les psaumes faciles à entendre aux plus simples. Il donna presque en même temps la vie de Salomon et peu de temps après celle de saint Louis, des pensées chrétiennes, une traduction de l'Imitation de Jésus-Christ, enfin des histoires de piété et de morale dont il n'y a qu'un volume.

C'est au sein de ces modestes et bien agréables occupations qu'il a passé toute sa vie, toujours avide de s'instruire, toujours occupé de travaux théologiques, historiques, littéraires, etc... Rien ne lui était étranger, son intelligence facile et son immense mémoire abordaient successivement tous les genres de connaissances et les lui rendaient bientôt familiers. La religion, la philosophie, les antiquités des peuples, la marche des civilisations, les controverses les plus ardues et les plus délicates, n'avaient pas de questions qu'il n'eût étudiées et qu'il ne possédât. Peu hardi dans ses opinions d'érudit, peu dogmatique dans ses décisions de savant, il appelait le bon sens à la solution des difficultés, et, quand le nœud lui semblait insoluble, il exposait les raisons de son doute et s'abstenait avec réserve plutôt que de trancher avec précipitation, et c'est ce qui fait dire à ses détracteurs, et certes il en eut beaucoup, que l'on trouve plus de finesse et de légèreté dans ses ouvrages que de profondeur et d'exactitude (1). A la vérité, c'était bien un peu la science de Bayle et son irrésolution longuement raisonnée, mais toutefois jamais il ne laissait les nuages s'accumuler dans son esprit. Quand les arguments opposés ne permettaient plus un libre accès à la vérité, il se raffraîchissait l'esprit aux sources religieuses ; il lisait l'évangile dans le grec, ou David dans le texte hébreu. Ce serait lui faire injure que de chercher à le justifier du Mémoire de la comtesse des Barres que ses ennemis lui ont lâchement attribué ; il eut le bon esprit de les mépriser : c'était ce qu'il avait de mieux à faire.

Dès les premiers temps de son retour à Paris, il fut admis au nombre des quarante de l'Académie (1687), où il vint réveiller le zèle de cette savante et immortelle société, assoupi depuis quelques années. Nommé secrétaire de cette société, il lui donna une nouvelle vie, lui fit tenir des séances publiques et mettre au jour des mémoires qui font encore aujourd'hui l'admiration des savants.

L'abbé de Choisi, membre de l'Académie. 1687.

Tandis que l'abbé de Choisi, un peu excentrique dans ses allures, s'occupait, disent encore ses ennemis, de littérature à Paris, son frère de Balleroy s'occupait, lui, de

---

(1) Les critiques se copient servilement ! Je connais un écrivain qui portait ce jugement de l'abbé de Choisi et qui m'avoua n'avoir jamais lu ni vu aucun de ses ouvrages ! Oui, l'abbé de Choisi fut indignement calomnié pendant sa vie, et il est étonnant qu'aujourd'hui encore l'on continue envers lui cette œuvre diabolique.

fondations pieuses sur ses terres. A l'exemple de son digne père, le comte Jean de Choisi, il voulut aussi bâtir une église dans son fief du Vernay, qui n'avait qu'une petite chapelle sous l'invocation de saint Blaise, fondée dans la moitié du XIe siècle, par Robert le Magnifique, duc de Normandie, pour servir aux religieux du prieuré de Saint-Blaise ou Saint-Gorgon du Mesnil-Hamel. Ce prieuré, dit M. l'abbé Laffetay, appartenait à l'abbaye de Saint-Etienne de Caen (1). L'église du Vernay fut bâtie sur le même plan de celle de Balleroy (2) : elle fut dédiée à l'apôtre saint Paul, par François de Nesmond, qui en fit la dédicace le 14 juillet 1696. Quelques jours après, le pieux fondateur fut atteint de la maladie qui le conduisit au tombeau.

Le comte Paul de Choisi bâtit l'église de Saint-Paul-du-Vernay. 1696

Intelligence droite, revêtue des formes les plus aimables, le comte Paul de Choisi avait une de ces natures affectueuses qui plaisent et attirent. Les déchirements de la jalousie, les soulèvements de l'orgueil, les irritantes piqûres de la vanité, toutes ces misères qui consument dans le calme apparent de l'existence, il ne les ressentit jamais. A un rare esprit d'obligeance, de bonté affectueuse, il joignait une modestie pleine de charmes, et cette exquise bonté n'excluait pas en lui la force de caractère ; il eut toujours

Mort et éloge du comte Paul de Choisi. 1697.

---

(1) Introduction à l'*Histoire du diocèse de Bayeux*, pag. XIX.

(2) Le contre-retable de l'autel, qui représente la conversion de saint Paul, en bas-relief, est dû au ciseau de Girardon et à l'un de ses disciples, qui se tua en tombant de son établi : il fut enterré dans la chapelle du prieuré de Saint-Blaise ou de Saint-Gorgon, au Mesnil-Hamel.—J'ignore son nom, mais il paraît qu'on voit encore son épitaphe dans cette chapelle convertie en étable.

la rectitude du cœur qui fait aimer ce qui est honnête, et la fermeté d'âme qui le fait pratiquer. Les actes importants de sa vie furent tous le résultat d'une conscience éclairée et de sérieuses réflexions. Sa foi était comme son cœur, simple et solide ; il souffrit toute sa vie une longue et pénible langueur, sans murmure, avec la résignation d'une âme toute chrétienne. Il y a une puissante consolation, un baume ineffable dans le sentiment religieux ! !

Le comte de Choisi conserva jusqu'à son dernier soupir sa sérénité, son intelligence et toute la vivacité de ses affections : il eut le bonheur, comme il le dit lui-même, d'embrasser son frère, et il s'éteignit doucement dans les exercices de la foi la plus pure, et sa fin ressembla moins à une mort qu'au paisible sommeil du juste. Un concours immense de peuple et de noblesse des environs et des villes voisines accompagna avec un pieux recueillement sa dépouille mortelle. Dans cette douloureuse circonstance, chacun se disait : c'était là un homme de Dieu, un honnête homme dans toute la grandeur et la sublimité du mot ; c'était là un vrai seigneur à jamais regrettable. Ce fut Laurent-Gabriel Rogier, curé de Balleroy, qui avait succédé à Charles de Baudre, qui inhuma le comte de Choisi dans le chœur de l'église à côté de sa mère.

De Baudre, curé.
De 1671 à 1689.

Rogier, IIIe curé de Balleroy.
1691.

L'abbé de Choisi devint alors possesseur du château et domaine de Balleroy : la seigneurie passa à Jacques de Lacour, seigneur de Manneville, qui prit dès lors (1) le titre

---

(1) L'abbé Vertot. *Histoire de Malte,* tom. VII, pag. 308, ann. 1699.

de seigneur de Balleroy, du chef de sa femme, Emilie de Caumartin, petite-fille de Madelaine de Choisi, tante de l'abbé. Ce dernier, qui venait de publier successivement l'histoire de Philippe de Valois, celle du roi Jean, de Charles V et de Charles VI, arriva dans notre pays, annoncé par la réputation d'un esprit supérieur. Il fut nommé d'une voix unanime, le 11 avril 1697, haut-doyen de l'église cathédrale de Bayeux. Il remplaça dans cette dignité Charles de Longaunay de Dampierre, qui fut élu doyen, n'étant encore que sous-diacre.

« Les pompeuses formalités, dit M. Laffetay (1), qui accompagnèrent l'élection de l'abbé de Choisi (2), montrent l'importance que le chapitre de Bayeux attachait à l'exercice de son droit et la considération dont il entourait son premier dignitaire : un des capitulants, l'abbé Jacques Descrametot, nous en a conservé le souvenir. Le 11 avril 1697, messe solennelle, précédée d'une procession autour du chœur, avec les plus beaux ornements. De là on entra processionnellement au chapitre. Le chapitre dura jusqu'à midi et fut continué après les vêpres. Le lendemain, nouveau chapitre après la messe ; à onze heures, M. l'abbé de Choisi fut élu ; après l'élection, le greffier du chapitre, accompagné de trois scrutateurs, préconisa au pupitre (jubé) le doyen élu ; ensuite on retourna en procession au

---

(1) *Histoire du diocèse de Bayeux,* pag. 269.

(2) Si comme autrefois l'élection des évêques eût été dévolue aux chapitres, il est plus que probable que l'abbé de Choisi eût été élu évêque de Bayeux.

chapitre pour revenir au chœur. Etant arrivé, le grand-chantre entonna le *Te Deum;* orgue, musique, toutes les cloches de la ville sonnèrent. Le 13, M. le Doyen, accompagné de six chanoines, députés à Balleroy, entrent sur les dix heures du matin. M. le Doyen baisa l'autel, et donna pour son oblation huit louis d'or. De là il fut conduit par les six députés pour jurer au chapitre sur le pain et le vin *(oblanda* probablement). Pendant la messe, il fut mis en possession par le chantre dans le chœur ; après la prise de possession, il retourna au chapitre pour recevoir sa juridiction en touchant les sceaux. Ensuite les six chanoines l'accompagnèrent au doyenné (1), dont il prit possession au haut de l'escalier en touchant les clefs. De là il rentra à l'église par la porte de Saint-Thomas, et il fut au chapitre où il complimenta la compagnie. L'après-midi, il fit distribuer dix souls à chacun des pauvres. »

« Quoique l'arrêt de 1671, ajoute M. Laffetay, eût restreint les prérogatives du grand-doyen, en supprimant la juridiction qu'il exerçait auparavant sur les paroisses de sa dépendance, jusqu'au sein de la ville épiscopale, ce dignitaire était encore, au XVIIIe siècle, un personnage très-marquant (2). Placé à la tête du chapitre, *caput capituli,* seigneur et

---

(1) Le doyenné est aujourd'hui le palais épiscopal : cette résidence était bien chétive après et à côté de la résidence de Balleroy.

(2) Je ne comprends pas qu'en plein XIXe siècle, on vienne nous parler d'une importance si préjudiciable à l'épiscopat et à l'église. Le doyen actuel, sans ces titres fastueux, est plus estimable que ne l'étaient ces abbés, qualifiés barons et seigneurs.

baron de la Ferrière-au-Doyen, chanoine de la Ferrière-Duval, patron ou collateur d'un grand nombre de cures et de plusieurs chapelles, il était encore curé de la cathédrale et en remplissait les fonctions auprès des chanoines et des officiers attachés au service de l'église ; sa dignité était considérée comme une prélature ; elle obligeait le titulaire à la résidence. »

Cette obligation dut déplaire à l'abbé de Choisi qui, sans aimer le séjour de la capitale, eût préféré son château de Balleroy à sa bicoque de doyenné. Aussi le voyons-nous, au bout de deux ans et demi, résigner sa dignité à M. Dufour de Piberac, abbé de Saint-Mesmin. Une autre raison non moins contestée par la tradition, c'est que l'abbé de Choisi ne put se résoudre à vivre avec un corps d'ailleurs très-vénérable qui était toujours en guerre avec lui-même. Cette puérile contestation au sujet de la robe rouge, dont nous entretient avec son talent ordinaire M. Laffetay, fut une des raisons qui l'engagèrent le plus fortement à donner sa démission, et rien alors ne put l'arrêter dans sa détermination.

Vente du château de Balleroy. 1700.

Quelque temps après, l'abbé de Choisi s'étant brouillé avec son parent, Jacques de Lacour, seigneur de Balleroy, vendit le château de Balleroy à Françoise de Brancas, princesse de Harcourt, et il se retira ensuite à Paris, où il continua ses travaux littéraires et historiques. Il nous donna une *Histoire ecclésiastique* en 10 volumes in-4°, qui est très-superficielle : elle va jusqu'à 1715. Il est mort le 2 octobre 1724, âgé de 81 ans.

CHAPITRE VII.

Jacques de Lacour, seigneur de Manneville et troisième seigneur de Balleroy, réclame du chef de sa femme les château et terres du domaine de Balleroy.—Il est créé marquis sous la dénomination de de Lacour.—Il bâtit l'église du Tronquay.—Mort de Louis XIV.—Naissance de Jacques-Claude-Augustin, deuxième marquis et quatrième seigneur de Lacour de Balleroy.—Il prend le parti des armes.—Il se distingue devant Fribourg.—Il fait la guerre d'Espagne. — Conférences de l'Entresol.—Il épouse Mlle Marie-Elisabeth Goyon de Matignon.—Naissance de Charles-Auguste de Lacour, cinquième seigneur et troisième marquis de Balleroy.—Mort de Jacques de Lacour, troisième seigneur et premier marquis de Balleroy.—Le comte Jacques-Claude-Augustin de Lacour de Balleroy prend le titre de marquis à la mort de son père.—Jean Le Barbier, quatrième curé de Balleroy.—Le marquis de Balleroy à la prise de Milan.—Il est nommé gouverneur du duc de Chartres.—Maréchal-de-camp.—Le comte Charles-Auguste, son fils, fait ses premières armes en Corse.—Le marquis et le comte de Balleroy en Westphalie.—Le marquis suit la cour à l'armée de Flandre.—Il est exilé à Balleroy.—Cet exil dure trente ans.—Il découvre et exploite la mine de houille de Littry.—Il perd son épouse.—Il établit un collége à Balleroy.—Son fils, le comte Charles-Auguste de Balleroy, fait la guerre de Flandre. — Il est blessé à Raucoux.—Il est un des vainqueurs de Laufeld.—Son frère, Louis-Auguste de Lacour de Balleroy, à bord du *Tonnant.*—Le comte de Lacour de Balleroy visite son père.—Le marquis de Balleroy achète la seigneurie de Montfiquet.—Il perd sa mère Emilie de Caumartin.—Mort de Jean Le Barbier, quatrième curé de Balleroy.—Jean-Baptiste Le Moigne, cinquième curé de Balleroy. — Mariage du général comte Charles-Auguste de Lacour de Balleroy avec Adelaïde-Sophie de l'Epineau.—Pélerinage de Notre-Dame-de-la-Délivrande.

Le seigneur de Manneville et de Balleroy, Jacques de Lacour, n'eut pas plus tôt appris la vente du château de Balleroy, qu'il en demanda la révocation à son profit, d'après son droit de lignage et de parenté. Il invoqua à cet effet l'article 177 de la coutume de Normandie, qui « permet au seigneur féodal de retirer le fief tenu et mouvant de lui, s'il est vendu, en payant les loyaux coûts. »

Le nouveau seigneur de Balleroy était d'une famille très-ancienne de Normandie : il descendait par les femmes de Jacques Dubosq, seigneur de Méhérenc et de Manneville, petit-neveu de Nicolas Dubosq, mort évêque de Bayeux. Cette famille, tant du côté paternel que du côté maternel, avait été maintenue pour ancienne noblesse de Normandie, dans les recherches faites par Raymond Montfaouq en 1463, par Roissy en 1599, et par Chamillard en 1666. Elle est alliée aux maisons les plus célèbres et les plus illustres du pays (1). Jacques de Lacour, seigneur de Manneville, épousait en 1693 Madelaine-Charlotte-Emilie de Caumartin, qui lui apporta en dot la seigneurie de Balleroy, du chef de son aïeule Madelaine de Choisi. Après avoir été successivement conseiller au parlement de Metz,

---

(1) Aux maisons de Dreux, de Harcourt, d'Estouteville, de Matignon, d'Achey, de la Rivierre, etc... Un Jacques de Lacour fut abbé de la Trappe, après M. de Rancé.

puis maître des requêtes, il fut fait chevalier de Malte en 1699 (1) et marquis en 1704.

Je lis en effet dans le *Dictionnaire de la Noblesse* que, par lettres-patentes du mois de décembre 1704, registrées au parlement, en la chambre des comptes de Rouen, le 7 mai et le 22 décembre 1705, les fiefs du *Tronquet et Balleroy* furent unis et érigés en titre de marquisat, sous la dénomination de *de Lacour* (2), en faveur de Jacques de Lacour, seigneur de Manneville, tant en considération de ses services et de ceux de Louis de Lacour son aïeul, intendant de delà les monts, président au conseil souverain de Pignérol, ambassadeur en Suisse et en Savoie, et conseiller d'Etat, qu'en considération de ceux que ses ancêtres avaient aussi rendus aux rois, les prédécesseurs de Sa Majesté, tant auprès de leurs personnes que dans leurs conseils et armées, comme portent les lettres-patentes.

Le seigneur de Balleroy créé marquis. 1704.

Le seigneur de Manneville et de Balleroy, devenu marquis, vint habiter son château, et sa présence fut, pour la chétive population du bourg naissant, un bonheur et un

---

(1) L'abbé Vertot. *Histoire de Malte*, tom. VII, pag. 308.—25 juillet 1699.

(2) D'après ces lettres-patentes, les seigneurs de Balleroy ne seraient pas, selon quelques-uns, marquis de Balleroy, mais bien marquis de Lacour : ils ajoutent que, par d'autres lettres-patentes, ils peuvent joindre cette seigneurie à leur titre et se qualifier marquis de Lacour-Balleroy: erreur évidente. D'après le *Dictionnaire de la Noblesse*, d'après l'abbé Vertot et bien d'autres auteurs, on doit écrire : Jacques-Claudes-Augustin de Lacour, marquis de Balleroy.—Charles-Auguste de Lacour, comte de Balleroy (père et fils). Voir le *Dictionnaire de la Noblesse* de Delachesnaye des Bois, tom. V., pag. 212 et 213, etc...

gage de prospérité réel. A l'exemple de ses prédécesseurs, le marquis de Balleroy voulut aussi procurer aux quelques paysans de l'une de ses terres les bienfaits incalculables de l'éducation religieuse. Depuis quelque temps, de malheureux bûcherons s'étaient établis le long des terres incultes avoisinant le bois du Tronquay, et y vivaient là, sans connaissance de Dieu ni des hommes, et c'était en plein dix-huitième siècle !

Le marquis de Balleroy bâtit l'église du Tronquay. 1715. Cet état de choses n'échappa pas au marquis de Balleroy, et dès lors il résolut, de l'aveu des vicaires-généraux capitulaires de Bayeux (1), de faire bâtir une église pour ces pauvres gens. Il en fit exécuter les travaux en 1715 et il voulut qu'elle fût dédiée sous l'invocation de saint Jacques, son patron. Ce fut Jérôme de Piberac, grand-doyen du chapitre de Bayeux, qui en fit la dédicace le 14 juillet 1715. L'intention du marquis avait été qu'elle fût bâtie sur le modèle des églises de Balleroy et du Vernay, mais son architecte lui ayant fait entendre qu'une pareille église ne convenait nullement à la population qui ne s'élevait alors qu'à cent habitants, elle fut construite telle que nous la voyons aujourd'hui, moins quelques additions qu'a nécessité le surcroît de population. Le marquis de Balleroy ayant ensuite inféodé des terres, non seulement aux pauvres bûcherons aborigènes de ces sombres contrées, mais même à tous ceux qui se présentèrent, la population du Tronquay

(1) Pendant la vacance du siége, MM. Dufour de Piberac, grand-doyen; de Grainvile, chantre; Delaunay-Hüe, trésorier; Néel, archidiacre des Veys; de Fontaine, chanoine de Vaucelles, furent élus par le chapitre, vicaires-généraux capitulaires.

s'est augmentée d'une manière incroyable et, malgré la mauvaise qualité des terres qu'elle a défrichées, elle vit heureuse comme celle des autres communes qui l'entourent.

Une des grandes consolations que dut éprouver le marquis de Balleroy fut de voir son fils, auquel il avait donné une brillante éducation, se distinguer dans les armées. Né le 20 janvier 1694, il était entré en 1712 dans les mousquetaires et, dès l'âge de 19 ans, il s'était déjà distingué et à la prise de Landau (1) et à celle de la ville de Fribourg (2), où Villars, accompagné de deux princes du sang et d'une noblesse ardente, avait fait des prodiges de valeur. Le comte du Bourg, chargé de l'attaque, demandait des outils, des pioches, des fascines : « Rien de tout cela, répond Villars, des hommes ! » Et, payant toujours d'exemple, il met pied à terre et, après avoir grimpé péniblement la hauteur, suivi du comte de Balleroy, il culbute en effet l'ennemi. Une partie se jeta dans Fribourg, et les restes dans les gorges de la Forêt Noire. Ils y furent poursuivis par un détachement qui pénétra jusqu'au Danube et jeta l'alarme dans l'Empire où l'on crut voir arriver toute l'armée française. Le 13 novembre, sans qu'on eût brûlé une seule amorce, les forts de Fribourg capitulèrent sur la permission qui en fut accordée

Naissance de Jacques-Claude-Augustin de Lacour de Balleroy. 1694.

---

(1) Landau, *Landavia*, ville de la Basse-Alsace, qui appartient à la France depuis le traité de Bade (1713).

(2) Ville très-catholique de Suisse, bâtie en 1176 par Berchtold IV, duc de Zeringen, sous le nom de *Friburgum*.

par le prince Eugène, et le 26 du même mois fut signée la paix de Rastadt. Louis XIV voulut récompenser la bravoure du jeune comte de Balleroy et il le nomma mestre-de-camp à la fin de janvier 1714.

<small>Mort de Louis XIV. 1715.</small>

L'année suivante, le bienfaiteur de Jacques de Lacour, marquis de Balleroy, était mort le 1er septembre, âgé de 77 ans, après un règne de 72 ans, le plus long dont il soit fait mention dans les fastes de l'histoire. Plusieurs panégyristes se sont essayés à célébrer les grandes qualités de Louis XIV, mais aucun peut-être n'a réussi à rassembler les traits épars de sa gloire, et ne l'a loué plus noblement, sous un air de simplicité, que l'abbé Maury (1) depuis cardinal, le jour de sa réception à l'Académie française, le 1er janvier 1785.

Aux grands intérêts qui, jusqu'alors, avaient occupé la nation au-dedans et au-dehors, succédèrent des querelles théologiques ; une lutte de puissance entre les magistrats et le monarque, entretenue par tous les petits moyens d'une chicane méticuleuse ; des finances mal administrées, des guerres sans but et soutenues sans énergie, des traités honteux et avilissants. On ne vit plus de ces faits héroïques qui avaient illustré même les règnes malheureux : l'amour de la gloire, cet aiguillon si puissant chez les Français, émoussé par l'indulgence du prince, ne stimula plus l'activité naturelle des sujets ; les mœurs, peu respec-

---

(1) Voir ce morceau d'éloquence dans l'*Histoire de France*, par Anquetil, tom. x, pag. 216.

tées à la cour, se dégradèrent chez le peuple ; une multitude de livres, aussi contraires à l'autorité qu'à la religion, inonda la France. On s'accoutuma à mettre les principes en problème, à mesurer, pour ainsi dire, ce qu'on devait d'obéissance aux anciennes lois, et enfin à se persuader que le temps était venu de les abroger et d'en créer de nouvelles. Tel est le triste aperçu du règne que nous allons parcourir et qui a préparé la grande catastrophe de la fin de ce siècle.

Le comte de Balleroy fit aussi la guerre d'Espagne, entreprise par le Régent contre le cardinal Albéroni (1), et quelque temps après la paix qui fut conclue le 25 janvier 1720, il obtint la main de Marie-Elisabeth de Matignon (2), sœur du prince souverain de Monaco (3), duc

Mariage du comte de Balleroy avec Mlle de Matignon. 1720.

---

(1) Né dans une chaumière près de la ville de Plaisance (Italie), en 1664, Jules Albéroni était le fils d'un jardinier. Son curé lui apprit à lire et en fit son *sonneur* ou *custos*. On l'ordonna prêtre : il vint en France, passa en Espagne, où il intrigua pour marier le roi Philippe avec la princesse de Parme, devint le conseiller du Roi et de la Reine, enfin cardinal, grand d'Espagne, premier ministre et archevêque de Séville.

(2) Voici ce que je lis dans le *Dictionnaire des grands dignitaires de la Couronne*, tom. v, p. 393, A : Marie-Elisabeth Goyon de Matignon, mariée au mois de juin 1720 à Jacques-Claude-Augustin de Lacour, seigneur de Lacour et de Balleroy, colonel d'un régiment de dragons, fils de Jacques de Lacour, seigneur de Balleroy, maître des requêtes, et de Madelaine-Charlotte-Emilie Le Fevre de Caumartin.

(3) Jacques-François de Matignon, frère de la marquise de Balleroy, épousa en 1715 Louise Grimaldi, duchesse de Valentinois, unique héritière d'Antoine-Pierre de Monaco, dans la personne duquel s'éteignit, en

de Valentinois, dont il eut six enfants (1). Il était alors colonel d'un régiment de dragons. Quelque temps après ce riche mariage, le Régent étant mort en 1723, le comte de Balleroy fut nommé, l'année suivante, premier écuyer de S. A. le nouveau duc d'Orléans, dit *le Saint*, qui avait pour lui la plus grande estime et la plus tendre amitié. Il fit partie, dès son origine (1724), de la petite académie libre, connue sous le nom de *Conférences de l'Entresol* (2), dont le spirituel abbé Alary était le président. Cette académie

<small>Conférences de l'Entresol. 1724.</small>

1731, la deuxième ligne masculine des Grimaldi de Gênes, qui possédaient déjà en 980 cette seigneurie plus tard élevée au rang de principauté, et Jacques François, comte de Thorigny, devint alors, par substitution des biens, noms et armes de son beau-père, souverain de Monaco. Toutefois sa femme parvint par ruse à l'y devancer, et, quand il arriva pour prendre possession, elle s'était déjà fait rendre les honneurs et hommages en qualité de souveraine : sorte de protestation contre la loi salique.

(1) 1° Charles-Auguste de Lacour, comte de Balleroy, chef de la famille dont je parlerai (je suis en cela le *Dictionnaire* de Delachesnaye des Bois, tom. v, p. 212 et 213, que je copie textuellement) ; 2° Louis-Augustin de Lacour Balleroy, lieutenant des vaisseaux du Roi, marié en 1763 à N. de Puenfentenion ; 3° Jean-Paul-François de Lacour Balleroy, brigadier des armées du Roi et depuis commandeur de l'ordre de Malte et maréchal-de-camp, décapité à Paris avec son frère le comte de Balleroy en 1794 ; 4° N. de Lacour Balleroy, mariée en 1751 à M. de Boislièvre de la Mourouzière ; 5° N. de Lacour Balleroy, veuve de Piarron de Chamousset, maître des requêtes ; 6° Mlle de Lacour Balleroy, non mariée.

(2) *Mémoires du marquis Paulmy d'Argenson*, édition de 1825. Voir aussi les lettres de Bolingbrok, publiées en 1808 par le général Grimoard, 3e vol., p. 451 et suiv.

libre était une réunion toute composée d'hommes instruits et appartenant à la première classe de la société, qui se connaissaient bien et se fiaient les uns aux autres. On s'y occupait de recherches historiques, de droit public, et en général des nouvelles politiques du temps. On vit sortir de là plusieurs hommes d'État distingués jusqu'au moment où l'on soupçonna les habitués de l'Entresol d'être opposés à la cour, ce qui amena sa dissolution (1731).

Le comte de Balleroy y avait lu, pour son contingent, des morceaux d'une *Histoire des traités,* depuis la paix de Vervins (1), qu'il laissa en manuscrit et que son petit-fils Philippe-Auguste-Jacques de Lacour, IVe marquis de Balleroy, avait long-temps projeté de livrer à l'impression, manuscrit qu'il me montra en 1839, lorsqu'il me donna chez lui, à Versailles, rue Satory, une si gracieuse hospitalité. Le comte de Balleroy était généralement reconnu à cette époque pour un homme d'un mérite supérieur et très-distingué : il a aussi travaillé à une *Histoire d'Allemagne.*

Jacques-Claude-Augustin de Lacour portait dans les armées et à la cour le titre de comte de Balleroy, du vivant de son père ; et à sa mort, qui arriva en 1725, il prit le titre de marquis qu'avait porté Jacques de Lacour un peu plus de vingt-un ans. Il habitait le château de Balleroy depuis le mariage de son fils, et il répandait autour de lui

<small>Mort de Jacques de Lacour, IIIe seigneur et premier marquis de Balleroy. 1725.</small>

---

(1) Vervins, *Verbinum,* ville dans la Haute-Picardie, sur la Serre, département de l'Aisne, est fameuse par le traité de paix qui s'y conclut en 1598 entre Henri IV, roi de France, et Philippe II, roi d'Espagne.

le bonheur et l'aisance. Une vie, partagée entre tant d'utiles travaux et tant d'œuvres de bienfaisance, ne diminua jamais les soins de sa tendresse d'époux et de père, car son bonheur consistait avant tout à rendre heureuse sa chère famille. On a peu connu, disent les mémoires du temps, de caractères aussi heureusement harmonisés que celui du marquis de Lacour de Balleroy, tant il y avait là un ensemble et un accord de qualités agréables et solides.

Dans les deux positions si diverses d'homme du foyer domestique et d'homme de cabinet et aux missions parlementaires, il eut le mérite propre à chacune. Cependant il faut ici faire un aveu ; s'il est vrai que, comme le dit un un poète :

Aux cœurs heureux les vertus sont faciles,

l'exercice des vertus publiques et privées lui fut facilité par le bonheur domestique qu'il trouva constamment auprès de sa digne compagne, Emilie de Caumartin, femme qui s'était identifiée à sa vie, au point d'avoir fait craindre qu'elle ne pût résister à la perte qu'elle a faite le 19 mai. Ce jour-là, le marquis de Balleroy, à la suite d'une maladie dont la force de l'âge permettait de ne pas soupçonner la douloureuse issue, exhala son âme après avoir témoigné une pieuse confiance en la miséricorde et la bonté de Dieu, homme d'une trop haute valeur morale pour n'avoir pas été un chrétien sincère et fervent. Il mourut entre les bras de Jean Le Barbier, curé de Balleroy, qui avait succédé à l'abbé Rogier, en 1709.

Jean Le Barbier, IVe curé de Balleroy. 1709.

La mort du marquis de Balleroy excita dans toutes les

classes de la société un accord de sympathiques regrets. Les ouvriers de sa grosse forge, auxquels il prodiguait les soins les plus assidus et les plus paternels, versaient des torrents de larmes, et ils voulurent, comme ils le disaient, porter à sa dernière demeure leur père et leur bienfaiteur. Il fut inhumé dans un caveau qu'il avait fait faire pour lui et sa femme, dans l'église, au milieu de la chapelle Saint-Martin (1).

Jacques de Lacour semble surtout avoir représenté certain caractère social dont, grâce à l'action combinée des lois et des mœurs, le type tend à s'effacer parmi nous, et dont le nom même disparaît peu à peu, caractère qui fut cependant en France le premier titre d'honneur, réclamé comme tel par les rois eux-mêmes, et qui, dans l'histoire de notre haute civilisation dont il a été un puissant agent, s'est posé, pendant une longue période, comme le continuateur et le gardien des traditions chevaleresques. Jacques de Lacour, par sa dignité simple, gracieuse et native, répandue sur sa personne, par son amabilité plus naturelle encore qu'acquise, par l'emploi généreux, charitable et hospitalier de la fortune qu'il avait héritée de ses pères, par ses principes d'honneur, de loyauté, de fidélité religieuse et politique, par son zèle à sacrifier les loisirs du château pour le service du prince et du pays, dans des

---

(1) On a fait disparaître, en repavant l'église, la pierre sépulcrale qui recouvrait sa tombe et sur laquelle était gravée son épitaphe et celle de sa femme.

fonctions toujours remplies, dans un noble esprit d'abnégation et de désintéressement, Jacques de Lacour, en un mot, fut vraiment gentilhomme.

Le marquis de Balleroy à la prise de Milan. 1734.

Son fils Augustin de Lacour, marquis de Balleroy, marchait noblement sur ses traces. Nommé brigadier des armées du Roi, en 1734, nous le retrouvons marchant en avant contre les Autrichiens, sous les ordres du maréchal de Villars. Le 12 octobre, les troupes du maréchal de Berwick passèrent le Rhin, s'emparèrent de Kell (1) et s'assurèrent de trois passages pour la campagne suivante. Pendant le même temps, le vieux Villars, uni au Roi de Sardaigne, poursuivant le plan d'invasion qu'il avait proposé au Conseil dès le mois de juin, s'emparait de Pavie, Lodi, Pizzighettone, et enfin de Milan et de son château qui capitula le 30.

Ce général expérimenté, persuadé que pour couvrir une conquête il faut conquérir au-delà, voulait pousser les Autrichiens jusque dans le Trentin et leur fermer le retour en Italie. Mais le Roi de Sardaigne rejeta cette seconde partie de son plan, et ne voyant aucun intérêt pour lui dans des acquisitions qu'il ne devait pas garder, il préféra se fortifier dans un pays dont il voulait rester propriétaire incommutable. Le marquis de Balleroy, sous les ordres du marquis de Maillebois, fut donc employé pen-

(1) Ou Kehl, en allemand Kehler-Schantz, fort important bâti par le maréchal de Vauban pour la défense de Strasbourg. Il est dans le marquisat de Bade, sur la rive droite du Rhin dans une île que forme ce fleuve, à l'opposite de Strasbourg.

dant l'hiver à soumettre le reste des villes du Milanais ; et, à la faveur de cette faute grossière, quarante mille Autrichiens, au retour du printemps, purent se trouver assemblés sur la frontièrre.

La campagne s'ouvrit favorablement pour eux. Le 2 mai, ils surprirent un gué sur le Pô et firent courir le plus imminent danger à Villars et au Roi qui, sans autre escorte que leurs gardes et une cinquantaine de grenadiers, s'étaient éloignés de l'armée pour observer l'ennemi. Cernés par quatre cents hommes, une captivité inévitable paraissait les menacer, lorsque Villars, rappelant son ancienne vigueur, charge à la tête de sa petite troupe, disperse celle des Autrichiens et leur fait encore des prisonniers. Mais c'était le dernier effort que pouvait se permettre son courage : il quitte l'armée, se dirige vers la France, mais est obligé de s'arrêter à Turin où il acheva sa carrière le 27 juin. Il eut encore le temps d'apprendre la mort du maréchal de Berwick qui, le 19 juin, avait été tué d'un coup de canon dans la tranchée devant Philisbourg (1). Ainsi finirent ces deux grands hommes, restes précieux du règne de Louis XIV.

Invasion de tout le Milanais. 1734.

Après les préliminaires de paix qui furent signés à Vienne, le 3 octobre 1735, et suivis d'une suspension d'armes qu'on proclama le même mois en Italie, le marquis de Balleroy revint en France et fut nommé gouverneur

Le marquis de Balleroy nommé gouverneur du duc de Chartres. 1735.

---

(1) Ou Philipsbourg, *Philippoburgum*, ville forte sur la rive droite du Rhin. Elle appartient à l'évêque de Spire, mais ses fortifications à l'Autriche.

du duc de Chartres, alors âgé de 11 ans, fils aîné de son ami le duc d'Orléans. Il vint embrasser sa bonne et vénérable mère au château de Balleroy, ainsi que son épouse et ses enfants qu'il trouva déjà dignes de marcher sur ses traces. L'aîné, qui avait alors 13 ans, témoigna le plus vif désir d'accompagner son père à la guerre, ce qui, du reste, lui fut bientôt accordé, car le marquis de Balleroy, obligé de suivre son élève le duc de Chartres dans les diverses campagnes auxquelles ce jeune prince prit part, y amena également son fils qui se trouvait à peu près du même âge, ne voulant pas confier à d'autres son éducation militaire. Le jeune comte de Balleroy, qui devait plus tard recevoir sur l'échafaud révolutionnaire la couronne du martyr, en récompense de ses glorieux faits d'armes, fit ses premiers essais de bravoure dans l'île de Corse (1739) sous les ordres de son père qui avait été nommé maréchal-de-camp l'année précédente. Sur la fin du mois d'août 1741, je retrouve le marquis de Balleroy, son élève le duc de Chartres, et son fils le comte de Balleroy, avec le maréchal de Maillebois qui s'était porté en Westphalie (1) suivi d'une armée de 40,000 Français pour arrêter un corps de 30,000 hommes que Georges II, roi d'Angleterre, menait au secours de la reine de Hongrie. La supériorité des Français, prêts à s'emparer de son électorat de Hanovre, le força de renoncer à ce projet et de signer un traité de neutralité le 27 septembre 1741.

Le marquis de Balleroy maréchal-de-camp. 1738.

Premières armes du comte Charles-Auguste de Balleroy. 1739.

(1) Ce fut de ce pays dont fut Roi le prince Jérôme-Napoléon Bonaparte, qui vient de mourir.

En 1744, le marquis de Balleroy et son fils suivirent le Roi et les princes du sang à l'armée de Flandre. La duchesse de Châteauroux, dame d'honneur de la reine, avait osé prendre congé de cette princesse pour suivre Louis XV dans cette expédition. Le Roi arrive le 4 août à Metz, et le 8 il y est attaqué d'une fièvre putride qui le met en six jours à l'extrémité. La duchesse de Châteauroux et le duc de Richelieu ne quittèrent pas le Roi. Leurs soins réunis tendaient à éloigner tout le monde de la personne du monarque, et ils affectaient de ne point croire à son danger pour repousser les secours que la religion offrait au prince et se faire un jour un mérite auprès de lui, s'il échappait à la mort, de lui en avoir épargné les inutiles terreurs. Mais le duc de Chartres, en qualité de représentant du premier prince du sang, et stimulé par les avis du marquis de Balleroy, son gouverneur, força des consignes qu'il n'eût pas été donné à d'autres de pouvoir lever, et, assisté de François de Fitz-James, évêque de Soissons, premier aumônier du Roi, il lui annonça son état et le remit entre les mains du prélat. Celui-ci fit goûter au monarque presque mourant les consolations célestes, mais il y mit un prix : celui de faire cesser le scandale d'un attachement illégitime et coupable. Le moribond s'y résigna et donna l'ordre du renvoi de la duchesse. Pendant le même temps, la Reine arrivait pour prodiguer ses soins à son époux. Elle le retrouva, donnant l'espoir d'une guérison prochaine, et disposé à réparer ses injustices envers elle. Mais, poursuivi bientôt par des conseils corrupteurs, la duchesse fut rappelée avec éclat, et le prélat, qui n'avait fait que remplir les obligations étroites du

Le marquis de Balleroy et le duc de Chartres à Metz.

Le marquis de Balleroy est exilé dans ses terres. 1744.

ministère, fut exilé dans son diocèse. Le marquis de Balleroy fut également exilé dans ses terres en octobre 1744. On voulut surtout le punir d'avoir excité le zèle de son élève. Cette disgrâce, qui dura trente ans, était une suite des intrigues du duc de Richelieu, courtisan familier de ce Roi malheureux qui continua la monarchie ordurière jusqu'à l'an de grâce 1774 que la débauche en délivra la France.

Sous ce prince, notre patrie semblait marcher rapidement vers une dissolution prochaine : le désordre dans les finances, la banqueroute, la bataille de Rosbach (1), perdue sans combat, la perte des colonies, tout semblait annoncer que le pays touchait à cette heure fatale où sonne la mort des nations. Ce n'était point cependant la mort... mais un réveil glorieux qui devait sortir de ce chaos ; et au moment même où la France paraissait complètement oublieuse du passé et insouciante de l'avenir, au moment même où elle brisait son épée, elle exerçait encore sur toutes les nations civilisées la domination intellectuelle, la plus souveraine des dominations. Ce n'est point là une vaine forfanterie d'orgueil national : c'est une vérité acquise à la science, démontrée jusqu'à l'évidence, acceptée même par les peuples qui nous portent envie. Qu'on étudie en effet les trois grandes périodes de notre histoire, l'origine et la formation de la nation française par la con-

---

(1) Bataille que les Français livrèrent aux Prussiens en 1757 dans ce village situé près de la Sala (rivière), dans le cercle de Haute-Saxe.

quête romaine et la conquête franque ; qu'on étudie de Charles le Chauve à saint Louis la période féodale, de saint Louis à 1789 la période monarchique, qu'on étudie la révolution française de 1789 à 1848, et l'on reconnaîtra que chaque événement, chaque homme, chaque désastre même, arrive toujours à une heure, pour ainsi dire, marquée providentiellement.

Entre Lous XIV et Napoléon Ier, entre le XVIIe et le XVIIIe siècle, la France descend sur une pente rapide, au terme de laquelle la vieille monarchie, rencontrant le peuple, se brise et fait place à l'ordre nouveau qui prévaut encore. L'unité du XVIIIe siècle est dans la préparation de ce grand événement : d'abord la guerre littéraire et la guerre religieuse, puis la grande et implacable bataille de la liberté politique. Sous le règne de Louis XV, le drame du siècle marche vite à son dénoûment ; les écrivains travaillent à niveler le sol, à saper le vieil édifice social. Rousseau prophétisait la révolution, tandis que Voltaire la faisait germer dans tous les cœurs, et la royauté elle-même, en abolissant les jésuites et les parlements, renversait les dernières ruines du moyen-âge.

Louis XVI essaya vainement d'impuissantes réformes : la remise du joyeux avénement, l'affranchissement des derniers serfs du domaine, l'abolition de la torture, l'appui qu'il prêta aux Américains pour conquérir l'indépendance, ne retardèrent pas même d'un instant l'heure suprême de la vieille société. La royauté avait fait son temps, et elle s'est abîmée dans ce naufrage où furent englouties les traditions du passé, souvent glorieux sans doute, mais qui n'était plus en rapport avec les idées et les nécessités du temps. Une assemblée de notables se réunit en 1787 : elle n'aboutit à rien, car il ne s'agit pas d'améliorer les finances, mais de changer la constitution même de l'Etat. La révolution est dans tous les esprits, et comme l'a écrit un publiciste, quand les Etats généraux s'assemblèrent, ils ne firent que décréter une révolution déjà faite.

Le marquis de Balleroy eut dans sa retraite une correspondance suivie avec le marquis d'Argenson, son parent, et cette correspondance donna peut-être lieu à l'ouvrage que composa cet ancien ministre des affaires étrangères, sous le titre : *des Considérations sur le Gouvernement ancien et présent de la France,* dans lequel il proposait l'établissement des assemblées provinciales. Après la mort du marquis d'Argenson, arrivée en 1757, le marquis de Balleroy suivit le projet qu'ils avaient médité ensemble. Il s'en occupa plus particulièrement en 1764, époque où parut le livre qui vient d'être désigné, et développa ses idées dans un plan qu'alors seulement il confia au papier. Il le remit en 1769 à M. de Fontète, intendant de Caen ; celui-ci le proposa au contrôleur général qui l'adopta et chargea le magistrat de rédiger l'édit. Mais les intendants des finances, qui n'étaient pas pressés de voir les provinces s'administrer par elles-mêmes, firent retarder l'exécution du projet, et il resta dans les cartons du contrôleur général jusqu'au ministère de Necker.

Le marquis de Balleroy exploite la mine de houille de Littry. 1744.

Le désir d'être utile fit sacrifier au marquis de Balleroy une grande partie de sa fortune à l'ouverture et à l'exploitation de la mine de charbon de Littry qui est d'un secours si efficace à notre département, et qui avait été découverte, comme on le sait, en 1741, lorsque le marquis, sans trop y songer, était à la recherche du minerai pour l'entretien de sa grosse forge. Le pays tout entier doit donc à jamais conserver précieusement le souvenir de la mémoire de cet homme généreux qui se montra pour nos ancêtres, pour nous et pour nos arrière-neveux, un ami si dévoué et si providentiel.

Le charbon de terre est une substance inflammable, composée d'un mélange de terre, de pierre, de bitume et quelquefois de soufre. Elle est d'un noir foncé, feuilletée, et sa nature varie suivant les endroits d'où elle est tirée. Cette matière une fois allumée conserve le feu plus longtemps et produit une chaleur plus vive qu'aucune autre substance inflammable ; l'action du feu la réduit ou en cendres ou en une masse poreuse et spongieuse, qui ressemble à des scories ou à de la pierre ponce.

Le charbon minéral se trouve ou par couches, ou par veines, dans l'intérieur des terres. Ces couches sont ordinairement couvertes de grès, de pierres calcaires, d'argile et de pierres semblables à l'ardoise, sur lesquelles on trouve des empreintes de plantes, de forêts, surtout de fougères et de capillaires, dont les analogues ne sont point de notre continent : ces couches varient dans leur épaisseur, qui n'est quelquefois que de cinq à neuf centimètres ; pour lors elles ne valent pas la peine d'être exploitées : d'autres, au contraire, ont une épaisseur très-considérable.

Il y a des mines de charbon de terre dans presque toutes les parties de l'Europe. Celle de Littry se trouve parmi des couches de schistes et de psammite, formées de débris de roches primitives et appartenant évidemment à la grande bande de terrein houiller.

Lorsque le marquis de Balleroy eut découvert cette mine de charbon, il fit percer des puits ou bures qui traversèrent les couches supérieures et inférieures de la veine ou filon de charbon. L'un des puits servit à placer une pompe pour épuiser l'eau, l'autre pour tirer le charbon ; ces bures servirent aussi à donner de l'air aux ouvriers et à fournir une issue aux vapeurs dangereuses qui ont coutume d'infecter ces sortes de mines.

Il y a deux espèces de ces vapeurs pernicieuses, qui présentent des phénomènes différents et très-curieux. L'on nomme l'un moufette (1) ou pousse, et l'autre *feu grisou* (2). Heureusement ces vapeurs ou exhalaisons ne règnent pas dans les mines de Littry, ou du moins on a grand soin d'employer tous les moyens que l'art peut suggérer pour faciliter la circulation de l'air dans les souterreins. Un seul accident, produit par le feu grisou, s'est manifesté dernièrement au puits de Fumichon.

Le marquis de Balleroy vend sa houillère.

Le premier puits qui fut ouvert à Littry, dans lequel on exploite le charbon qui s'y trouve, est à trois cents pieds

---

(1) Cette vapeur ressemble à un épais brouillard qui éteint peu à peu les lampes et les charbons ardents ; elle donne aux ouvriers une toux convulsive et souvent les suffoque.

(2) Elle sort des crevasses avec une espèce de sifflement et paraît sous la forme des toiles d'araignées qui voltigent dans les airs pendant l'été de saint Martin.

du sol. Les parties exploitables ont ensemble deux mètres d'épaisseur moyenne : elles ne sont pas toutes semblables. La substance combustible n'y est pas également abondante, ou également pure; le marquis de Balleroy, voulant établir cette exploitation sur une grande et vaste échelle, prit le parti de la mettre en commandite, mais il voulut, dans l'intérêt du pays et de sa propre découverte, ne la confier ou plutôt ne la concéder qu'à une compagnie riche et éminemment distinguée par ses lumières, son désintéressement et sa bienfaisance.

On ne tira d'abord de la mine de Littry que du charbon convenable pour les forges, et elle ne dut pas avoir beaucoup d'influence sur l'industrie ni prospérer. Les charbons étrangers étaient et sont encore malheureusement préférés, à cause de la modicité des droits d'importation. Mais on admit dans notre agriculture un procédé nouveau qui changea l'exploitation de la houillère de Littry; la chaux vive, si caustique, si brûlante, fut cependant employée chez nous comme engrais, par quelques personnes qui, sans doute, passèrent d'abord pour insensées parmi la foule soumise à la routine. Elles persistèrent dans leurs procédés et elles obtinrent d'abondantes récoltes sur des landes ou sur des terres argileuses et humides qu'on croyait frappées de stérilité. Ces exemples ouvrirent enfin les yeux : ils furent imités avec empressement; le pays se couvrit bientôt de fours à chaux (1), où le charbon de terre fut préféré au

<small>Usage de la chaux pour engrais.</small>

---

(1) Je lis dans un des numéros de *l'Observateur neustrien* du mois

bois, dont le prix augmentait sans cesse ; la houille qui ne pouvait être employée dans les forges put l'être dans les fours ; elle obtint, par ces événements heureux, une valeur qu'on n'espérait point, et la compagnie ranimée par de nouvelles demandes s'occupa de donner à son entreprise une plus grande étendue.

La compagnie de Littry avança dès lors au gouvernement plus de trois cent mille francs, pour réparer les anciennes routes qui conduisaient à la mine et qui étaient impraticables ; elle contribua pour en faire ouvrir une autre vers Saint-Lo et Balleroy, à travers la forêt de Burleroy ou Cerisy.

<small>Machines à feu employées à Littry. 1798.</small>

Les pompes et les tonnes d'extraction étaient mues par des chevaux comme dans tous les autres établissements semblables qui ne pouvaient disposer de courants d'eau. Elle voulut avoir l'honneur d'employer la première des mines de France les admirables machines à feu (1798), où le génie de l'homme a développé une force motrice immense, qui doit, suivant Cuvier, changer la face du monde. Elle fit construire, par les plus habiles ouvriers français, et placer sur les fosses une machine pour l'épuisement des fouilles souterreines et deux autres à rotation

---

d'août 1821 que les fours à chaux qu'elle entretenait à cette époque, à dix lieues à la ronde, donnaient par an 83 millions de kilogrammes d'engrais, qui formaient la charge de 8,000 voitures à quatre chevaux et qui amélioraient 150,000 arpents de terre. La mine de Littry rendait chaque année 12 millions de kilogrammes de houille qui seraient la cargaison de 120 navires de 100 tonneaux.

pour l'enlèvement du charbon ; elle prouva ainsi chez nous que les bienfaits de l'industrie ne sont jamais bornés par la nature, mais par l'ignorance ou les préjugés que nos lois et nos institutions doivent poursuivre sans relâche. Elle rechercha et employa des moyens suffisants pour renouveler l'air des galeries d'exploitation et préserver les ouvriers contre les maladies et les accidents que j'ai signalés ; elle montra à quel point l'humanité l'inspirait en établissant, de distance en distance, dans les puits profonds où les mineurs descendent chaque jour par des échelles verticales, des paliers mobiles ou roulants, sur lesquels les hommes fatigués et menacés d'une chute horrible reprennent des forces pour achever leur course.

Enfin, pour former les mœurs de son intéressante colonie, elle fit construire une chapelle qu'entoure maintenant un bourg (1) très-élégant et très-commerçant, et où tout le monde, guidé par un prêtre vénérable (2) sous le titre de chapelain (3), se réunit le dimanche pour demander au

---

(1) Un marché y fut établi en 1823 le jeudi de chaque semaine. Il s'y tient également deux foires chaque année. On vient d'y élever un obélisque, dont la base est une fontaine jaillissante, en l'honneur de M. Lance, dernier directeur de la mine, maire de Littry, membre du Conseil général et de la légion-d'honneur. On eût dû, ce me semble, commencer par le marquis de Balleroy, car c'est bien à lui et à lui seul que Littry doit ce qu'il est.

(2) M. l'abbé Guernier est chapelain de la mine depuis plus de trente ans !

(3) Le carrefour des mines de Littry offre une population tellement nombreuse qu'elle obligera prochainement l'autorité ecclésiastique à ériger cette chapelle en paroisse. Cette détermination paraît à tout le

242   HISTOIRE

ciel qu'il bénisse les travaux communs, qu'il en écarte les dangers et les malheurs et qu'il donne à chacun la récompense qu'il mérite. Elle institua en outre et mit sous la direction d'un maître choisi avec prudence et de plusieurs sœurs vouées à l'éducation deux écoles gratuites, l'une pour les garçons, l'autre pour les filles, et fit donner à ces enfants l'instruction et les vertus dont ils ont besoin dans l'état où les a placés la divine providence (1).

La mine de Littry s'étend sur un petit bassin houiller qui peut être, au point de vue de l'exploitation actuelle, divisé en deux parties, le vieux bassin et le nouveau ou *bassin Fumichon* (2). Dans le vieux bassin, l'exploitation se réduit presque uniquement à des gaspillages au milieu des travaux anciens : elle est fort coûteuse et nécessite des boisages considérables qu'il faut renouveler à chaque instant. Au puits Sainte-Barbe pourtant, on paraît avoir rencontré un massif vierge qui pourra donner lieu à une exploitation d'assez longue durée. A la fosse Frandemiche,

---

monde d'une nécessité absolue. La mine est maintenant un fort bourg, avec de très-belles maisons s'alignant sur quatre routes départementales, Bayeux, Balleroy, Isigny et Saint-Lo. Les rues de Balleroy et de Bayeux sont très-belles et parfaitement tenues ; elles font honneur à l'administration de M. Dupont, maire actuel de cette bourgade, où il demeure.

(1) Observations de l'ingénieur M. Patu sur la mine de Littry, présentées en 1821 à l'Académie de Caen et insérées dans *l'Observateur neustrien* des 1er et 4 août 1821.

(2) Ce bassin est sur les limites de Saint-Martin-de-Blagny, Tournières et Le Molay, mais presque totalement sur le territoire de la commune de Littry.

on est arrivé à bout de ressources ; mais on garde ce puits pour le cas où l'on se déciderait à pousser des recherches au-delà du barrage qui a, jusqu'à ce jour, limité les travaux sur le relèvement de la couche à l'ouest.

Le vieux bassin de Littry n'offre plus donc qu'un avenir médiocre à la compagnie exploitante, laquelle ne saurait guère compter aujourd'hui que sur le nouveau bassin, où a été ouverte depuis quelques années la fosse Fumichon.

La fosse de Fumichon.

Dans les travaux d'exploitation de cette fosse, deux galeries montantes ont fait reconnaître la houille, l'une sur une longueur de trois cents mètres, l'autre sur une longueur de deux cent vingt-cinq mètres. Le *fonçage* d'un second puits a été entrepris pour atteindre la même couche dans son aval-pendage, où elle a, du reste, déjà été explorée au moyen de travaux partant du premier puits. La compagnie de Littry va donc, en réalité, exploiter un gîte tout nouveau ; malheureusement les difficultés sont assez grandes : tout le terrain de ce bassin a été bouleversé par des éruptions de porphyre, et l'on doit s'attendre à rencontrer, dans la nouvelle couche, des accidents qui altèreront sa régularité et pourront même en faire perdre momentanément la trace ; un semblable accident s'est déjà présenté, mais on l'a traversé et on a retrouvé la houille au-delà. De plus, les puits percés dans ce bassin traversent une assez grande quantité de terrains aquifères et nécessitent des cuvelages dispendieux qui viennent augmenter les frais des mines en exploitation. Ajoutez à cela que, dans ces dernières années, la vente des charbons de Littry a été presque sans cesse en diminuant, par suite de la concurrence des charbons de l'Angleterre et du nord de la France, et l'on comprendra la position momentanément difficile de la compagnie de Littry, digne de sérieux éloges pour les efforts qu'elle fait aujourd'hui dans le but de se créer de nouvelles ressources.

Non seulement le département du Calvados, mais encore celui de la Manche auraient un grand intérêt à voir se développer l'exploitation de la seule mine de houille que l'on possède en Normandie. La fabrication de la chaux dans ce pays deviendrait plus économique, et l'agriculture pourrait employer, sur une plus large échelle, cet amendement si utile à un grand nombre de terrains.

Rien ne prouve qu'il n'existe pas, dans le même bassin, du charbon de meilleure qualité que celui qu'on y a rencontré jusqu'ici, lequel est un charbon sec employé surtout à la cuisson de la chaux. Il serait bien à désirer que de nouvelles recherches fussent entreprises dans ce but ; malheureusement la position actuelle de la compagnie de Littry l'oblige à concentrer toutes ses ressources aux travaux déjà commencés du bassin Fumichon. En résumé, on doit espérer voir bientôt l'extraction de la houille augmenter considérablement à Littry. Le nouveau bassin pourra donner lieu à une exploitation beaucoup plus importante que l'ancien, et le chemin de fer de Paris à Cherbourg permettra d'en écouler facilement les produits (1).

(1) Rapport de M. l'Ingénieur en chef des mines à M. Tonnel, préfet du Calvados, inséré dans le journal *l'Indicateur de Bayeux* du mardi 6 septembre 1859.

Ayons la force et le courage d'envisager la misère (1) et l'affliction que l'épuisement de la mine de Littry répandrait autour d'elle, et nous concevrons la joie que la découverte de la nouvelle veine a donnée aux habitants du pays.

Le marquis de Balleroy supporta en homme de cœur l'injuste disgrâce qu'on lui fit si atrocement subir. Il n'en fut pas de même de la marquise Elisabeth de Matignon : cette dame ne put jamais se mettre au-dessus de cette humiliation (2), et elle en mourut de chagrin le 13 mars 1745. Suivant la tradition, cette dame était très-altière, ne pouvant supporter la moindre contrariété; toutefois elle était bonne mère, tendre épouse et surtout très-charitable envers les pauvres. Elle fut inhumée dans l'église de Balleroy, au milieu de la chapelle de la Sainte Vierge, où son mari fit faire un caveau pour elle et pour lui. Il est assez regrettable qu'en repavant l'église on ait enlevé la pierre tumulaire qui le couvrait, et sur laquelle était une inscription gothique. Augustin de Lacour de Balleroy, qui avait encore sa mère, Emilie de Caumartin, ne passa pas à de secondes noces, quoiqu'il n'eût que quarante-neuf ans ; il mit tout son bonheur à élever sa nombreuse famille, dont il était si fier et si glorieux.

<small>Mort d'Elisabeth de Matignon, IIe marquise de Balleroy. 1745.</small>

(1) La mine de Littry occupe de cinq à six cents ouvriers et qui seraient alors sans ouvrage si elle venait à manquer.

(2) Une disgrâce n'est qu'honorable quand on a la conscience de ne point la mériter, et elle couvre de honte et de déshonneur ceux qui l'infligent ou la font infliger, n'importe pour quel motif.

Fondation du collége de Balleroy. 1750.

Ne pouvant toujours suffire par lui-même à cette tâche de tous les instants, il s'adjoignit deux jeunes professeurs distingués dont le nom m'échappe, et ce fut l'un d'eux qui fonda le collége de Balleroy, que dirigea depuis et avec tant de talent M. Tubœuf (1), souche de la famille Villeroy par les femmes. Le collége de Balleroy eut long-temps, et il la méritait, une grande réputation ; le principal sut toujours s'adjoindre des hommes de talent, et parmi eux on distingua les deux frères Lacoudre (2), tous deux prêtres. Bientôt les élèves dépassèrent le nombre de 150 accourus d'un rayon de vingt-cinq à trente lieues. Ce fut pour les élèves de cet établissement que le marquis de Balleroy fit bâtir la tribune, dans laquelle il fit placer un banc pour sa famille : c'est comme héritier des fondateurs de cette église que le quatrième seigneur et deuxième marquis de Balleroy voulut élever à ses frais cette tribune qui, à cette époque, ne pouvait *certes* être élevée sans la permission du châtelain.

La prospérité du collége de Balleroy ne fut point éphémère, parce qu'elle était fondée sur la force des études et la solidité des principes religieux. Une foule d'hommes distingués dans les différentes classes de la société attestent encore aujourd'hui l'excellence de l'instruction qu'on rece-

---

(1) Une personne très-âgée m'assura, il y a déjà bien long-temps, que M. Tubœuf fut un des professeurs appelés par le marquis de Balleroy pour l'aider dans l'éducation de sa famille.

(2) L'un d'eux est mort curé de Vire. C'étaient les oncles de M. l'abbé Noget Lacoudre, supérieur de Sommervieu, et de M. Tirard, curé de Vire.

vait au collége de Balleroy. Un vieillard de 87 ans me disait, il y a peu de jours, qu'il avait versé des larmes bien amères en ne retrouvant plus à Balleroy le célèbre collége (1) où il avait passé de si agréables instants dans sa jeunesse. Chacun se rappelle et sait encore où se trouvait ce collége dont il ne reste plus aucune trace, sinon cette impasse au-dessus de l'étang, connue sous le nom de *cour du Collége*.

Tandis que le marquis de Balleroy occupait si noblement ses longs et pénibles loisirs à instruire sa jeune famille, son fils aîné, le comte Charles-Auguste de Balleroy se distinguait dans l'armée où son père l'avait laissé en prenant la route de l'exil. Il fit avec gloire la guerre de Flandre et se trouva à la prise des villes de *Louvain, Malines, Arschot, Anvers, Mons, Saint-Guillain, Charleroy, Namur!* Il arrive enfin près des villages de *Liers*, de *Warem* et de *Raucoux*, tous munis d'une artillerie nombreuse, qu'il emporte à la baïonnette : il y reçoit une blessure grave qui met ses jours en danger ; mais, dès l'année suivante, le 2 juillet, il fut encore l'un des vainqueurs de Laufeld (2), village occupé par les alliés, en avant de la ville de Maestricht. L'armée battue repassa la Meuse, mais, cantonnée dans le duché de Limbourg, elle fut toujours à portée de défendre Maestricht.

Dans l'impossibilité de la déloger de ses positions, le

Le comte Charles de Balleroy blessé à Raucoux. 1747.

---

(1) M. Clément, maire de Saint-Lo, propriétaire de ce collége, le respecta tant qu'il vécut ; sa veuve, petite-fille de M. Tubœuf, permit à son homme d'affaires de l'abattre et d'en vendre les matériaux.

(2) *Histoire de France*, par Mazas, tom. III, pag. 483, 485, 508.

maréchal de Saxe, qui commandait en chef l'armée française, avise au moyen de l'y retenir et de faciliter ainsi la conquête du Brabant Hollandais. Tandis que le comte de Balleroy se distinguait en Flandre, son frère Louis-Augustin, qui était entré dans la marine en qualité d'aspirant, se trouvait sur le *Tonnant*, monté par M. de Létanduère, quand l'escadre fut attaquée par l'amiral anglais Hawke, près de Belle-Isle. Ce combat est célèbre, dans les annales de la marine française, par la résistance qu'offrit le *Tonnant*, attaqué quelque temps par la ligne entière des Anglais : fatigués de leurs efforts, ceux-ci, le considérant comme une proie qui ne pouvait les fuir, le laissent respirer un moment, mais trompés dans leur attente, ils recommencent un combat aussi inutile que le premier. Il parvint à leur échapper, remorqué par l'*Intrépide*, que commandait le comte de Vaudreuil qui était venu partager ses dangers et qui eut également part à sa gloire : c'est un beau coup d'essai pour le jeune de Balleroy qui fut plus tard lieutenant des vaisseaux du Roi. Son frère, le comte de Balleroy se trouva encore à la prise de Maestricht le 15 avril 1748. Cette conquête nous valut la paix d'Aix-la-Chapelle.

Le comte de Balleroy profita de cette paix pour venir embrasser son père et son aïeule, Emilie de Caumartin, au château de Balleroy. Le marquis fut heureux de revoir un fils chéri qui s'était couvert de gloire dans les différentes affaires où il s'était trouvé, et sa présence sut un instant faire diversion aux inséparables ennuis de la vie sédentaire que menait dans ses terres l'actif châtelain de Balleroy, depuis son exil.

Ce digne homme qu'entourait l'estime générale de toute la contrée n'oubliait pas, tout en répandant autour de lui les bienfaits et les aumônes, ses chers enfants : il agrandissait ses domaines déjà si vastes et si considérables. Il venait d'acheter du marquis de Bellemare la terre et seigneurie de Montfiquet, que ce dernier avait échangée au mois de janvier, avec Jean-Jacques des Essarts, contre la terre de Sicqueville-en-Bessin (1). {Le marquis de Balleroy achète Montfiquet. 1748.}

La terre et seigneurie de Montfiquet était un demi-fief de haubert, tenu du Roi par foi et hommage, à cause de la vicomté de Bayeux, avec extension sur les paroisses de *la Bazoque, Litteau, Valbadon, Castillon, Balleroy* et aux environs (2). C'était autrefois une châtellenie dont il s'est fait plusieurs démembrements. Elle appartenait dès le XIIe siècle, on le sait, à une des plus anciennes noblesses de Normandie : Guillaume, seigneur de Montfiquet, chevalier, avait aumôné à cette époque le patronage de Saint-Marcouf à l'abbaye de Saint-Vigor de Cerisy en 1120 (3). Son fils Richard, Ier du nom, qui jura fidélité au roi Jean Sans-Terre, le 25 novembre 1215, fut excommunié par le pape Innocent III, l'an 1216 : l'année suivante il assistait à la bataille de Lincoln (4) ! {Châtellenie de Montfiquet.}

---

(1) *Dictionnaire de la Noblesse* de Delachesnaye, tom. x, pag. 358.
(2) *Dictionnaire des Gaules, Dictionnaire de la Noblesse*, tom. x, pag. 358.
(3) Charles de Guillaume, roi d'Angleterre.
(4) *Dictionnaire des Gaules* (les Montfiquet portaient d'*argent au léopard de sable*).

Suivant la tradition, dit *le Dictionnaire de la Noblesse,* il y avait autrefois à Montfiquet un fameux bourg avec un château extrêmement fort, dont on voit encore les débris aux environs du nouveau presbytère. L'église paroissiale, comme je l'ai dit plus haut, lui servait de chapelle. On voyait encore, vers 1795, la figure de sainte Catherine, première patronne de cette église, en relief au pignon du chœur, en-dehors, entre celles de deux évêques de pareille hauteur. Les titres portent, comme nous l'avons vu, que Gilbert de Montfiquet la fit ériger en paroisse l'an 1183, sous l'invocation de saint Thomas de Cantorbéry. Vers le milieu du XIVe siècle, pendant les guerres civiles, ce château fut assiégé par les ennemis du seigneur du lieu, qui s'y était retiré avec ses vassaux. Ne pouvant le réduire par la force, ils y mirent le feu et le brûlèrent avec le bourg. Il y avait une haute justice et une prison, mais on acheva de détruire cette prison vers la moitié du siècle dernier.

S'il est des jours dans l'existence de l'homme qu'on puisse appeler néfastes, c'est bien celui où la mort vient frapper ce que nous avons de plus cher et de plus précieux en ce monde : une bonne et tendre mère ! Le mois de mai, déjà si funeste au marquis de Balleroy en 1745, le fut encore pour lui en 1749 : il perdit sa bien estimable mère, Emilie Le Fêvre de Caumartin, le 19, à l'âge de 77 ans. Tant que dura sa maladie, la marquise de Balleroy vit autour d'elle sa famille, toujours également empressée, tantôt à la distraire de ses souffrances, tantôt à les lui adoucir. Modèles admirables de piété, les trois filles de son fils passaient les jours et les nuits auprès d'elle, attentives à ses moindres besoins et se disputant de zèle à y pourvoir. Leur tendre sollicitude auprès de leur respectable aïeule n'était comparable qu'aux soins assidus que lui prodiguait le marquis.

Dans les derniers jours de sa vie, le curé de Balleroy, l'abbé Le Barbier, qui devait la suivre de si près dans l'éternité, se tenait habituellement auprès d'elle pour l'entretenir, selon ses désirs, des sentiments les plus convenables à un mourant. Dans la matinée du dernier jour de sa vie, la marquise de Balleroy se trouva tout-à-coup sans fièvre, et elle en profita pour appeler son confesseur afin de faire encore une dernière revue sur l'état de son âme; elle continua d'édifier jusqu'à la fin les personnes qui l'entouraient par tous les sentiments qui caractérisent le juste mourant. Bientôt ses forces un instant recouvrées s'évanouirent, et sa faiblesse fut extrême. Elle avait commencé à réciter, avec ses trois petites-filles, les prières du chapelet, lorsqu'elle éprouva la dernière défaillance qui lui ôta le sentiment et la conduisit à une mort douce et paisible.

Mort d'Émilie de Caumartin, 1re marquise de Lacour de Balleroy. 1749.

Claude-Augustin de Lacour regretta vivement sa vertueuse mère, et mêla ses larmes à celles de ses enfants que cette perte plongeait dans l'affliction. Le bourg de Balleroy, les communes de Montûquet, du Vernay, de la Bazoque, du Tronquay, vinrent, avec leur curé, prier un instant auprès du corps qu'on avait exposé dans la chapelle du château, et tous mêlèrent leurs larmes aux larmes et regrets de la famille. Elle fut inhumée, par le curé de Balleroy, dans l'église et dans le même caveau où on avait déposé son mari, le 19 mai 1725.

Mort de Jean Le Barbier, IVe curé de Balleroy. 1750.

L'année suivante, au mois de février, Jean Le Barbier qui, depuis quarante-un ans, édifiait, par ses vertus sacerdotales, le troupeau confié à ses soins, terminait aussi paisiblement sa carrière dans la paix du Seigneur. Né à Vire, en 1680, il avait été élevé au sacerdoce en 1704 par François de Nesmond. Les religieux de l'abbaye d'Aunay le présentèrent pour la cure de Balleroy à la mort de l'abbé Rogier. Il fut dans cette bourgade l'ami du pauvre, le soutien de la veuve, le père des orphelins, l'hôte estimé du château et le modèle de toutes les vertus pastorales. Sa foi, aussi vive qu'éclairée, l'avait placé au-dessus de toutes les grandeurs de la terre : il en faisait peu de cas. Qu'est-ce que tout cela, disait-il souvent à la marquise et à son fils ? Sa pensée se préoccupait plus de la sévérité des jugements de Dieu et des bienfaits qu'il en avait reçus que des distinctions et de la gloire. La mort du juste devait couronner une vie si sainte : une courte agonie vint l'annoncer ; sa dernière prière fut pour son troupeau ; il demanda pour lui avec instance un digne et saint pasteur.

Jean-Baptiste Le Moine, Ve curé de Balleroy. 1750.

Ses vœux furent exaucés ; car, selon la tradition, Jean-Baptiste Le Moine qui lui succéda est mort en odeur de sainteté. Aujourd'hui encore, malgré les siècles d'incrédulité, d'irréligion et d'impiété qui ont tant pesé sur notre malheureux pays, on raconte qu'à l'endroit même où il fut inhumé, on y respire constamment et en tous temps une odeur suave de violette, quoique cet endroit soit entièrement dépouillé de gazon. Jean-Baptiste Le Moine avait été inhumé tout près de la croix de granit, qui se trouvait alors placée au milieu du chemin qui conduit de la chaussée à l'église (1), quelques pas seulement avant d'arriver au portail.

On raconte encore que M. Le Moine savait souffrir et se taire ; qu'en général il parlait peu ; qu'il réprimandait rarement, mais que, quand il le faisait, c'était toujours d'une manière efficace. Le marquis de Balleroy, qui avait pour lui la plus grande vénération, lui reprochait un jour sa longanimité, sa trop grande bonté. « Laissez faire, répondit-il, qui veut obtenir quelque chose doit céder beaucoup ; la bonté corrige mieux que la sévérité. »

S'il était plein de mansuétude pour les autres, il était dur pour lui-même ; il se privait des choses les plus nécessaires pour économiser en faveur des pauvres. L'extrême simplicité de son ameublement frappait toutes les personnes qui entraient dans son presbytère, et, quand on lui en faisait l'observation, il ne répondait pas ou il se contentait de dire : *c'est bien assez pour moi ;* son désintéressement allait jusqu'à la susceptibilité, car il était blessé lorsqu'on insistait pour qu'il acceptât une offrande. Quand le comte Charles-Auguste de Lacour de Balleroy épousa, en janvier 1752, Mlle Adélaïde-Elisabeth-Sophie de l'Epineau (2), le marquis de Balleroy voulut lui faire accepter

Mariage
du comte
Charles-
Auguste
de Balleroy
avec
Mlle de l'Epineau.
1752.

---

(1) Ce fut M. l'abbé Fouin, successeur de M. l'abbé Michel, qui la fit placer où elle est aujourd'hui. Le haut ou croisillon, qui est en fonte, est dû à la générosité de M. le marquis de Grimoult, alors vicaire de Balleroy.

(2) Il en eut trois enfants : 1° M. Philippe-Auguste-Jacques de Lacour, marquis de Balleroy, chef de la famille dont je parlerai ; 2° Taïse-Pau-

vingt-cinq louis d'or qu'il refusa constamment, disant que les pauvres en avaient plus besoin que lui.

Mais ce qu'on raconte de M. Le Moine avec un bonheur indicible (ce qui prouve au moins que la foi n'est pas encore éteinte à Balleroy), c'est le pieux pèlerinage qu'il fit les pieds nus à Notre-Dame-de-la-Délivrande, en 1766, pour obtenir de Dieu, par l'entremise de la Sainte Vierge, l'éloignement d'une épidémie qui exerçait alors les plus affreux ravages dans toute la contrée. Dire ce qu'est ce pèlerinage n'est pas hors de mon sujet, et mes lecteurs me sauront gré de leur en rappeler l'origine. La vénération dont jouit la chapelle de Notre-Dame-de-la-Délivrande remonte à une époque probablement peu éloignée de sa fondation attribuée à Régnobert, l'un des saints évêques de Bayeux. On vient la visiter de tous les points de notre ancienne Normandie, dans les calamités publiques, et ce pèlerinage devient un fait historique pour la plus simple localité comme pour la cité la plus opulente. Les terroristes de 1793 suspendirent le cours de ces hommages à la Vierge ; mais l'impiété avait en vain renversé sa statue et profané son tabernacle : la tradition des prodiges et d'une protection toute divine n'est pas sur la terre au pouvoir des dévastateurs ; la ferveur des fidèles redoubla aussitôt qu'elle put se manifester.

Pèlerinage de Notre-Dame-de-la-Délivrande. 1766.

---

line-Simonne de Lacour de Balleroy, mariée au marquis de Jaucourt ; 3° Augustine-Marie-Louise de Lacour de Balleroy, mariée au général comte d'Hervilly, tué à la bataille de Quibéron, où il était commandant en chef. *Dictionnaire de la Noblesse,* tom. v, pag. 213.

Les pélerins s'y rendent pendant le printemps et l'été, tantôt sous la conduite de leur pasteur, à l'ombre de la bannière paroissiale, tantôt isolément et les pieds nus, comme ces pélerins du moyen-âge qui, sans guide et sans défense, parcouraient le monde sous l'inspiration d'une pensée chrétienne. Une matinée, quelquefois un jour, sont consacrés par les uns à déposer leurs peines et leurs chagrins dans le sein de celle qui fut tout amour ; les autres à interroger, dans leurs craintes, cette étoile du matin qui veille sur la vie aventureuse des pauvres mariniers, et tous, à leur retour, se parent de fleurs artificielles qu'ils conservent avec soin dans leurs familles, en souvenir de ce pieux voyage.

On présume que la statue de la Vierge qu'on y honore, et qu'on regarde comme miraculeuse, est celle que saint Régnobert fit placer dans cette chapelle, dès les premiers temps du catholicisme en ce pays, du moins elle porte avec elle les marques de la plus haute antiquité. Elle est faite d'un bloc de pierre calcaire qu'on trouve aux environs. Son costume est une longue robe retenue avec une ceinture. Cette vénérable statue a échappé à toutes les vicissitudes des révolutions : elle ne tomba pas sous la hache destructive des Normands, les calvinistes l'épargnèrent en 1562, les terroristes ne purent la saisir ; elle fut portée au district de Caen, et le préfet Caffarelli la rendit à sa première destination.

C'est donc aux pieds de cette antique statue, vénérée par tant de générations, que le curé de Balleroy se mit à genoux pour conjurer la Reine du ciel de détourner, de dessus la tête de ses paroissiens, l'espèce de peste qui les enlevait à sa sollicitude et à son amour. La tradition ajoute que la maladie disparut, dès le jour, comme par enchantement. Heureux sont les pasteurs qui laissent après eux de tels souvenirs !

CHAPITRE VIII.

Le général comte de Balleroy bat les Anglais à Saint-Caast.—Naissance de Philippe-Auguste-Jacques de Lacour de Balleroy.—Fabrique de poterie de grès établie à Balleroy.—Antiquité de la poterie.—Argile du Tronquay dite argile de Noron.—Célèbre poterie de Noron.—Pâte céramique.—Plasticité, marchage, battage, pourriture et coupage de la pâte.—La pâte doit être voguée.—Façonnage à Noron.—Manière de fabriquer la poterie.—Importance de l'ébauchage, du rachevage et de l'encastage de la poterie.—Cuisson de la poterie.—Manière de s'assurer de la cuisson.—Poterie de Saint-Paul-du-Vernay.—Poterie du Molay.—Le général comte de Balleroy fait la guerre en Corse.—La Corse réunie à la France.—Napoléon Bonaparte naît sujet français.—Mort de Jacques-Claude-Augustin de Lacour, quatrième seigneur et deuxième marquis de Balleroy.—Ses obsèques.—Mort de son persécuteur l'ordurier Louis XV.—Le camp de Vaussieux.—Littré VI° curé de Balleroy.—Le chanoine Bouisset présenté à Voltaire.—Louis XVI dans notre pays.—Il veut goûter le cidre de Normandie.—Assemblée des notables.—Ordonnance qui convoque les Etats généraux.—Causes qui ont amené la révolution.—Administration du bourg de Balleroy.

Alors éclata la guerre dite de sept ans, et le comte de Balleroy, nommé depuis peu lieutenant-général va encore se mesurer avec les Anglais. Le maréchal d'Estrées commande l'armée française et passe en Allemagne, bat les Anglais au village de Hastimberg et s'empare de Hanovre. Pour le récompenser de cette double victoire, une cabale de femmes lui donne pour successeur le maréchal de Richelieu. Le général de Balleroy reste en France pour garder les côtes sous les ordres du duc d'Aiguillon, et c'est là que nous le verrons nous donner une nouvelle preuve de sa valeur.

Indépendamment de leurs expéditions lointaines en Amérique, en Asie et en Afrique, où ils s'emparèrent de l'établissement français du Sénégal, les Anglais avaient encore tenté trois descentes sur les côtes de France, moins sans doute dans le dessein d'y faire des progrès que dans l'intention de tenir en échec des forces qu'on eût pu envoyer en Allemagne. La première eut lieu à Saint-Malo : quinze mille hommes y débarquèrent le 5 juin 1758, canonèrent la ville et se rembarquèrent au bout de six jours, à l'approche des secours qui arrivèrent. La seconde se fit à Cherbourg le 8 août de la même année : elle n'eut pas plus de durée et encore moins de résultats que la première. La troisième eut des suites plus funestes, mais pour les Anglais. De Saint-Brieuc, où ils descendirent le 3 septembre, ils s'acheminèrent sur Saint-Malo, et le 11 ils entraient sans difficulté à Saint-Caast où la flotte avait rendez-vous, lorsqu'ils rencontrèrent l'armée du duc d'Aiguillon qui les y attendait. A cette vue, comme des lâches et des brigands, ils ne pensent qu'à se rembarquer ; mais ils ne peuvent y parvenir sans une perte de près de cinq mille hommes tués, noyés ou prisonniers. Le duc d'Aiguillon, qui commandait en chef, et qui, pendant l'affaire, *s'était réfugié dans un moulin,* se couvrit d'une nouvelle honte en voulant disputer l'honneur de la victoire au comte de Balleroy et au comte d'Aubigny : ce dernier, simple brigadier des armées du Roi, seconda vaillamment le géné-

Marginalia: Le général comte de Balleroy bat les Anglais à Saint-Caast. 1758.

DE BALLEROY.   259

ral de Balleroy, et Louis XV, pour le récompenser, le nomma sur le champ de bataille lieutenant-général et lui donna quatre pièces de canon laissées par l'ennemi.

Sophie de l'Epineau (1) qui déjà deux fois avait rendu père le général de Balleroy, lui donna, le 3 mars 1763, un fils après onze ans de mariage. La joie fut grande au château de Balleroy à cette nouvelle. Le vieux marquis ne put retenir ses larmes en l'apprenant : « Au moins, dit-il, mon nom ne périra pas ! » Ce fut son élève le duc d'Orléans et la comtesse de Gacé qui tinrent, au mois de septembre suivant, l'enfant sur les fonts sacrés à Saint-Cloud : ils lui donnèrent le nom de Philippe-Auguste-Jacques. Des fêtes publiques eurent lieu à Balleroy en réjouissance de cette heureuse naissance : les pauvres surtout ne furent point oubliés ; ils eurent abondamment part aux largesses du marquis de Balleroy qui déjà dans un âge très-avancé se multipliait partout, heureux et content de fêter, avec les bons habitants de Balleroy et des paroisses voisines où il avait des fiefs, la naissance de son petit-fils.

Naissance de Philippe-Auguste-Jacques de Lacour de Balleroy. 1763.

Depuis long-temps ce bon vieillard craignait pour l'existence de ses grosses forges dont le fer n'était pas d'une très-bonne qualité : le minerai commençait aussi à deve-

---

(1) Je n'ai trouvé ni dans le *Dictionnaire de la Noblesse*, ni dans celui des grands dignitaires de la couronne, ni dans celui des Gaules, un seul mot sur la famille de Lépineau. Dans le ve volume de celui de la noblesse, je lis : Charles-Auguste de la Cour, comte de Balleroy, marié le 22 janvier 1752 avec Adélaïde-Elisabeth-Sophie de l'Epineau. Voyez même dictionnaire, pag. 213.

260   HISTOIRE

nir très-rare. Mais ce qui l'inquiétait davantage, c'était le sort des ouvriers qu'il y occupait. Qu'allaient-ils devenir ? Dans sa sollicitude pour leur bonheur, ce fut encore dans les entrailles de la terre, non plus à Balleroy, mais au Tronquay, l'un de ses fiefs, qu'il résolut d'aller chercher ce qu'il fallait pour occuper leurs bras et leur donner une honnête aisance. Il s'entendit donc avec une famille respectable de Balleroy, dont la fille épousa depuis M. Charles Jéhanne, pour établir à Balleroy une nouvelle branche d'industrie qui pût réparer la perte de la grosse forge quand elle viendrait à manquer. Ce fut au-dessus de sa forge, dans le pré de la Fenderie, ou plutôt dans cette pointe de terre qui s'avance entre le bief du moulin et la cascade du pré de la Fenderie vulgairement appelé la fosse au *marquis de Chiron* (1), qu'il plaça la fabrication de la poterie de grès, qu'exploitèrent pendant près d'un siècle M. et Mlle Jéhanne. On comprend sous le nom de poterie tous les ustensiles fabriqués en pâte argileuse cuite, quel que soit d'ailleurs le degré de cuisson auquel ces pâtes sont soumises.

<small>Fabrique de poterie de grès établie à Balleroy. 1769.</small>

La profession de potier a toujours été fort considérée, « et l'art de la poterie, dit M. Brongniart, est d'une très-

---

(1) Un ouvrier de la fabrique Jéhanne, nommé Huet et surnommé le *marquis de Chiron*, faisait une espèce de savon avec la vase qu'il ramassait autour de cette fosse. On sait que la glaise pure, lorsqu'elle est sèche, a une grande disposition à imbiber les matières huileuses et grasses ; cette propriété fait qu'on s'en sert pour faire les pierres à enlever les taches des habits et qu'on les nomme *pierres à détacher*. Le pré

haute antiquité (1) ; des monuments nombreux et authentiques nous l'attestent : c'est, après l'art de fabriquer des armes pour la défense et quelques tissus grossiers pour se vêtir, celui que les hommes ont cultivé le premier, et qui a été comme la première ébauche de la civilisation. Les armes étaient indispensables à l'homme pour défendre sa vie, les vêtements pour éloigner les douleurs physiques, les deux seules choses essentiellement utiles ; tandis que la fabrication de la poterie la plus grossière est déjà un art de luxe. On peut vivre sans faire cuire ses aliments ; mais pour faire, avec le limon le moins rebelle au maniement du potier, un vase qui durera à l'air et au feu, il faut plus de soins, plus de réflexions et d'observations que pour façonner du bois, des peaux et des filaments, des armes et des vêtements ; car ces matériaux offrent immédiatement à l'ouvrier le résultat de son travail (2). »

« Parmi les nombreuses applications de l'art céramique aux habitudes de la vie, la plus commune et la plus variée

---

de la *Fonderie* et tous ceux qui se trouvent sur la même ligne ne sont autre chose que de la glaise pure. Un homme intelligent pourrait en tirer un bon parti.

(1) La Bible nous parle de potiers qui demeuraient et travaillaient dans les jardins des rois de Juda ; à Athènes, Chorébus doit sa célébrité à son habileté dans l'art céramique ; au moyen-âge, les potiers formaient à Paris une corporation avec jurandes et maîtrises. Elle existait bien avant Charles VI, qui confirma ses statuts, ainsi que plusieurs autres de nos Rois.

(2) M. Morière. *Essai sur la fabrication de la poterie de Noron,* dont j'ai presque entièrement transcrit ce que j'y ai trouvé de plus inté-

de nos jours, est celle qui a pour objet les usages domestiques ; mais c'est, de toutes les parties de l'histoire de cet art, celle qui était la moins connue dans les temps anciens. Il ne nous reste presque aucune pièce des ustensiles fragiles employés par les peuples de l'antiquité. On ne trouve point dans leurs monuments de vases propres à faire cuire les aliments ou à chauffer les liquides : c'est aux temps les plus modernes, dans les contrées européennes, qu'il faut reporter la fabrication de vases propres à remplir efficacement cet objet. Une destination de l'art céramique, qui n'a dû venir que long-temps après l'application aux usages domestiques, est la destination religieuse de certains vases de terre par un grand nombre de peuples anciens : c'est grâce à cette consécration que nous possédons un grand nombre de vases presque toujours rouges ou noirs et à peine cuits, que renfermaient la plupart des tombeaux romains trouvés dans diverses parties de notre sol normand.

» Les progrès des arts et de la civilisation, en ajoutant aux productions de l'art céramique des qualités solides et brillantes, les firent s'étendre au-delà des ustensiles de ménage et d'une destination religieuse ; ils devinrent des objets d'une utilité plus variée dans l'économie domestique et des objets de luxe, et même d'apparat, dans l'ameublement des personnages marquants par leur rang ou leur richesse.

ressant et qu'il m'eût été difficile de rendre aussi bien et avec autant de précision ; l'analyse en est bien succincte, mais elle est telle que l'exigeait mon travail.

» Un perfectionnement dans la nature des pâtes et des couvertes de poteries est tout récent en Europe. Avant le XIVe siècle, on n'y connaissait aucune poterie à pâte compacte, imperméable et dure comme le grès ; aucune poterie à pâte aussi imperméable et aussi solide que celle de la faïence proprement dite ; accune poterie à vernis de plomb ou d'étain étendu sur de grandes surfaces comme ceux des *faïences fines*. Les vraies *porcelaines européennes* ne remontent pas au-delà du commencement du XVIIIe siècle, et les faïences fines dites terres de pipe ou faïences anglaises sont d'une origine encore plus récente. »

En quatre siècles au plus, la poterie européenne a passé de l'état naissant, de l'état le plus grossier, à une perfection remarquable sous le rapport de la solidité, de l'utilité et de l'éclat. Pourquoi l'art céramique est-il resté dans une espèce de stagnation pendant plus de trois mille ans et a-t-il pris en si peu de temps un essor considérable ? c'est que les grandes améliorations apportées dans la fabrication des poteries sont liées avec les progrès de deux sciences qui étaient très-peu avancées chez les anciens : de la minéralogie, qui nous a fait découvrir une multitude d'éléments propres à la fabrication et à la décoration des poteries, et de la chimie, qui nous a indiqué les moyens de les employer.

Les matériaux qui, dans la nature, fournissent les éléments essentiels et accessoires des poteries sont : les argiles plastiques, les argiles figulines, les marnes argileuses, les kaolins et la magnésite.

Les argiles plastiques et figulines sont, à l'égard des substances terreuses, par leurs usages multipliés et importants, ce que le fer est aux substances métalliques. Elles sont comme ce métal répandues dans la terre avec une bienfaisante profusion.

L'argile du Tronquay et du Molay. L'argile qui servait à fabriquer les poteries de Balleroy et qu'on extrayait au Tronquay et aux environs du Molay appartient au terrein de Trias. Elle est d'une couleur lie de vin, quelquefois nuancée de blanc, très-plastique, tachant fortement les mains, se délayant dans l'eau avec assez de facilité, douce au toucher, très-onctueuse, se laissant couper au couteau et même polir par le frottement du doigt, happant à la langue, répandant par l'insufflation de l'haleine une odeur particulière qui doit être attribuée en grande partie au fer oxidé qu'elle contient. Cette argile ne peut éprouver qu'un faible commencement de fusion à la plus haute température ; elle ne produit point d'effervescence avec l'acide chlorhydrique ; elle acquiert par la cuisson une dureté telle qu'elle fait feu au briquet. Elle se trouve au-dessus des roches du grès bigarré, à l'usure et à la décomposition desquelles on doit probablement attribuer sa formation.

Des marnes irisées qui, autour des Vosges, se trouvent séparées du grès bigarré par le calcaire conchylien reposent au Tronquay et au Molay sur le grès bigarré ou bien forment des lits alternatifs avec l'argile à poterie. La partie supérieure consiste en sables jaunâtres et en galets (1) quartzeux roulés de différentes grosseurs.

Les diverses exploitations de l'argile rouge, qu'on ap-

(1) L'administration des ponts-et-chaussées se sert de ces galets pour

pelle improprement argile de Noron, sont situées à droite de la route de Bayeux à Saint-Lo, à 9 kilomètres de Bayeux, dans un terrain que couvrait le bois du Tronquay et qui appartenait aux marquis de Balleroy (1). Il y en a également à droite de la route de Littry, à Isigny, vis-à-vis l'église du Molay et dans la commune de Saon.

La puissance moyenne du banc d'argile, dans ces localités, paraît être de deux à trois mètres ; son épaisseur varie beaucoup : elle atteint, dans certains endroits, sept à dix mètres, dans d'autres, un mètre et même moins.

L'argile ayant été extraite de la fosse, on la transporte dans les bâtiments où l'on procède à la fabrication de la pâte céramique, opération qui a pour but de former des pâtes faciles à travailler, et solides sous tous les rapports, en leur procurant la plasticité (2) et l'homogénéité qui leur sont essentielles. Ces opérations, considérées d'une manière complète, sont le *marchage, le battage, la pourriture*

---

entretenir toutes nos belles routes, qui sillonnent en tous sens l'arrondissement de Bayeux.

(1) Le bois du Tronquay, un des fiefs du marquisat de Balleroy, échut en partage à Mme la comtesse d'Hervilly, qui le vendit à M. le comte Raoul Le Bègue de Germiny, dont les enfants le vendirent au marquis d'Auvay. Ce terrain appartient à M. Rocquancourt, qui y fait fabriquer une poterie dont la première exploitation est due à M. Frédéric Langlois.

(2) M. Violette, qui dirige la manufacture de porcelaine de M. Gosse, à Bayeux, m'a dit qu'il n'avait jamais vu de terre aussi plastique que celle de Noron, et il ajouta qu'il était fâcheux qu'à Noron on restât encroûté dans la routine. Avec cette terre mélangée, on pourrait arriver à faire de très-belles poteries.

et le coupage : aucune pâte n'est exempte de ces diverses opérations ; ce sont, pour ainsi dire, les opérations caractéristiques du potier.

Les potiers de Noron, et celui que j'ai visité au Molay, commencent par déposer l'argile apportée de la carrière, dans un terrier où ils la laissent pourrir, au moins pendant huit jours, en ayant soin de l'arroser avec de l'eau et de la retourner fréquemment. La pâte est ensuite disposée par portions, sur une marche en bois ou en pierre, placée au bord du terrier; un ouvrier procède au *pétrissage* et au *marchage,* et transporte ensuite la pâte sur une table épaisse, où il la coupe avec un grand couteau, en tranches très-minces, afin de faire disparaître les nœuds qu'elle pourrait contenir. Il la rend ainsi plus homogène, c'est-à-dire qu'il obtient une égalité parfaite de composition et de densité dans les masses. Cette opération est suivie du battage.

La pâte qui a été soumise à la pourriture, au marchage, au coupage et au battage, est alors voguée, pour en ôter tous les petits graviers qui pourraient encore s'y rencontrer. Pour cela, les ouvriers pétrissent la terre sur la table, comme on ferait de la pâte de froment ; ils en font disparaître tous les corps étrangers, et finissent par en former des mottes plus ou moins grosses, suivant la grandeur du vase qu'ils se proposent de faire.

La pâte céramique étant faite, on procède à la façon des pièces. Les seuls procédés réellement et essentiellement différents, par lesquels on façonne, en général, les pièces dans les manufactures de poteries, peuvent se réduire à l'ébauchage, le moulage et le coulage. On ne connaît à Noron et au Molay, pour les poteries, d'autres procédés que l'ébauchage : il en était de même à Balleroy, et encore cet ébauchage, au lieu de se faire au tour, se fait dans toutes les fabriques au moyen d'une roue grossière, semblable en tout à une roue de voiture : seulement les rais sont beaucoup plus inclinés par rapport aux jantes ; la noix de la roue repose sur un pivot placé dans une emboîture fixée dans le sol; l'extrémité supérieure de la noix porte un disque circulaire, appelé tête ou girelle, sur lequel on place les ballons de pâte qui doivent servir à façonner une pièce. La roue est entourée de quatre planches supportées par des pieds ; celle de derrière, un peu inclinée et sur laquelle l'ouvrier s'assied, porte le nom de siège ; les trois autres ont pour objet de recevoir les ballons de pâte ou des vases fabriqués.

A droite et à gauche de l'ébaucheur se trouvent deux pièces de bois qui lui servent à arrêter ses pieds à la hauteur que nécessite le vase qu'il veut fabriquer ; à côté de lui est placé un vase plein d'eau, dans lequel il plonge de temps en temps ses mains, non seulement pour empêcher que l'argile ne s'y attache, mais aussi pour mieux polir son ouvrage ; cette eau, qui contient toujours de l'argile, porte le nom de *barbotine*. Prenant une masse de pâte, proportionnée à la pièce qu'il veut faire, l'ouvrier la place sur la tête de la roue, et il imprime à celle-ci un mouvement circulaire, rapide, au moyen d'un bâton, appelé par l'ouvrier, *tournoir*, mouvement que la roue doit conserver assez long-temps pour que le potier ait le temps de former son vase. Mouillant ses mains avec de la barbotine, il élève la masse de pâte en cône informe, la rabaisse en espèce de grosse lentille, et creuse cette masse lenticulaire avec les deux pouces ; il l'élève ensuite de nouveau, en la pinçant entre le pouce et les autres doigts, et lui donne la forme qu'il veut faire prendre à cette masse d'argile. Il l'étend ainsi en la tenant humectée, et la rapproche plus ou moins de la forme qu'elle doit définitivement avoir.

L'ébauchage des petites pièces se fait avec les doigts, par l'opposition de l'index au pouce, soit d'une même main, soit des deux mains ; celui des grandes pièces se fait avec les mains. L'ouvrier est souvent debout, et la limite des pièces ébauchées est donnée par la longueur de ses bras ; mais en plaçant successivement des colombins sur les bords supérieurs du cylindre ébauché, on parvient à lui donner, par cette suite d'ébauches, une assez grande hauteur. C'est ainsi que sont fabriqués, à Noron, ces grands pots cylindriques appelés *mahons,* qui servent pour la salaison.

Le plus souvent l'ébauchage complète les formes, de manière qu'il n'y a plus à retoucher aux pièces. Quelquefois l'ébauchage est terminé à l'aide d'une sorte d'ébauchoir en bois appelé *estèque,* dont on se sert pour amincir les pièces en-dedans, et pour unir en même temps la surface. Les pièces fermées et à col étroit, comme certaines bouteilles, sont ébauchées en deux parties que l'on réunit ensuite. Une sorte de tige verticale garnie de pièces horizontales, qu'on peut faire avancer plus ou moins, sert à l'ouvrier pour donner à la pièce ébauchée à peu près la dimension déterminée : cet instrument s'appelle *porte-mesure.*

L'opération de l'ébauchage est une des plus importantes

de l'art du potier. On doit y apporter d'autant plus d'attention, que le résultat d'un mauvais ébauchage ne s'apperçoit souvent qu'après la cuisson, c'est-à-dire lorsqu'il n'est plus temps d'y remédier. Il ne faut pas que la pâte ait trop de mollesse ; l'ébauche d'une pâte molle est plus facile, mais aussi plus défectueuse ; il faut que la main de l'ouvrier soit sûre, qu'il ne serre pas inégalement les parties de la pièce qu'il élève, et surtout qu'il mette parfaitement d'accord la vitesse de rotation de la roue, c'est-à-dire le mouvement horizontal circulaire avec la vitesse de l'ascension de ses mains ou avec le mouvement vertical qu'il fait pour élever les parois de la pièce, de manière à décrire une spirale cylindrique ou conique, dont les pas soient le moins espacés possible. Cette dernière condition est très-difficile à obtenir.

L'opération du moulage est une des plus difficiles et des plus importantes de l'art céramique ; elle s'exerce sur toutes sortes de pâtes et sur toutes sortes de pièces, depuis les briques jusqu'aux statues. Le moulage diffère de l'ébauchage en ce qu'il suppose un moule ou appui sur lequel la pâte céramique doit être appliquée pour en prendre la forme. Je n'ai pu voir les opérations du moulage que dans une seule fabrique (et il y a déjà long-temps), celle qui était dirigée par M. Frédéric Langlois, au Tronquay (1). Les moules qu'il employait étaient en plâtre ; la pâte était pré-

---

(1) M. Rocquancourt, fils du gouverneur de l'école Saint-Cyr, après avoir quitté les armées, est devenu propriétaire de cette fabrique et la dirige actuellement.

parée en balles ; chaque moule était composé de deux parties appelées *coquilles*. On imprimait fortement dans toutes les cavités d'une des coquilles de ce moule, le plus également et le plus lentement possible, les petites balles de pâte qu'on avait préparées ; on moulait de même l'autre partie, mais en laissant sur chacune d'elles un peu de pâte en excès ; on appliquait alors les deux coquilles l'une contre l'autre : en les serrant fortement, l'excès de pâte se rendait dans une rigole qui bordait la pièce. Quand la pièce moulée devait rester creuse, on augmentait l'adhésion, et l'on évitait des bavures trop fortes en garnissant les bords des deux coquilles de barbotine.

L'ébauchage et le moulage sont toujours suivis du *rachevage*. On désigne ainsi toutes les opérations qui ont pour but de finir, d'orner ou de compléter une pièce déjà préparée par les opérations précédentes. Le rachevage exige en général de l'adresse, de la finesse de main et de travail, du goût et un talent plus voisin de celui de l'artiste que de celui de l'artisan ; mais il est plus facile de le rencontrer que celui qui constitue l'habile ouvrier ébaucheur.

Un certain nombre de pièces de poteries après avoir été ébauchées sont encore *tournassées ;* et lorsque cette opération doit avoir lieu, on a soin de les ébaucher plus épaisses que dans le cas où l'on doit se borner à l'ébauchage. Lorsque la pièce ébauchée a acquis par une dessication appropriée la consistance convenable, qu'elle conserve encore un certain degré d'humidité, on la replace sur un mandrin pratiqué sur la girelle du tour. Les instruments coupants employés par le tourneur sont appelés *tournassins,* et sont très-simples : c'est pour *dégrossir,* une plaque carrée à bords tranchants ; pour *finir,* ce sont des lames d'acier minces. C'est en tournassant que l'on forme les moulures saillantes, les filets, les gorges, etc., qu'aucune sorte d'ébauchage ou de moulage ne peut donner.

Dans toutes les poteries, depuis les plus communes jusqu'aux plus précieuses, on est obligé de faire séparément le corps de la pièce, le bec, les anses, les pieds, etc., et de réunir ensuite toutes les pièces accessoires, qu'on nomme de *garniture,* à la pièce principale, par un véritable collage. Il faut avoir soin que les deux pièces que l'on veut coller soient, autant que possible, dans le même état de dessication, et qu'elles aient été faites par le même procédé.

Lorsque ces pièces de poterie sont parfaitement sèches, la plupart sont transportées au four et soumises à la cuisson. Le but essentiel de cette opération est de leur donner assez de solidité pour qu'on puisse les manier sans les briser, et assez de densité pour les rendre plus ou moins imperméables aux liquides. Tous les fours employés à Noron pour la cuisson de la poterie sont construits sur le même modèle : ce sont des demi-cylindres couchés à axe de tirage oblique et à foyer terminal. Les pièces ayant été préparées de manière à subir sans être altérées l'action du feu de cuisson, il faut les disposer convenablement dans le four. On désigne sous le nom *d'encastage* l'action de placer les pièces sur des supports ou espèces de moules appelés *cazettes :* à Noron, ce sont de grands pots cylindriques, appelés *mahons.* La méthode d'enfournement suivie dans cette dernière paroisse et celle du Vernay est la plus simple et la plus ancienne ; elle consiste à mettre les pièces les unes sur les autres.

On se sert de bois pour la cuisson des poteries. Toute cuisson se divise en deux temps : celui qu'on appelle le *petit feu* ou la *trempe*, et celui qu'on nomme le *grand feu*. A Noron, il faut seize à dix-huit heures pour amener la poterie de grès au rouge cerise, c'est-à-dire pour produire le petit feu, et trente-six à quarante heures pour le grand feu, qui achève la cuisson ; en tout soixante heures au *maximum*, ce qui est un temps beaucoup moindre que dans les autres poteries de grès, où la cuisson exige parfois plus de huit jours. Quand la température a atteint le degré nécessaire à la cuisson, on doit cesser le feu. Pour s'assurer si l'on est arrivé à ce degré, on a de petites pièces de poteries semblables à de gros anneaux, appelées *montres*, et que l'on met dans des places de l'intérieur du four d'où l'on peut aisément les retirer. L'état de cuisson de ces pièces fait connaître assez exactement le degré de cuisson de la poterie qui remplit le four ; on peut même, en comparant les montres placées dans diverses parties du four, juger de la manière dont la chaleur y est répartie. C'est là le seul pyromètre employé à Noron.

Après avoir cessé le feu, on laisse refroidir pendant deux ou trois jours, en ayant soin de donner de l'air peu à peu ; puis on procède au défournement.

Il existe à Noron trente-trois fabriques de poteries, cuisant annuellement quinze à vingt fournées. Chaque fournée produit terme moyen 360 francs ; ce qui fait une circulation de plus de 200 mille francs dans cette seule localité.

DE BALLEROY. 273

Outre ces riches et nombreuses fabriques de poterie de grès, la commune de Noron possède aussi quelques tuileries et quelques briqueteries. La brique que l'on fait avec l'argile de Noron, sans être réfractaire au point de pouvoir être employée pour les fourneaux de machines à vapeur, possède cependant cette propriété à un haut degré ; elle est excellente pour la construction. La fabrication de la tuile exige plus de main-d'œuvre que la brique et elle se vend moitié plus cher (1).

Tuileries et briqueteries.

A ces diverses fabrications on y a joint celle des tuyaux pour le drainage des terres mouillantes, et cette nouvelle industrie promet de devenir très-importante depuis que nos propriétaires se sont décidés à faire exécuter des travaux de drainage dans leurs exploitations rurales ; plusieurs d'entre eux, qui n'avaient voulu se livrer d'abord qu'à un essai, ont fait depuis exécuter l'opération sur une large échelle. Les expériences déjà faites à Castillon, au Molay, à Littry et à Trungy, ont apporté chez les plus incrédules la conviction, et, dans peu d'années, j'en suis convaincu, toutes les terres du canton de Balleroy, qui ont besoin d'être asséchées, auront reçu cette amélioration capitale, que le sage gouvernement de l'Empereur encourage de tous ses efforts.

Les poteries fabriquées à Saint-Paul-du-Vernay (2), sont

Poterie du Vernay.

(1) La tuile se vend 30 francs le mille ; la brique de la grande dimension coûte le même prix ; celle de la seconde dimension se vend 16 francs.
(2) La tradition raconte qu'un certain maréchal du Vernay, nommé Crignard, avait découvert, dans le bois du Vernay, une matière métal-

18

du même genre que la poterie de Noron. Il existe au Vernay cinq fabriques qui vendent chacune pour quatre à cinq mille francs de poterie par an. Cette poterie a la même destination que celle de Noron et qu'avait celle de Balleroy; cette dernière fabrique faisait, chaque année, pour sept à huit mille francs de poterie : elle a cessé d'exister depuis 1832.

Il serait bien difficile de désigner l'époque à laquelle l'industrie potière a pris naissance et est devenue importante à Noron. Tout ce que je sais, c'est qu'au Molay, situé également à quelque distance de Balleroy, il y avait, dans le moyen-âge (1), un grand établissement de ce genre qui a complètement disparu, on ne sait trop au juste depuis quand. Sous la domination romaine, l'industrie potière dut être bien considérable dans notre pays, si l'on en juge par les quantités immenses de débris de tuiles et de briques, que l'on trouve dans les lieux où il y eut des établissements romains. On sait combien ils excellaient dans l'art céramique que leur avaient enseigné les Toscans. Dans notre contrée, l'habileté de leurs ouvriers dut être bien grande, comme nous l'indiquent la finesse et la délicatesse des

---

lique avec laquelle il se mit à fabriquer de fausses pièces de six liards. Condamné comme faussaire par le parlement de Rouen à être plongé dans l'huile bouillante, on lui offrit sa grâce et sa liberté s'il voulait découvrir l'endroit où se trouvait la mine. Il s'y refusa, et fut plongé une seconde fois dans le bain d'huile bouillante où il expira.

(1) La poterie du Molay avait beaucoup de rapport avec celles de Lison et de Saon.

ornements et des moulures que nous retrouvons fréquemment sur les fragments de vases dont l'apprêt de la terre et la composition du vernis sont encore pour nous un problème à résoudre.

Dans les XIIIe et XIVe siècles, on se servait pour décorer les châteaux et le sanctuaire des églises de briques émaillées couvertes d'ornements, d'inscriptions, d'armoiries. On voit encore, dans l'église du Breuil, un tombeau d'un Roger Bacon, seigneur du Molay, avec une inscription faite avec ces briques ; la nature de la terre, pareille à celle qu'on trouve dans le pays, donne tout lieu de croire qu'elles se fabriquaient au Molay, à Saon ou aux environs (1).

Voilà tout ce que j'avais à dire sur l'industrie potière de notre pays : revenons maintenant à l'histoire. En 1768, la République de Gênes ayant cédé ses droits à la France sur l'île de Corse, Louis XV rendit un édit le 15 août qui réunit ce petit Etat à la France, et, vers la fin du même mois, le marquis de Chauvelin ayant fait proclamer Louis XV comme roi de Corse dans les places maritimes dont il disposait, ce fut dans toute l'île un cri général d'indignation : l'île entière se soulève ; le comte de Marbœuf fut en vain chargé de la réduire, il fallut une véritable armée pour soumettre l'île complètement. Cinquante bataillons et une armée formidable furent donnés en conséquence au comte de Vaux qui débarqua en Corse au commencement d'avril 1769, ayant sous lui deux lieutenants-généraux, le comte

Ancienne poterie du Molay.

Le général de Balleroy en Corse. 1769.

(1) Voir la note additionnelle.

de Balleroy et le comte de Viomesnil et trois maréchaux-de-camp. L'Angleterre fit passer au chef des insurgés Paoli (1) quelques secours en armes et en argent, mais ils étaient à peu près nuls. Les Corses se battirent bien, mais partout ils étaient en nombre trop inférieur; ils furent pris entre deux feux à Monte-Nuovo, chassés de toute position et culbutés : plus d'un tiers de ces braves périt ou se noya dans la fuite ou la retraite. Après cette défaite, Paoli, sans espoir aucun, quitta la Corse et passa en Angleterre, laissant dans le monde le bruit glorieux de son nom et devenant dans sa patrie l'objet d'un culte qui se confondait avec celui de l'indépendance et de la liberté. La Corse fut soumise, mais, comme la Normandie, elle conserva, dans le droit de régler ses subsides et d'en opérer le recouvrement, des formes libres et républicaines qui lui allégèrent le poids de la dépendance.

Naissance de Napoléon Ier. 15 août 1769.

Il est remarquable que, deux mois après le départ de Paoli et précisément à l'anniversaire de l'édit de la réunion de la Corse, naissait dans cette île, le 15 août 1769, un enfant destiné par la providence à venger pour ainsi dire son pays, à dominer Gênes et à s'asseoir même sur le trône de la France; à prévenir surtout la dissolution de ce dernier royaume attaqué au-dedans par l'anarchie et au-dehors par une conjuration formidable de l'Europe entière; à reculer ses limites au-delà de celles que Charlemagne avait données à son empire, et à assujettir enfin dans le

---

(1) On retrouve toujours et en tous temps la perfide Angleterre semant partout son or pour soulever les peuples contre la France.

cours de dix ans, soit à sa domination immédiate, soit à sa protection suprême, plus de provinces et d'états que la fortune des Capétiens n'avait pu leur permettre de réunir dans le cours de huit siècles.

Le général comte de Balleroy revint après cette campagne, au château, visiter son vieux père qui, malgré ses années et les quelques infirmités inséparables de la vieillesse, ne cessait néanmoins de s'intéresser toujours à la prospérité de son pays. Il avait enfin obtenu par l'entremise de son digne ami M. de Fontète, intendant de la généralité de Caen, l'ouverture de la route impériale de Bayeux à Saint-Lo et celle de la route de cette dernière ville à Caen par le bourg de Balleroy ; mais il n'eut pas la joie de voir celle-ci se terminer. C'est au milieu de ces travaux, qui occupèrent utilement sa vieillesse, qu'il fut frappé de cette maladie qui l'enleva au pays dont il avait été la providence. Toujours fidèle à son Roi, malgré cette longue disgrâce qu'il lui fit si injustement subir, il répondait à ceux de ses amis qui voulaient le consoler de cette incroyable défaveur dans laquelle il était tombé tout en faisant son devoir :

<small>Le général comte de Balleroy visite le marquis son père.</small>

Victrix causa Diis placuit, sed victa Catoni (1).

Enfin, entouré d'une famille qui le chérissait, d'amis anciens et dévoués qui ne l'avaient point abandonné dans son exil, doué d'une piété non moins ferme qu'éclairée, il

---

(1) Vers de Lucain.

conserva jusqu'à la fin toute la fermeté de son jugement, toute la finesse de son esprit, tout l'atticisme de ses manières qui rappelaient si bien le séjour de la cour où il avait passé sa jeunesse. Toujours vivement intéressé à la gloire de nos armées qu'il avait commandées ; plein de bienveillance pour la jeunesse, d'indulgence pour tous, et, après tant de déceptions, tant d'espérances trompées dans le cours d'une si longue carrière, ayant foi jusqu'à la dernière heure dans l'avenir de son pays, et dans la perfectibilité de la race humaine, sa mort fut celle du sage et du chrétien. Après avoir reçu le saint viatique et l'onction des mourants, il demanda son Nouveau Testament et, au milieu de l'histoire de la passion du Sauveur, conservant sur son visage le calme et la bonté qui en étaient l'expression, il s'éteignit sans douleur le 20 septembre 1773, entré par conséquent depuis huit mois dans sa 80e année.

Mort du IVe seigneur et IIe marquis de Balleroy. 1773.

Jacques-Claude-Augustin de Lacour, marquis de Balleroy, était généralement reconnu pour un homme d'un mérite très-distingué et qui joignait à des connaissances en plus d'un genre la philanthropie la mieux entendue (1). Il réunissait à cet égard la pratique à la théorie : versé surtout dans la connaissance des langues anciennes et modernes, familier avec tous les chefs-d'œuvre de littérature française et étrangère, habile général, profond diplomate, excellent naturaliste, savant historien, il sut en donner des preuves sur le champ de bataille, dans les exploita-

(1) *Mémoires du marquis d'Argenson*, édition de 1825.

tions qu'il entreprit et dans les écrits que nous avons signalés ; mais il ne se montra érudit que dans son cabinet et avec les personnes qui partageaient ses goûts et ses études : aussi excella-t-il dans les conférences de l'Entresol, dont il fut l'âme avec l'abbé Alary. Doué de toutes les vertus publiques et privées, sa mort a été une calamité publique pour son pays qui honorera et chérira toujours sa mémoire.

Les obsèques du marquis de Balleroy eurent lieu le 28. Jamais concours plus varié et plus nombreux n'avait entouré les restes d'un malheureux proscrit ; on peut dire, sans exagération, que le clergé, la magistrature, l'armée, la diplomatie, le barreau, le peuple, oh! oui, le peuple surtout, étaient représentés à son convoi. Il s'y trouvait, en effet, des députations de tous ces corps dont quelques-uns même étaient représentés par la totalité de leurs membres. On remarquait une fusion de tous les rangs de la société, de toutes les classes, comme une sorte de symbole vivant du caractère conciliant et universellement affectueux de l'homme que l'on conduisait vers la tombe.

Obsèques du VIe seigneur de Balleroy.

De tels hommages parlent haut à la fin d'une carrière : c'est la plus belle consécration, selon le monde, qui puisse être accordée à une existence, et c'était en quelque sorte même une solennelle et sainte protestation faite par la spontanéité publique contre l'injuste ostracisme prononcé par un roi débauché et avili à l'égard d'un général intègre et sans reproche, qui avait servi noblement son pays et au sein de la faveur et au comble de la disgrâce. La mémoire du marquis de Balleroy est encore parmi nous un objet de vénération et de véritable culte. Ce n'est pas surtout Littry qui pourra jamais l'oublier ! La prospérité si grandiose de cette localité sera toujours parmi l'ouvrier des mines, parmi le bourgeois, le commerçant et l'industriel, comme une précieuse gravure qui lui rappellera les immenses bienfaits du fondateur de la mine. Chacun peut en effet se dire : *Si je vis heureux,* c'est au marquis de Balleroy que je le dois ! Sans notre houille, que serions-nous ?....

Jacques-Claude-Augustin de Lacour, marquis de Balleroy, repose, selon ses désirs, dans le même tombeau, à côté d'Elisabeth de Matignon, inhumée comme on le sait dans l'église, au milieu de la chapelle de la Sainte Vierge.

Les obsèques de l'ordurier monarque, qui lui avait rendu l'existence si amère, furent loin de ressembler à celles que je viens de décrire. Le vice n'eut jamais d'empire sur les masses ! Son corps, qui puait le crime et l'adultère, fut emporté, dit l'historien, sans pompe à Saint-Denis, et le peuple parsemé sur la route ne montra point les regrets que lui promettait le surnom de *Bien-Aimé*.

Charles-Auguste de Lacour, dernier seigneur de Balleroy et IIIe marquis. 1773.

La France n'avait alors aucune guerre extérieure à soutenir, et les dernières années de Louis XV s'étaient passées dans une lutte moins glorieuse, mais bien autrement difficile contre les parlements, dont l'opposition anima l'effervescence des esprits et amena la catastrophe à laquelle elle les avait préparés. La paix était générale, lors de l'avènement de Louis XVI, le 17 mai 1774. Rendu au calme de la vie privée, le général comte de Balleroy s'était retiré en Normandie et vivait à Balleroy comme y vécurent ses ancêtres, en faisant le bien et en donnant l'exemple de toutes les vertus sociales.

Charles-Auguste de Lacour, qui devait porter sa tête

sur l'échafaud comme dernier seigneur de Balleroy, avait pris à la mort de son père le titre de marquis, et toujours d'après l'histoire, les vieilles chartes et les contrats du temps, je le compterai comme le troisième marquis de Balleroy. La révolution abolira les titres de noblesse, mais le premier Empire et la Restauration les rétabliront, et je pourrai encore désigner un quatrième et un cinquième marquis de Balleroy dans la personne de Philippe-Auguste de Lacour et dans celle de François-Joseph, ses fils et petits-fils. Le nouveau marquis de Balleroy ne sortit de sa retraite volontaire que pour aller, en 1778, visiter à plusieurs reprises le camp de Vaussieux, où il retrouva plusieurs de ses amis et compagnons d'armes.

Le camp de Vaussieux. 1778.

La tradition rapporte qu'en passant devant le presbytère de Fresnay-le-Crosteur, l'essieu de sa voiture s'étant brisé, il fut recueilli par le curé Philippe Littré, qui eut pour lui et la comtesse les plus grands égards. Cette circonstance, dit-on encore, procura la cure de Balleroy à l'abbé Littré, en 1782, à la mort de Jean-Baptiste Le Moine, et la cure de Fresnay-le-Crosteur à l'abbé Geslin (1), chapelain du général, marquis de Balleroy. L'abbé Geslin, dont la famille est éteinte aujourd'hui, est né à Balleroy : il est mort curé de Saint-Gabriel. Cet abbé était un prêtre très-spirituel et très-aimable : il avait conservé dans sa modeste cure (2), les manières nobles et aisées de la haute société,

Littré, curé de Balleroy. 1782.

---

(1) Le frère de l'abbé Geslin fut notaire à Balleroy, on le sait, de 1801 à 1822.

(2) M. l'abbé Geslin était curé de Saint-Gabriel lorsque j'étais au

avec laquelle il avait passé ses premières années de sacerdoce.

Le chanoine Bouisset.

A cette époque, le bourg de Balleroy fournissait à l'église un contingent assez nombreux de prêtres distingués (1) par leurs talents, et qui tous avaient fait leurs humanités au collége de Balleroy, sous le principalat de M. Tubœuf. Mais le plus distingué d'entre eux, peut-être par la sûreté de son goût littéraire et l'éclat de son esprit, était l'abbé Bouisset, chanoine de la prébende d'Esquay, dans l'église cathédrale de Bayeux, fils, comme les abbés Geslin et Le Coursonnois du Bois, d'un maréchal ferrant de Balleroy. L'abbé Bouisset, dit M. le président Pézet, auquel j'emprunte textuellement ces détails, avait traduit dans sa jeunesse la *Jérusalem délivrée*, et avait été couronné plusieurs fois, comme vainqueur, aux palinods de Rouen et de Caen ; plus tard, il composa une invocation à l'*Etre suprême* et une *imprécation contre les parjures*, où la politique révolutionnaire se mêle trop aux inspirations de la poésie (2).

« Précepteur des enfants du baron de Fontète, dont je viens de parler, l'abbé Bouisset habitait Paris une partie de l'année, et y était répandu dans la société philoso-

---

petit-séminaire de Villiers : j'allais chez lui presque tous les mercredis y passer mon jour de congé et c'est de lui que je tiens ces détails.

(1) Nous citerons, outre **MM.** Bouisset et Geslin, **MM.** Fouques, mort curé de Littry ; Guillouet, mort prieur-curé de Saon ; Chuquet, mort à Balleroy ; James, mort curé de Foulognes, et Docquet, mort prêtre habitué à Littry ; l'abbé Lecoursonnois dont je parlerai.

(2) *Bayeux au* XVIIIe *siècle,* pag. 94.

phique. Il avait beaucoup connu d'Alembert, le baron d'Holbac, Diderot, et il avait eu l'honneur, ainsi qu'il le disait avec une sorte d'orgueil, d'être présenté à *Monsieur de Voltaire* (1). Un jeune abbé spirituel et philosophe était alors facilement à la mode. On sait quel était à la fin du xviiie siècle l'ascendant des lettres et du bel esprit dans le monde, et surtout près *des grands*. L'abbé Bouisset savait en profiter avec un tact qui lui faisait accorder au rang tout ce qu'il lui devait, et avec une hardiesse qui ne laissait point oublier ce qu'on devait à lui-même (2).

» Les cours qu'il professa à l'école centrale du Calvados et au lycée de Caen, ont jeté un grand éclat. Nul ne déclamait avec plus de charme et ne possédait mieux cet esprit de conversation qui atteint la mesure et ne la dépasse pas. Sa tête expressive était couverte d'épais cheveux blancs, son œil spirituel, son sourire voltairien. Il avait abandonné l'état ecclésiastique et est venu mourir à Balleroy, au sein

---

(1) C'était en vérité une belle société pour un prêtre ! Quel bien en a-t-il recueilli ?....

(2) Une anecdote qui fit du bruit fera connaître mieux, ajoute en note le même auteur, que toutes les réflexions cette sorte de familiarité, cet oubli du rang que la mode avait produits dans la société la plus élevée. Un soir que l'abbé Bouisset était dans le salon de la duchesse d'Harcourt et qu'on se pressait autour de lui pour entendre sa conversation spirituelle, la duchesse lui fit remarquer qu'il était en ce moment plus entouré que le duc lui-même. — Savez-vous bien, Madame, dit le spirituel abbé, que la différence qui existe entre M. le duc et moi tient à une seule lettre. — Comment cela ? — Rien de plus simple : M. le duc est fils d'un maréchal de France, et moi je suis le fils d'un maréchal en France. — On sait que son père était maréchal à Balleroy.

de sa famille (1), après avoir traversé la révolution, non sans laisser quelque chose de sa considération aux ronces du chemin. Frappé d'aliénation mentale, il avait, depuis plusieurs années, perdu la mémoire des mots, et ne prononçait plus que ces seuls monosyllabes anglais : *to be or not to be* (être ou ne pas être). Est-ce que la dernière lueur de cette belle imagination se serait éteinte dans la recherche de ce grand problème ?... »

Lorsque Louis XVI se fut décidé à venir lui-même donner par sa présence une sanction royale aux travaux hardis et gigantesques qu'il avait entrepris de faire exécuter à Cherbourg, le général marquis de Balleroy vint présenter ses hommages au monarque à Bayeux et l'accompagna jusqu'à Cherbourg. Tous les mémoires contemporains, dit M. le président Pézet, s'accordent à proclamer l'allégresse publique que ce voyage fit éclater sur les pas de Louis XVI. Il n'y avait alors dans les provinces nulles dissensions, nulles divisions, et les transports de joie générale n'étaient point suspects d'être le témoignage du triomphe d'un parti. La tradition rapporte qu'au relai de Vaubadon, le Roi touché de l'enthousiasme de la foule qui le saluait, le verre en main, d'un air riant et content, prolongea de quelque temps le moment d'arrêt, et se plaça à la portière en demandant aussi à boire du jus de la pomme. On lui présenta une riche écuelle d'étain, toute remplie de

<small>Louis XVI
à Vaubadon.
1786.</small>

---

(1) 5 juillet 1825. Son tombeau est au fond du cimetière non loin de celui du docteur Villeroy, maire de Balleroy.

ce jus : à sa vue, Louis XVI se prit à rire, la saisit par les deux oreilles, salua le peuple et l'avala d'un trait. Meilleur gourmet et mieux élevé sans doute que le moine Tortaire (1), en passant à Bayeux dans le XIe siècle, le Roi s'écria : mais il est bon ! et dit au duc de Harcourt, en se rasseyant : il est excellent. Enfin, après avoir joui pendant vingt minutes à peu près de ces témoignages de l'amour du peuple, il continua sa route vers Saint-Lo.

Peu de temps après, une assemblée des notables fut convoquée pour remédier à quelques embarras de finances que l'on exagérait. Là se développèrent les germes de mort : on n'y fit rien, mais on y raisonna beaucoup ; on y philosopha à tort et à travers. Le clergé, l'année suivante, est convoqué extraordinairement, pour donner des secours d'argent à l'Etat. Cette assemblée sacrifia aussi elle-même à l'illusion des opinions dominantes, et demanda le retour des parlements et la convocation des Etats généraux ; en cela il n'était que le faible écho de Loménie de Brienne, archevêque de Toulouse, qui était devenu ministre pour disparaître aussitôt après avoir contresigné l'ordonnance qui fixait au 1er mai 1789 l'ouverture des Etats généraux.

Ainsi la révolution allait naître, la révolution inévitable, parce qu'elle était dans l'opinion, la fantaisie, le goût, le besoin de la France ; les sages la souhaitaient, les prudents

<small>Assemblée des notables. 1787.</small>

---

(1) Le moine Tortaire, dit M. Louis Enault, qui voyagea dans le Cotentin à la fin du XIe siècle, et auquel on présenta le cidre, crut qu'on voulait l'empoisonner.

la jugeaient nécessaire, et tout le monde la demandait impérieusement ; aujourd'hui tout le monde veut la voir redoutée, détestée, dénoncée, combattue. Cela n'est pas : elle est muselée, voilà tout !!.....................

Louis XVI attendait de la révolution la chute populaire des parlements, l'acquittement des dettes de l'Etat, un meilleur ordre dans les finances, et la facilité de dépenser celles-ci sans contrôle ni sérieuse opposition ; la noblesse de province voyait Versailles ouvert à son ambition et l'orgueil des grands et des ducs abattu. Les curés, qui formaient la grande masse parmi le clergé, voyaient par la révolution tomber la barrière de l'épiscopat ; ils espéraient qu'on supprimerait les couvents pour augmenter leur mesquine portion congrue ; les prélats, les moines se méfiaient seuls de la révolution. La magistrature des parlements surtout ne doutait pas que les Etats généraux, instruits par l'expérience, ne les investissent de tous leurs pouvoirs, afin que, pendant leur sommeil prolongé, la nation en tutelle ne fût pas sans protecteur. Les savants, les littérateurs, les artistes voyaient déjà les lettres de cachet abolies, la morgue des grands muselée. Le commerce se voyait affranchi de mille entraves qui gênaient son essor. Les protestants amélioreraient leurs conditions ; les mauvais sujets pêcheraient en eau trouble, les banqueroutiers rentreraient aux affaires ; les philosophes se préparaient à proclamer la tolérance, à diminuer l'influence du clergé, à détruire les abus, à assainir les prisons, à adoucir les codes, à rendre l'éducation libre, l'instruction populaire. Enfin, je le répète, il n'y avait pas en France un seul individu qui, en 1789, n'eût donné le tiers de sa fortune et le quart de sa vie pour arriver plus tôt à cette révolution attendue avec une telle vivacité par la masse immense et dont à peine une poignée de citoyens étaient effrayés.

Joignez maintenant à ces causes, à ces volontés irrésistibles, ce changement que les écrits de Voltaire, de Rousseau et des encyclopédistes, avaient déterminé dans les esprits; les sommités de la société étaient sans croyance religieuse, morale, monarchique et même de famille. Les passions déchaînées en prenaient une véhémence incroyable; les nouveaux principes des classes élevées avaient fait trouée dans la bourgeoisie et dans la valetaille : là on ne croyait plus à Dieu ni au Roi, donc on ne voulait plus donner la dîme au clergé, ni les rentes seigneuriales à la noblesse, et une réaction terrible surgirait de cet effrayant changement si vivement attendu.

« Avant que la nation ne franchisse le seuil du passé, il est utile, fait remarquer M. le président Pézet, de se recueillir un instant pour connaître l'état social du pays à cette époque, et d'examiner ensuite quel but la société française s'est proposée d'atteindre en entrant dans la carrière des révolutions. Plus on pénètre dans l'ancien régime et plus on reste convaincu qu'elle obéissait moins au besoin de la liberté qu'à celui de l'égalité. C'est une erreur de croire que, du fond de leurs châteaux, les seigneurs étaient les maîtres des paroisses où ils avaient des fiefs. L'habitant des campagnes était en possession depuis longues années de s'administrer par ses élus ; les libertés municipales, celles-là qui sont les plus chères aux populations et qui les intéressent le plus, étaient généralement plus étendues qu'on ne le pense. » Le bourg de Balleroy, il est vrai, n'avait pas voulu profiter des édits de 1764 et 1766, qui lui accordaient comme bourg d'avoir une administration municipale : il s'en était toujours rapporté à la sagesse du vieux marquis de Balleroy, qui fut constamment, depuis 1744 jusqu'à sa mort, syndic et collecteur tout à la fois de la paroisse. A sa mort, le général de Balleroy, son fils, ne voulut pas se charger de diriger l'administration, la recette et la dépense des revenus de la commune, ni lever les impôts et notamment la taille et la capitation. Dès-lors aussi il céda ses droits de péage et de jaugeage à la paroisse, droits qui étaient réellement siens, puisque ses ancêtres avaient bâti à leurs frais et sur leur terrein la halle aux grains et la boucherie (1).

A partir de ce moment, c'est-à-dire depuis 1773, le Ve et dernier seigneur de Balleroy, qui en était le IIIe marquis, Charles-Auguste de Lacour cessa, comme l'avaient fait déjà depuis long-temps les autres seigneurs de Normandie, de concourir pour ainsi dire à l'administration publique de la commune : il ne fut plus que le premier des notables de la paroisse. Il n'avait que sa voix dans les affaires de la communauté, voix prépondérante sans doute, à cause de l'influence de sa fortune et de ses qualités personnelles, mais qui en droit n'avait aucune suprématie. Il

---

(1) Quant au terrein où se tient le marché et surtout les foires, il appartient encore aujourd'hui au marquis de Balleroy.

y a plus : d'après la loi, son autorité était nulle, même sur l'administration du temporel de l'église. Non seulement il ne nomma pas les marguilliers, mais même il ne put pas être marguillier.

La noblesse n'exerçait donc aucune suprématie politique ou administrative, et le peuple lui-même, comme je viens de le dire, se montrait en général très-peu jaloux de partager ces libertés communales. Mais la noblesse possédait des titres, des terres, certains droits, et les peuples les convoitaient. Le clergé lui-même se partageait en deux : clergé du premier et clergé du second ordre ; ce dernier subissait avec humeur les dédains que le premier lui faisait subir. Enfin, cette haine de l'inégalité, on le sait, fut la cause impulsive de toutes les agitations : l'égalité des hommes entre eux, des terres entre elles, c'était là le but ; la liberté ne fut que le moyen. L'avons-nous acquise ? je le demande à mon lecteur ?

CHAPITRE IX.

Elections aux Etats généraux.—Ouverture de ces Etats.— Ils se constituent en assemblée nationale.— L'évêque d'Autun propose la vente des biens du clergé.— Pillage des châteaux.— On brûle le chartrier de Balleroy.— On chasse les employés des gabelles.— — Ferme de Cahagnolles.— On supprime les commis aux aides. — Maires et conseillers municipaux.— Suppression des vœux monastiques et des ordres religieux.— Constitution civile du clergé.— Elle est condamnée par l'université de Paris et les universités protestantes d'Angleterre et d'Allemagne.— Exposition de sa doctrine, par l'évêque de Montauban.— Elle est condamnée par l'épiscopat français.— Sacre des évêques constitutionnels.— Le pape Pie VI condamne la constitution civile.— Bref ou lettre du pape aux Français.— Bref de Pie VI contre les constitutionnels.— Couvents séquestrés.— Vente des biens du clergé.—Le serment exigé.— Le curé de Balleroy refuse de le prêter.— Son vicaire Poutrel le prête.— On le nomme curé constitutionnel.— L'abbé Le Coursonnois du Bois refuse de prêter le serment.— Il se cache et fait croire qu'il est passé en Angleterre.— Ses privations.— Il n'abandonne pas ses religieuses ursulines pendant la terreur.— La sœur sainte Rosalie, supérieure de ces saintes filles.— Les prêtres insermentés déportés. — L'évêque de Bayeux à Jersey.— Election de l'évêque constitutionnel.— L'abbé Gervais de la Prise, curé de Saint-Pierre-de-Caen, refuse cet honneur.— Claude Fauchet accepte et prend le titre d'évêque du Calvados.— Son élection est illicite et sacrilége. —A l'église seule de donner la mission et la juridiction.—Nullité de la juridiction des évêques constitutionnels.— Emigration de Philippe-Auguste-Jacques de Lacour, comte de Balleroy.— La guerre.—Enrôlements volontaires.—Le capitaine Bidot.—Catastrophe du 10 août.— La convention.— Abolition de la royauté. — Louis XVI mis à mort.— Le culte proscrit.— Les clubs.

Aussitôt que la déclaration du Roi eut transformé les vœux de la nation en espérances, la convocation et la formation des États généraux devinrent la grande question, l'unique préoccupation de tous les esprits. Aucune loi ne réglait le nombre des membres et en quelle proportion les trois ordres devaient être appelés. Dès lors, liberté pleine et entière au souverain sur ce point qui aurait dû être fixé sur une base immuable. La nation était représentée par trois ordres : *le clergé, la noblesse, la roture ;* ce dernier ordre était désigné sous le nom de tiers-état, non par civilité, mais parce que les deux premiers ordres pouvaient y figurer. Le Tiers-État donc, composé de plusieurs membres du clergé, de la noblesse, de la magistrature, etc., obtint d'élire quarante membres en majorité sur les deux ordres réunis du clergé et de la noblesse. Il fut alors aisé de prévoir combien cet ordre allait avoir d'autorité. Selon la pensée de l'abbé Sieyès, le Tiers-État n'était rien, mais il allait être tout.

Dans les assemblées du bailliage de Caen, qui se tinrent pour l'élection des trois députés de la noblesse et des six du Tiers-État, il y eut peu de dissidences au sein de chacun de ces deux ordres, mais la concorde ne régna pas au même degré dans l'ordre qui devait être, selon M. le président Pézet, le premier à en donner l'exemple. L'esprit d'opposition avait fait invasion parmi les membres du clergé : les choses en vinrent à ce point que l'évêque de Bayeux crut devoir abandonner la présidence et se retirer de la salle électorale ; ni ce prélat, ni aucun des dignitaires du diocèse, ni aucun membre du chapitre ne furent élus. Les trois députés furent exclusivement choisis dans les rangs des simples curés de la campagne, sans qu'aucun

Élections aux États généraux 1789.

mérite supérieur, aucuns services exceptionnels pussent expliquer ce choix (1).

L'ouverture des Etats généraux eut lieu le 5 mai 1789. Dès le lendemain, il fut prescrit aux députés de chaque ordre de se rendre dans le local qui leur était destiné, afin de procéder à la vérification des pouvoirs. Le Tiers-Etat reste dans la salle commune et il prétend que cette opération doit se faire en commun ; il s'abstient de prendre aucune mesure jusqu'à la réunion du clergé et de la noblesse, qui, retirés dans leur salle respective, se mirent à délibérer sur cette vérification. Vingt-deux jours s'écoulèrent pendant lesquels on ne fit rien ; enfin la cour intervint et proposa un moyen de conciliation : chaque ordre devait examiner séparément les pouvoirs et en donner communication aux autres. Le clergé accepta purement et simplement le projet ; la noblesse l'accueillit d'abord avec faveur, mais poussée par ses instigations ordinaires, elle écarta l'avis des plus sages de ses membres et modifia le projet de conciliation. De ce jour datent tous les malheurs.

Assemblée nationale. 1789.

Le Tiers-Etat, instruit de cette résolution et ne voulant

---

(1) Les députés furent : pour le clergé, MM. Le Tellier, curé de Bonœil ; L'Evêque, curé de Tracy ; Le François, curé de Mestry ; pour la noblesse, MM. le duc de Coigny, le comte Louis de Vassy ; le baron de Wimphen ; pour le Tiers-Etat, Cussy, ancien directeur de la monnaie ; Delaunay d'Isigny, avocat à Bayeux, où il est mort ; Flaust, lieutenant général du bailliage de Vire ; Lamy, négociant à Caen ; Paing, conseiller assesseur au bailliage de Thorigny ; Poulain de Beauchesne, ancien lieutenant de la grande louveterie de France.

pas céder, se nomma le 5 juin un président qui fut Bailly, homme de lettres célèbre. C'était là le premier acte révolutionnaire, mais l'assemblée n'hésita pas. En conséquence, tous les procès-verbaux signés, les conférences finies, elle déclare qu'elle va procéder par bailliage à l'appel nominal des trois ordres, devant les commissaires désignés pour vérifier les pouvoirs. Le 11 juin, trois curés du Poitou répondirent à l'appel et furent couverts d'applaudissements; le 12, il en arriva six, et chaque jour, cette défection du clergé alla en augmentant; le 17, sur la proposition du député Le Grand, le Tiers-Etat se constitua en *assemblée nationale*. L'abbé Sieyès, chargé de motiver cette décision, le fit avec une rigueur extrême.

Ces mesures, qui montraient autant de courage que d'habileté, produisirent une impression profonde. La cour et les premiers ordres étaient épouvantés de tant d'audace et d'énergie; pendant ce temps, le clergé délibérait en tumulte s'il fallait se réunir au Tiers-Etat. La foule attendait en dehors le résultat de sa délibération; les curés l'emportèrent enfin, et on apprit que la réunion avait été votée à la majorité de 149 voix sur 115. Ceux qui avaient voté pour la réunion furent accueillis avec des transports de joie, les autres furent outragés et poursuivis par le peuple.

Cette assemblée marcha vite. Pour sauver la royauté, il eût fallut un 2 décembre... Sur la proposition du baron de Wimphen, la France fut déclarée une *démocratie royale,* où le Roi ne fut plus qu'un fonctionnaire public. En vain l'archevêque de Paris fait l'abandon formel de la dîme au nom du clergé lui-même, ce ne fut pas assez, l'évêque d'Autun propose la vente des biens ecclésiastiques, et le 10 octobre, l'assemblée y met le séquestre, et les vend au profit de la nation. Mais la vente de ces biens qui étaient immenses, au lieu d'enrichir la nation, ne la rendit que plus pauvre. Ceux qui, dans le temps, examinèrent cette question avec des yeux aussi sévères qu'attentifs, ne purent porter les revenus annuels de toute l'église gallicane séculière et régulière au-delà de *quatre-vingt-dix millions*. Ce n'était pas, à la vérité, une somme exorbitante pour l'entretien de *quatre-vingt-dix mille* personnes religieuses et environ *cent cinquante mille* ecclésiastiques que l'on comptait à cette époque; mais, sur ces *quatre-vingt-dix mille* moines, il y en avait qui vivaient de quêtes et de messes. Beaucoup de moines conventuels ne coûtaient pas *deux cents* francs par an à leur monastère.

A la vérité, il y avait des moines abbés réguliers qui jouissaient de *deux cent mille* livres de rente. C'est cette disproportion qui frappait les esprits et excitait sourdement les murmures. On plaignait le pauvre curé de campagne, dont les travaux pénibles et ingrats ne lui procuraient qu'une portion congrue de *trois cents* livres de droit en rigueur et de *quatre à cinq cents* par libéralité, tandis qu'un religieux oisif, devenu abbé, possédait une somme immense, et qu'il recevait des titres fastueux de ceux qui lui étaient soumis. Mais les abus servent de lois dans presque toute la terre, et si les plus sages des hommes s'assemblaient pour faire des lois qui les fissent disparaître, où est l'Etat dont la forme subsistât entière?

Cette révolution tant désirée et dont l'aurore avait été

saluée par tant d'espérances, ne tarda pas à être ensanglantée, non seulement à Paris, mais dans les provinces. Qui ne sait pas les atrocités commises sur le comte de Belzunce, à Caen !.....

Des meneurs stipendiés se répandaient sur tous les points; ils allaient répétant de village en village que les titres féodaux n'avaient plus de valeur et qu'on n'était plus tenu de payer aucune redevance ; mais que dans la crainte qu'un changement aussi inespéré ne fût pas durable, il fallait profiter du moment où tout semblait permis pour anéantir les titres et empêcher que les seigneurs pussent en réclamer l'effet plus tard. Ainsi avides de jouir de l'avenir promis, nos paysans se portèrent sur les châteaux, souvent les pillèrent, renversèrent les colombiers, brûlèrent les chartriers, menacèrent et maltraitèrent les personnes. A Balleroy, le chartrier du château fut brûlé sur la place publique, mais il n'y eut aucun pillage. On enleva également de l'étude de Jean Dezert, notaire, tous les titres de droits seigneuriaux, et ils furent brûlés avec ceux du château.

Titres seigneuriaux brûlés.

D'un autre côté, les employés des gabelles (1) étaient l'objet des plus mauvais traitements. On avait aussi répandu dans les campagnes que ces employés étaient supprimés; on courait après eux, on les poursuivait jusques dans leurs habitations, frappant leurs femmes et leurs enfants, pillant et détruisant leur mobilier. « J'ai vu, écrivait

---

(1) L'origine de cet impôt est fort ancien. Elle remonte à l'an 1344, sous Philippe de Valois, qui mit le premier une taxe sur le sel. C'est pourquoi nos pères appelaient les employés des gabelles les *culs salés*.

le capitaine général de l'inspection des fermes de Caha-
gnoles (1), j'ai vu ces désordres ; j'ai vu des forcenés,
couper à coup de hache jusqu'au linge servant à soigner
les enfants à la mamelle, tandis que leurs pères et mères
étaient en fuite, cachés dans les bois, comme des crimi-
nels. » Mais je le demande, que pouvait faire contre de si
grands désordres, une autorité qui n'était plus crainte et
qui ne pouvait plus se faire respecter, n'ayant à sa disposition aucune force matérielle ?

<small>On supprime les commis aux aides.</small>

La fin de cette année 1789 fut encore marquée à Balleroy par une de ces agitations violentes, dont l'exemple
venait de Paris et des villes où la perception des impôts
rencontrait des obstacles. Comme à Bayeux, les habitants
de Balleroy, excités par des hommes intéressés au désordre,
se portèrent dans les derniers jours de décembre chez le
chef des aides (2), l'arrêtèrent, le conduisirent jusqu'au
pont et là le chassèrent à coup de fouet, lui défendant de
reparaître. Alors les meneurs firent sonner les cloches pour
appeler les habitants à l'église, afin d'y agiter la question
de savoir si on conserverait les *commis aux aides ;* on
décida qu'on n'en voulait plus, et l'on fit parvenir à Bayeux
cette décision populaire qu'on respecta.

Ces tumultes et ces séditions, qui éclataient de toutes
parts, firent ardemment désirer que l'assemblée nationale
terminât un travail sur les municipalités. On espérait que

---

(1) M. Pézet. *Bayeux au* xviiie *siècle.*

(2) Employés qui prélevaient des impôts sur les marchandises et les denrées, et dont l'origine remonte jusqu'à Chilpéric.

les autorités puiseraient de la force dans une institution nouvelle créée par l'assemblée, et empreinte de son esprit. Ce travail important fut décrété par la loi du 15 janvier 1790 : il consistait dans la division du royaume en départements, districts, cantons et municipalités, supprimant les anciennes dénominations de gouvernements, intendances, paroisses et limites des provinces dont on effaça jusqu'au nom. Notre pays fut d'abord désigné sous le nom de département de la Seine-Inférieure, mais le député Delaunay fit prévaloir celui de Calvados (1), dont Caen fut le chef-lieu. Balleroy fut érigé en chef-lieu de canton (2) et ressortait du district de Bayeux.

Les municipalités.

L'assemblée nationale qui s'était emparée des biens du clergé, ne s'arrêta pas là : elle voulut annihiler les possesseurs de ces immenses revenus, pour ne pas avoir chaque année à les faire figurer sur un budget insolent ; elle abolit et supprima, sur la proposition du calviniste Barnave, 13 février 1790, les ordres religieux et les vœux monastiques :

---

(1) Ce nom vient d'un rocher qu'on trouve dans la Manche à peu de distance de ses côtes, entre les embouchures de la Seulles et de la Vire. Ce rocher, qui ne se découvre qu'à la mer basse, a environ cinq lieues d'étendue. C'est une opinion généralement répandue que ce rocher a été autrefois habité, et qu'on y voit encore des restes de fondations appartenant à d'anciens édifices. Certains auteurs pensent que c'est le Nantheuil de saint Marcouf où il avait bâti son monastère. Ce nom de Calvados lui a été donné depuis le XVIe siècle, à cause d'un navire espagnol de ce nom qui y fit naufrage en 1588.

(2) Baynes, qui dépend de Balleroy, forma un canton jusqu'en 1800, époque à laquelle Napoléon Ier changea encore l'administration de la France.

de toutes les plaies faites à la religion, celle-ci fut une des plus sensibles. Mais disons-le ici en passant, avec un écrivain tristement célèbre : un fâcheux enchaînement de causes, dont quelques-unes remontent à plusieurs siècles, avaient affaibli les vérités de la foi parmi le premier ordre du clergé, qui d'abord, pris collectivement, s'était séparé de la nation, de ses intérêts, de ses vœux, de son avenir ; et vendu au pouvoir, favorisant ses usurpations pour se ménager ses faveurs, il en était devenu peu à peu l'instrument servile, et comme le pouvoir s'était rendu odieux, ce clergé, selon la pensée de Fénélon, devait partager la haine que la royauté inspirait. En second lieu, ce même clergé, partiellement corrompu, offrait dans beaucoup de ses membres, particulièrement dans les prélats et abbés de cour, dans les opulents bénéficiers et dans la plupart des ordres religieux, le scandale d'une vie oisive, mondaine, quelquefois dissolue ; et l'incrédulité dogmatique, mêlée secrètement d'abord aux désordres des mœurs, s'était enfin montrée au grand jour, presque sans voile.

Les prêtres fidèles à leur devoir, les vrais ministres de Jésus-Christ, en un mot, *la classe laborieuse,* comme les appelaient avec mépris les laquais à tonsure d'une royauté dégénérée, végétaient dans un état voisin de l'indigence, tandis que les richesses de l'église, le patrimoine des pauvres, dévoré par le luxe de l'aristocratie cléricale, ne servait, par le contraste de sa destination et du monstrueux usage qu'en faisaient des hommes qui se disaient les hommes de Dieu, qu'à ébranler la foi des peuples et à déshonorer le sacerdoce.

Il est superflu de faire observer qu'au milieu de la décadence générale, de grandes vertus brillaient encore dans tous les rangs de la hiérarchie ; mais semblables à des fleurs qui croissent dans le creux d'un arbre séché, ces vertus individuelles, nées d'elles-mêmes pour ainsi parler, vivaient et mouraient solitaires : elles ne tendaient nullement à réformer les vices fondamentaux de l'institution, à changer la fausse position du corps.

De cet état de choses il en résulta une défection rapide, générale, sans exemple. Le temps du protestantisme était passé : on ne s'arrêta dans aucun milieu, on s'en prit à la foi même et on arriva d'un bond à la négation dernière : une mort prochaine, totale, menaçait le catholicisme dont on avait préparé la tombe. Dieu eut pitié de la France et envoya la révolution... D'elle naquit la trop fameuse *constitution dite civile du clergé,* qui attaqua la hiérarchie de l'église et détruisit son unité.

Constitution civile du clergé. 1790.

Ce n'était pas une chose facile de changer les usages de l'église et de toucher à un ordre de l'Etat, qui avait toujours exigé du souverain la conduite la plus délicate et la plus ménagée ; conserver à la fois l'union avec le saint Siège de Rome, et soutenir les libertés de l'église gallicane ; savoir faire obéir les évêques comme sujets, sans toucher aux droits de l'épiscopat ; les soumettre en beaucoup de choses à la juridiction séculière, et les laisser juges en d'autres ; les faire contribuer aux besoins de l'Etat et ne pas choquer leurs priviléges, tout cela demandait un mélange de dextérité et de fermeté que n'eut pas l'assemblée nationale. Aussi ce ne fut pas sans obstacle que passèrent les articles de cette constitution, qui troublait la hiérarchie de l'église, détruisait cette correspondance si nécessaire des évêques avec leur chef, correspondance sur laquelle repose l'unité de l'église. Cette constitution civile du clergé était *un schisme d'autant plus monstrueux qu'il renfermait dans son sein le germe de toutes les hérésies.*

Cependant cette constitution balaya les vapeurs mortelles qui couvraient le corps du clergé : elle fut pour lui le travail de l'enfantement qui donna au catholicisme français une nouvelle régénération et un nouvel éclat. Cette constitution, décrétée le 18 juillet 1790, ne fut acceptée par le faible Louis XVI que le 26 décembre, sur la déclaration de Camus, qui fit décréter par l'assemblée : que le royaume était en danger si le Roi ne la sanctionnait. Ce décret, rendu le 27 novembre, obligeait tous les évêques et curés à prêter le serment à la constitution civile du clergé, et leur laissait l'option de le faire ou d'abandonner leurs fonctions et titres, moyennant une modique pension viagère.

Ce décret rencontra une résistance à laquelle on ne s'attendait pas. De *cent trente-cinq évêques* français, *quatre* seulement prêtèrent le serment exigé. L'évêque d'Autun seul l'avait prêté dès le 23, et le 27, le cardinal de Brienne, archevêque de Sens, de Jarente, évêque d'Orléans, de Savines, évêque de Viviers, le prêtèrent également, avec 40 curés de l'assemblée, l'abbé Grégoire à leur tête. Aux prélats fidèles, s'unirent soixante-deux mille du second ordre tant réguliers que séculiers, qui aimèrent mieux s'exposer à l'indigence et à courir les chances d'une persécution facile à prévoir, que de céder aux promesses magnifiques du peuple souverain.

Dès le 16 décembre 1790, l'université de Paris, d'accord en cela même avec les universités protestantes d'Angleterre et d'Allemagne, avait rejeté cette constitution comme *hérétique, schismatique* et *détruisant toute hiérarchie.* Cette constitution, oubliée ou inconnue aujourd'hui, que depuis près de soixante ans la paix est rentrée dans l'église, a besoin d'être expliquée sommairement pour l'instruction de beaucoup. A l'aide et avec le concours d'auteurs ayant mission (1) et très-exercés à ce genre d'étude, je vais en donner un aperçu.

La constitution condamnée par les protestants.

Tout en prétendant ne régler que les affaires civiles du clergé, cette constitution attaquait les principes de la foi :

« 1° Elle créait pour toute la France, dit Mgr Doney, une circonscription entièrement nouvelle d'archevêchés et d'évêchés, de manière à ce qu'il y en eût un par département ni plus ni moins : c'est-à-dire qu'elle en détruisait plusieurs d'anciens, qu'elle en instituait de nouveaux qui n'avaient jamais existé, et qu'elle changeait l'étendue juridictionnelle des autres, l'agrandissant ou la diminuant selon l'étendue et la circonscription du département dans lequel ils se trouvaient ;

» 2° Elle confiait la nomination des évêques, des curés, des vicaires et de tous les ministres du culte en général, aux élections populaires, au mépris de l'autorité de l'église et des lois qui depuis des siècles réglaient cette matière et particulièrement la nomination des premiers pasteurs ;

» 3° Elle imposait aux évêques un conseil, celui des

---

(1) Mgr l'évêque de Montauban.

vicaires épiscopaux et les obligeait à se régler sur l'avis de la majorité de ce conseil dans l'administration de leurs diocèses. De plus, l'évêque mourant, ce n'étaient pas les chapitres qui pourvoyaient par leurs délégués au gouvernement du diocèse, mais des hommes désignés par les décrets, les vicaires de l'évêque défunt ;

» 4° Les curés et les vicaires nommés par des électeurs laïques pouvaient administrer leurs paroisses et exercer toutes les fonctions du ministère ecclésiastique, en vertu du seul fait de cette élection, sans qu'ils fussent obligés de la faire confirmer par l'autorité de l'évêque diocésain ;

» 5° Les évêques élus devaient demander leur confirmation au métropolitain, ou, à son défaut, à un évêque désigné à cet effet par la direction du département. Ils n'avaient nul besoin de s'adresser au souverain pontife pour en obtenir l'institution canonique. Seulement ils devaient lui écrire en entrant en fonctions pour lui déclarer qu'ils étaient dans sa communion et dans celle de l'église catholique. »

Mais la religion éleva la voix. Trente évêques députés à l'assemblée nationale firent paraître une exposition des principes sur la constitution civile du clergé. Ils en signalaient clairement tous les vices et déclaraient que, pour légitimer et rendre acceptables à la conscience d'un catholique sincère les changements opérés dans la constitution civile, il fallait en référer à l'autorité supérieure ecclésiastique, qui pourrait modifier canoniquement la discipline religieuse de la France. Cent dix évêques s'adjoignirent aux trente signataires de l'écrit. La Sorbonne s'appuya de l'autorité unanime de ses docteurs. L'attaque était vive : les constitutionnels répondirent.

Cette condamnation de la nouvelle église lui présageait des jours orageux. Ses évêques se hâtèrent de se faire sacrer, mais ils étaient dépourvus de toute juridiction, et tous leurs actes juridictionnels étaient entièrement nuls. Le schisme était définitivement constitué.

Cependant le pape avait réuni une congrégation de cardinaux, pour examiner la constitution civile du clergé et en juger les principes. Après avoir entendu le rapport de la docte assemblée, Pie VI déclara dans un bref doctrinal, adressé aux évêques de l'assemblée nationale, sous la date du 10 mars 1791, « que le décret sur la constitution civile du clergé renversait les dogmes les plus sacrés et la discipline de l'église la plus certaine ; qu'il abolissait les droits du premier siège, ceux des évêques, des prêtres, des réguliers des deux sexes ; qu'il supprimait de saints rites, enlevait à l'église ses revenus et ses fonds, et qu'enfin il produisait des calamités si déplorables qu'on ne pourrait les croire si on ne les avait sous les yeux. » Ce jugement était appuyé de l'examen critique de chacun des articles de la constitution civile.

Le Pape condamne la constitution civile du clergé.

Le 13 avril suivant, Pie VI donna un nouveau bref qui confirma le premier. Dans celui-ci, qu'il adressa aux Français, il commandait à tous ceux qui avaient fait ce malheureux serment, de le rétracter dans l'espace de quarante jours, sous peine d'encourir par cela même la suspense de tous les ordres et de tomber dans l'irrégularité, s'ils avaient la témérité d'en faire ensuite quelques fonctions. Il déclara nuls tous les actes de juridiction des ecclésiastiques dits constitutionnels, et exhorta les fidèles à ne point communiquer avec les intrus, surtout dans les choses saintes.

L'église constitutionnelle essaya de se défendre. Elle fit paraître divers écrits en faveur de sa cause, et, pour atténuer l'effet des brefs du souverain pontife, elle les déclara supposés. Mais le pape répondit par un nouveau bref du 19 mars 1792. Il établit l'autorité de ses constitutions apostoliques et menaça les coupables de la sentence d'excommunication.

La constitution civile du clergé, en ne reconnaissant qu'un clergé national et paroissial, abolit dans l'église de France les chapitres, les abbayes, les collégiales et tous les couvents, ces pieux asiles que la piété avait ouverts aux maux physiques et aux peines de l'âme; les uns subsistent encore : ils ont traversé nos temps d'orages, comme ces pensées qui triomphent des désagréments de la vie; les autres ont été anéantis par la tempête : leurs ruines mêmes se sont englouties sous les mains avides qui se les ont disputées.

Vente des biens du clergé. Pour rendre cette suppression plus prompte et plus irrévocable, la loi chargeait les officiers municipaux où se trouvaient ces chapitres, ces abbayes, etc., de mettre le séquestre sur ces maisons, de s'en emparer, de les placer sous scellés et d'en interdire l'entrée aux anciens titulaires. La vente des biens du clergé s'opérait aussi avec activité. Les menaces de l'église, la nouveauté de ce procédé qui, aux yeux de beaucoup, ressemblait à un vol, à une spoliation, la crainte que tôt ou tard ces ventes ne fussent annulées, arrêtèrent beaucoup de personnes, et il s'y trouva bien peu d'enchérisseurs. La ferme et le bois de Saint-Gorgon, au Vernay, ne furent vendus que 26,000 fr.; la maison claustrale et la terre de Mondaye que 128,300 fr.

Les municipalités furent également chargées de la réception du serment des fonctionnaires ecclésiastiques, d'après le décret qui n'accordait qu'un délai de huitaine aux évêques et aux curés restés dans leurs diocèses et dans leurs cures, pour remplir cette formalité, faute de quoi ils devaient être réputés avoir renoncé à leur office, et remplacés sur-le-champ par le mode d'élection.

Ce fut le 2 février 1791 que les municipaux de Balleroy fixèrent au curé, au vicaire et aux autres prêtres nés sur la paroisse (1) pour recevoir leur serment qui devait se faire solennellement dans l'église après la messe. Grande était la foule en ce jour-là dans la petite église : les municipaux en grand costume officiel, accompagnés de gens en armes et des archers de la brigade de Balleroy, se présentèrent tambour battant à la porte de l'église, un peu avant la fin de la messe, et entrèrent dans le sanctuaire coiffés et au son du tambour. On eût dit que ces fiers patriotes venaient porter un défi à la divinité.

Le serment exigé.

L'office terminé, Philippe Littré, vieillard vénérable, soutenu par l'abbé Poutrel, son vicaire, et entouré de l'abbé Docquet, chapelain de la commanderie de Baugy, de l'abbé Beaufils, son second vicaire, de l'abbé Le Cour-

---

(1) Les abbés Fouques, Guillouet et Geslin étaient dans leurs cures où ils le prêtèrent.

sonnois du Bois, ancien chapelain des religieuses ursulines de Bayeux, de l'abbé Mabire, ancien secrétaire de l'évêché et ancien chapelain de Baugy, des abbés James et Chuquet, se dirige vers la chaire et en gravit avec peine les degrés; là, il se recueille un instant, comme pour prendre haleine, et de cette voix de père, que n'auraient jamais dû oublier ceux qui l'écoutaient, il dit : « Comme citoyens, les membres » du clergé sont obligés ainsi que vous, mes chers parois- » siens, d'obéir aux lois et aux puissances établies dans » tout ce qui ne blesse pas la religion, et c'est ainsi qu'ils » rendent avec vous à César ce qui appartient à César, à » la loi ce qui appartient à la loi, à la nation ce qui appar- » tient à la nation. Comme chrétiens, nous sommes obligés, » vous et moi, de nous soumettre aux décisions de l'église » notre mère, qui, elle, ne peut jamais errer en matière de » discipline et de foi, et c'est ainsi que nous rendrons à » Dieu ce qui appartient à Dieu. Si nous abandonnions » ces principes qui forment notre croyance, la religion » catholique-apostolique-romaine n'existerait plus parmi » nous. C'était donc, mes très-chers paroissiens, un devoir » impérieux pour moi, arrivé que je le suis sur le bord de » ma tombe, de venir ici solennellement, en face de ceux » qui sont mes enfants, en présence des autels et du Dieu » caché qui y est renfermé pour notre amour, au milieu de » mes bien-aimés confrères et coopérateurs, *prêter le ser-* » *ment* (1)... » Là il s'arrête un instant, comme pour

Le Curé de Balleroy refuse le serment.

---

(1) Le serment exigé était ainsi conçu : « Je jure de veiller avec soin » aux fidèles dont la direction m'est confiée ; je jure d'être fidèle à la

donner plus de force à ce qu'il va dire, et il ajoute du ton le plus solennel : « *de ne jamais reconnaître la constitution civile du clergé, tant que le souverain pontife ne l'aura pas sanctionnée ; je...* »

L'excellent et digne curé de Balleroy n'eut pas le temps d'achever : des vociférations, des imprécations horribles se firent entendre de toutes parts ; les cris effrayants de : *à la mort* ! volent de bouche en bouche ; les baïonnettes se croisent, et l'abbé Littré dut croire un instant qu'il allait enfin paraître devant son Dieu. Quelques femmes, oublieuses de la douceur commune à leur sexe, montent comme des furies à la chaire, d'où elles arrachent le malheureux vieillard, tout tremblant et presque évanoui. L'abbé Poutrel le leur abandonna, tant il avait hâte, sans doute, de prêter lui-même le serment en son entier et sans aucune restriction. L'exemple de l'abbé Poutrel fut suivi par tous les autres prêtres, excepté par l'abbé Le Coursonnois du Bois, qui s'était esquivé et caché au presbytère.

Les municipaux, pour récompenser le premier vicaire du zèle qu'il avait déployé en cette circonstance, le nommèrent, séance tenante, curé constitutionnel de Balleroy, et lui donnèrent pour vicaire l'abbé Bitot, né à Litteau, qui

<small>Poutrel et Bitot, curé et vicaire constitutionnels. 1791.</small>

» nation, à la loi et au Roi ; je jure de maintenir de tout mon pouvoir la
» constitution française (c'était ce que venait de jurer le curé de Balle-
» roy), *et notamment les décrets relatifs à la constitution civile du
» clergé.* » Ce fut contre cette dernière clause de ce serment que s'éleva
M. Littré, et il avait raison : c'était en cela seul que le serment était répréhensible et condamnable.

était venu tout exprès à Balleroy pour y prêter le serment. L'abbé Docquet fut nommé vicaire de Littry.

Michel Poutrel était le fils d'un sabotier de la forêt de Burleroy, où il était né en 1749. Ce prêtre avait de l'esprit, chantait assez bien, prêchait de même, et par là s'était attiré l'estime des habitants du bourg.

L'abbé Littré, que n'avait point quitté mon oncle (1), ne survécut que peu de jours à la vive émotion qu'il avait ressentie le 2 février : il rendit son âme à Dieu le 25 et fut inhumé le 29 dans le nouveau cimetière, à gauche en entrant (2).

Ce jour ne se passa pas sans de nouveaux troubles. Les prêtres qui n'avaient pas voulu prêter le serment, et que l'on commençait à appeler prêtres réfractaires, se présentèrent à l'église pour assister à l'inhumation du curé : les jureurs ne voulurent pas les recevoir ni permettre qu'ils portassent le surplis à la cérémonie. Les prêtres non jureurs, au contraire, prétendirent que c'était à eux de faire l'inhumation d'un prêtre qui, comme eux, avait refusé de prêter le serment à la constitution civile du clergé. De là des

---

(1) L'abbé Jacques-Marin-Barthélemy Le Coursonnois du Bois était le frère de ma grand'mère, Anne Le Coursonnois du Bois, épouse de Sébastien Génest de Bouillon. On peut se glorifier, à juste titre, d'appartenir à un confesseur de la foi !!

(2) L'entrée du cimetière n'était pas où elle est aujourd'hui : elle se trouvait un peu plus haut, vis-à-vis le tombeau de M. Moulland. Ainsi le corps de M. Littré doit se trouver entre le tombeau de M. Geslin et celui de M. Antoine Salles, beau-père de M. Georges Mancel, bibliothécaire de la ville de Caen.

reproches, des querelles, qui amenèrent un conflit déplorable; le peuple prit le parti des jureurs et il se mit à la poursuite des réfractaires, qui se sauvèrent là où ils purent. Le curé de La Bazoque tomba dans l'étang, où il pensa se noyer; l'abbé Le Coursonnois du Bois se sauva chez sa sœur, où il se cacha pendant quelque temps.

A l'exemple de presque tout le clergé fidèle, il aurait pu se soustraire à la tourmente et aller attendre sur une terre étrangère des jours calmes et plus sereins. Il crut qu'il valait mieux rester au péril de sa vie parmi des populations qui avaient plus que jamais besoin de secours spirituels; mais, s'il ne partagea pas l'exil de ses confrères, il le remplaça par des dangers plus difficiles à affronter et il demeura, comme eux, inviolablement attaché à la foi et à ses devoirs.

Pour éviter plus tard la persécution, il fut obligé de quitter sa famille et de venir se réfugier, tantôt à Bayeux, chez Mlle Planchon, ancienne religieuse ursuline, connue sous le nom de sœur sainte Rosalie, tantôt à Castillon, chez M. Le Chevalier de Longueville, dont il était l'ami; tantôt à Cahagnolles, chez la famille Sénot; tantôt au château de Balleroy, où était chapelain M. Mathieu Devy (1), son ami. Sur la fin de 1791, il fut arrêté et faillit être victime de son refus de prêter serment aux décrets relatifs à la constitution

---

(1) M. Devy est mort curé de la cathédrale en 1836, et je tiens de Mme la comtesse d'Hervilly, que j'étais allé visiter avec ma mère chez M. Sénot, à Cahagnolles, que c'était elle qui avait demandé la cure de Bayeux à Monseigneur Duperrier pour l'abbé Devy.

civile du clergé. Toutefois on le rendit à la liberté, mais ce n'était que la liberté de fuir et de se cacher ; car, à partir de ce moment, il lui fallut se dérober à presque tous les regards, dans une patrie au sein de laquelle la foi catholique était désormais un crime digne de l'échafaud. L'abbé Le Coursonnois du Bois réussit à faire croire qu'il avait quitté la France et sut détourner une partie des soupçons qui ne pouvaient manquer de planer sur lui. Déguisé sous toutes les formes, il exerça dans ces temps de douloureuse et sanglante mémoire, un ministère d'autant plus précieux, que les prêtres demeurés en France étaient plus rares, et que la persécution multipliait les besoins et les dangers pour les fidèles.

L'évêque de Bayeux avait également refusé le serment et il avait été remplacé par Claude Fauchet, élu en avril 1791, sur le refus formel de l'abbé de La Prise, curé de Saint-Pierre-de-Caen. Etre franc-maçon, vainqueur de la Bastille, orateur de club, étaient alors de grands titres pour être évêque constitutionnel ! Ajoutons à cela que l'abbé Fauchet avait acquis une très-grande réputation comme prédicateur, qu'il avait prêché devant le Roi à la cour, où son langage avait déplu, qu'il avait publié ou prononcé, dès 1789, quelques discours où l'on trouve de remarquables passages, des vérités éloquemment exprimées, des pensées religieuses au milieu d'un certain dévergondage philosophique ! Si la prudence et le jugement eussent dominé chez lui l'ardeur de l'imagination, le choix, dit M. Pezet, eût été justifié par les talents de l'élu.

<small>L'évêque du Calvados. 1791.</small>

D'une figure remarquable par la régularité de ses traits, par l'expression de sa physionomie, d'un extérieur prévenant, plein de fougue et d'entraînement, quoique n'étant pas dépourvu de dignité, d'un cœur ouvert et capable de mouvements généreux, le nouvel évêque séduisit aux premiers jours de son intrusion. Il n'osa s'appeler évêque de Bayeux, mais il intitula ses mandements : *Claude Fauchet, par la volonté du peuple, évêque du Calvados, dans la communion du saint Siège apostolique et dans la charité du genre humain.*

L'abbé Fauchet avait trop d'esprit pour croire qu'il fût réellement évêque de Bayeux ; il était trop instruit pour ne pas voir que le ministère auguste, qu'il venait exercer parmi nous, était un ministère usurpé et sacrilége. Non, il n'a jamais cru qu'il suffise, pour être pasteur légitime, d'avoir reçu le caractère sacré de l'épiscopat, ou bien qu'il en soit de la constitution de l'église comme de celles qui régissent les sociétés civiles et politiques, et que les hommes peuvent modifier à leur gré. La légitimité du ministère pastoral est essentiellement attachée à la mission canonique. Saint Paul l'a dit des apôtres eux-mêmes : Comment prêcheront-ils s'ils ne sont pas envoyés ? Or, l'Eglise seule peut conférer cette mission canonique ; Jésus-Christ, en l'établissant sur la terre, lui a donné les moyens de pourvoir à sa conservation et à son gouvernement intérieur ; il lui a donné, par conséquent, le droit de choisir et d'instituer ses ministres. C'est pourquoi, si la collation des titres ecclésiastiques n'a pas toujours été soumise aux mêmes règles, il est une chose qui n'a jamais varié, c'est le droit qu'a l'église de régler la forme et le mode de l'élection et de l'institution des pasteurs.

Certes, il me serait facile de produire à l'appui de cette doctrine un grand nombre de citations et de preuves, mais pour ne pas encourir le reproche d'être *trop peu gallican*, je me contenterai de rapporter quelques témoignages empruntés à l'Eglise de France. L'abbé Fleury trace, dans son institution au droit ecclésiastique, les limites de la juridiction propre et essentielle à l'église ; il énonce ensuite les droits qui en découlent, et spécialement le droit *d'établir des pasteurs et des ministres pour continuer l'œuvre de Dieu* jusqu'à la fin des siècles ; il ajoute enfin : « Voilà les droits essentiels de l'église, dont elle a joui sous les empereurs payens, et qui ne peuvent lui être ôtés par aucune puissance humaine, quoique l'on puisse quelquefois, par voie de fait et par force majeure, en empêcher l'exercice. » Les évêques de l'assemblée générale du clergé de France, tenue à Paris en 1765, disaient dans une exposition des droits de la puissance spirituelle : « Puisque c'est à l'église que Jésus-Christ a confié l'enseignement et l'administration des sacrements, c'est de l'église seule que les pasteurs peuvent tenir leur mission ; c'est à elle qu'il appartient d'instituer, de destituer ses ministres. » Enfin il est une autorité devant laquelle tout catholique, en France comme en Italie, s'incline avec une religieuse et entière soumission, c'est le concile de Trente. Or, ce concile, dans un de ses décrets dogmatiques, frappe d'anathème quiconque dira que ceux qui n'ont point été légitimement ordonnés ni envoyés par la puissance ecclésiastique et

Juridiction des évêques.

canonique, sont de légitimes ministres de la parole et des sacrements.

Maintenant je demanderai : de qui l'abbé Fauchet, et après lui, les abbés Duchemin et Bisson, ont-ils reçu la mission de gouverner l'église de Bayeux ? On me répondra, sans doute, que cette mission leur a été conférée par l'évêque métropolitain des côtes de la Manche ; mais cela ne suffit pas : le problème n'est pas résolu. Je demanderai encore de qui l'évêque métropolitain de la Seine-Inférieure ou des côtes de la Manche, ce qui est la même chose, a-t-il reçu lui-même l'institution canonique et le droit d'instituer l'évêque constitutionnel du Calvados ? Assurément il ne l'a pas reçu du saint Siège ; dès que la consécration des premiers évêques constitutionnels fut parvenue à la connaissance de Pie VI, cet illustre et saint pontife s'empressa d'adresser à toute l'Eglise de France le bref (13 avril 1791), dont je viens de parler dans ce chapitre, bref dans lequel il déclarait que la consécration de ces évêques était illicite, illégitime, sacrilége et contraire aux saints canons.

Nullité de la juridiction des constitutionnels.

Il faut donc nécessairement, pour trouver l'origine du nouvel épiscopat que la France a vu s'élever dans son sein, nous arrêter aux décrets de l'assemblée nationale et à la constitution civile du clergé.—« Voilà donc, disait le cardinal de La Luzerne, l'assemblée nationale devenue l'unique source de tous les pouvoirs spirituels dans l'église gallicane ! C'est l'assemblée nationale qui confère aux métropolitains le droit de confirmation. Ainsi l'assemblée nationale est mise à la place de l'Eglise ! » Le ministère nouveau qu'elle a établi, ne découlant que d'elle, est évidemment un ministère sans pouvoir, un ministère nul, un ministère schismatique. Le nouvel évêque de Bayeux, ainsi que le nouveau curé de Balleroy, Poutrel, vinrent donc exercer parmi nous un ministère illicite, et leur usurpation sacrilége ne put jamais leur donner cette juridiction nécessaire pour le gouvernement spirituel des âmes.

Les événements se succédaient alors avec une rapidité extrême. Les souverains de l'Europe ne pouvaient voir sans inquiétude une grande nation détruire ses institutions et avilir le trône et l'autorité ; d'une autre part, ils espéraient trouver une proie facile et prompte dans une nation divisée. Quelque temps incertains, ils finirent par prendre une attitude hostile ; de leur côté, les émigrés parmi

<small>Emigration du comte de Balleroy.</small>

lesquels nous devons compter Philippe-Auguste-Jacques de La Cour, comte de Balleroy, s'organisaient militairement en Allemagne, sous la conduite des princes du sang. Les conflits extérieurs et les luttes de l'intérieur devaient enfin amener forcément la guerre : elle fut résolue et pro-

<small>La guerre.</small>

posée par le Roi à la législative ; elle fut acceptée et proclamée le 20 avril 1792.

La France entière à cette nouvelle retentit de ce cri terrible proféré par la législative : *la patrie est en danger !* Partout dans les cités, dans les villages, partout il arriva sur l'aile des vents. Amis et ennemis se pressent la main en se répétant : la patrie est en danger, volons à son secours ! Ah ! c'était bien là le vrai sentiment national, le vrai sentiment de tous les Français, sans exception aucune, à l'approche du danger commun.

Balleroy ne fut pas le dernier à suivre cet élan patriotique. Le conseil municipal s'empressa sans perdre un instant d'organiser, à l'exemple de Bayeux et des cités circonvoisines, sa garde nationale. Pour exalter le patriotisme, un chêne fut planté sur la place publique dans une solennelle cérémonie. Tous les jeunes gens furent appelés à s'armer pour la défense de la patrie, et ceux qui ne pouvaient s'enrôler furent invités à contribuer par des offrandes volontaires aux frais de la guerre. Ce double vœu fut entendu : un autel de la patrie fut dressé sur le tertre du Sapin, pour y recevoir les enrôlements et les dons patriotiques. Au premier son du tambour, en moins de vingt-quatre heures, avec un admirable élan, plusieurs jeunes gens y montèrent, et aux chants des hymnes de la liberté, souscrivirent leurs engagements (1). Parmi eux je n'oublierai pas l'aîné de mes oncles : être modeste, c'est folie, dit un spirituel écrivain ; on se déprime, on s'humilie... et l'on est toujours pris au mot.

Mon aïeul, Gilles Bidot, destinait son aîné à l'état qu'il professait lui-même ; mais une vocation décidée dès le plus jeune âge le porta vers l'état militaire. Le jeune Bidot ne put résister à cet élan général qui entraîna les enfants de la France à la défense de la patrie : il s'échappa un matin

Enrôlements volontaires.

---

(1) Parmi les jeunes gens qui s'enrôlèrent à Balleroy, on compte pour ce bourg MM. La Joie, Martin Duchemin, Israël Jébanne, Colleville et l'aîné Bazire. Un des soldats de cette époque qui a servi sous le capitaine Bidot vit encore à Balleroy : c'est le médaillé de Sainte-Hélène M. Fouin, né à Cerisy-la-Forêt.

de la maison paternelle à l'insu de sa famille pour aller s'engager à Bayeux. La sollicitude paternelle qui, depuis long-temps, pressentait cette détermination et cherchait à l'ébranler, envoya de suite des amis pour ramener le jeune fugitif ; mais ce fut en vain : son parti était pris, et Jacques Bidot s'enrôla comme volontaire (1). Plein de sève et riche de courage, animé d'ailleurs de cet esprit national qui forme les grands caractères militaires, il s'était promis de dévouer sa vie tout entière à la défense et à la gloire de son pays, et son pays reconnaissant sait s'il n'a pas été fidèle à ses promesses. Soldat volontaire en cette année 1792, il est mort sous les drapeaux en l'année 1831 !

(1) Jacques Bidot, né au moulin de Vaubadon en 1776, fit partie, en l'an II, III et IV, des armées de l'océan et des côtes ; le 6 septembre 1793, il était déjà sergent-major, et le 8 octobre, il fut fait prisonnier par les Vendéens à la Pélerine (près Fougères) ; mais il parvint à s'échapper, et fut ensuite incorporé dans un régiment de ligne à Lyon, où il conserva son grade de sergent-major, et fut ensuite désigné porte-drapeau : il resta sept ans dans ce corps. En 1796, il partit avec l'armée d'Italie sous le commandement du général Bonaparte, et prit part aux batailles d'Arcole, de la Piave, de Tagliamento, de Marengo, d'Ulm et d'Austerlitz. Dans la campagne de Prusse et de Pologne, il fut élevé au grade de sous-lieutenant au combat et à la prise d'Eylau, en février 1807. Il prit ensuite part aux batailles d'Iéna, d'Heilsberg et de Friedland, et assista à l'entrevue des empereurs à Tilsitt. Après les batailles d'Essling et de Wagram, où il fut blessé, Bidot fut fait lieutenant et adjudant-major de son régiment. L'année suivante, il quittait l'armée active et devenait adjudant de place à Grenoble, où il se trouvait quand y passa le pape Pie VII comme prisonnier d'Etat. La Restauration lui offrit du service qu'il accepta, et il fut envoyé adjudant de place à Mont-Dauphin, puis ensuite à Briançon. Louis XVIII le fit chevalier de Saint-Louis ; Louis-Philippe lui laissa son

Sa douceur, sa modestie et son éloignement pour tout ce qui sentait l'intrigue ou la bassesse avaient fait de lui un homme entièrement inoffensif et lui avaient concilié toutes les sympathies. Paraissant avoir une grande défiance de lui-même, il se tenait à l'écart et adoptait volontiers un rôle passif alors qu'il eût pu en jouer un autre avec quelque succès. Eminemment vertueux, il joignait à cet esprit de droiture et de conviction qui commande l'estime un caractère de modération qui prévient et adoucit toujours le froissement entre les hommes, et nous permet de conserver nos sentiments d'amitié pour ceux dont les principes politiques sont opposés aux nôtres.

A ces qualités du cœur et de l'esprit le capitaine Bidot alliait des croyances religieuses profondes, et il pratiquait comme il croyait. Aussi la religion à laquelle il avait été fidèle pendant sa vie, même au milieu des camps, lui a-t-elle prodigué ses consolations à sa dernière heure, et c'est avec le calme du juste qu'il rendit son âme à Dieu, laissant une veuve et de nombreux enfants (1) encore en bas âge.

---

poste en 1830. L'année suivante, vers le mois d'octobre, il le nomma capitaine et chevalier de la Légion-d'Honneur. Cette double nomination lui arriva quelques jours avant sa mort, qui eut lieu dans le courant du mois de novembre 1831.

(1) L'un d'eux, Balthazar-Denis-Jules Bidot, avait six ans quand il perdit son père. Orphelin à sept, il entra à l'école de la Flèche sur sa demande, et passa ensuite à l'école Saint-Cyr, d'où il sortit sous-lieutenant. Aujourd'hui il est capitaine adjudant-major du 31e de ligne, régiment dans lequel il était entré au sortir de l'école Saint-Cyr.

Cependant cette jeunesse enrôlée volontairement était trop insuffisante pour défendre la patrie de l'invasion étrangère : tous les Français de 18 à 25 ans furent déclarés soldats. A cette époque encore ma famille vint fournir son contingent : deux de mes oncles, Pierre et Jean-Baptiste (1), s'empressèrent de suivre l'exemple de leur aîné ; ils s'enrôlèrent aussi comme volontaires et allèrent grossir les immortelles phalanges de notre première république.

Mais bientôt l'argent venant à manquer, l'emprunt forcé, les assignats ou papier monnaie mirent la France entière à la disposition des Jacobins, et nous amena la triste et bien regrettable catastrophe du 10 août 1792. A peine cette catastrophe fut-elle connue à Balleroy que quelques exaltés du club réclamèrent à grands cris que le nom de Balleroy fût changé et remplacé par celui de Bal-sur-Drôme ; que les armoiries fussent effacées partout, et au château et à l'église. Les municipaux accordèrent volontiers ce dernier chef ; mais le premier fut rejeté à l'unanimité moins une voix, et le conseil déclara, avec une louable fermeté, que Balleroy maintiendrait son nom jusqu'à ce qu'il ait été statué sur le sort du Roi.

Les massacres du 2 septembre épouvantèrent la France et firent même trembler la législative, qui devait quitter le

___

(1) Tous deux, ainsi que leurs frères, sont nés et inhumés à Balleroy. Après avoir fait les guerres de la République et une partie de celles du premier Empire, ils rentrèrent dans leurs foyers : Pierre forma le bataillon de la garde nationale en 1830.

21 ses pouvoirs pour faire place à la convention nationale. Dès la première séance, le 21 septembre 1792, la *royauté est déclarée abolie,* et la république décrétée par acclamation.

Mais nous touchions à 1793 ! Dès le 11 décembre 1792, Louis XVI avait comparu à la barre de la convention, et le 17 janvier la peine de mort est prononcée contre ce monarque malheureux........ Il fallait à Dieu une expiation pour les crimes et les scandales des règnes précédents, et la justice de Dieu était satisfaite !

<small>21 janvier 1793.</small>

Alors ce ne fut pas assez d'avoir créé une église schismatique et un clergé prévaricateur : les ennemis de la religion avaient juré non seulement de l'asservir, mais de la renverser, d'empêcher tout culte divin, et de présenter pour la première fois à la terre le spectacle d'un grand Etat faisant profession d'impiété. On connaît les Gobel, les Lindet, les Massieu ; mais notre pays devait aussi avoir ses apostats ! Le clergé de notre contrée devait aussi s'épurer et se retremper dans cette épouvantable crise. Je ne prétends pas enregistrer toutes les défections qui eurent lieu parmi les constitutionnels que nos pères ont vus à Balleroy et dans les environs ; d'ailleurs les temps de terreur, dont le mois de novembre de cette année fut suivi, ont pu ensevelir bien des démarches honteuses.

<small>Le culte proscrit.</small>

Les sociétés populaires, qui jouaient alors un si grand rôle dans le mécanisme politique, s'établirent dans l'église à Balleroy pour y tenir leurs assemblées : c'était au milieu d'elles que la vie publique s'était concentrée. Les clubs étaient devenus la puissance du jour. Une mauvaise estrade placée dans le chœur servait de tribune ; les frères se pla-

<small>Les clubs dans l'église à Balleroy.</small>

çaient sur des gradins en amphithéâtre, et les spectateurs, citoyens et citoyennes, étaient admis et placés pêle-mêle dans la nef. Le bonnet rouge était devenu la livrée des démagogues. Plus on était déguenillé, plus on rendait hommage au principe de l'égalité.

CHAPITRE X.

La loi des suspects.—Comité de surveillance de Balleroy.—Arrestation du général Charles-Auguste de La Cour, cinquième et dernier seigneur de Balleroy, et de Jean-Paul-François de La Cour de Balleroy, son frère, maréchal-de-camp, chevalier de Saint-Louis et commandeur de l'ordre de Malte.—Leur assassinat juridique.—Arrestation de Mme la comtesse d'Hervilly.—Le comte d'Hervilly blessé mortellement à l'affaire de Quiberon.—Denis Le Héricy sauve de la mort Mme d'Hervilly. — Le curé Poutrel en prison.—Eglise de Balleroy profanée et mutilée.—Mandat d'arrestation contre Jacques Delandes et Gilles Bidot pour s'être opposés à la dévastation de l'église.—Le dimanche aboli et remplacé par le décadi.—Culte de la Raison.—Bal-sur-Drome.—Temple de la déesse Raison.—Fête de la déesse Mme X. — Deux arbres de la liberté sont plantés à Balleroy. — Les prêtres réfractaires.—Mlle Désert promenée sur un âne pour avoir été à la messe d'un réfractaire.—Fin de la terreur.—Les détenus mis en liberté.—La famine.—Constitution de l'an III.—Les bandes des frères David.—Ils sont assiégés à Vaubadon.—On les arrête à Lamberville après avoir assassiné l'abbé Hébert dans le cimetière du Tronquay.—Ils sont condamnés à mort et exécutés sur la place du marché de Bayeux.—Réaction religieuse.—Formation du presbytère de Bayeux.—Concile national des constitutionnels.—Les pères de ce concile écrivent au pape qui ne leur répond pas. — Election d'un évêque. — L'abbé Hérault, curé de Touques, refuse cet honneur.—Lettre circulaire de quelques membres de l'ancien chapitre de Bayeux au clergé et aux catholiques fidèles pour leur apprendre la mort de Monseigneur Joseph-Dominique de Cheylus, évêque de Bayeux.—En eux seuls étaient la juridiction et la mission de nommer et d'envoyer des pasteurs.—Jean-Baptiste-Julien Duchemin est nommé évêque par les constitutionnels.—Sa mort.—Election de Louis-Charles Bisson.—Il prend le titre d'évêque de Bayeux.

La publication de la loi des suspects fut le signal d'une

terreur générale exercée par l'autorité la plus formidable, la démagogie ! Cette loi créa, dans chaque commune de la république, un comité de surveillance composé de douze membres, qui furent investis du droit de proposer les proscriptions, les meurtres et les spoliations. Nul ne pouvait se flatter d'échapper au cadre illimité tracé par les douze catégories de Chaumette ; la délation et l'espionnage avaient donc un succès assuré.

Le comité révolutionnaire de Balleroy était entré en fonctions le 8 octobre 1793. Ce comité, qui disposait arbitrairement, sur un simple soupçon, de la liberté, de la vie, du repos des familles, eût dû être composé, sinon d'hommes justes, au moins de citoyens offrant quelques garanties de moralité. Les douze membres qui y furent appelés furent choisis parmi les plus furieux et les plus ignorants démagogues. Des manœuvres, des gens de la plus basse et de la plus vile populace, tous ceux qui s'étaient le plus signalés par leurs emportements furent investis de ces redoutables fonctions.

Arrestation du général de Balleroy et de son frère. 1793.

Si je me suis interdit de citer les noms des persécuteurs, je n'ai pas la même raison de taire celui des victimes. On trouvera dans ces révélations tout à la fois des émotions et des enseignements. Dès le 10 octobre 1793, ces misérables mirent soudainement en état d'arrestation (1), dans son propre château, le lieutenant-général marquis de Balleroy, lui que nous avons vu verser son sang pour la France à la bataille de Raucoux, cueillir des lauriers à Laufeld,

(1) Liste des conspirateurs, n° 3.

battre et chasser les Anglais à Saint-Caast et se couvrir de gloire pendant la guerre de Sept Ans. Tandis que le comte Philippe-Auguste, son fils, avait suivi le drapeau de l'émigration, il était venu chercher le repos de sa vieillesse sous les magnifiques ombrages de son château, dans la compagnie de son frère, Jean-Paul-François de La Cour de Balleroy, maréchal-de-camp (général de brigade), chevalier de Saint-Louis et commandeur de Malte, espérant que le souvenir de ses services, celui des bienfaits que son père et lui avaient répandus dans la contrée, préserveraient sa tête ! Honte ! mille fois honte aux misérables qui osèrent mettre la main sur des têtes aussi chères et aussi vénérables !

En vertu de la loi qui réputait suspect tout parent d'émigré, nos sanguinaires révolutionnaires gardèrent les deux frères à vue pendant quelque temps au château ; mais bientôt une brigade de la gendarmerie de l'Yonne en garnison à Bayeux vint se saisir d'eux, et le soir du 12 octobre le registre d'écrou de la prison de cette ville contint deux noms de plus : on y lit entre autres cette désignation : *Charles-Auguste Lacour-Balleroy* (1), *cordon rouge, père d'émigré*.

Les deux frères, laissés quelque temps dans la maison d'arrêt de Bayeux, furent bientôt réclamés par les satellites

---

(1) Il y a encore des hommes aujourd'hui qui, voulant disputer au marquis de Balleroy son titre réel sous lequel il est connu, écrivent comme ceux d'alors marquis Delacour-Balleroy. Cette expression, démagogue au point de vue grammatical, ne saurait jamais être française !

324 HISTOIRE

Assassinat juridique de MM. de La Cour de Balleroy. 1794.

du tribunal révoluionnaire. Après avoir passé quelques jours dans les prisons de Paris, ils furent traduits au sanglant tribunal et guillotinés ensemble, comme ils avaient été condamnés par le même jugement le 23 mars 1794. Leur arrêt de mort porte « qu'ils avaient entretenu des » correspondances avec les ennemis intérieurs et exté- » rieurs de la république, » prétexte banal qui suppléait à tout autre accusation. Ils étaient âgés l'un de 74 ans, l'autre de 67. La mort héroïque de ces deux frères est au-dessus de tout éloge ; cependant l'histoire doit-elle se contenter de refermer leur tombe sans dire un mot en leur honneur ? Je ne le pense pas. Il est vrai que nous connaissons les talents et le courage militaire du général de Balleroy ; mais, ce qui vaut mieux que le génie des batailles, le marquis de Balleroy possédait de hautes vertus, un noble caractère, des qualités attachantes ; sa vie tout entière fut celle d'un homme de bien ; ses croyances religieuses étaient profondes et basées sur un examen sérieux et éclairé ; la foi de son esprit était soumise à l'enseignement de l'église et il pratiquait selon ses croyances. Il ne composa jamais avec ses principes et, en toutes circonstances, il eut le courage de ses opinions. Il fut charitable, dévoué en amitié, d'un commerce doux et facile, recherché de tous, aimé de tous.

Son frère, le chevalier de Balleroy, comme l'appelaient nos pères, réunissait en lui un rare assemblage des qualités du cœur et de l'esprit ; bon, brave, officieux, il était d'un caractère simple et ferme ; modèle des vieux temps, de mœurs sévères, on trouvait en lui une modestie chevaleresque et fière, jointe à un certain orgueil plein de candeur si différent de l'orgueil qui s'impose et veut dominer. La bonté inépuisable de son cœur et sa bienfaisance étaient devenues proverbiales : faire le bien pour le bien, se rendre utile à ses concitoyens sans briguer leur estime et sans la dédaigner (1), telle fut la tâche honorable que les deux frères s'imposèrent dans le cours de leur longue carrière. On peut dire enfin, pour résumer d'un mot deux si belles vies, que ce furent deux honnêtes citoyens dans toute la grandeur et la sublimité de la chose ; car ils eurent les qualités qui en sont la base : la bonne foi, la droiture et la raison......

L'inquiétude générale des honnêtes gens de Balleroy (c'était le plus grand nombre), et ces larmes qu'on vit alors répandre par des hommes qu'on aurait dû croire indifférents à leur arrestation, les démarches infructueuses de tous les bons citoyens, tout a prouvé à quel point, même en 1794, la religion et l'honneur unis à l'affabilité et à la bienveillance inspirent d'estime, de respect et d'affection pour ceux chez lesquels ils se rencontrent. Chez ces deux braves généraux qui en avaient tant, l'amour filial fut une vertu primordiale. Le marquis Claude-Augustin de La Cour de Balleroy, leur père, succomba, comme on l'a vu, à une longue suite de souffrances morales, occasionnées par sa trop cruelle disgrâce ; ses fils, sur les derniers jours de sa

---

(1) Lettres inédites pour servir au martyrologe des victimes de la révolution, par Barruel. *Manuscrit de la bibliothèque de l'Arsenal*, à Paris.

vie surtout, lui prodiguèrent non seulement les soins les plus intelligents, mais encore des soins constants et pénibles. Leur douleur fut extrême au moment suprême : elle fut adoucie par la religion ; mais leur arrestation, qui vint les frapper comme la foudre, ne leur permit plus d'espoir pour eux-mêmes. Ils virent aussitôt le danger avec ce calme, cette foi vive qui les caractérisaient (1). Ils demandèrent l'abbé Devy (2) qui s'était réfugié au château où il servait de chapelain, et reçurent de lui les consolations de la religion. Ils firent alors, non sans peut-être jeter un regard en arrière, mais avec une admirable résignation, le sacrifice de leurs plus chères affections, du bonheur dont ils avaient joui et d'une vie si glorieusement remplie.

Arrestation de Mme d'Hervilly. 1795.

Quelque temps après, nos révolutionnaires mirent aussi en état d'arrestation la comtesse d'Hervilly, Augustine-Marie-Louise de La Cour de Balleroy, mère de trois charmantes demoiselles (3), épouse du comte d'Hervilly,

---

(1) Je tiens tous ces détails de ma mère qui, comme on le sait, passa son enfance au château, dont son père était le maréchal-vétérinaire.

(2) Un écrivain assez mal renseigné prétend à tort que M. Matthieu Devy était de Planquery et avait été ordonné prêtre en 1795, ce qui ferait présumer qu'il aurait été ordonné prêtre pendant la terreur. M. Devy est de Cahagnes et il fut ordonné prêtre avant la révolution. Il resta constamment au château comme chapelain pendant nos troubles révolutionnaires, devint à la Restauration curé de Caumont et de Honfleur. Il était curé de cette ville, quand la comtesse d'Hervilly, qui voulait en faire un évêque, le fit nommer, en attendant, curé de la cathédrale.

(3) L'aînée épousa un riche milord anglais ; la seconde, que j'ai parti-

maréchal-de-camp, chevalier de Saint-Louis, commandant de la garde constitutionnelle de Louis XVI : ce brave et fidèle officier général resta auprès de ce prince après le licenciement de ce corps, tenta vainement de le défendre au 10 août 1792, à la tête de deux compagnies de gentilshommes qui s'étaient rassemblés à la hâte dans le château, et finit par l'accompagner à l'assemblée législative : cette dernière preuve de dévoûment lui sauva la vie, et ce fut par là qu'il échappa au massacre de cette journée. Il se rendit ensuite en Angleterre, et y leva, en 1794, un régiment composé en grande partie de Toulonnais fugitifs. Ce corps ayant été employé en 1795 dans l'expédition de Quibéron, le comte d'Hervilly, blessé à la seconde affaire qui suivit le débarquement, fut aussitôt transporté à Portsmouth et y mourut peu de temps après des suites de ses blessures.

Un de ces cœurs nobles et généreux, qui se rencontrent encore parfois et même très-souvent parmi le peuple, parmi la classe ouvrière, touché des malheurs de la famille des anciens seigneurs de sa localité, voulut sauver

Denis Le Héricy sauve Mme d'Hervilly. 1795.

lièrement connue, Mlle Thaïse, épousa le comte Auguste de Caffarelli, lieutenant général, aide-de-camp de Napoléon Ier, gouverneur du palais des Tuileries. Ce fut lui qu'on chargea des préparatifs relatifs au voyage du Saint-Père en France pour le sacre. C'était le frère du baron de Caffarelli, préfet du Calvados; de l'évêque de Saint-Brieux ; du comte Joseph, préfet maritime, et du général du Falga, leur aîné, tué au siège de Saint-Jean-d'Acre, en 1799. La troisième fille de Mme d'Hervilly épousa son cousin, le comte d'Hervilly.

à tout prix la fille du marquis de Balleroy. Cet homme mérite assurément une place dans cette histoire : mais déjà mes lecteurs ont nommé M. Le Héricy ! Oui, ce fut lui qui, par son énergique volonté, par sa rare perspicacité, sauva de l'échafaud la comtesse d'Hervilly. Simple tailleur d'habits, Denis Le Héricy n'était pas un homme vulgaire : destiné d'abord à l'état ecclésiastique, il n'avait quitté sa vocation que par nécessité et par crainte à l'approche de la tourmente révolutionnaire. Chargé par le comité de surveillance de garder à vue, dans le château, la comtesse d'Hervilly, il fit part à cette dame de la résolution qu'il avait prise avec le docteur Vimard de la sauver. La chose était d'autant plus difficile qu'on attendait d'heure en heure le moment de l'enlever pour la conduire au fatal tribunal. M. Le Héricy se tint sur le *qui vive militaire* pendant deux jours. Enfin, dès qu'il aperçut les soldats du général Barbazan, Mme d'Hervilly est promptement roulée dans un sac rempli d'orties, puis jetée sur son lit qu'entourent à l'instant ses enfants en pleurs, les domestiques et le docteur Vimard, qu'avait envoyé le comité de surveillance et qui semblait lui prodiguer les soins les plus empressés. Le général est introduit par Le Héricy près de la comtesse ; cet officier de la république recule à sa vue. Le docteur Vimard le suit et lui dit : Général, tu le vois, il est impossible que tu enlèves la citoyenne, elle périrait en route, et certes, c'est ce que ne veut pas la justice de la république.—Tu as raison, médecin, mais certifies-moi l'état de la citoyenne et je la laisse entre tes mains : tu me répondras d'elle, n'est-ce pas?—Alors le général et sa troupe se retirèrent, et madame d'Hervilly fut sauvée, car à la chute de Robespierre, qui ne tarda pas, les prisons furent ouvertes aux prisonniers. On le sait, madame d'Hervilly n'a jamais oublié cet acte de dévoûment : elle a noblement et dignement récompensé et le docteur Vimard et Denis Le Héricy.

A la lecture des noms qui précèdent, on s'imaginerait peut-être que les victimes appartenaient seulement aux classes distinguées de la société, et que la république ne faisait tomber que les têtes élevées. On se tromperait grossièrement : le comité de surveillance donna l'ordre d'arrêter Jacques Deslandes et mon grand-père, Gilles Bidot (1), citoyens très-paisibles et honnêtes, tous deux anciens municipaux, et qui, s'étant rendus à l'église tandis qu'on la profanait par d'horribles mutilations, avaient vivement apostrophé les coupables auteurs de cette profanation. Ils évitèrent tous deux par la fuite les horreurs de la prison et peut-être même la mort. Moins heureux, le curé constitutionnel Poutrel, Mlle Marianne Le Than et Pierre La Ville, furent tous trois écroués à Bayeux, où ils restèrent jusqu'au rappel de la loi des suspects (2).

---

(1) Mes trois oncles, *Jacques, Pierre* et *Jean*, étaient, comme on le sait, sous les drapeaux et on leur écrivit méchamment de Balleroy que leur père était dirigé sur Paris pour être guillotiné. Peu s'en fallut qu'ils ne désertassent pour se rendre à Paris le jour de la prétendue exécution de leur père, afin de le défendre ou de mourir avec lui. Une lettre seule de leur mère qui les instruisit de tout les retint dans le devoir et à leur poste.

(2) Liste des conspirateurs. *Archives du Calvados.*

330   HISTOIRE

Ainsi après avoir déporté ou réduit à se cacher les prêtres qui avaient refusé de prêter le serment, on s'attacha ensuite à poursuivre le clergé constitutionnel. On livra d'abord les églises à des usages profanes, on en fit des lieux de rassemblements publics et politiques, de clubs et d'assemblées électorales, en même temps qu'on continuait de les faire servir aux exercices du culte, confusion impie, qui ôtait aux églises leur caractère de paix, de silence et de respectueux recueillement. Maîtres en certains jours de nos églises, les révolutionnaires s'y livrèrent à de criminelles et lâches dévastations.

Profanation et pillage de l'église de Balleroy.
Dès le commencement de l'année 1793, à la suite de deux assemblées électorales qui eurent lieu dans l'église de Balleroy, les tableaux furent déchirés, les statues abattues, les autels profanés, le crucifix entre la nef et le chœur renversé et la face du christ ignominieusement mutilée à coup de talon de bottes : ses bras et ses jambes furent brisés à coup de pied (1). On est loin d'avoir oublié même encore aujourd'hui le nom des lâches profanateurs, et surtout la mort épouvantable qu'ils ont eue à subir, et qu'on regarde généralement comme une punition visible du ciel (2).

---

(1) C'est dans cet état que, sur le point de faire ma première communion (1821), je le trouvai dans la tour où je m'étais furtivement introduit. Ce christ, qui était là sans doute oublié, me fit une vive impression. Je m'empressai de faire part de cette découverte à M. Moulland et du désir que j'aurais de voir ce beau christ restauré et replacé.—Tu as raison, mon enfant, me dit M. le curé, et alors il le fit restaurer et replacer tel que nous le voyons aujourd'hui dans l'église.

(2) Celui qui enleva les fonts sacrés pour donner à boire à son cheval

DE BALLEROY.   331

C'était partout que ces scènes de vandalisme et d'impiété se reproduisaient : l'or et l'argenterie de nos églises, offrande de la piété de nos pères, servirent à enrichir les plus vils scélérats. On traînait par dérision dans les rues les objets employés au service divin, on profanait les vases consacrés au sacrifice le plus auguste, on mutilait les tableaux de piété, objets si précieux du talent et des arts.

Nos églises furent transformées en salle de théâtre, on y vit se produire des orgies scandaleuses et dégoûtantes, qui arrachèrent à l'abbé Moulland, que nous verrons bientôt curé de Balleroy, cette protestation énergique, qu'il eut le courage de signer et de livrer à la publicité de l'impression : « Je suis autant indigné que surpris, dit-il, des horreurs dont on souille nos temples et des attentats qui se commettent contre nos personnes. Ce ne sont pas seulement de vils animaux qui profanent nos autels ; des maîtres, encore plus immondes qu'eux, les couvrent de leurs vomissements exécrables. On m'égorgerait plutôt que de souffrir de pareilles abominations, mais puisque je ne puis les empêcher, je n'en dois pas être non

Lettre d'un prêtre constitutionnel au sujet de ces profanations.

---

est mort de soif ; celui qui avait passé une corde à nœud coulant autour de la tête du grand christ dont je viens de parler est mort étranglé ; celui qui lui avait broyé la tête à coup de talon de botte a eu la tête écrasée ; celle, une femme ! oui ! celle qui avait osé profaner l'autel de la Sainte-Vierge en y plaçant une de ses filles pour y faire des ordures a vécu près de six à sept ans (et je l'ai vue mourir repentante) le talon gauche profondément enfoncé dans *l'anus*. Sa fille qui vit encore peut dire les horreurs qu'elle a souffertes et aussi nous raconter sa pénitence et son repentir.

plus le témoin. Hier, je voulus élever la voix de la religion, pour confondre ces monstres ; aussitôt le tonnerre de l'impiété se fit entendre. Tous les démons semblèrent sortir de l'enfer et me couvrir de leurs hurlements épouvantables : des cannibales parlaient déjà de me faire dévorer par leurs chiens ou de m'assommer à coup de pierre ou de bâton ; un plus honnête et plus charitable me déchira la jambe d'un coup de soulier, et me prouva que le parjure et le mensonge accompagnent toujours la bassesse et la lâcheté. Je ne me retrouverai jamais dans une assemblée où il n'y a ni ordre, ni liberté, ni décence, où règnent au contraire la tyrannie la plus affreuse, la grossièreté la plus sale, la scélératesse la plus horrible... Les autels sont au moins, aux yeux du philosophe, des *tables à manger,* et l'on ne doit point y mettre ce que vous ne voudriez pas voir sur les vôtres (1)... »

Malgré ces déplorables faits, jusqu'à la fin de 1793, la convention, qui croyait sans doute que le catholicisme s'anéantirait de lui-même, avait dédaigné d'employer la violence. Elle avait dépouillé les églises, applaudi aux prêtres qui se mariaient, enlevé aux jours de l'année leurs noms de saints, prohibé les signes extérieurs du culte, substitué la célébration du décadi à celle du dimanche, mais enfin elle n'avait pas encore prononcé contre la destruction totale du culte. Sans autels, sans sacrifice, sans sacerdoce, elle

---

(1) Cette lettre que je possède, adressée à M. A., est à la date du 13 mars 1793, l'an II de la république. Elle est signée Moulland, curé de Saint-Martin de Bayeux.

voulut nous rendre semblables à ces sauvages stupides, qui n'ont aucune idée d'un Etre tout-puissant, si toutefois il en peut exister qui portent jusque-là l'abrutissement. Après avoir applaudi au misérable évêque de la Seine, qui, à l'âge de 70 ans, était venu à la barre déposer ses lettres de prêtrise, elle proclama, par la bouche de son président, que l'Etre Suprême ne veut d'autre culte que celui de la raison, et que ce sera désormais la *religion nationale*.

Nous avons vu qu'à Balleroy nos démagogues n'étaient pas restés en arrière dans la voie de l'impiété et de la propagande révolutionnaire. Cette fois encore ils se hâtèrent de reproduire, dans une des séances de leurs clubs, le scandale qu'avait donné à Bayeux l'un des grands vicaires de l'évêque Fauchet, Simien Despréaux : ils trouvèrent dans le canton, dans un des fiefs des marquis de Balleroy, un prêtre apostat qui s'était marié à *une épouse vertueuse,* et qui vint aussi la présenter à ses frères, afin de rendre un public hommage *aux premières lois que doivent suivre les hommes, s'ils veulent trouver le bonheur.* Cette scandaleuse mascarade finit, comme celle de Bayeux, par une chanson patriotique et l'accolade fraternelle du président. Cette séance se tint encore dans l'église à laquelle on travaillait pour en faire un temple de la déesse Raison.

On érigea à cette prétendue déesse un autel au milieu du transept, sous le dôme : on y plaça sa statue dont les bras s'élançaient vers la porte et présentaient à ceux qui entraient la vérité, en écartant le mensonge et l'erreur. Deux rayons de lumière éclairaient sa marche et semblaient se reposer sur sa tête. A gauche, dans l'angle des piliers, on plaça le buste de Jean-Jacques Rousseau, couronné de lierre; de l'autre côté, Voltaire, couronné de chêne, celui de Marat se trouvait où est la chaire, et Le Pelletier de Saint-Fargeau, du côté opposé. C'étaient là les saints de la nouvelle religion.

On le sait, toutes ces cérémonies ne se faisaient que dans les villes et les bourgs, chefs-lieux de canton, où toutes les communes rurales qui en dépendaient étaient obligées de se rendre souvent malgré elles pour faire preuve de patriotisme. La plus solennelle des fêtes de la république, à Balleroy, eut un caractère symbolique et payen qui mérite d'être rapporté dans notre histoire, afin d'enseigner aux âges futurs par quelles profanations le XVIIIe siècle pervertissait les idées du peuple, comment il offensa non seulement l'idée religieuse, mais aussi l'idée morale, enfin de lui prouver que la raison sans la foi peut conduire l'homme aux plus grands excès comme aux plus grandes folies. Je veux parler de cette fameuse procession de la déesse dans les rues du bourg, fête dont le programme avait été sans doute préparé d'avance au district, car je vois partout les mêmes aberrations se reproduire et se reproduire de la même manière.

On eut beaucoup de peine à trouver cette déesse à Balleroy ainsi qu'en beaucoup d'autres endroits. Cependant, soit crainte ou excès d'un patriotisme aveugle et ridicule, la femme d'un capitaine, Mme ***, se proposa pour remplir ce rôle à l'étonnement même des plus chauds partisans de ces saturnales révolutionnaires. Au jour fixé, les tambours et les fanfares militaires, car il y avait de la troupe à Balleroy, annoncèrent au loin cette incroyable cérémonie. Alors nos rues regorgèrent des bons habitants de la campagne que la peur seule amenait dans nos murs en ces jours vraiment de deuil pour eux : parfois ils criaient *Vive la République!* mais, on le sait, ce cri mal articulé n'était que sur leurs lèvres ; leur cœur n'y était pour rien. Morne et silencieux pour dire vrai, tout ce monde marche et se dirige du même côté, vers ce temple où jadis cette même multitude, les genoux en terre et la tête inclinée sur ses dalles, élevait son âme jusqu'aux cieux ! Qui nous redira les poignantes douleurs du plus grand nombre, à la vue de cette horrible profanation !...

Enfin le char mythologique était à la porte du temple, comme autrefois le dais, qui attendait la déesse et son cortége. Cette femme, enfant du bourg, que j'ai encore connue, était vêtue d'une robe blanche et drapée d'un manteau recouvert de feuilles de lierre : sa tête était ornée du fameux bonnet rouge d'où s'échappaient ses cheveux épars ; elle marchait appuyée sur une longue pique de bois dorée, au milieu des municipaux en écharpes tricolores. Derrière le cortége, marchaient huit robustes jeunes gens, portant sur leurs épaules deux chênes verts enlevés avec leur motte de terre des bosquets du château (1), et que l'on devait planter, l'un sur l'hémicycle de la place, vis-à-vis le château, et l'autre auprès de la pompe. Quand la déesse

---

(1) Quelques personnes m'ont assuré que ces arbres avaient été pris dans la forêt de Burleroy, dans cette partie qu'on appelle le Quesnot.

parut sur les degrés de l'église, on tira le canon et une décharge de mousqueterie, puis on la plaça sur le char, où elle se tint debout, la main gauche appuyée sur sa pique et la droite sur ses flancs, foulant d'un pied la croix et l'ostensoir, et de l'autre, l'écusson fleurdélisé, le sceptre et la main de justice, tous les anciens attributs du *fanatisme* et de la *royauté*. Un groupe nombreux d'enfants élégamment habillés entourait la déesse, lui présentait, comme à la fête Dieu, des fleurs ou en jetait sous ses pas. Ce char, sur le devant duquel étaient placés l'acte constitutionnel et les droits de l'homme, était traîné par quatre jeunes gens de la réquisition. Il était escorté des deux chênes, portés chacun par quatre autres conscrits qui étaient suivis d'une multitude de jeunes gens de 10 à 15 ans, ayant un drapeau au milieu d'eux, le corps ceint d'un ruban tricolore en écharpe avec un bonnet rouge et une petite pique.

A la suite de ce char mythologique venait une charrue couverte de gerbes de blé. Elle était traînée par quatre bœufs, ornés de banderolles et de rubans tricolores, entremêlés de guirlandes de fleurs et de verdure. Un jeune laboureur à la blonde chevelure (1), assis sur ses gerbes, était entouré de plusieurs autres laboureurs portant des ustensiles d'agriculture, auxquels était attachée une flamme avec ces mots : *Richesse et Patrie,* auxquels on

---

(1) Ce bon laboureur était de Planquery, et je pourrais le nommer, si je ne craignais de faire rougir son fils.

aurait pu substituer ceux-ci : *Misère et Brigandage.* Puis venaient toutes les autorités, entourées des jeunes citoyens de la réquisition. Il est étonnant qu'aujourd'hui encore, disons-le ici en passant, les membres éclairés de l'association d'agriculture aient conservé en quelque sorte, dans leurs concours régionaux, cet absurde et ridicule programme. Pourquoi aller chercher chez les payens le programme de nos fêtes patriotiques? La religion n'a-t-elle pas ses vieilles et antiques cérémonies pour la bénédiction des fruits et des productions de la terre? quand elle n'en aurait pas, nos évêques ne sont-ils pas là pour y pourvoir? Et depuis quand ne se montrent-ils pas jaloux et amis des beaux-arts, de l'agriculture, de l'industrie et du commerce? N'ont-ils pas trouvé dans les inépuisables archives de l'église, et des prières et des bénédictions pour nos chemins de fer, pour nos usines, pour nos vaisseaux prêts à mettre à flot, enfin pour toutes les découvertes que Dieu, dont ils sont les représentants et les ministres, inspire à l'homme, ce chef-d'œuvre de l'industrie divine?

« Car, comme l'a dit une voix que j'aimerais à entendre plus souvent, si Dieu a fait l'homme si grand par la création, si plus tard il l'a ennobli et divinisé par la rédemption, s'il a voulu lui faire partager sa puissance sur ce globe, ce n'a été qu'à une condition : c'est que jamais il n'oublierait d'où lui vient cette glorieuse suprématie ; c'est qu'au milieu des brillantes transformations qu'il fait subir à la matière, il tiendrait soigneusement son âme dans une région supérieure, et ne lui permettrait jamais de s'abattre ignominieusement sur cette proie des intérêts vulgaires ;

338   HISTOIRE

c'est qu'en un mot, il ne refuserait jamais de faire hommage de sa puissance à celui dont il la tient.

» Oui, c'est une pensée noble, grande et sublime, qui honore l'homme, de vouloir inaugurer une fête de l'agriculture, de l'industrie et du commerce même par une cérémonie religieuse, par un acte public et solennel de foi à la providence. Car s'il est un spectacle qui mérite de fixer les regards du ciel et de la terre, c'est quand les sociétés humaines, représentées par leurs nobles chefs, viennent faire hommage des conquêtes de la pensée et des découvertes de la science au Dieu de qui seul émanent toutes les grandes conceptions, et demander, pour les œuvres de l'homme, ses bénédictions puissantes qui impriment aux travaux de l'industrie le caractère et la dignité d'une chose religieuse (1). »

On me pardonnera cette digression, et je reviens vite au récit qui me l'a suggérée. Le cortège de la déesse traversa toutes les rues du bourg ; après avoir planté le premier chêne appelé *celui des jeunes gens,* dans l'hémicycle de la place, dansé la *Carmagnole* et chanté le *Ça ira,* il se dirigea vers la pompe où l'on planta le second chêne ; de là, on fut au Sapin où le président habituel du club osa parodier les textes sacrés de l'évangile et adresser à la foule un discours qui respirait la démagogie la plus incendiaire et l'irréligion la plus déplorable. Après ce discours et un

(1) Discours de Mgr l'évêque de Bayeux et Lisieux, prononcé à Falaise, le 30 octobre 1859, à la cérémonie d'inauguration de l'embranchement du chemin de fer, à Morteaux-Coulibœuf.

hymne à la liberté, on revint au second arbre qu'on appela *celui de l'âge mûr*, devant lequel le président du cortége s'écria : *Cet arbre, choisi sur les terres de l'émigré Lacour-Balleroy, en se fortifiant, deviendra le présage certain de l'affermissement de la République.* Mais cet arbre trépassa dans l'année, ce qui dut paraître d'un mauvais augure pour la République chérie.

Le cortége se rendit ensuite à l'église, c'est-à-dire, comme on le disait alors, au temple de la Raison, où l'on fit monter la déesse sur l'autel du Dieu de nos pères, et là on fit fumer devant elle et en son honneur l'encens et les hommages de ce peuple abâtardi... Certes, il ne restait à l'homme sensé qu'à se voiler la face et à pleurer !!... Une seule pensée pouvait consoler : c'était de croire que tout ce peuple était devenu fou. Cette cérémonie, déjà si triste et si affligeante, se termina par un nouveau scandale. On avait vu, hélas ! des prêtres constitutionnels indignes ou tremblants de frayeur venir, aux fêtes de la décade, déposer sur l'autel de la Raison leurs lettres de prêtrise, et la plume, dit M. le président Pézet, se refuse à retracer les paroles avec lesquelles quelques-uns consommèrent leur apostasie ; mais cette fois ce ne fut pas un prêtre qui vint à Balleroy, à la fin de cette cérémonie, déposer lâchement les lettres testimoniales d'un caractère sacré et ineffaçable, ce fut sa femme qui, s'adressant à la déesse, remit à ses pieds le funeste mais honorable papier : « Citoyenne, je
» dépose sur l'autel de la Raison, dont tu es la vivante
» image, ces lettres de jongleries que G.... a répudiées
» pour devenir mon mari, et je puis t'assurer que, de

» mauvais prêtre qu'il était, il est devenu bon citoyen,
» bon époux, et, je l'espère, bientôt bon père ! »

Ces détails sont affreux et font frémir d'horreur. Ils expliquent assez l'irréligion qui règne dans nos contrées, où trop souvent l'on juge de la religion par ceux qui sont tenus de nous la prêcher, et ce qui, selon moi, devrait prouver sa divinité ne fait que l'affaiblir dans les cœurs. Oui, si la religion du Christ n'eût eu pour appui et pour soutien que le sacerdoce, il y a long-temps qu'elle n'existerait plus ; mais elle nous vient du ciel, et jamais l'enfer ne prévaudra contre elle. Comme on reconnaît la bonté de l'or en le faisant passer par le creuset du feu ou de la menstrue mercurielle, de même on reconnaît un bon prêtre en le faisant passer par le creuset des tribulations, des calomnies, des persécutions. La révolution balaya les vapeurs mortelles qui couvraient le corps du clergé, voilà tout ; elle fut pour lui un travail de l'enfantement, qui donna au sacerdoce comme une nouvelle naissance.

Les prêtres que l'opinion publique flétrissait du nom de jureurs n'imitèrent pas tous ces lâches exemples ; l'un d'eux, que nous avons chéri comme un pasteur bien aimé, **M. Moulland**, alors en prison à Bayeux, et à qui la liberté était offerte sous la condition de livrer ses lettres de prêtrise, eut le courage d'écrire et de faire imprimer son refus. « Il faudrait avoir l'esprit bien borné, dit-il (1),
» pour faire consister dans un morceau de papier le ca-

---

(1) Lettre aux officiers municipaux de Bayeux du 7 germinal an II.

» ractère dont on est revêtu. Si de la remise de mes
» lettres de prêtrise on veut conclure que j'avoue avoir
» prêché l'erreur et que je renonce à la prêtrise, qu'on me
» laisse dans mon cachot, je veux y mourir. » L'abbé
Poutrel refusa également de livrer ses lettres, et mon
aïeule Anne Le Coursonnois du Bois aima mieux recevoir
plusieurs coups de plat de sabre que de livrer celles de son
frère, qui était en fuite. Décrétée d'arrestation pour ce
refus, elle rejoignit son frère et erra comme lui, tantôt à
Bayeux, tantôt à Cahagnolles et tantôt à Castillon.

Ainsi l'impulsion donnée à l'irréligion, le mouvement
marcha vite vers le progrès de l'athéisme : on acheva de
détruire et de renverser tous les anciens attributs religieux. Disons-le pourtant à la louange des habitants de la
campagne, ni les menaces, ni les vociférations du club, ni
les amendes, ni la prison même ne purent parvenir à la
suppression des habitudes qui faisaient du dimanche le
jour du repos, et jamais en dehors du monde officiel, c'est-
à-dire en dehors des hommes salariés par la république,
on ne put faire chômer au peuple le *décadi*.

Grand nombre des paroisses du canton de Balleroy
firent quelques résistances à la propagande révolutionnaire. Si le culte y était interdit, si même les prêtres
constitutionnels n'y avaient trouvé que de très-rares adhérents, si les églises étaient fermées, on y avait cependant
conservé, dans beaucoup de paroisses, l'habitude d'appeler
à la prière par le son de *l'angelus*; les enterrements s'y
faisaient avec les mêmes cérémonies, sans prêtres, il est
vrai, mais en y chantant l'office des morts. Les habitants

de Trungy chantaient seuls l'office dans leur église paroissiale les dimanches (1) et fêtes ; à Planquery, à Vaubadon, au Tronquay, à Litteau, à Balleroy même, on célébrait les saints mystères dans les presbytères ; mais alors c'étaient les prêtres jureurs. A Balleroy, l'abbé Devy disait la messe au château pour les vrais fidèles. L'abbé Le Coursonnois du Bois, chargé d'une mission particulière par Mgr de Cheylus, alternait entre *Le Vernay, Castillon, Cahagnolles* et *Bayeux*. Alors on faisait deux, trois, et quelquefois jusqu'à quatre lieues pour entendre la sainte messe.

C'était un crime atroce d'aller à la messe, et tous les moyens paraissaient bons aux démagogues pour punir ceux qui se permettaient d'y assister. On excitait les vengeances personnelles contre ceux qui faisaient ainsi des actes de résistance ; quelques-uns furent hués, bafoués, outragés, frappés même. A Balleroy, Mlle Désert, fille de l'ancien notaire, fut, parce qu'elle avait assisté à la messe de l'abbé Devy, promenée sur un âne, tenant la queue de l'animal en guise de bride. Il n'y avait pas de vexations que les comités de surveillance, dans les campagnes, ces tyrans en gamaches, ne se permissent, surtout et plus particulièrement contre les femmes attachées au culte catholique.

Fin de la terreur

L'excès des horreurs de ce régime de sang en amena la fin ; la nuit du 9 thermidor an II fut la dernière du sombre et sanglant drame de la vie de Robespierre. Cette mort providentielle arrêta le cours des supplices. Les cœurs ulcérés,

---

(1) Tradition qui s'est perpétuée jusqu'à nos jours.

flétris par cette longue et dure tyrannie, s'ouvrirent à l'espérance; on accueillit cet événement par un concert de bénédictions. Le temps avait marché : le char révolutionnaire était enfin enrayé. La mise en liberté de tous les détenus ne fut plus une faveur, ce fut une justice ; c'est ainsi que cessa l'exécution de l'odieuse loi des suspects : le club de Balleroy fut, ainsi que celui de Bayeux, supprimé par le représentant Lozeau envoyé en mission dans le Calvados.

Tous les fléaux que le ciel envoie pour punir les rois et les peuples s'étaient en quelque sorte accumulés sur notre malheureux pays : aux horreurs de la guerre étrangère et de la guerre civile s'étaient jointes l'anarchie et la terreur. Dans le cours de cette période de terreur et d'effroi, l'or et l'argent, ces signes sensibles de la confiance, avaient été cachés, les assignats étaient devenus sans valeur, les denrées s'étaient élevées à des prix fabuleux ; les cultivateurs n'approvisionnaient plus les marchés et les halles ; les ouvriers manquaient de travail, les riches n'avaient plus de superflu. Vint la loi du *maximum* qui amena la ruine de tant de cultivateurs, de fournisseurs et de marchands : cette loi affama la France.

L'année 1793 avait été signalée par une disette ou réelle ou factice, qui avait puissamment contribué au désordre politique. Le cruel hiver de 1794, l'un des plus longs et l'un des plus rigoureux du XVIIIe siècle, vint s'ajouter à ces affreuses et effrayantes misères ; mais jusque-là il n'y avait eu que les dangers de l'extrême cherté. A partir de cet hiver et en 1795, la France eut à subir les horreurs de la famine. Jamais année ne commença sous de plus tristes et de plus effrayants auspices que cette dernière année. La hausse de toutes les denrées, sans aucune exception, devint exorbitante et incroyable. On en vint à fixer le pain, c'est-à-dire la quantité de pain, de viande, de riz et de toutes les denrées qui pouvaient être vendues journellement à chaque individu. On distribuait chaque mardi à raison de tant par tête, suivant l'approvisionnement plus ou moins abondant de la halle : le pauvre et le riche étaient traités avec la même égalité ; Le beurre, la chandelle, l'huile faisaient défaut. Balleroy et toutes les communes voisines de la forêt de Cerisy furent mises en réquisition pour cueillir les faînes, afin d'en extraire de l'huile (1).

L'insuffisance de la halle de Balleroy, ainsi que de toutes les halles des environs, présenta plus d'une fois les apparences les plus alarmantes et les plus désespérantes. Quelquefois la moitié de la population se retirait sans être approvisionnée...... Il y eut des familles réduites à vivre d'herbes et de racines, d'autres qui hachaient des orties et les faisaient cuire avec du son pour assouvir leur faim dévorante. De telles extrémités sont horribles ; elles épuisèrent la résignation, le courage et la patience, et durent nécessairement amener des résistances, des troubles, des émeutes : la faim ne raisonne jamais, et d'ailleurs les mauvaises passions sont toujours aux aguets pour profiter des malheurs publics. Cette épreuve passa comme les autres et

(1) Arrêté de l'hôtel-de-ville de Bayeux. *Histoire de Bayeux à la fin du* XVIIIe *siècle*, par M. le président Pézet, pag. 399.

ne nous rendit pas plus sages. La disette disparut, mais d'autres maux survinrent.

Après nous avoir donné une nouvelle constitution, la Convention nationale nous déclara, le 26 octobre 1795, que sa session était terminée, mission terrible, remplie au milieu du sang, du carnage, des proscriptions, des fureurs des guerres civiles, mais aussi au milieu des incroyables prodiges des armées républicaines. Cette constitution confiait le pouvoir exécutif à cinq membres sous le nom de Directoire, et le pouvoir législatif à deux conseils, les Anciens et les Cinq Cents. L'administration centrale du Calvados fut composée de cinq membres et d'un commissaire du directoire exécutif. Des administrations municipales par canton furent établies sur des bases à peu près semblables. Le commissaire du directoire exécutif à Balleroy fut l'abbé Maurice, prêtre constitutionnel (1). *Constitution de l'an III.*

C'est à cette époque que Balleroy, Planquery, la Bazoque, Litteau furent le théâtre des premières incursions des chouans, ou pour mieux dire de la bande des trois frères David. Leur nombre n'a jamais été bien connu ; ils avaient à leur tête le médecin Colin, homme qui ne manquait ni d'intelligence ni d'audace ; sa haute capacité, son expérience du monde lui donnèrent une grande influence, mais il la partageait avec Michel David, plus audacieux et plus entreprenant. Colin avait quarante-un ans ; David en avait trente-cinq. Ce dernier, fort et vigoureux, actif et *La bande des trois frères David. 1795.*

---

(1) M. Maurice est mort à Caumont, après y avoir été notaire. Il a rendu beaucoup de services aux honnêtes gens pendant le régime de la terreur.

plein de ressources, était surnommé *La Terreur;* ses deux frères, l'un, Charles, âgé à peine de dix-neuf ans, surnommé *Waldeck;* l'autre, Jean, surnommé l'*Intrépide,* ne le quittaient pas et exécutaient ses ordres avec bravoure et dévoûment : ils étaient fils d'un maréchal nommé Henri David, de Cerisy-la-Forêt, où tous trois étaient nés.

L'épouvante qu'ils jetèrent dans le canton de Balleroy se répandit au loin. Abandonnant le cercle restreint de leurs premières incursions, ils se présentèrent jusqu'aux portes de Bayeux et se dirigèrent sur Nouant, où ils maltraitèrent un meunier auquel ils enlevèrent son argent et trois chevaux. Poursuivis par les colonnes mobiles du général Barbazan, ils se replièrent sur Vaubadon où ils s'emparèrent de la maison de Le Tellier à Quiry dont ils firent une citadelle. Retranchés dans la chambre de cette maison, ils se défendirent avec une vigueur héroïque. Une fusillade s'engagea par la fenêtre qui donnait sur l'avenue de l'ancien château de Quiry, contre le détachement de la 144e demi-brigade envoyé contre eux. Un soldat fut tué et deux autres furent blessés. Découragé par cette résistance, le détachement se replia, et David et les siens se jetèrent à travers les bois et gagnèrent Le Tronquay.

Arrivés dans cette commune, ils pénétrèrent dans l'église qu'ils trouvèrent ouverte, et virent un prêtre encore revêtu de ses habits sacerdotaux, qui venait de dire la sainte messe. Ce prêtre était l'abbé Hébert, ancien curé constitutionnel d'Acqueville, près Falaise, et qui, pendant la

Assassinat de l'abbé Hébert. 1795.

terreur, s'était retiré chez un de ses frères, qui habitait Le Tronquay. *La Terreur* ordonne qu'on se saisisse de ce malheureux prêtre et qu'on l'entraîne dans le cimetière où il fut impitoyablement fusillé. Cet acte d'un brigandage infâme est à peine connu que les communes voisines se soulèvent d'indignation, font sonner le tocsin et se mettent à la poursuite des assassins. Michel David et sa troupe se dirigent par des chemins détournés vers Littry, et de là s'enfoncent dans la forêt de Burleroy, épuisés de fatigues, de faim et de soif. De là ils gagnent avec peine la commune de Lamberville, et y trouvent enfin un asile qui leur coûta cher, dans la maison d'un fermier nommé Le Haguais.

On ignore si ce fermier était un des leurs. Ce qu'il y a de certain, c'est que sa mère, effrayée de ces hommes et des dangers qu'elle pouvait courir ainsi que son fils, fit avertir le commissaire du gouvernement à Caumont. Celui-ci accourut avec un jeune officier et quelques soldats qui cernèrent la maison et y mirent le feu. *La Terreur*, chef de la bande, demande à capituler, à la condition que lui et les siens seraient traités comme prisonniers de guerre. L'officier républicain, redoutant pour les siens les tristes effets de leur désespoir, consentit peut-être légèrement à cette capitulation : ils étaient au nombre de vingt-un et se rendirent sur la parole de cet officier. Jean David, dit *l'Intrépide*, parvint à se sauver sous l'habit d'un valet de ferme et en montant un cheval qu'il feignit de conduire à l'abreuvoir. Cette arrestation eut lieu le matin du 10 germinal an IV; c'était le jour de la décade et l'on célébrait la fête de la jeunesse. A la nouvelle de cette capture, qui parvint en un instant à Balleroy, le commissaire du gou-

La bande David est arrêtée à Lamberville. 1795.

vernement, Maurice, vint l'annoncer à l'église, où l'on entonna en signe de réjouissance *la Marseillaise*.

Pour se rendre le lendemain à Bayeux, ils devaient nécessairement passer par Balleroy et traverser des populations exaspérées contre eux. Arrivés à Balleroy sur les dix heures du matin, ils se couchèrent sur l'hémicycle de la place et déclarèrent qu'ils n'iraient pas plus loin. On fut obligé de les monter dans une voiture et de les conduire ainsi à Bayeux, où ils arrivèrent au milieu d'un flot immense de curieux. Le 12, la commission militaire s'assembla pour juger les prisonniers. Ils invoquèrent vainement leur capitulation; on ne la méconnut pas, mais on leur répondit : « *Vous n'êtes point des soldats, vous n'êtes que des brigands et des assassins, et on vous traitera comme tels.* » Peut-être eussent-ils pu trouver plus d'indulgence s'ils n'eussent pas été couverts du sang de l'abbé Hébert. Tous furent condamnés à mort.

La bande David condamnée à mort.

Le jour même du jugement, Colin, que l'on regardait comme le chef de ce mouvement insurrectionnel, fut fusillé sur la place Saint-Patrice, contre un mur vis-à-vis de la prison, à quatre heures de l'après-midi. Le lendemain, La Terreur et son frère Waldeck furent fusillés sur la même place : ce dernier, en présence de la mort, fit preuve d'une intrépidité extrême. « Son jeune âge, dit M. le président Pézet, une sorte de fascination exercée sur l'imagination par la beauté de ses traits et son courage inspirèrent une immense pitié à la population entière. » L'exécution des autres n'eut lieu que le 24 sur le boulevard, au pied de la tour Louise, un des derniers débris de l'ancien château féodal. Il ne faut pas croire cependant que le tombeau de ces dix-neuf condamnés ait été celui de la chouannerie dans le Bessin : elle continua de se montrer encore sur certains points. Balleroy et les environs n'eurent rien à craindre de leurs invasions.

Les élections avaient renouvelé les deux Conseils. Un mouvement réactionnaire en faveur des idées religieuses avait commencé avant le 18 fructidor. Dès la première séance du conseil des Cinq Cents, Camille Jordan avait demandé l'abolition des lois impies contre les prêtres, et la liberté illimitée du culte catholique : comprimé par le coup d'état du 18 fructidor, ce sentiment religieux se réveillait à mesure que le gouvernement directorial, attaqué par tous les partis, devenait de plus en plus caduc et usé.

Les prêtres constitutionnels profitèrent de cette disposition pour tenter de donner de la régularité à leur situation et d'asseoir leur discipline et leur hiérarchie. Ceux de Bayeux se formèrent en presbytère le 20 juin 1796, pour donner un successeur à Fauchet; leur lettre (1) de convocation commençait ainsi : « Le Presbytère de Bayeux dans la communion du saint Siège apostolique aux pasteurs et aux fidèles du Calvados, » et se terminait par cet appel : « Venez au milieu de vos concitoyens désigner celui qui joint le désintéressement au zèle, la prudence à l'énergie, l'humilité à la science, et dont on puisse récompenser la

Le presbytère de Bayeux. 1796.

---

(1) Cette lettre, dit une notice de M. Moulland par ses neveux, était de ce prêtre.

charité en lui montrant de nouveaux sacrifices et de plus grands dangers... Le titre qui éleva Paulin sur le siège d'Antioche, était-il plus sacré que celui qui a porté Fauchet sur le siège épiscopal de Bayeux... O peuple ! ô prêtres ! que tardons-nous davantage ? Cheylus et Fauchet ne sont plus. Eh bien! faisons après leur mort ce qu'il leur eût été si doux de faire pendant leur vie... Embrassons-nous. » Ceci se passait vers le mois d'avril 1797.

Lettre-circulaire du chapitre de Bayeux. 1797.

A cette époque, un grand nombre des membres de l'ancien chapitre de Bayeux, en qui seul était la vraie juridiction depuis la mort de Mgr de Cheylus, s'étaient réunis sous la présidence de leur vénérable doyen M. de Marguerye et avaient envoyé au clergé fidèle et aux catholiques une lettre-circulaire (1) en forme de mandement imprimé et pour leur apprendre la mort de leur saint évêque et leur faire connaître que, selon la sainte volonté du concile de Trente, ils allaient gouverner le diocèse de Bayeux jusqu'à ce qu'il plût à la divine Providence de leur envoyer un évêque selon son cœur. Ce furent ces mêmes vicaires-généraux capitulaires qui continuèrent les pouvoirs de l'abbé Le Coursonnois du Bois pour tout le diocèse, moins la partie de Lisieux, dont ils n'avaient pas canoniquement la juridiction.

Le veuvage de l'église du Calvados se prolongea quelque temps encore après le refus de l'abbé Hérault, curé de

---

(1) Cette lettre était signée : MM. Marguerye, Delacour, d'Audibert, Maffré, B'asne, Renaud.

Touques, que ses confrères avaient appelé à cette prélature. Enfin ils eurent recours à une seconde élection qui leur donna pour évêque un ancien vicaire de Saint-Pierre-de-Caen, nommé Julien-Jean-Baptiste Duchemin (1). Ceci se passait en octobre 1798, et le 29 novembre, l'abbé Bécherel, évêque de la Manche, qui remplaçait le métropolitain, lui expédia ses lettres. Le 10 février suivant, le nouvel évêque fut sacré à Paris, vint à Bayeux le dimanche suivant, où il est mort le dimanche de Quasimodo de la même année. Sa mort si rapprochée de sa promotion ramenait le veuvage de l'église constitutionnelle du Calvados, qui cessa par l'élection de Louis-Charles Bisson (2), vicaire épiscopal de la Manche.

J.-J.-B. Duchemin, évêque du Calvados. 1798.

L.-Ch. Bisson, évêque de Bayeux. 1799.

On remarqua avec plaisir que, dans une lettre qu'il adressa aux prêtres de sa communion pour les convoquer au synode, il ne prit point le titre d'évêque du Calvados, mais celui d'évêque de Bayeux. Au mois de juin 1800, il assista au nouveau concile des constitutionnels avec l'abbé Moulland qui en fut le secrétaire et qui y fut, dit-on, désigné par les pères de ce concile pour évêque métropolitain des côtes de la Manche. Duchemin et Bisson, dont l'église a condamné le schisme, furent l'un et l'autre des prêtres de mœurs pures, d'habitudes simples et d'une instruction sérieuse.

La fin des guerres civiles et des luttes religieuses aux-

---

(1) Né à Tinchebray.
(2) Né à Geffosses, diocèse de Coutances.

quelles nous venons d'assister fut l'œuvre du Consulat, et le terme de ces tempêtes par où, suivant le langage de Bossuet parlant d'autres temps : « le ciel avait besoin de se décharger pour préparer le travail de la France prête à enfanter un nouveau règne avec une nouvelle dynastie. »

CHAPITRE XI.

Le 18 brumaire.—Le Consulat.—Le général Bonaparte premier consul.—Les idées napoléoniennes.—Fin de l'église schismatique des constitutionnels. — Le concordat entre Pie VII et Bonaparte.—Monseigneur Charles Brault, évêque de Bayeux.—Bisson et Moulland.— L'abbé Moulland se soumet.—Monseigneur Brault le nomme septième curé de Balleroy.—Réception de l'abbé Moulland à Balleroy.—Ce que l'abbé Moulland fut à Balleroy.—Foi précédente de l'abbé Moulland.—Sa doctrine schismatique.—Ses écrits virulents et révolutionnaires.—L'abbé Moulland se condamne lui-même.—Ses neveux nous donnent sa notice biographique.—Le scandale donné par les prêtres ne déshonore pas l'église mais la glorifie.—Erreurs contenues dans la biographie de M. l'abbé Moulland.—L'abbé Moulland rentre extérieurement en communion avec le Pape.—Le Coursonnois du Bois rétablit les ursulines à Bayeux.—Le marquis de Balleroy rentre de l'exil.—Son premier mariage avec Mlle Maignard, marquise de la Vaupalière.—Il a de ce mariage M. le comte Auguste-François-Joseph-Pierre de La Cour de Balleroy.—Son second mariage avec Mlle Rose de Cyresme-Banville.—Il est nommé maire de Balleroy.— L'abbé Moulland renouvelle sa correspondance avec l'abbé Grégoire. — Fourey condamné à mort.—Charité de Moulland.—Il sauve Fourey.—Naissance de Napoléon II. — L'Empereur et Marie-Louise dans le bois du Tronquay.—La disette de 1813.

Le 18 brumaire ouvrit la scène du XIXe siècle, qu'on appellera le siècle des deux grands Empereurs ! « Ce fut le retour de la France, dit M. le président Pézet, au gouvernement monarchique, car quel que soit le nom qu'on lui ait donné, le Consulat fut une véritable monarchie de fait. La France y trouva ces deux grands biens que la révolution dans toutes ses transformations n'avait pu lui procurer, un gouvernement et la paix intérieure. Les partis fatigués de tant d'orages, aspirant au repos, l'accueillirent avec joie, même avec enthousiasme, parce qu'il n'en humiliait aucun et que son but paraissait être de les concilier tous.

« Les proscrits rappelés, la loi des ôtages abrogée, les fêtes révolutionnaires et la décade supprimées, les émigrés rendus à leur famille, les pasteurs à leurs troupeaux, les autels relevés, l'ordre rétabli dans les finances, la propriété renaissante, l'industrie, le commerce et l'agriculture entrant dans la voie du progrès, la France reprenant en Europe un rang qu'elle avait perdu, malgré ses victoires, tous ces biens signalèrent les débuts d'un gouvernement jeune et plein de gloire. Quand on lit les lois, les décrets de ces jours d'espérance et de réparation, et qu'on étudie l'histoire de cette époque, on voudrait pouvoir y arrêter et fixer le cours du temps... »

Le Consulat. 1800.

Au 18 brumaire donc, la République n'eut pas un chef, la France accepta un maître ; sans cela elle était perdue : Bonaparte pesa sur elle de tout le poids de son génie si supérieur. Ceux qui, la veille, se croyaient ses égaux, le lendemain de cette mémorable journée devinrent ses sujets : tous acceptèrent le joug glorieux, à la vérité ; deux seulement tâtonnèrent et ne firent que des sottises. Le général, au premier instant de son entrée en scène comme troisième consul, s'empara de la présidence et de la suprématie d'une façon toute soldatesque et pleine d'énergie qu'on aime à trouver dans le fondateur d'une monarchie. Les trois consuls entrent au Luxembourg, premier siège de leur gouvernement. Dans la salle du conseil, la même occupée la veille par le directoire, l'abbé Sieyès, désigné comme premier consul d'après l'ordre du scrutin, s'assied dans le fauteuil du milieu, faisant signe à ses collègues d'occuper les deux autres ; mais Bonaparte, en causant avec Ducos, le second consul, l'a retenu debout, et aussitôt lui-même, allant prendre le fauteuil réservé à celui-ci, le transporte à gauche du sien, y pousse Roger-Ducos et se met dans l'autre. A la vue de cette manœuvre dont Sieyès sent toute la portée, il se mit à dire : « Mais, citoyen troisième consul, ce n'est pas cela… » — « Si, si, répond Bonaparte, en lui lançant un regard qui le foudroie, cela doit être ainsi : j'ai vaincu des souverains, je ne reculerai pas devant un abbé. »

Cette phrase prononcée d'un ton aigre doux, confond le prêtre orgueilleux ; il cherche d'un regard interrogateur un appui dans Ducos, mais celui-ci baisse les yeux et ne se montre pas déterminé à soutenir, en faveur du citoyen *Sans-Phrase,* la colère du vaillant capitaine. Ce fut de cette façon que le troisième consul, sautant à pieds joints par dessus ses deux collègues, devint le premier, rang au reste qu'il sut soutenir admirablement. Le 22 frimaire, la constitution que nous donna ce grand homme fut acceptée par le peuple, et le héros législateur s'étant donné deux nouveaux collègues, Cambacérès et Le Brun, divisa de

Le général Bonaparte, premier consul.

nouveau le territoire de la République en départements et arrondissements, à la tête desquels il nomma des préfets et des sous-préfets. La ville de Caen fut le chef-lieu du département et le préfet y prit sa résidence (1), ayant sous ses ordres un secrétaire général et un conseiller général de département. Le préfet fut seul chargé de l'administration. Un conseil de préfecture, composé de cinq membres dans le Calvados, eut des attributions spéciales. Les administrations municipales furent confiées aux sous-préfets, assistés des conseillers d'arrondissement.

L'administration communale fut confiée à des maires ayant des adjoints pour les remplacer (2) en cas d'empêchement. Chaque commune eut en outre son conseil municipal, composé de dix membres pour celles dont la population ne s'élève pas à deux mille cinq cents habitants, de vingt pour celles de deux mille à cinq mille et de

---

(1) *Préfets du Calvados :* MM. Collet-Descostils, 1800 ; le général Dugua, en 1800 ; Charles-Antoine de Caffarelli, en 1801 ; le baron Méchin, en 1810 ; Séguier, en 1814 ; le baron Richard, en 1815 ; Ramel, 1815 ; le vicomte d'Houdetot, 1815 ; le comte Berthier, 1815 ; le comte de Montalivault, 1817 ; Target, 1830 ; Boscher, Félix Avril, 1848 ; Morisot, 1848 ; Pierre Le Roi, 1852 ; Tonnet, préfet actuel.

(2) *Maires et adjoints de Balleroy :* MM. Jean Moreau et l'adjoint Jean Jéhanne, 1800 ; le marquis de Balleroy, en 1807, et ses adjoints Le Brysois, La Viconterie et Le Rouget, 1807 ; Le Rouget et l'adjoint Pottier, en 1819 ; le docteur Villeroy et Jean Jehanne, en 1830 ; en 1842, le docteur Edmond Villeroy, Jean Jehanne et Le Gouy ; Pierre Sénat et Laurent, 1849 ; le marquis de Balleroy et Guilbert, maire et adjoint actuels.

trente pour celles de cinq mille et au-dessus. La police municipale intérieure fut exercée par des maires et des adjoints, et par des commissaires dans les villes de cinq mille âmes et au-dessus. La police rurale le fut par des gardes-champêtres sous la surveillance de l'autorité locale.

Tout, comme il est facile de le voir, tout dans le nouvel ordre de choses était frappé au coin du génie, et tout devait se ressentir de la haute intelligence et du talent supérieur du premier Consul! Déjà il méditait de rapprocher les esprits divisés tant en religion qu'en politique. Sa mission sera difficile, mais il l'accomplira ! Sa mission sera presque divine, mais il trouvera aide et protection en celui qui régit et gouverne les rois et les peuples, en celui qui l'avait suscité et choisi dans sa miséricorde pour nous arracher à l'anarchie et à la mort!

« Tout partira de cette époque, disait lui-même Bonaparte à l'ancien évêque d'Autun ; il n'y aura plus de passé. Je diviserai en deux seules portions tous les Français : ceux qui veulent les conséquences du 18 brumaire, et ceux qui s'opiniâtreront à ne pas en vouloir ; aux premiers, places, faveurs, distinctions, bonne mine ; aux autres, colère et rigueur. Oui, la révolution est finie ; je ne sais ni qui sont les jacobins, ni qui sont les royalistes. Qui voudra me suivre ne s'entendra pas reprocher des antécédents fâcheux : je poserai le niveau de la force sur les opinions et les hommes ; je veux rendre à la France ce que des parleurs lui ont enlevé ; je ferai taire la loquacerie des avocats et la sotte impiété du voltairianisme ; les bavardages, l'irréligion ont à eux deux perdu la France. Qu'a-t-on gagné

Les idées napoléoniennes

au culte de la raison ? De passer pour imbéciles et pour fous au milieu de l'Europe. Je vous préviens que, dès qu'un Pape aura été élu (1), je traiterai avec lui d'un concordat, pour rendre légalement à la France l'exercice de la religion catholique. Mon rôle, citoyen Talleyrand, est de réédidifier, et certes on m'a laissé beaucoup à faire. »

Fin de l'église constitutionnelle.

Bonaparte tint parole. Le cardinal Chiera-Monte, ayant été élu pape le 13 mars 1800, le premier Consul ordonna d'écrire au cardinal Consalvi qui mit à répondre un empressement flatteur, ce qui engagea Napoléon d'écrire lui-même une lettre très-respectueuse au souverain Pontife. Mais le premier Consul eut l'heureuse pensée de députer vers le Pape le ministre Cacault. Pie VII, sur le conseil de cet honnête et habile diplomate, ne se hâta pas de signer le concordat proposé par le chef du gouvernement français; il détermina le secrétaire d'état Consalvi à se rendre immédiatement à Paris pour conclure avec Bonaparte. Le cardinal arriva à Paris le 20, et eut bientôt toute la confiance du premier Consul. Le concordat fut signé le 15 juillet de la même année 1801.

Le concordat. 1801.

Rome avait exigé que les évêques constitutionnels renonçassent aux sièges qu'ils avaient occupés sans l'institution apostolique. Sur cinquante-neuf qu'il en restait, cinquante-huit firent leur acte de démission entre les mains du gouvernement, et douze furent promus aux évê-

---

(1) Pie VI était mort en exil le 29 août 1799, et son successeur Pie VII ne fut élu que le 13 mars 1800.....

chés récemment institués. L'évêque Bisson envoya la sienne, mais il ne fut pas réélu. Ces douze évêques, au lieu d'une rétractation expresse de leur doctrine et de leur conduite antécédente, telle que l'exigeait Pie VII, ne donnèrent à son légat Caprara qu'une formule conçue en termes généraux. Au sacre de Napoléon, le souverain Pontife revint sur sa première demande, et les réfractaires reçurent l'ordre de déférer à ses désirs.

Ce fut le jour de Pâques 1802 que toutes les églises de la République furent légalement ouvertes au culte public du catholicisme. Vingt évêques nouvellement sacrés assistèrent à l'office de la métropole de Paris et y prêtèrent serment, puis ils se séparèrent pour se rendre dans leurs diocèses respectifs. Charles Brault, né à Poitiers, désigné pour l'évêché de Bayeux, se rendit dans cette ville le 29 juin de la même année; il y fut reçu avec toutes les démonstrations de la joie et de l'allégresse. Dès la veille, l'abbé Moulland, vicaire de l'évêque Bisson, était venu présenter ses hommages au nouvel évêque et le supplier de vouloir bien admettre à la cérémonie du lendemain l'ancien évêque avec les membres de son presbytère.— J'y consens volontiers, dit Mgr Brault, mais j'y mets une condition : c'est que M. Bisson écrira une lettre de soumission au souverain Pontife et me la remettra (1).

Monseigneur Charles Brault, évêque de Bayeux. 1802.

Bisson et Moulland.

---

(1) Les neveux de M. Moulland disent qu'en cette occasion leur oncle prit à bras-le-corps Mgr Brault, et lui dit : « Ah ! M. l'Evêque, je désire » que vous viviez assez long-temps pour réparer le mal que vous allez » faire dans cette journée. » Quelle hardiesse ! quelle inconvenance !

L'évêque démissionnaire ne voulut jamais y consentir ; il ne dut donc s'en prendre qu'à lui-même et à son obstination s'il ne fut pas admis à la cérémonie.

Quiconque a connu Mgr Charles Brault ne doutera pas que si, dans cette grave circonstance, il se montra inflexible, c'est que sa conscience lui en faisait un impérieux devoir. On sait quels furent, pendant son long et glorieux épiscopat, sa douceur, sa condescendance, son esprit de charité et de conciliation ; on sait avec quelle bonté il accueillit indistinctement tous les prêtres du diocèse, et s'empressa de confier les fonctions pastorales à ceux mêmes qui avaient erré dans des temps malheureux, pourvu qu'il aperçût en eux le moindre signe de repentir et un retour sincère à la doctrine de l'église. Que pouvait-on lui demander de plus ?

Moulland, viie curé de Balleroy. 1803.

Quelque temps après, c'est-à-dire au commencement de 1803, Charles Brault nomma l'abbé Moulland curé de Balleroy, où exerçait encore les fonctions curiales l'abbé Poutrel. Son installation souffrit quelques difficultés : les habitants de Balleroy n'en voulaient pas, et il ne fallut rien moins que la présence du préfet Caffarelli pour calmer les esprits. Ce magistrat arrive un jour au château chez madame d'Hervilly, dont son frère épousa plus tard une des filles, et fait prévenir les habitants, au son de la cloche, de se rendre à l'église où il se dirige lui-même en habit officiel, accompagné de M. Moreau et de M. Jehanne, maire et adjoint. « Habitants de Balleroy, leur dit-il du haut de » la chaire où il était monté, vous ne voulez pas recevoir le » prêtre qui vous est envoyé par l'évêque pour curé. Eh

» bien ! moi, je viens vous dire que si l'on se permet de lui
» dire un mot offensant, je fais à l'instant descendre la force
» armée et je vous enlève tous d'ici. » Cette menace produisit
son effet : pas un seul ne bougea.

L'abbé Moulland, au contraire, fut reçu avec toutes les démonstrations de la plus vive allégresse par ceux mêmes qui avaient crié le plus haut. On le fêta, chose incroyable, au-delà de toute imagination ; mais il eut le bon esprit et surtout l'adroite politique de faire partager à son collègue Poutrel, qui était venu avec les habitants le recevoir, une partie des honneurs qu'on lui rendit. Né à Bayeux, en 1757, où il fit des études brillantes, M. Moulland était curé de Saint-Martin de cette ville, quand éclatèrent les premiers symptômes de la révolution de 1789, dont il fut l'un des partisans les plus zélés.

Réception de l'abbé Moulland à Balleroy. 1803.

Mais il fut à Bayeux, comme on le sait, l'un des premiers prêtres qui prêtèrent le malencontreux serment à la constitution civile du clergé ; il était devenu le défenseur de l'évêque du Calvados à l'Assemblée nationale (1) ; il avait été le soutien le plus ferme et le plus instruit de l'Eglise constitutionnelle aux abois, le chef suprême enfin du presbytère de Bayeux, et l'on dut alors franchement s'étonner quand on vit Mgr Charles Brault le nommer curé de Balleroy, lui qui venait de donner tout récemment des leçons de conduite à ce grand évêque dans un pamphlet

---

(1) Cette défense fut imprimée par ordre de la société des Amis de la Constitution.

qu'il fit imprimer et répandre contre une de ses lettres pastorales (1), lui, que l'opinion publique accusait, avec assez de fondement, d'être encore l'auteur de l'infâme parodie qui parut contre le mandement d'installation de ce digne prélat (2). Mais il est probable, pour ne pas dire certain, que l'évêque de Bayeux exigea de lui, selon le bref aposto-

(1) Ses neveux nous citent, pag. 20 et 24 de sa Notice biographique, un passage de ce pamphlet que voici : « Monsieur l'Evêque, si, comme vous le dites et comme il nous est doux de le croire, c'est l'honneur de la religion, la paix et la tranquillité publiques qui vous animent, imitez donc la conduite de ceux que vous affectez d'appeler constitutionnels (les Lecoiz de Besançon, les Saurine de Strasbourg) ; élevez-vous, comme ces grands hommes, au-dessus de tous les préjugés et de toutes les considérations humaines, afin d'éteindre jusqu'à la dernière étincelle de nos divisions. La religion brille de tout son éclat dans leurs nouveaux diocèses ; la paix s'est assise avec eux sur leurs sièges ; ils entendent bénir leurs noms, et le gouvernement et l'église se réjouissent à la vue des heureux qu'ils ont faits..................... »

(2) Il osait, dans cette parodie, faire dire à Mgr Brault que de brigand et d'assassin il était devenu évêque de Bayeux et l'un des successeurs de saint Exupère, de saint Régnobert, saint Vigor, puis il ajoutait : « Qui suis-je pour succéder à tant de saints personnages ? D'abord je suis un sot, en me disant occuper la place des deux derniers évêques dont les sièges réunis forment ce nouveau diocèse.......... Et comment réputer pour rien le grand Fauchet, évêque de Bayeux par la volonté nationale et victime de l'athéisme, en qualité de martyr de la religion et de la liberté. En second lieu, je suis un coquin qui prétends toujours faire accroire au peuple que la désobéissance de Cheylus aux lois ne l'avait pas justement destitué de son propre siège, tandis qu'attaqué de deux maladies également contagieuses et mortelles, la *rébellion* et le *fanatisme*, Cheylus y avait succombé ; que conséquemment son siège était vacant en toutes manières, et que je ne puis ni en droit ni en fait me dire son suc-

lique de Pie VII, du 15 août 1801 (1), une rétractation au moins secrète de son serment, avant de l'envoyer à Balleroy, comme pasteur à charge d'âmes. Un évêque tel que Mgr Brault ne pouvait transiger avec ses devoirs, et il l'eût certes fait s'il n'eût rempli cette formalité prescrite par le souverain Pontife lui-même.

« Que de douces années, disent ses neveux (2), s'écoulèrent pour Moulland à Balleroy, où passant sa vie au gré de ses goûts les plus vifs et les plus chers, dans sa bibliothèque, au milieu de ses pauvres ou dans son église ; apprécié, aimé de ses paroissiens, il goûtait enfin, à la suite de longues années de luttes cruelles, de douleurs profondes et de dangers réels, le repos auquel il aspirait. »

Ce que l'abbé Moulland fut à Balleroy.

---

cesseur qu'après avoir pris la peine de compter Fauchet, Duchemin et Bisson........

» En vain, faisait-il toujours dire à Mgr Brault, en vain nous encensons maladroitement les cendres de Pie VI en préconisant Pie VII pour être son successeur. Pie VII ne pourrait être grand s'il donnait dans les erreurs de Pie VI, et si, en n'éclairant pas lui-même le respect dû au Saint Siège, il entraînait les peuples dans une hérésie politique et religieuse relativement aux brefs scandaleux et fanatiques qui, bien loin d'obtenir la canonisation pour Pie VI, ne feront jamais que la condamnation de son esprit, de son cœur et de sa croyance.........»

(1) Dans le dessein de ramener les jureurs dans le sein de l'église, le Pape chargea l'archevêque de Corinthe, par ce bref, de demander à tous les prêtres assermentés une rétractation de leur serment. (Annotation de M. l'abbé Pierrot, chanoine honoraire de Bayeux et curé doyen de Dun au dictionnaire de Berger.)

(2) *Notice biographique de Michel Moulland*, pag. 22, imprimée à Mayenne, chez Galbrun.

Cet éloge est vrai, et pour le terminer, on peut y ajouter avec vérité qu'*à son serment près*, M. l'abbé Moulland eut chez nous, même aux yeux de ceux qui ne l'aimaient pas, *les dehors* et *les apparences* de toutes les vertus sacerdotales, de toutes les qualités civiles d'un bon et excellent curé.

Mais, à côté de cet éloge, je dois vivement protester contre ce que j'aimerais à laisser dans l'oubli, si les droits de la vérité et de la saine doctrine pouvaient se concilier avec le silence de l'historien : les neveux de M. l'abbé Moulland, dans une notice biographique de leur oncle, répandue à profusion, semblent n'avoir eu d'autre but que d'incriminer contre le souverain Pontife, en s'efforçant de justifier les principes et la conduite des partisans du schisme funeste des constitutionnels (1), dont j'ai suffisamment parlé dans mon IXe chapitre, et sur lequel je ne dois pas revenir. Ils affectent encore dans cette biographie, mais assez maladroitement, de nous représenter leur oncle comme un prêtre plein de piété et de mérite, comme un

---

(1) L'abbé Grégoire, évêque constitutionnel de Blois, ce chef du parti schismatique, écrivait de son lit de mort, le 18 avril 1831 : « J'engage
» MM. Denis à rédiger, le plus tôt possible, une notice biographique sur
» leur digne oncle, à la publier, à faire un tirage nombreux pour ré-
» pandre les exemplaires : ce sera de leur part un acte de justice qui
» contribuera à la gloire de la religion, à l'édification publique, à la con-
» naissance des *vrais principes* et à l'honneur de la famille. Il y a des
» détails *dans les Annales de la Religion, la Chronique religieuse*, etc.
» Salut bien cordial à tous les neveux et nièces du saint décédé.
» Signé GRÉGOIRE, ancien évêque de Blois. »

saint et comme un confesseur de la foi ! « Son âme, disent-ils, nourrie de la lecture des Pères de l'Eglise, familiarisée avec de fortes études, était d'une trempe à faire un martyr. » Je veux bien leur accorder que leur très-digne oncle eût volontiers fait un martyr, mais alors un martyr de la Révolution vers laquelle il s'était élancé et qu'il avait acceptée sans arrière-pensée et, comme ils le disent dans la notice, avec l'ardeur d'un néophyte.

Quant à la foi dont il fut l'un des confesseurs le plus intrépide, c'était la foi de l'église constitutionnelle ; mais cette foi, je l'ai assez prouvé dans les chapitres précédents, n'était plus la foi de l'Eglise catholique, la foi de ses pères et des nôtres, la foi de l'Eglise du Christ ! C'était le *schisme* et l'*hérésie* qu'il soutenait, qu'il confessait alors ! On sera forcé d'en convenir ou l'on ne sera pas soi-même catholique !

Foi de M. l'abbé Moulland

Que penser en effet de sa foi, de sa catholicité, quand, à l'occasion du bref apostolique du souverain Pontife (1791) et de l'ordonnance de Mgr Dominique de Cheylus, son évêque, il osait, avec un style virulent, écrire ce manifeste révolutionnaire et irréligieux tout à la fois, qu'on fit imprimer (1) et que ses neveux prétendent nous donner comme les principes de l'église gallicane, les principes de Bossuet et de Louis XIV ? « Frères et amis, s'écriait-il, désespérés de n'avoir pu ébranler votre courage, les tyrans

---

(1) Ce manifeste fut imprimé par l'ordre et aux frais de la société des Amis de la Constitution.

de la patrie (1) font un dernier effort et tâchent d'alarmer votre religion ; ils veulent vous effrayer par l'idée déchirante d'un schisme prochain et inévitable. Mais que votre foi brille autant que votre valeur ; qu'elle marche toujours au flambeau de la vérité, et ne se laisse point égarer dans les ombres du mensonge...... Il y a une grande différence entre le Saint Siège et le prêtre de Rome, entre l'humble vicaire de Jésus-Christ et le fier despote du Vatican...... On doit obéir à l'un, mais on peut combattre l'autre......... »

<small>Doctrine de l'abbé Moulland</small>

Et d'abord n'est-il pas du dernier des ridicules d'établir une différence entre le siège et l'homme qui s'y assied, entre le pape et le vicaire de Jésus-Christ ? « Qu'est-ce qu'un trône sans roi, disait Napoléon Ier, c'est un corps sans âme, c'est un fauteuil vide placé sur quatre planches de sapin recouvertes d'un tapis plus ou moins riche, et qui n'a d'importance que par l'homme qui veut y prendre place. » Ce n'est pas évidemment au siège de Rome que Jésus-Christ a dit : *Paissez mes agneaux, paissez mes brebis,* mais à Pierre et à tous les papes dans la personne de Pierre. Ce sophisme de l'abbé Moulland est donc la preuve de la plus insigne mauvaise foi ou de la plus stupide ignorance : ne démontre-t-il pas clairement, ce misérable sophisme, la fausseté de la cause que M. Moulland essayait en vain de défendre ?

---

(1) C'est-à-dire le pape Pie VI, Dominique de Cheylus et les prêtres qui condamnent ou refusent de prêter le serment à la constitution civile du clergé.

Ce prêtre, hélas ! si fatalement entraîné vers les idées révolutionnaires et schismatiques, alla même jusqu'à l'hérésie dans ce discours que ses neveux, qui sont loin d'être théologiens, vous citent comme devant honorer sa mémoire : « Je vous le dis encore une fois, mettent-ils toujours à la bouche de leur oncle, et je ne puis trop vous le répéter, ne vous laissez point étourdir par les clameurs redoublées de ces hommes qui parlent tant de religion et de patrie et qui n'en ont aucune. Ne croyez pas plus à leurs discours qu'à leur amour ; ils sont trop intéressés à vous tromper : non, vous n'êtes point schismatiques, eux seuls sont des calomniateurs ! Dès que vous êtes attachés à la chaire de Pierre, que vous recevez avec reconnaissance et même avec transport les oracles sacrés qui en émanent (1), vous n'avez rien à redouter pour votre salut : il ne dépend nullement *de la personne qui y est assise*. Vous n'êtes pas des esclaves pour ramper aveuglément sous un maître, et votre respect ne doit pas aller jusqu'à l'idolâtrie. Un pape doit être un père et vous ouvrir amoureusement les bras ; s'il vous rejette de son sein, vous n'en serez pas moins ses enfants, et il ne pourra vous ravir son héritage......... »

Ecrits de l'abbé Moulland.

Je le demande encore à mes lecteurs, est-ce bien là le langage d'un fils soumis et respectueux, d'un homme de bonne foi, d'un prêtre véritablement vertueux et plein de

---

(1) Mes lecteurs comprendront enfin l'absurdité d'un tel langage dans un homme d'esprit, surtout comme M. l'abbé Moulland.

mérite, d'un prêtre sincèrement attaché à l'église et à sa foi ? Cette doctrine est-elle bien aussi celle de l'église de France ; elle, si respectueuse, si humble, si pure dans sa croyance ; elle, si fortement attachée à la chaire de saint Pierre et au vicaire de Jésus-Christ, ce qui est la même chose ? Pour elle, le bref apostolique de 1791, contre lequel s'élève avec tant de véhémence et de furie révolutionnaire l'abbé Moulland, était un de ces oracles sacrés qui émanait de la chaire de Pierre, c'est-à-dire de Pie VI occupant légitimement cette chaire vénérable contre laquelle les portes de l'enfer ne sauraient jamais prévaloir.

Si donc les prêtres constitutionnels n'écoutèrent pas alors la voix paternelle de Pie VI, qui leur ouvrait encore amoureusement ses bras pour les ramener à l'unité catholique, à qui doit-on s'en prendre ? Est-ce à la bonté du père, est-ce au mauvais cœur ou à la perversité du fils ? Qui oserait nier maintenant que Pie VI, en cette circonstance, n'eut pas le droit de rejeter du sein de l'église, dont il était le chef, de tels enfants et de les priver de leur héritage s'ils ne venaient à résipiscence ? M. l'abbé Moulland, en soutenant la doctrine contraire, ne pouvait donc prêcher et soutenir que la plus détestable et la plus funeste des hérésies.

L'abbé Moulland se condamne lui même. Mais que ses neveux ne m'accusent pas de calomnier sa mémoire : ce sont ses propres paroles, ses propres expressions qu'ils nous citent, dont je me sers, non pour remuer et souiller sa cendre muette et glacée, mais pour flétrir et stigmatiser, de concert avec l'église universelle, la funeste doctrine qui l'égara et le jeta malheureusement dans le schisme de l'église constitutionnelle. Comme eux, j'estimais leur oncle ; j'avais même pour lui une espèce de culte et de vénération ; comme eux, j'ai suivi ses catéchismes et je l'écoutais avec bonheur, parce qu'il était mon pasteur légitime et qu'il n'était pas alors dans le jeune âge (1), question des erreurs déplorables que l'on voudrait ressusciter aujourd'hui qu'elles semblent mortes pour toujours, erreurs dont on ne parle que pour amoindrir et affaiblir, s'il était possible, l'autorité pontificale.

Si donc aussi, comme eux, j'avais été appelé à écrire la biographie de ce pasteur tant regretté, j'aurais voulu couvrir de l'oubli et jeter un voile impénétrable sur cette conduite schismatique qui a, depuis long-temps, attaché ses coupables auteurs au pilori de l'ignominie, de la honte et de la réprobation générale. Bien loin également de vouloir justifier ce schisme funeste qui désola l'église de France à cette triste époque, j'aurais vivement plaint l'abbé Moulland d'en être devenu le partisan et je l'aurais représenté, s'il m'eût été possible de le faire, comme ayant cédé, en cette fâcheuse circonstance, à la crainte d'une cruelle per-

Sa biographie.

---

(1) J'avais onze ans quand j'eus le bonheur de faire ma première communion, et depuis cette époque toute relation cessa entre moi et M. l'abbé Moulland qui ne fut jamais mon directeur. Ce fut le respectable curé de Planquery qui dirigea ma conscience jusqu'à mon entrée au grand séminaire, pendant mes vacances et long-temps après que je fus ordonné prêtre. Si j'insiste tant sur ce point, c'est que mes ennemis me jettent souvent à la face que je suis l'élève de Moulland...... Ici, je suis heureux de leur donner un démenti formel et profondément accentué.

sécution ; mais jamais je ne me serais décidé à le défendre aux dépens de la foi et de l'église, ainsi qu'à citer la moindre ligne des écrits qui feront éternellement sa honte et son déshonneur.

Le scandale donné par les prêtres ne déshonore pas l'Eglise, mais la glorifie.

Et pourquoi donc aurais-je eu cette coupable dissimulation ? Tel n'est pas l'esprit de l'Eglise : elle ne dissimule point les scandales, elle les réprime et les punit, elle sait qu'ils ont été prédits comme les hérésies, elle en gémit et ne s'en étonne pas. Raconter les hérésies et les scandales dont l'église fut toujours victorieuse, ce n'est donc pas la déshonorer, mais plutôt la glorifier : c'est rendre sensible la protection divine sur laquelle elle s'appuie. Si l'Eglise catholique, surtout en France, n'a pas succombé à la fin du XVIIIe siècle, si elle a pu éliminer les principes de destruction qui fermentaient dans son sein et repousser les attaques extérieures que le schisme des constitutionnels dirigeait contre elle, c'est qu'il est écrit que les portes de l'enfer ne prévaudront jamais contre la bien-aimée du Fils de Dieu. « Il n'y a, disait naguère un des plus illustres défenseurs de l'Eglise, dans une circonstance solennelle (1), il n'y a ici-bas qu'une institution qui, depuis dix-huit siècles bientôt écoulés, résiste à tout, même aux faiblesses et aux défaillances passagères de ses ministres. »

Quoi qu'il en soit, la biographie de M. l'abbé Moulland donnée par ses neveux étant une justification maladroite et intempestive de ces erreurs qui affligèrent l'Eglise à la fin

---

(1) Mgr Dupanloup, évêque d'Orléans, dans son discours à l'Académie.

du siècle dernier, j'ai cru devoir, non seulement comme prêtre, mais encore comme catholique, comme historien impartial, uniquement dans l'intérêt de la saine doctrine, consigner dans cette histoire les réflexions qu'on vient de lire. A Dieu ne plaise cependant que je me sois attaché à poursuivre la mémoire d'un pasteur qui sut mériter l'estime générale de nos pères, et qui eut toujours à mes yeux ces nobles et grandes vertus qui honorent l'homme et le prêtre ! Dieu l'a jugé ; respectons les décrets impénétrables de sa justice. Mais cette biographie contenant de graves erreurs, j'ai dû les relever et les signaler à mes lecteurs et surtout à mes compatriotes, pour lesquels cette notice a été écrite. J'aurais mieux aimé, je l'avoue, qu'il m'eût été donné de dire et surtout d'affirmer qu'en rétractant son serment pour devenir curé de Balleroy, M. l'abbé Moulland déplora sincèrement aussi tout ce qu'il y eut d'erroné et de répréhensible dans sa conduite pendant le schisme auquel il eut le malheur de prendre une part si active. S'il est de l'homme d'errer, c'est se rapprocher grandement de la divinité que de s'humilier, que de reconnaître et d'avouer ses torts : ainsi Dieu veut qu'on les répare.

Erreurs contenues dans la biographie de l'abbé Moulland

En devenant curé légitime de Balleroy, c'est-à-dire curé canoniquement institué par l'évêque ayant mission du pape, l'abbé Moulland rentrait en communion avec ce dernier et faisait cesser le schisme et l'intrusion de l'abbé Poutrel, curé constitutionnel, qui, rentré lui-même dans le giron de la sainte Eglise, fut nommé par Mgr Brault d'abord vicaire de Balleroy, puis curé de Saint-Paul-du-Vernay et ensuite de Bricqueville où il est mort. Les

L'abbé Moulland rentre extérieurement en communion avec le pape.

autres prêtres de Balleroy reçurent aussi de l'évêque de nouveaux pouvoirs : les abbés Fouques et Docquet pour Littry, ce dernier comme vicaire ; l'abbé Geslin fut envoyé d'abord à Noron, il passa ensuite à Saint-Gabriel où il est mort ; l'abbé James devint curé de Foulognes, et l'abbé Cotentin continua de diriger son pensionnat. L'abbé Le Coursonnois du Bois, qui s'était attaché pendant la terreur à la communauté des dames ursulines et qui lui avait voué en quelque sorte toute son existence, resta leur modeste chapelain.

<small>L'abbé Le Coursonnois du Bois rétablit les ursulines à Bayeux. 1804.</small>

Cette communauté avait été dissoute en 1792, ainsi que tous les ordres religieux ; mais l'abbé Le Coursonnois du Bois, qui sans doute se sentait appelé par la divine providence à la reconstituer un jour, n'en abandonna pas pendant les mauvais jours les débris épars. Il savait ce qu'étaient devenues toutes les religieuses ; souvent même il les avait visitées au fort de la persécution et au péril de ses jours dans les maisons particulières où elles s'étaient retirées, et il avait entretenu toujours dans leurs cœurs l'espoir d'une réunion future en communauté.

La tourmente révolutionnaire s'était dissipée, il est vrai, et le sang avait cessé de couler ; mais que de ruines couvraient le sol religieux de la France ! que de plaies restaient à cicatriser ! La religion surtout avait vu presque toutes ses institutions proscrites, profanées et renversées. Alors durent apparaître les hommes providentiels destinés de Dieu à les réparer et à les relever. L'abbé du Bois fut un des premiers à l'œuvre : sa principale occupation, sa mission sacrée fut de reconstituer, avec le concours de

Mlle Planchon (sœur sainte Rosalie), la communauté des ursulines. En 1804, il acheta pour elles la maison qu'elles occupent dans la rue des Bouchers. L'année suivante, il réunit le petit nombre de ses religieuses en communauté. Il n'avait point de capitaux : des amis lui en prêtèrent, des âmes pieuses lui en donnèrent ; son activité pourvut à tout. Bientôt de nouvelles acquisitions s'ajoutèrent à la première, des réparations furent faites, des constructions s'élevèrent, et l'on vit s'accroître peu à peu la population du renaissant asile de la prière (1). L'abbé Le Coursonnois du Bois termina prématurément, en 1806, sa carrière à la suite d'une chute qu'il avait faite en fuyant pendant la terreur le sabre des révolutionnaires.

Le marquis de Balleroy, Philippe-Auguste-Jacques de La Cour, avait aussi quitté la terre d'exil, et il était rentré en France et revenu dans le château de ses pères, où il trouva sa sœur, la comtesse d'Hervilly, en possession de toute la fortune de son père, moins les rentes seigneuriales qui avaient été confisquées. Cependant, dans un pacte de famille qui eut lieu en 1806, la comtesse d'Hervilly déclara que les biens qu'elle avait recueillis de la succession de son père, pendant la révolution, et ceux même qu'elle avait rachetés de la nation en 1796 redevenaient la pro-

Le marquis de Balleroy rentre de l'exil.

---

(1) L'abbé du Bois laissa sa chère maison des ursulines à son digne ami dom Dominique Le Comte, mort chanoine de Bayeux, qui lui-même en mourant l'a confiée au zèle et à la sollicitude de M. l'abbé d'Hérembert, grand-chantre. Ce chanoine est un enfant du canton de Balleroy ; il est né à Littry.

priété commune de son frère le marquis de Balleroy, et de sa sœur la marquise de Jaucourt, Thaïse-Pauline-Simonne de Balleroy.

Le marquis de Balleroy obtient le château. 1806.

Ce fut ainsi que le château échut au quatrième marquis de Balleroy avec la ferme du Parc. Les belles et charmantes avenues du Sapin, le moulin et ses prés, la grosse forge, la ferme de Courteil, celle de la Marinette, les riches herbages qui entourent le château comme d'une vaste ceinture et le séparent du vaste Buisson des Biards, tous apanages indispensables à la princière habitation du marquis, en furent impitoyablement séparés et vendus avec les deux fermes du Coysel, les bois du Vernay, du Tronquay et de Baugy.

Le marquis de Balleroy avait épousé Mlle Maignard de La Vaupalière, dont il eut le marquis actuel.

Doué d'un esprit vif, d'une mémoire heureuse, d'une intelligence remarquable, le marquis de Balleroy avait répondu d'une manière brillante aux soins que son aïeul avait pris de son éducation : il avait passé auprès de lui une partie de sa jeunesse. Il épousa Mlle Maignard de la Vaupalière, dont il eut M. le comte Auguste-François-Joseph-Pierre de La Cour de Balleroy (1). Capitaine et chevalier de Saint-Louis à 27 ans, le marquis de Balleroy fut un des premiers à quitter la France avec les princes.

(1) Elle était fille de Pierre-Charles-Etienne Maignard, marquis de la Vaupalière, brigadier des armées du Roi, qui avait épousé en 1766 la veuve du comte de Tessé-Matignon, de la maison de Clermont-Rénel, dont il eut la marquise de Balleroy. La famille Maignard est une très-ancienne famille de la province de Normandie : elle remonte à Richard Maignard, gouverneur de Vernon, qui remit cette ville, en 1442, sous

La nature de ses idées, son éducation, les habitudes qu'il avait déjà contractées à la cour, l'avaient peu disposé à accueillir avec faveur des innovations qui tendaient à affaiblir l'autorité royale dont il était l'un des défenseurs. Noble erreur, si ce fut une erreur, que ce mouvement spontané qui, sur un mot des chefs naturels de la noblesse, lui faisait abandonner et la famille et la patrie, mouvement qui ne peut, qui ne doit être jugé qu'en se plaçant au point de vue où la noblesse était placée elle-même. Il fit la campagne de 1792 dans les rangs de l'armée de Bourbon, et celles de 1793-1794-1795 et 1796 à l'armée de Condé, en qualité de commandant. Il fut blessé au combat d'Oberkaamlek le 13 août 1796. C'est alors seulement qu'il fut obligé de quitter l'armée.

A l'exemple de son aïeul, il adoucira par l'étude les pénibles épreuves de l'exil ; cependant l'orage qui avait éclaté sur la France, et qui avait, comme nous l'avons vu, tout jonché de débris, s'étant un peu calmé, il fut possible de tenter d'apparaître au milieu de ses ruines, non pas toutefois sans danger encore ; mais l'exil pèse d'un poids si lourd sur un cœur français qu'on est bien excusable d'être téméraire pour revoir le sol de sa patrie. Le marquis eut cette témérité et elle eût pu lui coûter cher, si bientôt ne

---

l'obéissance du roi Charles VII. Il était seigneur de Bernières, et ses enfants devinrent seigneurs de la Vaupalière par les femmes. Ses armoiries étaient *d'azur à la bande d'argent chargée de trois quintesfeuilles de gueules.*

fût revenu des bords du Nil un jeune héros, ramenant avec lui l'espérance, le calme, l'ordre et la sécurité et apparaissant comme un sauveur. Se confiant dans la gloire du guerrier, l'exilé crut pouvoir rentrer sans crainte dans sa province natale.

C'était en rendant à Dieu ses temples, aux exilés leurs champs, à la loi son empire, que Napoléon Ier venait de ramasser dans la poussière et le sang le sceptre brisé de nos rois. Leur couronne, si belle d'ailleurs, semblait rajeunie sur ce front rayonnant de génie et de gloire. Aussi la noblesse émigrée n'hésita point à répondre à l'appel qui lui fut fait au nom du nouveau chef de l'Etat et à rentrer activement dans la carrière des emplois publics. Le marquis de Balleroy qui était veuf et qui allait passer à de secondes noces (1), accepta les fonctions de maire de Balleroy (2). Parfois bizarre et par cela même peu où mal compris de ceux qui l'entouraient, il n'était pas aimé dans sa localité. Il fut presque toujours en querelle avec l'abbé Moulland, qui de son côté n'était pas homme à se ployer aux caprices et aux volontés des autres.

Le marquis de Balleroy est nommé maire.

Ce dernier, comme nous venons de le voir, n'aimait que sa bibliothèque où il passait presque tout son temps, et d'où il ne sortait que pour remplir les devoirs et les fonc-

---

(1) Il épousa Mlle Rose de Cyrème dont il eut une fille, Mlle Augusta. Il avait un fils de Mlle Maignard de la Vaupalière qu'élevait son aïeul maternel. C'est le marquis actuel de Balleroy, *M. Auguste-François-Joseph-Pierre de La Cour.*

(2) C'était vers 1807.

tions de son ministère ou pour aller soulager quelque infortune. On le conçoit, il fallait une plus grande activité, un théâtre beaucoup plus vaste à l'impétueux défenseur de l'abbé Fauchet : la providence sembla lui en ménager un en 1809. A cette époque de triste et déplorable mémoire, le souverain pontife Pie VII était prisonnier d'Etat à Savone, d'où il fut transféré l'année suivante à Fontainebleau, et les restes de l'église constitutionnelle, pour le mortifier sans doute encore et aggraver ses poignantes douleurs, cherchèrent alors à se produire de nouveau, à faire parler d'eux et à se rendre importants. Il est difficile quand on a fait tant de bruit de rester calme. L'abbé Moulland saisit donc avec avidité l'occasion qui lui fut alors offerte pour renouveler sa correspondance avec ses amis Grégoire (1) et Mauviel, anciens prélats célèbres du parti constitutionnel ; il était sûr d'être favorablement écouté : il

L'abbé Moulland renouvelle sa correspondance avec les chefs du parti constitutionnel

---

(1) L'abbé Grégoire était curé d'Embermesnil quand il fut nommé député du clergé pour le bailliage de Nancy aux Etats généraux. Il se réunit un des premiers de son ordre à la chambre du Tiers-Etat ; il fut aussi le premier qui prêta le serment à la constitution civile, ce qui lui valut l'évêché de Blois ou plutôt de Loir-et-Cher. Lorsque la fuite du malheureux Louis XVI eut donné lieu à la question de l'inviolabilité, Grégoire se prononça vivement contre le monarque et demanda qu'il fût jugé par une convention. Elu, en septembre 1792, député de Loir-et-Cher à cette convention, il provoqua, le 20, et fit prononcer, séance tenante, l'abolition de la royauté, en affirmant que « les rois étaient dans » l'ordre moral ce que les monstres sont dans l'ordre physique, et que » leur histoire était celle du martyrologe des nations. » Envoyé avec Sagot, Hérault et Simon, en Savoie, ce fut pendant son absence que se fit le procès de Louis XVI. Il écrivit alors « que, convaincu des trahi- » sons non interrompues de ce roi parjure, il demandait qu'il fût

venait leur parler de philanthropie, de charité, d'innocent à sauver, de gloire à acquérir... de parti à ressusciter... que sais-je encore? Cependant il s'agissait de rendre la liberté et la vie à un homme injustement condamné à mort par les assises du Calvados (21 avril 1809) en faisant réviser le procès !

On le comprend, cette cause célèbre devait avoir un grand retentissement et le curé de Balleroy aspirait à y jouer un rôle brillant, le rôle d'un apôtre, le rôle d'un autre Vincent de Paul, rôle qui devait le couvrir, ainsi que ses amis, d'honneur et de gloire, non seulement aux yeux de notre province, mais encore aux yeux de tout

---

» condamné sans appel au peuple. » Ce misérable prêtre disait qu'en révolution, frapper vite et frapper fort était un grand moyen de salut. En septembre 1795, il passa au conseil des Cinq-Cents et entra, après la révolution du 18 brumaire, au Corps législatif dont il fut président en 1800, devint commandeur de la légion-d'honneur et membre de l'Institut de France. Il fut élu en 1801 membre du Sénat conservateur où il se montra constamment opposé à la politique de Napoléon Ier. La restauration ne voulut pas entendre parler de lui. La révolution de 1830 parut à Grégoire une circonstance favorable pour ressusciter le schisme des constitutionnels; il engagea avec Louis-Philippe des négociations que l'intervention de M. de Quélen, archevêque de Paris, fit heureusement échouer. Grégoire mourut, comme son ami Moulland, en 1831, sans être sorti, même en présence du tombeau, de son déplorable aveuglement. Avec eux tomba la dernière colonne de cette église révolutionnaire qui porte au front les stigmates ineffaçables du schisme, de l'hérésie, du sang et de l'orgie. Et c'est cet enragé révolutionnaire que les neveux du curé de Balleroy osent bien nous désigner dans la biographie de leur oncle, pag. 18, comme un de ces grands hommes qui étaient alors *l'élite* de l'épiscopat français et les principales lumières de l'Eglise !!! Qu'en pensent mes lecteurs ?

l'Empire (1). Mais laissons aux neveux de M. Moulland le soin de nous raconter eux-mêmes la sensibilité et la bienfaisance de leur oncle en cette circonstance.

« Un jour, disent-ils, le bon curé de Balleroy entend gémir à sa porte, il la fait ouvrir et on lui rapporte qu'une femme, une inconnue baignée de larmes, sollicite la faveur de le voir. On fait entrer cette malheureuse, et elle raconte en sanglottant sa lamentable histoire : Elle est la femme de Pierre Fourey de Foulognes, qu'un verdict du jury de Caen vient de condamner pour assassinat sur la personne de M. L'Abbé, maire de sa commune ; son mari est innocent : une erreur seule a pu le faire condamner, car il était couché auprès d'elle au moment du crime. Ce fait est constaté par le témoignage d'un fermier qui est venu, à l'heure même où se commettait l'attentat, savoir si Fourey pouvait aller travailler chez lui. D'ailleurs comment l'accusateur aurait-il pu reconnaître Fourey pour son assassin à travers le feuillage épais d'une haie de saules (on était alors au mois de mai) garnie de joncs-marins, par une nuit obscure et à la seule lueur de l'amorce d'un fusil ?

» Les premiers mots de M. Moulland furent ceux-ci : Ma pauvre femme, nous devons nous incliner en silence devant le jugement du jury ; la justice des hommes a parlé, soumettons-nous... Dieu seul peut aujourd'hui quelque chose pour Fourey !... »

Pierre Fourey condamné à mort. 1809.

---

(1) Tous les journaux de l'époque s'empressèrent de publier cette cause célèbre et de faire l'éloge des anciens membres de l'église constitutionnelle qui y avaient figuré. Le comte Grégoire, car il n'était plus évêque, soumit à l'Institut de France cette grave question touchant les débats qui

380 HISTOIRE

» Mais à la réflexion, cet accent de l'innocence, cette nuit noire, cette haie épaisse, enfin la reconnaissance de l'assassin, qui ne s'opère qu'à la lueur de l'amorce du fusil du coupable, et peut-être plus encore que tout cela la volonté de la providence, jettent le doute dans l'âme du bon Moulland ; il s'étonne, il médite... Il médite sur ce qu'il peut faire d'utile en cette circonstance.—Que puis-je faire pour vous? demande-t-il enfin à la malheureuse femme.—Faire plaider à Paris le pourvoi de Fourey, car je n'y connais personne, et nous n'avons pas le moyen de payer un avocat.—Qu'à cela ne tienne, répond sur-le-champ M. Moulland, qui vient de prendre une résolution ; et à l'instant il donne sa bourse : une quête faite dans la commune fournit avec cette bourse assez d'argent pour envoyer à Paris le frère de Fourey, qui était tourneur à Balleroy.

Charité de l'abbé Moulland

» Pendant qu'on va chercher le tourneur, M. Moulland écrit à son ami l'abbé Mauviel, évêque de Saint-Domingue. « Portez cette lettre à Paris, dit-il au frère de Fourey ; si » vous y trouvez l'évêque de Saint-Domingue auquel elle est » adressée, remettez-la lui, et revenez; sinon, allez la porter » où sera ce prélat. » M. Mauviel était à Paris et le frère de Fourey lui remit la lettre. Mais j'abrège la narration de MM. Denis et j'ajoute, toujours avec eux, que ce fut Cailles des Fontaines qui voulut bien se charger de faire réformer le jugement prononcé par la cour d'assises du Calva-

---

furent déroulés à Coutances : « Si l'on pouvait reconnaître à la lueur d'une
» amorce la personne qui la brûle ? » L'Institut répondit négativement en
faveur de l'accusé.

dos : ce savant avocat fit admettre, comme il l'avait promis, le pourvoi en cassation, et la cause fut renvoyée devant le jury de Coutances, où il vint plaider encore gratuitement. Honneur à l'homme qui comprend ainsi les devoirs de l'avocat et les droits de l'humanité !

» L'intérêt déjà si vif qu'inspirait Fourey se concentra de plus en plus sur lui et sur sa famille ; la commune de Balleroy tout entière, dont plusieurs habitants accompagnèrent leur curé à Coutances pour appuyer, par leur présence, l'opinion que l'on avait déjà de l'innocence de Fourey ; la commune de Balleroy, disons-nous, manifesta cet intérêt avec une grande vivacité dans toutes les occasions, mais surtout au retour de M. Moulland, qu'accompagnait Fourey qui venait d'être acquitté à Coutances. Avec quel éclat retentit cet acquittement d'un innocent dans les départements de la Manche et du Calvados ! Quelle ovation de la ville de Coutances à M. le curé de Balleroy ! Que de vers imprimés en son honneur !

Le curé de Balleroy sauve Fourey. 1809.

» Le lendemain de l'arrivée à Balleroy de Fourey qui, ainsi que M. Moulland, avait été porté en triomphe jusqu'au presbytère, une messe d'actions de grâces fut dite, un discours (1) fut prononcé par M. Moulland, et les habitants de la commune en masse accompagnèrent jusqu'à Foulognes et rendirent à sa famille celui que la providence lui avait conservé d'une manière si étrange et si heureuse. Ceci se passait le 23 avril 1809 qui était un dimanche. »

L'historien n'a rien à ajouter à la narration d'un tel acte

---

(1) Voir aux pièces justificatives n° 1ᵉʳ le discours qu'y prononça M. Moulland.

de charité, n'importe quel qu'ait été le motif qui ait pu l'inspirer. Tout le monde, amis et ennemis, s'accorderont pour en féliciter le curé de Balleroy, et certes c'est un des plus beaux traits de sa vie.

Nos pères étaient encore sous l'impression de cette fête de famille, quand, le 30 avril 1810, le mariage de Napoléon Ier avec Marie-Louise, archiduchesse d'Autriche, les rappela encore dans leur petite église pour entendre la parole de leur pasteur qui, cette fois, était appelé par le chef de l'Etat à bénir l'union de l'un (1) de ces 6,000 militaires que Napoléon voulut doter à l'occasion de son mariage. Cette cérémonie se fit en présence du juge-de-paix, des autorités de Balleroy, ainsi que des maires, adjoints et curés du canton. Le curé de Balleroy fit imprimer le discours qu'il y prononça.

Naissance de Napoléon II. 1811.

Onze mois après cette brillante cérémonie, le soleil se levait radieux (20 mars 1811) comme s'il eût voulu éclairer de ses rayons d'or une journée non moins solennelle que celle du 2 avril de l'année précédente : l'impératrice Marie-Louise devint mère.... Mais attendez.... l'enfant qu'on appela roi de Rome ne règnera qu'un jour... Il n'héritera point de son père... Ce sera le petit-fils de Joséphine qui ramassera la couronne impériale pour en orner sa tête de fer, non seulement à titre d'hérédité, mais encore à titre d'élection, et alors l'ombre de la bonne et judicieuse Impératrice délaissée semblera se ranimer pour remercier la France de ses huit millions de voix qu'elle

---

(1) Jean-François Poidevin, ancien soldat du 16e léger, avec Marie-Jacqueline Le Mière, tous deux de Littry.

accordera à son petit-fils, sans doute en souvenir de ses vertus et aussi pourtant en souvenir du nom glorieux de Bonaparte......

Deux mois après la délivrance de l'impératrice Marie-Louise, Napoléon Ier, heureux d'être par elle père, vint la présenter à nos populations normandes qui la reçurent avec joie et allégresse. Le Monarque ne s'arrêta à Bayeux que pour entrer à la cathédrale où il fut reçu par l'évêque et tout son clergé. Après une courte prière, il remit à Mgr Charles Brault une superbe et riche tabatière en or sur laquelle se trouvait incrusté son portrait, puis il prit le chemin de Cherbourg par Saint-Lo.

Ce grand capitaine qui concevait tout militairement, mais qui ne crut pas devoir s'arrêter à Bayeux où il avait été tant encensé, fit faire halte à son état-major et à toute sa suite dans le bois du Tronquay ; là, sur une pelouse verdoyante taillée en hémicycle, et qu'ombrageaient de leurs feuillages d'énormes hêtres séculaires, il fit asseoir tout son monde, et le grand Empereur s'étant assis lui-même sur le gazon, à côté de Marie-Louise, mangea sous le pouce avec la simplicité du soldat une tranche de jambon et un bout de ces vieilles andouilles de Vire qu'il aimait tant. Son repas ne fut pas long ; il but un coup, se leva, donna l'ordre de monter en voiture, de fouetter et d'aller comme le vent, car alors il n'avait pas encore voulu croire à l'existence de la vapeur (1).

---

(1) Le malheureux Fulton, son inventeur, avait été mis par son ordre à Charenton, comme un pauvre fou.

La disette 1813.

Enfin arrive 1812. La disette de cette année semble se poser à la France comme pour venger le souverain Pontife de l'affront et de l'insulte gratuite que lui fit Napoléon Ier le 9 juin 1811 (1). Cette disette nécessita des mesures rigoureuses pour maintenir l'approvisionnement des marchés et retenir dans l'ordre et la résignation la population indigente. A peine les esprits agités se remettaient-ils de cette violente épreuve, que survinrent coup sur coup les désastres de la retraite de Russie, la perte de la bataille de Leipsick, et bientôt la nécessité de lutter contre l'Europe entière. Les conscriptions anciennes rappelées, les conscriptions nouvelles épuisées jusqu'aux derniers numéros, la formation des cohortes urbaines de la garde nationale, la levée du premier ban, la création des régiments de gardes d'honneur, l'organisation des bataillons destinés à la défense des côtes de la Manche et de ceux envoyés aux camps d'Ostende, de Meaux et de Paris, l'assiette des impôts extraordinaires et des taxations arbitraires ordonnés pour faire face à ces cruelles nécessités, les réquisitions militaires de tout genre, tous ces fléaux d'une guerre malheureuse rendirent l'année 1813 et les premiers mois de 1814, des jours d'épreuve pour l'administrateur qu'animait le sentiment de ses devoirs et que le spectacle des populations désolées par tant de rigueurs ne pouvait trouver insensible. Le marquis de Balleroy, en sa qualité de maire, sut vaincre ces difficultés par les justes égards dont il entourait l'exercice de son autorité et mériter l'estime et

---

(1) En convoquant un concile national contre son autorité pontificale.

même l'affection de ces populations agricoles qu'aigrissait chaque jour le sentiment de leurs pertes et de leurs misères.

A la distance où nous sommes aujourd'hui de ces jours de désastres, le nom de Napoléon n'apparaît guère qu'entouré d'une auréole de puissance et de gloire. Les générations nouvelles, nées au sein d'une paix de cinquante années, jouissent des douceurs du présent sans s'inquiéter de ce que vingt années de guerre et une année de revers ont coûté à leurs pères. On oublie trop que c'est avec le sang et l'or des peuples que se dressent les trophées!

Le sceptre tomba des mains de Napoléon Ier dès qu'elles cessèrent d'être victorieuses ! Ainsi la brillante épopée de l'Empire, en touchant à son terme héroïque, vint licencier la grande armée et soumettre encore pour quelque temps la France à un régime nouveau ; mais elle reparaîtra plus brillante un jour au souvenir de sa gloire, quand l'héritier du grand Capitaine pourra nous dire : *L'Empire! c'est la paix!*

CHAPITRE XII.

La restauration des Bourbons.—Louis XVIII.—Les Prussiens inondent le pays.—Le duc d'Angoulême traverse le canton de Balleroy.—Vente du château de Balleroy.—Le marquis de Balleroy à Versailles.—Construction de la sacristie de l'église. —M. le comte de Balleroy achète le château de ses pères.— Mariage de M. le comte de Balleroy avec Mlle Clémentine d'Orglandes.—Fêtes que l'on donne au comte et à la comtesse de Balleroy.—Banquet donné par le comte de Balleroy à la jeunesse du bourg.—Le lieutenant-colonel comte de Balleroy fait sa démission au roi Charles X.—Révolution de 1830.— Vieillesse de M. l'abbé Moulland.—Il n'a pas été persécuté par Mgr Duperrier.—Tous les sectaires se disent persécutés.— Parallèle d'Arius et de M. Moulland.—Derniers moments de M. Moulland.—Sa mort.—M. l'abbé Charles-Désiré Michel, VIIIe curé de Balleroy.—M. Villeroy maire et M. J. Jehanne adjoint.— Manufacture de mousseline.—La clouterie.—Tannerie.—Sabotiers.—Ecoles communales.—Ouvroirs à l'école.—Salle d'asile.—Bureau de bienfaisance.—Mon dernier mot.

Louis XVIII. 1814.

Le testament de Louis XVI d'une main, la charte constitutionnelle de l'autre, un prince né du sang de nos anciens rois revient de la terre étrangère, entouré du prestige d'une grande infortune. Son esprit, cultivé par l'étude et mûri par l'adversité, acceptait de l'ordre nouveau tout ce qui était l'œuvre de la raison et de la justice ; il apportait la paix, réconciliait la France avec l'Europe, et promettait de cicatriser les maux de la guerre.

Le retour des Bourbons, a dit Carnot (1) dans son fameux mémoire, *produisit en France un enthousiasme universel;* ils furent accueillis *avec une effusion de cœur inexprimable, même parmi les républicains.* On sait que ce fut principalement dans la Normandie que se manifesta ce mouvement royaliste.

Il n'est pas nécessaire de dire qu'avec la pente naturelle de ses idées, avec le souvenir de sa jeunesse, de ses anciennes fonctions, M. le marquis de Balleroy salua avec bonheur la restauration, comme le dénoûment le plus désirable du drame de la révolution. Peu de jours après le retour de Louis XVIII, il fut confirmé dans ses fonctions de maire !

Malheureusement, dès les premiers jours de la restauration, deux intérêts contraires étaient entrés en hostilités. Cette lutte sourde, écueil de toutes les restaurations, entre les prétentions des partisans de la dynastie et celles des existences établies, des dignités acquises sous le gouvernement tombé, ne fut point épargnée à la restauration de 1814. Elle prépara cette merveilleuse épopée de 1815 qui ramena Napoléon avec la rapidité de l'aigle qui surmontait ses drapeaux. Malgré ses opinions bien connues, le marquis de Balleroy ne fut point révoqué. Si ses sentiments politiques n'étaient un mystère pour personne, chacun

---

(1) Ce fameux républicain vota seul dans le *tribunat* contre le *consulat à vie,* et, deux ans après, il s'éleva avec un grand courage et une véhémence extraordinaire contre la proposition de faire le premier consul *empereur.*

rendait hommage à sa loyauté, et nul ne doutait qu'il préviendrait par une démission volontaire le jour où sa conscience lui refuserait de remplir quelqu'un des devoirs que lui imposaient ses fonctions. D'ailleurs cent jours seulement s'écoulèrent entre le prodige du retour de Napoléon et l'heure où succomba sa fortune. Le second retour de Louis XVIII le retrouva donc et le maintint à son poste.

Les Prussiens inondent le pays.

Les désastres de Waterloo, l'invasion étrangère, l'occupation de notre pays par les troupes prussiennes, l'ambition et la violence des partis, l'exaltation des opinions et les vengeances politiques, que d'obstacles de tout genre à la prudente et à la sage habileté d'un maire ! Il fallait dominer les partis par la modération, inspirer la confiance par la sincérité du langage, subir les calomnies des ennemis de la restauration et les défiances de ses amis, combattre pour l'affermissement du régime constitutionnel contre les serviteurs de la dynastie, pour l'affermissement de la dynastie contre les partisans du régime constitutionnel, se dégager soi-même de ses préjugés et résister à ses propres affections. Qui n'a point rempli d'emplois publics dans ces temps de funestes divisions, qui n'a point pris part à ces luttes irritantes n'en comprendra jamais les périls. Le marquis de Balleroy fut assez heureux pour les traverser en conservant ses fonctions, malgré la mobilité des systèmes politiques essayés pendant la restauration.

Ce fut aussi une nécessité pour les princes de la maison de Bourbon de visiter les provinces de la France. Il fallait qu'ils rattachassent à leur cause un grand nombre de Français qui n'avaient jamais entendu parler d'eux avant 1814;

il fallait qu'ils fissent oublier qu'ils étaient revenus chez nous à la suite des armées coalisées de l'étranger, contre lesquels la haine des Français était encore toute vivace ; mais, il faut ici en convenir, ils n'atteignirent pas cette fois du moins le but qu'ils s'étaient proposé. Louis-Antoine de France, duc d'Angoulême, traversa Caen, Bayeux et Vaubadon sans presque s'y arrêter, le 23 octobre 1817, lorsqu'on s'attendait à l'entendre nous consoler de nos pertes et nous promettre un plus heureux avenir..... La révolution commença dès-lors à germer dans toutes les têtes.

Le duc d'Angoulême traverse le canton. 1817.

Les revenus de M. le marquis de Balleroy étaient loin d'être en rapport avec la magnificence presque royale de son château. Désirant vivement les augmenter, afin de procurer à Mlle Augusta de Balleroy, sa fille, un mariage selon sa naissance, il résolut de vendre ce château et de se retirer à Versailles. Une difficulté sembla l'arrêter un instant, c'était la dot de sa première femme, Mlle Maignard de la Vaupalière, affectant ce château et ses dépendances ; mais cette difficulté levée, M. Le Cordier, marquis des Bigards de La Londe (1), acheta ce beau domaine en 1819, la somme de *six cent mille francs* : plus tard, il joignit à ce domaine le moulin de Balleroy et ses dépendances, le moulin Bacon et quelques autres terres qu'il avait achetées de Mme d'Hervilly.

Vente du château de Balleroy. 1819.

---

(1) Terre et seigneurie en Haute-Normandie, érigée en marquisat en 1616 au profit de François des Bigards. Ce marquisat est, depuis 1775, possédé par M. Le Cordier, président à mortier au parlement de Rouen, du chef de sa bisaïeule.

Le marquis de Balleroy à Versailles.

A partir de ce moment, M. le marquis de Balleroy se retira à Versailles dans un riche hôtel qu'il avait acheté rue Satory, tout près le grand séminaire. Il fit revivre dans cet hôtel les mœurs hospitalières et patriarcales du siècle dernier. Etant allé à Versailles en 1838, je fus lui présenter mes hommages : ce digne homme, parce que j'étais de Balleroy et que je pouvais lui parler de son petit-fils (1), qu'il aimait beaucoup, voulut que je reste son hôte tout un mois. Durant ce temps, je fus à même de connaître par moi-même tout ce qu'il y avait de bon, d'aimable dans cette âme mal comprise, et surtout tout ce qu'elle contenait d'ardeur pour l'étude. Il me montra, avec la bonté naïve d'un enfant, *l'Histoire des traités depuis la paix de Vervins*, histoire manuscrite de son aïeul, dont j'ai déjà entretenu mes lecteurs. Il me fit également voir, avec une expression visible de bonheur, sa riche et bien rare bibliothèque qui, selon lui, était la mieux composée de toutes celles qui existent au monde. Dans une riche cassette de nacre qu'il tenait sur sa table était renfermée une polyglotte du Nouveau Testament : « *Tenez*, me dit-il, *en » me la montrant, voilà le livre du prêtre, et si vous ne » l'avez pas tout entier dans le cœur et souvent sur les » lèvres, vous êtes indigne de l'être.* » Il avait raison.

C'est ici que je dois dire ce que je ne puis taire sans blesser la vérité par mon silence. Le caractère de M. le

---

(1) Il savait qu'étant séminariste j'avais, pendant les vacances, donné quelques leçons à M. le comte Albert de Balleroy encore enfant, ainsi

marquis de Balleroy était un mélange de bons et nobles sentiments et de méticuleuses susceptibilités, d'empressement à rendre service et de préventions absurdes qui le rendaient impitoyable à l'égard de celui qui en était l'objet. Amoureux de ses opinions de savant, comme un poète de ses plus beaux vers, il voyait un ennemi dans celui qui ne les adoptait pas sans examen, surtout dans celui qui, après examen, les rejetait ou se permettait de les combattre. M. le marquis de Balleroy termina sa carrière dans un âge fort avancé (1).

Ce fut M. Le Rouget, pharmacien, qui remplaça comme maire M. le marquis de Balleroy dont il avait été adjoint. Ce fut pendant le cours de son administration, et de concert avec l'abbé Moulland, que fut construite la sacristie qui se trouve derrière le chœur en forme d'abside. La pose de la première pierre se fit avec beaucoup de solennité : on dit une messe du Saint-Esprit où assistèrent les autorités, et ce fut le nouveau propriétaire de Balleroy, M. le marquis de La Londe, maire de Versailles, qui posa lui-même cette pierre le 18 juillet 1822. L'abbé Moulland lui récita avec enthousiasme ces vers :

Construction de la sacristie de l'église. 1822

> Balleroy, quel beau jour t'éclaire !
> Pour te rendre à jamais heureux

qu'à Mlle Emilie, sa sœur, et il tint à me faire mille questions sur sa famille et sur le château. Il voulut que j'aille voir avec lui un petit cheval qu'il avait acheté pour M. Albert et qu'en effet il lui donna : c'est le premier, je pense, qu'ait monté M. le comte de Balleroy.

(1) Il est mort le 3 avril 1840. Mme de Balleroy est morte le 24 juin 1848.

Il te suffisait d'un bon maire :
Dans ton sein j'en admire deux.

De notre joli petit temple
Mansard jeta les fondements,
Et La Londe par son exemple
En relève les ornements.

O! par ta pieuse présence,
Viens donc embellir ce séjour :
Nous joindrons la reconnaissance
A tous les transports de l'amour.

C'est encore à la généreuse et sage initiative de ces deux administrateurs que la commune de Balleroy doit l'achat du presbytère et des écoles communales. Plus tard, l'abbé Moulland protesta avec énergie contre la vente de l'herbage qui entoure le presbytère, qui en est l'ornement et l'apanage, et qui faisait jadis partie des revenus de la cure.

<small>Le comte de Balleroy achète le château. 1827.</small>

Le passage de la Dauphine à Bayeux et dans nos contrées, en 1827, ne causa pas tant de joie aux habitants de Balleroy que l'heureuse nouvelle qui leur apprit l'achat du domaine de Balleroy par M. le comte Auguste-François-Joseph-Pierre de La Cour de Balleroy, lieutenant-colonel dans la garde royale. On se rappelait les quelques rares apparitions qu'il avait faites chez sa tante, Mme la comtesse d'Hervilly, et chez le marquis son père, et on l'aimait parce qu'il était l'héritier des marquis de Balleroy. Il avait été dans sa jeunesse page de la maison de S. M. l'Empereur Napoléon Ier, et il était devenu, par suite de ses éminents services dans l'armée, chevalier des ordres de la légion-d'honneur, de Saint-Louis, de Malte, de Saint-Ferdinand d'Espagne, etc. Le roi Charles X avait honoré de sa présence et donné sa signature au mariage qu'il avait contracté avec Mlle Clémentine d'Orglandes, dont les rares qualités et les éminentes vertus devaient causer notre admiration et provoquer nos respects, notre estime et notre reconnaissance ; elle était fille de M. Nicolas-François-Dominique-Camille, comte d'Orglandes, baron et comte de Briouze, seigneur du Mesnil-Jean et de Sainte-Marie, chambellan du Roi, pair de France.

<small>Mariage du comte de Balleroy avec Mlle d'Orglandes.</small>

La famille d'Orglandes est une des plus anciennes familles de Normandie (1). Elle existait dès le XIIe siècle, et elle tire son nom de la terre et seigneurie d'Orglandes, située dans la paroisse du même nom, à huit kilomètres de la ville de Valognes. Il est constant que cette famille justifie d'une noblesse aussi ancienne qu'il soit possible de prouver ; car on n'établit guère de preuves que depuis le temps que les surnoms ont commencé d'être héréditaires dans les familles, époque de la première croisade, commandée par Robert, duc de Normandie (2), et par Godefroy de Bouillon. Or, dès l'année 1125, il existait deux branches de la maison d'Orglandes auxquelles ce surnom était héréditaire ; ce qui est prouvé non par des titres et mémoires particuliers quelquefois suspects, mais par mo-

---

(1) Elle porte d'*hermine à 6 losanges de gueules, une tête de levrette en cimier*, et pour devise ces deux mots : *candore* et *ardore*.
(2) *Dictionnaire de la Noblesse* de Delachesnaye des Bois, tom. x, pag. 95.

numents publics conservés dans les archives de l'abbaye de Montebourg et de l'évêché de Coutances.

<small>Fêtes que l'on donne au marquis de Balleroy. 1827.</small>

Les habitants de Balleroy voulurent dignement fêter l'arrivée du comte et de la comtesse de Balleroy dans leur château, et ils prièrent leur curé de vouloir bien se mettre à leur tête, de porter la parole en cette circonstance et de résumer, dans un discours naïf et vrai, leurs sympathies, leurs dévoùments, leur respect et leur attachement pour une famille qui s'était constamment montrée généreuse et bienfaisante envers leurs pères. L'abbé Moulland se chargea volontiers de cette honorable mission, et il exprima assez bien notre pensée en vers et en prose. Ces trois pièces, que je suis heureux de reproduire aux pièces justificatives à la fin de ce volume, attesteront à nos arrière-petits-neveux la puissance qu'eut, sur nos cœurs reconnaissants, le souvenir traditionnel des vertus et des bienfaits des marquis de Balleroy envers nos aïeux.

<small>Banquet donné par M. le comte de Balleroy.</small>

Quelques jours après cette démonstration respectueuse et spontanée, M. le comte de Balleroy réunit toute la jeunesse du bourg et des environs dans un banquet qui se termina par des illuminations et des danses champêtres. Mais, hélas ! ces fêtes brillantes de la jeunesse qu'on aime si souvent à se rappeler, ont déjà laissé bientôt trente-trois années derrière nous... Que de victimes de la mort, joyeuses alors, ont disparu pour toujours de la scène de ce monde ! Celle même qui fut l'objet de nos ovations, de nos chants et de nos respects, a aussi quitté cette terre où tout lui souriait ! elle a été ravie trop tôt à l'affection de son époux et à la vénération générale des habitants de Balleroy !

Mais la comtesse de Balleroy surpassa de beaucoup ce qu'on attendait de sa bienfaisance et de sa charité. Pour en connaître toute l'étendue et s'en faire une idée juste, il faudrait savoir les secrets des familles et avoir été témoin soi-même des angoisses qu'elle éprouvait en présence d'une infortune qu'elle ne pouvait consoler ou d'une misère qu'elle ne pouvait adoucir ; car elle était loin de pouvoir les soulager toutes. Un jour, je l'ai vue pleurer de ne pouvoir se faire comprendre à une pauvre folle, mère d'une nombreuse famille et qui, dans sa folie, allaitait encore une enfant que la comtesse de Balleroy prit dans ses bras et plaça sur elle, assise qu'elle était sur les dalles humides de la chaumière (1), pour le soigner et le changer de linge, comme elle eût fait à l'un des siens. Mme de Balleroy était généralement aimée, et chaque année, le 21 octobre, il est facile de se convaincre par soi-même de la vérité de cette assertion, en assistant à la messe commémorative qui se dit pour elle à Balleroy.

La comtesse laissa deux enfants, M. Albert de Balleroy et Mlle Emilie de La Cour de Balleroy (2), enfants dont M. le comte de Balleroy prit le plus grand soin. A l'exemple

---

(1) Elle était sur le bord de la rivière, dans la cour de la veuve James, rue des Forges.

(2) Mlle Emilie de Balleroy a épousé M. le marquis de Chaumont-Quitry, l'un des chambellans de S. M. l'Empereur Napoléon III. La famille de Chaumont-Quitry est une des plus anciennes et des plus illustres familles de France ; elle est de la race de nos anciens rois. J'ai vu, dans une grande carte généalogique des rois de France, princes et princesses de la race royale de Hugues Capet dressée en 1706 et dédiée à

de son illustre bisaïeul, il ne se remaria pas quoique très-jeune encore, quand il perdit sa bien regrettable épouse. Aujourd'hui il doit s'estimer heureux d'avoir élevé presque seul et sous ses yeux sa chère famille.

Le comte de Balleroy donne sa démission à Charles X. 1829.

M. le comte de Balleroy, soit lassitude, soit prévision des tristes événements qui ne devaient pas tarder à éclater, fit agréer au roi Charles X sa démission de lieutenant-colonel de la garde, et il vint à Balleroy s'occuper activement de faire embellir et accroître son beau domaine (1).

Louis XIV, par dom Antoine Thuret, généalogiste des rois de France et d'Espagne, que Sigebert, roi d'Austrasie, eut pour fils Anchise, qui fut père de Pépin le Vieux, dit le Gros, maire du Palais et prince des Français, qui eut également pour fils Pépin, tige de la troisième race, lequel eut pour second fils Childebrand, père de Nébélon Ier du nom, qui eut aussi pour second fils Nébélon IIe, tige de la maison des comtes du Vexin et seigneurs de Chaumont.

La postérité masculine des comtes du Vexin et seigneurs de Chaumont existait encore en 1763 (Voyez le *Dictionnaire de la Noblesse* de Delachesnaye à la lettre C) dans la personne de Jacques-Guy de Chaumont-Quitry, marquis de Quitry, grand-maître de la garde-robe du Roi, chef de cette famille. C'est de ce dernier marquis de Chaumont-Quitry que descend l'époux de Mlle Emilie de Balleroy, et qui est par sa mère neveu de l'impératrice Joséphine, par conséquent très-proche parent de S. M. l'Empereur Napoléon III.

(1) Le comte de Balleroy se tint à l'écart pendant le règne de Louis-Philippe. Devenu marquis de Balleroy par la mort de son père arrivée le 3 avril 1840, son fils prit le titre de comte, et tandis que ce dernier s'occupe de peinture et de beaux-arts, le marquis agrandit son domaine et passe paisiblement sa vie dans les douceurs de la famille, tantôt à Paris, tantôt à Balleroy et tantôt chez le comte d'Orglandes, son beau-père. Sans ambition aucune, le marquis de Balleroy serait encore resté

Les circonstances prenaient alors un caractère de gravité qui faisait naître de vives inquiétudes. Dissoute par le Roi auquel elle avait refusé son concours, la chambre des députés allait être renouvelée, nos soldats se dirigeaient sur Alger pour venger l'insulte faite à la France dans son représentant. Nous touchions à 1830. Cette année se signala d'abord par d'épouvantables incendies. Tandis que la malveillance, soudoyée par les partis qui dévoraient alors la France, enveloppait ainsi dans un cercle de feu les populations de la Manche et du Calvados, les orléanistes avançaient leurs affaires et Charles X tombait du trône le 30 juillet.

Le 3 août, la chambre des députés est convoquée, et elle s'assemble. Il était étrange que cette chambre, qui allait briser le trône, bannir la famille royale, détruire la charte, mutiler la pairie et elle-même et porter la couronne dans une autre famille, eût respecté la teneur de ses lettres de convocation : il y a dans les hommes des anomalies bien

<small>Révolution de 1830.</small>

---

calme pendant notre dernière république, si des intérêts majeurs ne l'eussent forcé en quelque sorte d'entrer dans le conseil municipal, où je le vois figurer le 18 mai 1849, à la tête d'une délibération qui accordait à la famille Moulland la concession du terrein où fut inhumé le curé de Balleroy : plus tard, il accepta la mission de défendre les intérêts de l'arrondissement au conseil général du Calvados, et s'il eût voulu, aux dernières élections, on lui donnait, à Bayeux, à Balleroy et partout, le mandat de député à la législative. Par égard pour son collègue M. Douesnel, membre du conseil général, il ne voulut pas se mettre sur les rangs. C'est malgré lui qu'il gère la place de maire : peut-être accepterait-il de même celle de député.

extraordinaires. Cette chambre proclama roi le duc d'Orléans, et le vieux roi Charles X. partit pour la terre d'exil.

Vieillesse de l'abbé Moulland

Si cette révolution fut acclamée avec enthousiasme par la population de notre bourg, elle affligea profondément le curé de Balleroy qui ne sut pas assez dissimuler sa pensée. Elle lui rappelait sans doute de bien tristes souvenirs. D'ailleurs il n'était plus en état d'essayer, comme le fit son ami l'abbé Grégoire, à reparaître sur un nouveau théâtre ; il sentait qu'il avait besoin de repos et de tranquillité. Sa santé en effet délabrée faisait craindre depuis long-temps à ses amis que chaque carême, qu'il passait dans les jeûnes et les mortifications, priant, prêchant et confessant, ne fût le dernier de sa vie. Elle se prolongea cependant jusqu'en 1831 (1).

L'abbé Moulland n'a pas été persécuté par Monseigneur du Perrier.

Le respect que je dois à la vérité comme historien me force encore à relever une grave accusation qui pèse d'un poids énorme sur la mémoire de l'un de nos respectables évêques, et qui ne le mérite certes pas. « La vieillesse de M. Moulland, ajoutent enfin ses neveux à la fin de sa notice, s'écoulait paisible, lorsque, sous le ministère Feutrier, en 1828, Mgr du Perrier, évêque de Bayeux, crut devoir lui demander, sinon une rétractation, au moins une déclaration contraire à celle du serment de 1791. Mais cette fois encore, l'on sera forcé d'en convenir, les neveux de M. Moulland ont bien mal calculé leur piteuse accusation ;

---

(1) Notice biographique de Michel Moulland, imprimée chez Galbrun, à Mayenne.

car ils sont dans l'impossibilité d'en donner la preuve. En effet, Mgr du Perrier n'a certes pu exercer aucune coercition (1) envers leur oncle en 1828, puisque ce digne prélat avait été frappé subitement de mort le jour de Pâques 1827. Instruit comme il l'était de la science du droit canon et de la doctrine des pères de l'église, Mgr du Perrier savait très-bien qu'il ne faut ni persécuter, ni aigrir, ni inquiéter les hérétiques, lorsqu'ils sont paisibles et qu'ils ne troublent point la tranquillité publique ; qu'il faut les instruire avec douceur et charité, et tâcher de les ramener uniquement par la persuasion.

L'histoire nous apprend bien des choses, et pour peu que nous poussions plus loin nos recherches, nous retrouverons la conduite des neveux de M. Moulland ; nous verrons qu'en tous temps les sectaires et leurs partisans, pour se rendre vénérables aux populations, se sont toujours posés à leurs yeux comme les victimes innocentes de la haine ou de la persécution la plus odieuse ; mais trop souvent rien n'était plus faux ni plus imaginaire. Qui ne sait qu'Arius s'est présenté lui-même jadis comme un défenseur du dogme catholique contre Sabellius, et a prétendu que ses adversaires et le patriarche d'Alexandrie étaient favorables à cette erreur, que pour lui il défendait la foi catholique et que c'est pour cela qu'il avait été condamné : il déclarait au reste qu'il ne demandait qu'à être éclairé.

<small>Tous les sectaires se disent persécutés.</small>

---

(1) Ce fut Mgr d'Ancel de Quinéville, son successeur, qui lui ôta la correspondance cantonale, parce que M. Moulland n'avait pas envoyé à temps une circulaire qui prescrivait des messes du Saint-Esprit pour les élections.

Parallèle d'Arius et de Moulland. Les constitutionnels n'en disaient-ils pas autant ? L'abbé Moulland ne s'était-il pas lui-même un jour écrié dans la chaire de la cathédrale (1) : « *Ce serait perdre mon temps* » *que de justifier de nouveau les serments que l'on ne re-* » *proche qu'aux prêtres d'avoir prêtés ; n'en a-t-on pas* » *démontré la légitimité dans une multitude d'ouvrages* » *qui n'ont jamais été réfutés, à moins que l'on ne prenne* » *les sophismes pour des raisons et les injures pour des* » *preuves ?...* » Qui ne croirait être au IVe siècle et entendre l'hérésiarque d'Alexandrie ? Arius était l'homme le plus habile pour propager une doctrine ; d'une grande taille, maigre et sec, portant la mélancolie peinte sur le visage, grave et majestueux dans sa démarche, toujours revêtu de l'habit ecclésiastique, il n'avait qu'une seule ambition, celle de faire dominer ses idées ; il avait un esprit subtil, mais orné : il était poète et très-spirituel. Ce portrait d'Arius n'est-il pas trait pour trait, pour quiconque l'a connu, celui de M. l'abbé Moulland ? Ce dernier aimait aussi à parler de son serment, de sa détention, de ses tribulations pendant la révolution, de ses querelles et de ses prétendues tracasseries avec l'évêché. Comme Arius, il ne cessait de se plaindre de la rigueur avec laquelle il était traité ; il savait déguiser sa doctrine et rendre odieuse celle de l'évêque aussi bien que sa conduite ; les hommes influents de sa paroisse et les dévotes le plaignaient, pre-

---

(1) Le dimanche de la Septuagésime 1802. Ce discours qui fut imprimé était une réponse au pamphlet intitulé : *Etrennes aux intrus et consorts,* dû à la plume de M. de la Barbe-Maizebourg.

naient sa défense et en faisaient un martyr et un saint. Qu'on lise le discours (1) que le docteur Villeroy prononça sur sa tombe, et l'on sera convaincu de la vérité de cette assertion.

Malgré ses souffrances et le grand dépérissement de sa santé, l'abbé Moulland fit encore tous les exercices du carême de 1831. Très-souffrant et pouvant à peine se soutenir dès le Vendredi Saint, il voulut néanmoins faire l'office : il n'y était déjà plus. Il garda sa chambre le samedi ; mais il voulut officier le saint jour de Pâques : il dit la grand'messe après laquelle il fut obligé de se mettre au lit. Le lendemain il demanda son confesseur, reçut le saint viatique ainsi que les onctions des infirmes, et presque aussitôt il entra en agonie : elle fut douce, paisible et tranquille. Ainsi tomba parmi nous la dernière et la plus forte colonne de l'église schismatique du Calvados.... Mais, hélas ! ce bien regrettable curé est-il sorti, même en présence du tombeau, de son déplorable aveuglement ? C'est un des secrets de Dieu qu'il ne m'est pas donné de pénétrer. J'adore donc et je me tais..... Je serais plus rassuré si M. Moulland eût dit publiquement en mourant : « Je regrette d'avoir été un instant en opposition avec le » Vicaire de Jésus-Christ, et j'en demande pardon à » Dieu. »

Derniers moments de l'abbé Moulland

L'abbé Moulland rendit le dernier soupir le 12 avril à midi, à l'âge de soixante-quatorze ans, après avoir été curé

Mort de M. l'abbé Moulland. 12 avril 1831.

---

(1) Voir aux pièces justificatives, à la fin de ce volume.

de Balleroy pendant presque trente années. Dire qu'il y fut le père des pauvres, le soutien des veuves, des orphelins et de tous les malheureux, ce n'est rien exagérer ; mais il est évident que le curé de Balleroy n'aima jamais à cultiver les vocations naissantes pour le sacerdoce, et c'est encore à tort que ses neveux nous disent qu'il fut la providence de tous les jeunes gens qui s'y destinaient (1). Entré au petit séminaire en 1827, je dois rendre hommage à la vérité en disant que jamais sa bourse ne s'est ouverte pour moi, que jamais il n'a mis à ma disposition sa bibliothèque. Quant à ses conseils, je ne lui en ai jamais demandé..... Il fut inhumé par M. l'abbé Barrey, curé de Lingèvres (1), qui remplissait alors les fonctions de doyen du canton de Balleroy : la foule était immense à ses funérailles, et les larmes qu'on y répandit furent plus éloquentes que les discours qui y furent prononcés.

Les habitants de Balleroy, se croyant sans doute encore en 1790, se hâtèrent d'écrire à Bayeux pour réclamer l'abbé Néel de la Perelle comme curé de Balleroy ; mais cet ecclésiastique était dans des conditions qui ne militaient pas en sa faveur : il avait eu le malheur d'être ordonné prêtre par l'abbé Fauchet. L'autorité épiscopale avait d'ailleurs des sujets plus distingués, et parmi eux elle choisit M. Charles-Désiré Michel, professeur de

M. l'abbé Désiré Michel, VIIIe curé de Balleroy. 1851.

---

(1) Pas un prêtre enfant de Balleroy n'a été ordonné du temps de M. l'abbé Moulland. C'est bientôt la seule paroisse du diocèse qui ait eu si peu de prêtres depuis la révolution.

(2) M. l'abbé Barrey est aujourd'hui curé d'Epiney-sur-Odon.

seconde au collége de Bayeux, frère de M. le haut-doyen du chapitre, vicaire-général du diocèse. A cette nouvelle, les amis du défunt auraient bien voulu protester ; mais ils n'osèrent, et ils résolurent de chagriner l'abbé Michel lors de son arrivée à Balleroy. Ils placèrent à cet effet un drapeau tricolore dans l'église ; mais le nouveau curé eut le bon esprit de ne pas s'en apercevoir, et il le laissa tomber poudreux et vermoulu.

Parmi les circonstances difficiles qui signalèrent son arrivée, il sut se concilier bientôt l'estime générale des habitants de la commune, et pendant les onze années qu'il l'a administrée, il n'a pas cessé un instant d'y être aimé et respecté comme un père.

On se souviendra long-temps à Balleroy de M. l'abbé Michel à cause du bien qu'il y a fait (1). Il est rare en effet de porter plus loin les qualités qui honorent l'homme et le prêtre.. En gardant le silence sur une vie si bien remplie, je cède à un motif de haute convenance et aussi à un ordre exprès de sa part (2).

(1) M. l'abbé Michel a donné à l'église plusieurs prêtres, tous enfants de Balleroy, qui tous sans lui peut-être ne seraient que de pauvres ouvriers ; ce sont : MM. Jacques Docquet, curé de Brouay ; Alexis Gigant, curé de Subles ; Adolphe Le Vernu, curé d'Osmanville ; François Bidot, vicaire de Formigny, et après tous les autres, quoique le plus ancien, je viens grossir cette liste et le remercier à nouveau de toutes ses bontés et ses soins à notre égard. Combien d'autres placés dans une sphère différente lui sont redevables des bienfaits d'une bonne éducation !

(2) M. l'abbé Michel fut remplacé en 1842 par M. l'abbé Fouin qui, lui-même devenu chanoine titulaire en 1854, eut pour successeur M. l'abbé Pavie (major), curé de Cormolain.

La révolution de juillet dut aussi nécessairement modifier, à Balleroy comme partout ailleurs, l'administration municipale. Ce fut le docteur Villeroy qui fut nommé maire, et M. Jean Jéhanne son adjoint : tous deux étaient enfants de Balleroy. Du jour de leur entrée en fonctions datent, pour ces administrateurs, un dévoûment admirable à leurs fonctions, une série de travaux qui leur fait honneur, des améliorations de tout genre, dont quelques-unes seraient accomplies sans doute alors qu'ils n'eussent pas été à la tête de la commune, dont la plupart sans eux seraient encore à entreprendre, dont les plus importantes enfin, il faut le dire, ont eu lieu malgré des réclamations plus passionnées que justes.

<small>M. Villeroy, maire,
M. J. Jéhanne, adjoint.</small>

Le docteur Villeroy eut vivement à cœur pendant son administration de cicatriser les plaies du commerce et celles de l'industrie du bourg de Balleroy. Ce commerce ne consiste que dans des objets de consommation. L'industrie n'y est pas fort étendue, et elle se restreint à quelques articles principaux.

Autrefois on y fabriquait des toiles de lin, des mousselines, des calicots, des coutils et même des droguets qu'on exportait à l'étranger et qu'on vendait dans les foires et dans les marchés du département. Un Alençonnais, M. Parrain, ayant dérobé vers 1816 à Tarare le secret de la fabrication de ses mousselines, le porta d'abord à Bayeux où M. Tardif s'empressa de l'accueillir et éleva dans cette ville sa célèbre manufacture de mousseline. Quelque temps après, M. Parrain vint s'établir à Balleroy où il fonda lui-même une manufacture et y employa 40 à

<small>Manufactures de mousselines et de calicots.</small>

50 ouvriers tisseurs qui gagnaient 1 franc 50 centimes par jour, et vingt-cinq à trente trémeuses et bobineuses au prix moyen de 80 centimes. Les produits annuels de la fabrique de M. Parrain s'élevaient à dix-huit mille aunes.

Le tissage se faisait sur des métiers à la main, *à navette volante,* et, par les soins les plus assidus, M. Parrain l'avait tellement perfectionné qu'il était parvenu à confectionner des mousselines aussi bien fabriquées que les mousselines de Suisse et des jaconats qui rivalisaient avec les jaconats anglais. Malheureusement cette industrie ne fut que passagère : la mort surprit M. Parrain, et ses enfants abandonnèrent peu à peu sa fabrique.

La clouterie de Balleroy eut aussi quelque temps une certaine réputation et une certaine vogue. Les frères Philippine exercèrent long-temps en grand cette industrie, et ils y occupèrent un certain nombre de bras que nous avons vus nous-même travailler. MM. Gigan père et fils s'occupent seuls aujourd'hui de la clouterie à Balleroy. La clouterie.

Long-temps aussi la fabrication de la dentelle de fil fut chez nous d'une grande importance ; aujourd'hui elle n'occupe que peu de bras, et encore comme il paraîtrait que le point d'Alençon s'est fondu dans celui de Bayeux, ce sont de riches fabricants de cette dernière localité qui font travailler nos ouvrières (1).

La tannerie et la mégisserie étaient aussi très-florissantes dans notre bourg sous les frères Jehanne, qui y Tannerie.

---

(1) Nous avons à Balleroy diverses fabricantes de dentelles qui font travailler pour ces maisons ; ce sont : Mme veuve Laurent, Mlle Vauquelin,

possédaient chacun un établissement de ce genre qu'ils ont cessé d'exploiter depuis peu; MM. Pelhast et Boudet les ont remplacés. Cette industrie s'exerce à Littry, La Bazoque et Le Molay. Ces industriels se procurent le tan dans la forêt de Gavray. Ils en achètent aussi des propriétaires qui, quand ils vendent des chênes, ont toujours soin auparavant de les faire écorcer. Les cuirs sont vendus aux foires de Caen et de Guibray. Nos tanneurs s'occupent aussi de corroiries.

Sabotiers. — Une industrie qui occupe un grand nombre d'ouvriers tant à Balleroy qu'à Vaubadon, Littry et Montfiquet, est la fabrication des sabots dont l'immense buisson des Biards nous fournit la matière. On y fait aussi quelques pelles et quelques attelles (1).

Ecole primaire. — Il existe à Balleroy une école primaire pour les garçons et une pour les filles. Mais ce n'est pas assez : il y faudrait

---

Mme Gournay-Docquet, Mme Aspasie Huët-Renault et Mlle Philippine. C'est une ouvrière de Balleroy qui a confectionné le châle de dentelles offert par la ville de Bayeux à S. M. l'impératrice Eugénie lors de son passage dans cette ville.

(1) Ceux qui, par leurs travaux, leurs études et leur patience, font progresser l'industrie dans notre pays ont certes des droits à notre reconnaissance. A ces titres divers j'ai, comme historien impartial, à vous signaler un artisan, homme de patience qui, sans étude et sans instruction, est parvenu dans l'horlogerie, ainsi que dans la serrurerie et *l'armurerie*, à obtenir des succès qui exigent des études particulières, spéciales, et qu'il ne doit, lui, qu'à un esprit ingénieux et persévérant. Cet homme est *Pierre Lebas*, serrurier-mécanicien à Littry, qui a su mériter les éloges les plus flatteurs des Sociétés savantes et en a reçu plusieurs mentions honorables.

encore un ouvroir pour les garçons comme il y en a un pour les filles, afin qu'ils y soient aussi retenus tout le jour occupés à des travaux manuels. Sortis de l'école, rendus à la rue, à la place publique et aux mauvaises influences qu'ils y rencontrent, les enfants ne perdent-ils pas bien facilement les leçons de morale qui leur sont données? Les leçons de lecture, d'écriture, de grammaire ne leur donnent point d'ailleurs le goût et l'habitude du travail.

Les réunir donc dans des établissements et les y faire travailler, soit à l'industrie, soit à l'agriculture, leur faire estimer et aimer le travail, combattre chez eux énergiquement tous les mauvais penchants, les accoutumer à vivre de peu, leur donner une forte éducation morale et religieuse, les faire s'entr'aimer et s'entr'aider, leur faire prendre des habitudes d'ordre, ce serait préparer les meilleurs éléments pour la société future. Créer, non seulement à Balleroy, mais dans tous les bourgs et villes de l'Empire, de tels établissements, serait assurément faire ce qu'il y a de plus sage, de plus moral et de plus politique (1). Et qui empêcherait donc les instituteurs de diriger eux-mêmes ces sortes d'ouvroirs après leurs classes, et de retenir les enfants pour les occuper tout le jour dans des salles disposées à cet effet, ou au jardin, ou même dans les champs? L'éducation en effet ne doit pas négliger le corps : « Qui veut faire un homme de bien, dit Montaigne, ce

<small>Ouvroirs à l'école.</small>

---

(1) Un de mes estimables confrères et ami de séminaire, M. l'abbé Le Véneur, a fondé un établissement de ce genre sur la paroisse Saint-Gilles de Caen où il était vicaire.

» n'est pas assez de roidir l'âme, il faut aussi roidir les
» muscles ; il ne faut pas dresser l'âme sans le corps, mais
» les conduire également comme une couple de chevaux
» attelés à un même timon. » *Mens sana in corpore sano*,
ont dit les anciens, maxime sur laquelle saint Augustin
renchérit encore en disant : *Mens pessima melior in corpore optimo*.

L'instituteur qui pourrait réaliser ce plan d'éducation entrerait, je le crois, dans les vues de Napoléon III. Car on est forcé de le reconnaître : en même temps qu'une ère nouvelle de sécurité, de gloire et de richesse s'ouvrait pour la France, l'instruction publique participait aussi aux bienfaits de cette merveilleuse restauration sociale. Ce sera certes dans l'histoire une des gloires du nouvel Empire d'avoir régénéré l'enseignement public, de lui avoir donné partout une si vive impulsion, d'avoir assuré par lui la grandeur et la prospérité futures de la patrie. La puissante main qui a retiré la France du penchant des abîmes ne pouvait pas en effet l'abandonner ensuite aux hasards de l'avenir, aux immenses dangers d'une éducation publique sans direction, sans unité. Voilà pourquoi le gouvernement de l'Empereur, faisant un loyal appel à toutes les lumières, à tous les dévoûments, à toutes les forces sociales, a fondé l'éducation nationale sur ces trois grands principes : *Religion, liberté* et *progrès*.

Si l'enfant doit recevoir à l'école une éducation chrétienne, il doit y trouver aussi les moyens de se rendre un jour utile à ses semblables et à lui-même, les moyens de se faire une place honorable dans la société ; il doit trouver à l'école tout ce qui peut le préparer ou à recevoir dans un collége une bonne et solide instruction ou à se façonner promptement dans un atelier. C'est une vérité aujourd'hui reconnue de tous, que l'avenir de l'homme dépend presque toujours de la première direction qu'il a reçue dès le plus jeune âge. Il est donc important pour les enfants de terminer et par conséquent de commencer le plus tôt possible de bonnes études, afin de ne perdre plus tard aucune des chances d'avenir que leur vocation, leur aptitude et les circonstances pourraient leur offrir.

Le travail et l'attention, voilà les deux grands moyens de succès en toutes choses, non seulement pour l'enfant, mais encore pour l'homme fait lui-même. « De toutes les choses belles et bonnes, dit un célèbre philosophe grec (1), il n'en est aucune que les Dieux aient accordée aux mortels sans travail ni souci (2). » Le grand Newton nous assure qu'il ne connaissait aucune différence entre lui et les hommes les plus ordinaires de son temps, sinon pour les habitudes d'attention et d'application. Le génie, a dit notre Buffon, n'est qu'une grande aptitude à la patience. Telles sont donc les qualités et les habtiudes que les instituteurs doivent à tout prix donner à leurs élèves, habitudes qu'ils peuvent contracter dès le plus jeune âge. C'est uniquement dans une meilleure préparation qu'il

---

(1) Xénophon, très-célèbre capitaine, philosophe et historien grec, l'un des disciples de Socrate.

(2) *OEuvres de Xénophon*, édition de Francfort, 1674. Allégorie d'Hercule.

faut les chercher, dans l'établissement et le perfectionnement des salles d'asile, refuge presque nécessaire et indispensable dans toutes les communes de l'Empire, pour les petits enfants qui ne vont pas encore aux écoles.

Si ce précieux établissement existait, nous ne verrions pas les enfants souvent abandonnés à eux-mêmes et exposés à toutes sortes de dangers dans l'intérieur des maisons, ou bien errant dans les rues et sur les places publiques avec d'autres plus âgés quelquefois corrompus, contracter des habitudes d'oisiveté, de vagabondage et d'autres mauvais penchants, compromettant gravement leur avenir. Au contraire, nous les verrions entourés d'une surveillance et d'une sollicitude continuelles, soumis aux exercices de prières, de jeux, d'étude et de divers travaux appropriés à leur âge. Ces enfants se formeraient à des habitudes d'ordre, d'honnêteté, de moralité, et se prépareraient à commencer une bonne et solide éducation. Le séjour dans la salle d'asile leur deviendrait donc très-utile et même agréable ; et, de leur côté, les parents dont les moments sont souvent comptés, pourraient consacrer tout leur temps au travail. Il incombe donc au curé de Balleroy de provoquer l'établissement d'une salle d'asile. Cette paroisse doit à l'un de ses prédécesseurs, M. l'abbé Michel, l'initiative d'un bureau de bienfaisance et de charité pour le soulagement des classes indigentes.

Bureau de bienfaisance.

Ce bureau de bienfaisance et de charité fut établi par les soins de M. le docteur Villeroy et de M. l'abbé Michel, peu de temps après l'arrivée de ce dernier comme curé de Balleroy. A cette époque, plus de deux cents pauvres de la commune allaient mendier et en faisaient à peu près leur profession. Aujourd'hui il ne reste plus que trois ou quatre mendiants de profession et incorrigibles qui ont toujours refusé de se rendre aux exhortations qui leur ont été faites. Ce bureau (1) ne possède aucun immeuble ; ses ressources s'élèvent annuellement en temps ordinaire de trois à quatre mille francs ; elles consistent dans le produit des souscriptions volontaires seulement : la quête de l'église, qui en faisait partie, est maintenant laissée entre les mains du curé pour le soulagement des pauvres honteux. Les secours sont fournis en aliments, bois, linge, vêtements, instruments pour le travail et médicaments pour les malades, jamais en argent, à moins que l'économie et le bon ordre du nécessiteux ne soient bien prouvés.

Le bureau possède une lingerie convenablement approvisionnée, qui est confiée aux soins des religieuses de la Providence appelées aussi vers ce temps par M. l'abbé Michel pour diriger l'école des filles confiées alors à une institutrice laïque. Cet établissement appartient à la maison mère de Lisieux ; il est fort bien situé et ne laisse rien à désirer tant pour l'agrément que pour la salubrité. Les salles de travail et d'étude sont spacieuses ; partout on respire un air pur et bienfaisant : une belle cour est destinée aux récréations. Trois religieuses s'occupent des élèves, une pour le travail et les deux autres veillent sur l'éduca-

---

(1) M. l'abbé Fouin, de concert avec M. Pierre Sénot, maire, lui a donné une grande extension en le plaçant dans un état plus prospère.

tion : Mlle Laumône, dite en religion sœur Saint-Exupère, en est la supérieure.

Mon dernier mot.   Voilà enfin, mes chers compatriotes, tout ce que j'ai pu recueillir de faits authentiques concernant l'histoire de Balleroy et des environs. Puisse mon travail vous être agréable et faire sortir de l'oubli votre bourg, l'un des plus beaux de France. A Balleroy où la Drome arrose en serpentant ses alentours, où d'inépuisables et puissants ruisseaux fuient de tous côtés sur le sol pour se rendre à cette rivière, l'industrie pourrait réaliser tous les rêves de l'imagination de nos riches capitalistes. Avec leur or, Balleroy serait la fée puissante à la baguette magique transformant le désert en oasis, le pauvre et taciturne bourg en une ville importante et active, la lande stérile et sauvage en ferme riche et abondante, et fécondant, par les bienfaits d'une civilisation avancée, un pays qui sans elle restera long-temps encore dans les entraves de la gêne et du dénûment.

Que de riches usines, que de belles manufactures ne pourrait-on pas élever sur les rivages de la Drôme ! Placées le long de l'immense forêt de nos anciens ducs de Normandie et à peu de distance de la houillère de Littry, ces diverses fabriques auraient bien peu de dépenses à faire pour le transport des combustibles nécessaires et indispensables à l'activité des machines. La proximité du chemin de fer de l'ouest serait encore à ces établissements d'un grand avantage, soit pour l'exportation de leurs produits, soit pour l'importation des matières premières. Que j'aimerais, enfant du pays, à jeter un coup-d'œil de satisfaction et d'orgueil sur ce bourg, à m'y arrêter avec complaisance, avec bonheur, si je voyais réaliser ce beau rêve, c'est-à-dire si l'industrie, que l'activité et le travail vivifient, y devenait la source de la prospérité de tous ses bons et laborieux habitants. Oh! alors, au milieu de ce mouvement, devant cette activité si précieuse, je bénirais les bienfaits du travail, de ce travail qui épure et moralise en même temps qu'il élève et grandit l'homme par l'indépendance qu'il lui donne, de ce travail, bienfait de la providence, et dont on ne reconnaît pas assez toujours le prix.

Honneur à vous donc, industriels laborieux de toutes les conditions et de tous les pays, qui viendriez vous établir à Balleroy! Honneur à vous, enfants du pays, enfants comme moi de ce bourg, qui venez y sacrifier le reste de vos forces, de vos talents, de vos connaissances et de tout l'or que vous avez si noblement acquis dans vos laboratoires ou votre commerce! Honneur à vous, car vous serez les artisans de votre bonheur et les bienfaiteurs des ouvriers de votre pays, qui furent pour la plupart vos amis d'enfance!

TABLE DES MATIÈRES.

CHAPITRE PRÉLIMINAIRE.

Burleroy (*Burlarreyum*), Balaré (*Barlarreyum*), Balleroy.—Coup d'œil rétrospectif sur la situation du pays qui forme le canton de Balleroy avant sa fondation au xviie siècle.—Habitants primitifs du canton.—Les Galls.—Les Kimris.—Les Celtes.—Les Germains.— Pourquoi notre pays est attaqué par les Romains.—Publius Crassus. — Viridovix. — Traces du passage des Romains à Castillon, au Tronquay.—Vercingétorix. — Tenue des Etats de la Gaule. — Les Bajocasses.—Situation des différents peuples.—Le christianisme à Bayeux.— Notre pays au ive et au ve siècle. — Administration romaine. — Etat des vaincus.—Les Francs. — Les Carlovingiens. — Etat militaire.—Réglements.—Fiefs héréditaires.— Décadence de l'autorité impériale et royale.— La féodalité.— Son organisation. —Les Normands.— Leurs invasions.—Rollon.— Cession de la Neustrie ou Nouvelle France.   1-18.

CHAPITRE PREMIER.

Rollon est baptisé et prend le nom de Robert Ier. — Etats généraux de Normandie. — Tribunal de l'Echiquier. — Raoult Thézard obtient le territoire de Balleroy, comme Botton obtient le comté du Bessin.—Raoult Thézard défriche ses terres avec ses soldats.—Il bâtit le château des Essarts.—Eudes et Raoult des

Essarts à la bataille de Croissanville.—Crimes et scandales du x⁰ siècle.—Les vertus du clergé.—Monuments religieux du moyen-âge.—Activité religieuse du xᶜ siècle.—Utilité de l'état monastique.—Révolte des paysans.—Herbert des Essarts, maître de la forêt de Burleroy, bâtit l'église de *Burlarreyum* (Burleroy).—Le château ducal de Bures-le-Roi, situé à Noron.—Herbert des Essarts et ses compagnons dévalisent à Salerne les vaisseaux des Sarrazins. —Mœurs du temps.—Gouvernement de la Normandie.—Peste et famine.—La trève de Dieu.—Les Croisades.—Herbert des Essarts part pour la croisade.—Herbert II des Essarts se révolte contre le duc Guillaume.—Bataille de Mortemer.—Herbert II des Essarts rentre sous l'obéissance de Guillaume.—Bataille du Val-des-Dunes.—Herbert Iᵉʳ et Herbert II des Essarts vont à la conquête d'Angleterre.—Descente en Angleterre.—Bataille de Hastings.— Guillaume et Hubert des Essarts, cadets de Herbert Iᵉʳ, obtiennent des terres en Angleterre. 29-63.

CHAPITRE II.

Coup d'œil rétrospectif sur les événements qui eurent lieu tant en Angleterre qu'en Normandie.—Guillaume inhumé à Caen.— Herbert des Essarts et son fils Robert partent pour la seconde croisade.—Ils assistent tous deux à la prise de Jérusalem.—Mort de Guillaume le Roux.—Le duc Robert débarque en Angleterre.— Descente de Henri Iᵉʳ en Normandie.—Robert des Essarts se déclare pour Henri Iᵉʳ, roi d'Angleterre.—Pillage du château des Essarts et du manoir de Burleroy.—Robert des Essarts fait prisonnier et conduit au château de Bayeux.—Henri Iᵉʳ assiège Bayeux.— Bayeux est brûlé.—Caen se rend.—Bataille de Tinchebray.— Henri se fait duc de Normandie.—Burleroy rebâti prend le nom de Balaré (*Balare* et *Barlarreyum* dans les chartes).—Robert des Essarts fait respecter ses terres.—Les Templiers à Baugy.—Saint Bernard leur donne une règle.—Leurs richesses.—Leurs revenus. —Ils sont supprimés.—Leurs biens sont donnés aux religieux hospitaliers de Saint-Jean-de-Jérusalem. — Les chevaliers de Rhodes.—Ceux de Malte.—Le général Bonaparte s'empare de l'île de Malte.—L'ordre est supprimé.—Baugy est vendu.—Ses divers propriétaires. — Léproserie de Planquery. — Robert des Essarts

DES MATIÈRES. 417

marie sa nièce à Robert de Kent, bâtard du roi Henri.—Hugues des Essarts à la cour d'Angleterre.—Hugues II des Essarts part pour la troisième croisade.—Thomas Becket à Montfiquet, aux Essarts et à Balaré.   64-97.

CHAPITRE III.

Philippe-Auguste s'empare de la Normandie.—Eglises rebâties. —Fondation de l'abbaye de Mondaye.—On y établit des enfants de saint Norbert. — Mlle de Châteaubriant, religieuse-trappistine, s'établit à Mondaye avec ses religieuses.—Lettre de l'auteur du *Génie du Christianisme.*—Fondation de l'abbaye de Cordillon.— Hugues II des Essarts fait la guerre contre les Albigeois.—Il bâtit l'église de la Bazoque.—Guillaume Ier des Essarts à la prise de Damiette.—Il fait partie de la dernière croisade.—Il épouse Alix de Saint-Pol, fille du baron de Thorigny.—Les Etats de Normandie.—La charte normande.—Clameur de haro.—Jeanne Bacon, châtelaine du Molay.—Siège des châteaux du Molay et de Neuilly. —Supplice de quelques barons félons.—Edouard, roi d'Angleterre, prend leur défense.—Les Anglais à la Hougue, près Saint-Waast. —Balleroy et tout le pays ravagé par l'Anglais.—Pillage des châteaux de Neuilly et du Molay.—Siège et prise de Caen.—La citadelle résiste.—La peste noire.—La famine.—L'abbé Louis des Essarts. chanoine de Bayeux.—Supplice du comte de Harcourt.—Charles le Mauvais dans le Cotentin.—Le duc de Lancastre brûle Bayeux. —Prise des châteaux-forts de Lingèvres et de Saint-Waast.— Destruction du château ducal de Bures-le-Roi à Noron.—Paix de Brétigny.   98-123.

CHAPITRE IV.

Louis des Essarts élu évêque de Bayeux.—Baldus, curé de Balleroy.—Zèle de Louis des Essarts.—Son administration.—Pierre des Essarts, sous les ordres de du Guesclin, fait la guerre aux routiers.—Victoire de Montiel.—Du Guesclin à Maisy.—Fondation de l'hôpital de Villers, par Jeanne Bacon, dame du Molay.—Louis Thézard des Essarts est nommé archevêque de Rheims.—Nouvelle invasion des Anglais.—Ils se rendent maîtres du pays.—Henri V en partage les terres à ses lieutenants.—Le domaine de Balaré (Balleroy) passe à l'abbé Trégory.—Herbert des Essarts défend le fort Saint-Michel.—On se soulève en masse contre les Anglais.—Le Roi de France profite de ce soulèvement.—Il s'empare de Rouen.—Le comte de Dunois fait le siège de Bayeux.—Bataille de Formigny.—Charles VII assiège Caen.—Entrée de ce prince à Caen.—Les luthériens ou protestants.—Les huguenots ou calvinistes.— La seigneurie de Balleroy passe aux Trexot.— Jean Quentin, curé de Balleroy.—Avenue Quentin.—Jean et Jacques Trexot, curés de Balleroy. — Les huguenots prêchent leurs erreurs.— Les églises des catholiques sont pillées et brûlées.—Massacre des prêtres.—Nicolas Duvey, curé de Balleroy.—Massacre des calvinistes le jour Saint-Barthélemy.— Le clergé est étranger à ce massacre. — Le territoire de Balleroy passe à Madeleine Sauvat, veuve de Germain Le Charron, seigneur d'Ormeilles. —Jean de Choisi, secrétaire de Henri IV, épouse Madeleine Le Charron d'Ormeilles.—Il devient par son mariage seigneur de Balleroy.   124-153.

CHAPITRE V.

Jean de Choisi est créé baron de Beaumont-le-Richard.— Il relève de l'Evêque de Bayeux.—Le comte son fils se compromet et tombe dans la disgrâce de la régente.—Il est exilé dans ses terres.—Il conçoit le projet de bâtir un château.—Mansard est son architecte.—Situation pittoresque et magnificence du château de Balleroy.—Alignement symétrique du bourg.—Sa situation.—Son coup d'œil.—Son église.—Marin Pichard, curé de Balleroy en prend possession.—Aspect de Balleroy.—Ses promenades.—La forêt de Burleroy ou de Cerisy.—Le peintre Louis Dupont.—Ardoisière de Castillon et de La Bazoque.—Découverte de filons métalliques.—Forges de fer à Balleroy.—La tradition parle d'une riche mine d'or à Balleroy.   154-184.

CHAPITRE VI.

Révolte des cordonniers.—Pomme de terre importée d'Angleterre à Balleroy.—Le comte de Choisi la cultive.—Il améliore la

DES MATIÈRES. 419

manière de brasser le cidre.—Origine du pommier.—Semence du pommier.—Plantation du pommier.—La greffe du pommier.—Les pommiers en fleurs.—Les pommiers couverts de fruits.—Récolte des pommes. — Brassage des pommes. — Pressoirs. — Maladie des cidres.—Altération des cidres.—Ancienneté du cidre. Distillation des cidres.—Le comte de Choisi assiste à l'installation de Mgr de Nesmond, évêque de Bayeux, en qualité de vassal.—Il établit des foires et marchés à Balleroy, un sénéchal pour y rendre la justice.—Mort et éloge du comte de Choisi.—Culture.—Industrie.—Jean-Paul de Choisi, IIe seigneur de Balleroy.—L'abbé de Choisi.—Son éducation.—Il est nommé ambassadeur à Siam où il se fait ordonner prêtre.—Il est nommé prieur de Saint-Lo de Rouen, de Saint-Benoît-du-Sault et de Saint-Geslain, membre de l'académie.—Le comte Paul de Choisi bâtit l'église du Vernay.—Sa mort.—Debaudre, IIe curé de Balleroy.—Rogier, IIIe curé de Balleroy.—L'abbé de Choisi hérite du château de Balleroy, et Jacques de La Cour de la seigneurie de Balleroy, du chef de sa femme Emilie de Caumartin, petite-fille de Madelaine de Choisi, tante de l'abbé.—Cet abbé est élu grand-doyen du chapitre de Bayeux.—Il vend le château de Balleroy. 185-218.

CHAPITRE VII.

Jacques de La Cour, seigneur de Manneville et troisième seigneur de Balleroy, réclame du chef de sa femme les château et terres du domaine de Balleroy.—Il est créé marquis sous la dénomination de de La Cour.—Il bâtit l'église du Tronquay.—Mort de Louis XIV. — Naissance de Jacques-Claude-Augustin, deuxième marquis et quatrième seigneur de La Cour de Balleroy.—Il prend le parti des armes.— Il se distingue devant Fribourg.— Il fait la guerre d'Espagne. — Conférences de l'Entresol.— Il épouse Mlle Marie-Elisabeth Goyon de Matignon.— Naissance de Charles-Auguste de La Cour, cinquième seigneur et troisième marquis de Balleroy.—Mort de Jacques de La Cour, troisième seigneur et premier marquis de Balleroy.—Le comte Jacques-Claude-Augustin de La Cour de Balleroy prend le titre de marquis à la mort de son père.—Jean Le Barbier, quatrième curé de Balleroy.—Le marquis de Balleroy à la prise de Milan.—Il est nommé gouverneur du duc de

420 TABLE

Chartres.—Maréchal-de-camp.—Le comte Charles-Auguste, son fils, fait ses premières armes en Corse.—Le marquis et le comte de Balleroy en Westphalie.— Le marquis suit la cour à l'armée de Flandre.—Il est exilé à Balleroy.—Cet exil dure trente ans.—Il découvre et exploite la mine de houille de Littry.—Il perd son épouse.—Il établit un collège à Balleroy.—Son fils, le comte Charles-Auguste de Balleroy, fait la guerre de Flandre.—Il est blessé à Raucoux.—Il est un des vainqueurs de Laufeld.—Son frère, Louis-Auguste de La Cour de Balleroy, à bord du *Tonnant*.— Le comte de La Cour de Balleroy visite son père.— Le marquis de Balleroy achète la seigneurie de Montfiquet.—Il perd sa mère Emilie de Caumartin.—Mort de Jean Le Barbier, quatrième curé de Balleroy.—Jean-Baptiste Le Moine, cinquième curé de Balleroy.—Mariage du général comte Charles-Auguste de La Cour de Balleroy avec Adélaïde-Sophie de l'Epineau. — Pélerinage de Notre-Dame-de-la-Délivrande. 219-256.

CHAPITRE VIII.

Le général comte de Balleroy bat les Anglais à Saint-Caast.— Naissance de Philippe-Auguste-Jacques de La Cour de Balleroy — Fabrique de poterie de grès établie à Balleroy.—Antiquité de la poterie.—Argile du Tronquay dite argile de Noron.— Célèbre poterie de Noron.—Pâte céramique.—Plasticité, marchage, battage, pourriture et coupage de la pâte.—La pâte doit être voguée.— Façonnage à Noron.—Manière de fabriquer la poterie.—Importance de l'ébauchage, du rachevage et de l'encastage de la poterie. —Cuisson de la poterie.—Manière de s'assurer de la cuisson.— Poterie de Saint-Paul-du-Vernay.—Poterie du Molay.—Le général comte de Balleroy fait la guerre en Corse.—La Corse réunie à la France. —Napoléon Bonaparte naît sujet français. — Mort de Jacques-Claude-Augustin de La Cour, quatrième seigneur et deuxième marquis de Balleroy.—Ses obsèques.—Mort de son persécuteur l'ordurier Louis XV.— Le camp de Vaussieux.— Littré, VIe curé de Balleroy.—Le chanoine Bouisset présenté à Voltaire.— Louis XVI dans notre pays.—Il veut goûter le cidre de Normandie. —Assemblée des notables.—Ordonnance qui convoque les Etats généraux.— Causes qui ont amené la révolution.— Administration du bourg de Balleroy. 257-289.

DES MATIÈRES. 421

CHAPITRE IX.

Elections aux Etats généraux.—Ouverture de ces Etats.—Ils se constituent en assemblée nationale.—L'évêque d'Autun propose la vente des biens du clergé.—Pillage des châteaux.—On brûle le chartrier de Balleroy.—On chasse les employés des gabelles.— Ferme de Cahagnolles.—On supprime les commis aux aides.— Maires et conseillers municipaux.—Suppression des vœux monastiques et des ordres religieux.—Constitution civile du clergé.— Elle est condamnée par l'université de Paris et les universités protestantes d'Angleterre et d'Allemagne.—Exposition de sa doctrine, par l'évêque de Montauban.— Elle est condamnée par l'épiscopat français.—Sacre des évêques constitutionnels.—Le pape Pie VI condamne la constitution civile.—Bref ou lettre du pape aux Français.—Bref de Pie VI contre les constitutionnels.— Couvents séquestrés.—Vente des biens du clergé.—Le serment exigé.—Le curé de Balleroy refuse de le prêter.—Son vicaire Poutrel le prête.—On le nomme curé constitutionnel.—L'abbé Le Coursonnois du Bois refuse de prêter le serment.—Il se cache et fait croire qu'il est passé en Angleterre.—Ses privations.—Il n'abandonne pas ses religieuses ursulines pendant la terreur.— La sœur sainte Rosalie, supérieure de ces saintes filles.—Les prêtres insermentés déportés.—L'évêque de Bayeux à Jersey.— Election de l'évêque constitutionnel.—L'abbé Gervais de la Prise, curé de Saint-Pierre de Caen, refuse cet honneur. — Claude Fauchet accepte et prend le titre d'évêque du Calvados.—Son élection est illicite et sacrilége.—A l'église seule de donner la mission et la juridiction.—Nullité de la juridiction des évêques constitutionnels.— Emigration de Philippe-Auguste-Jacques de La Cour comte de Balleroy.—La guerre.—Enrôlements volontaires. —Le capitaine Bidot.—Catastrophe du 10 août.—La convention. —Abolition de la royauté.—Louis XVI mis à mort.—Le culte proscrit.—Les clubs. 290-320.

CHAPITRE X.

La loi des suspects.—Comité de surveillance de Balleroy.—Arrestation du général Charles-Auguste de La Cour, cinquième et dernier seigneur de Balleroy, et de Jean-Paul-François de La Cour de Balleroy, son frère, maréchal-de-camp, chevalier de Saint-Louis et commandeur de l'ordre de Malte.—Leur assassinat juridique.—Arrestation de Mme la comtesse d'Hervilly.—Le comte d'Hervilly blessé mortellement à l'affaire de Quibéron.—Denis Le Héricy sauve de la mort Mme d'Hervilly.—Le curé Poutrel en prison. — Eglise de Balleroy profanée et mutilée. — Mandat d'arrestation contre Jacques Delande et Gilles Bidot pour s'être opposés à la dévastation de l'église. — Le dimanche aboli et remplacé par le décadi.—Culte de la Raison.—Bal-sur-Drôme.—Temple de la déesse Raison.—Fête de la déesse Mme **.—Deux arbres de la liberté sont plantés à Balleroy.—Les prêtres réfractaires.—Mlle Dézert promenée sur un âne pour avoir été à la messe d'un réfractaire.—Fin de la terreur.—Les détenus mis en liberté.—La famine.—Constitution de l'an III.—Les bandes des frères David.—Ils sont assiégés à Vaubadon.—On les arrête à Lamberville après avoir assassiné l'abbé Hébert dans le cimetière du Tronquay.—Ils sont condamnés à mort et exécutés sur la place du marché de Bayeux.— Réaction religieuse. — Formation du presbytère de Bayeux.—Concile national des constitutionnels.—Les pères de ce concile écrivent au pape qui ne leur répond pas.—Election d'un évêque.—L'abbé Hérault, curé de Touques, refuse cet honneur.—Lettre circulaire de quelques membres de l'ancien chapitre de Bayeux au clergé et aux catholiques fidèles pour leur apprendre la mort de Monseigneur Joseph-Dominique de Cheylus, évêque de Bayeux.—En eux seuls étaient la juridiction et la mission de nommer et d'envoyer des pasteurs.—Jean-Baptiste-Julien Duchemin est nommé évêque par les constitutionnels.—Sa mort. — Election de Louis-Charles Bisson.—Il prend le titre d'évêque de Bayeux. 321-352.

CHAPITRE XI.

Le 18 brumaire.—Le Consulat.—Le général Bonaparte premier consul.—Les idées napoléoniennes.—Fin de l'église schismatique des constitutionnels.—Le concordat entre Pie VII et Bonaparte.—Monseigneur Charles Brault, évêque de Bayeux.—Bisson et Moulland.—L'abbé Moulland se soumet.—Monseigneur Brault le nomme septième curé de Balleroy.—Réception de l'abbé Moulland à Balleroy.—Ce que l'abbé Moulland fut à Balleroy.—Foi précédente de l'abbé Moulland.—Sa doctrine schismatique.—Ses écrits virulents et révolutionnaires.—L'abbé Moulland se condamne lui-même.—Ses neveux nous donnent sa notice biographique.—Le scandale donné par les prêtres ne déshonore pas l'Eglise mais la glorifie.—Erreurs contenues dans la biographie de M. l'abbé Moulland.—L'abbé Moulland rentre extérieurement en communion avec le Pape.—Le Coursonnois du Bois rétablit les ursulines à Bayeux.—Le marquis de Balleroy rentre de l'exil.—Son premier mariage avec Mlle Maignard, marquise de la Vaupalière.—Il a de ce mariage M. le comte Auguste-François-Joseph-Pierre de La Cour de Balleroy.—Son second mariage avec Mlle Rose de Cyresme-Banville.—Il est nommé maire de Balleroy.—L'abbé Moulland renouvelle sa correspondance avec l'abbé Grégoire.—Fourey condamné à mort.—Charité de Moulland.—Il sauve Fourey.—Naissance de Napoléon II. — L'Empereur et Marie-Louise dans le bois du Tronquay.—La disette de 1813. 353-385.

CHAPITRE XII.

La restauration des Bourbons.—Louis XVIII.—Les Prussiens inondent le pays. — Le duc d'Angoulême traverse le canton de Balleroy.— Vente du château de Balleroy.— Le marquis de Balleroy à Versailles. — Construction de la sacristie de l'église. —M. le comte de Balleroy achète le château de ses pères. — Mariage de M. le comte de Balleroy avec Mlle Clémentine d'Orglandes.—Fêtes que l'on donne au comte et à la comtesse de Balleroy. — Banquet donné par le comte de Balleroy à la jeunesse du bourg. — Le lieutenant-colonel comte de Balleroy fait sa démission au roi Charles X.— Révolution de 1830. — Vieillesse de M. l'abbé Moulland. — Il n'a pas été persécuté par Mgr Duperrier. — Tous les sectaires se disent persécutés.— Parallèle d'Arius et de M. Moulland. — Derniers moments de M. Moulland. — Sa mort. — M. l'abbé Charles-Désiré Michel, VIIIe curé de Balleroy.— M. Villeroy maire et M. J. Jehanne adjoint. — Manufacture de mousseline.— La clouterie.— Tannerie.— Sabotiers.— Ecoles communales. — Ouvroirs à l'école.—Salle d'asile.—Bureau de bienfaisance.—Mon dernier mot. 386-413.

PIÈCES JUSTIFICATIVES

N° 1.

DISCOURS

Prononcé, dans l'église de Balleroy, par M. MOULLAND, curé dudit lieu, le dimanche 23 avril 1809, pendant la grand'messe, où assistait PIERRE FOUREY, *de Foulogne, canton de Caumont, accusé d'avoir tiré un coup de fusil sur le Maire de sa commune, à travers une haie fort épaisse, le 14 mai précédent, à 10 heures du soir* (1), *condamné à mort par la Cour criminelle de Caen, et déclaré innocent, le 21 avril, par celle du département de la Manche, devant laquelle il avait été renvoyé par la Cour de cassation.*

Qu'il était beau, qu'il était bien digne de vous, mes frères, le spectacle que vous avez donné hier à cette commune (2) ! Il a déjà retenti dans tout le canton, et bientôt il sera connu de tout l'Empire. Comme les généreux Coutançais, vous avez applaudi au triomphe de l'innocence, et vous lui avez fait un cortége de vos

---

(1) Les témoins prétendaient avoir reconnu Fourey à la lueur de l'amorce, ce qui a été démontré physiquement impossible.

(2) Toute la paroisse est venue une demi-lieue au-devant de son pasteur et de Fourey, une branche de laurier à la main, et les a conduits en triomphe jusqu'au presbytère.

personnes et de vos cœurs. Ah ! mon âme en est encore émue, toute transportée d'admiration et de joie. Que mes forces ne me permettent-elles de retracer ici tout ce qui s'est passé dans cette ville où, lorsque nous sommes arrivés, le malheureux Fourey n'avait que des ennemis et ne devait, ce semble, trouver qu'un échafaud ! Que ne puis-je vous dire avec quelle attention les habitants de Coutances nous ont écoutés, quelle confiance les magistrats nous ont accordée, quels éloges ils ont donnés à votre bon et glorieux témoignage ? Ah ! quand l'estimable adjoint, qui vous représentait si dignement, a uni sa voix à celle de votre pasteur et que nous avons peint, devant tout le monde, l'intérêt que vous preniez à la victime ; que nous leur avons appris tous les sacrifices que vous avez faits pour la sauver ; toutes les bénédictions dont vous nous avez comblés, lorsque nous sommes partis pour la défendre ; toutes les peines que l'ancien évêque de Saint-Domingue, le religieux et zélé Mauviel, s'est données pour seconder nos efforts ; quand on a vu toutes les personnes respectables de Balleroy, qui nous accompagnaient, et qui, par leurs larmes et par leurs soupirs, montraient qu'elles partageaient nos sentiments ; quand enfin le célèbre Caille a déployé, après le procureur impérial, le tendre et judicieux Roquerye, tout ce que l'éloquence a de plus fort et de plus pathétique ; qu'il a présenté les têtes, encore sanglantes, de ceux que la calomnie avait livrés aux bourreaux ; qu'il a exhumé les ossements des Calas, des Lesurques et d'un autre Fourey même, qui avaient expiré sur la roue, et dont l'innocence est aujourd'hui universellement reconnue..... ah ! tous les cœurs se sont brisés, tous les visages ont été inondés de pleurs, et les jurés se sont empressés de couronner les vœux des magistrats et du public. Les transports les plus vifs ont éclaté de toutes parts ; les dames les plus distinguées, l'épouse même du Sous-Préfet, après m'avoir engagé à faire une quête pour ce malheureux, et avoir bien voulu remplir cette honorable fonction, à ma prière, se sont répandues dans le parquet de la cour, à cet effet, et le Procureur impérial, qui avait eu le courage

JUSTIFICATIVES. 427

de dire que Fourey remporterait la palme de l'innocence et s'en retournerait plus glorieux que ses accusateurs, en un mot, que la mort de Fourey serait un acte de barbarie, a signalé de nouveau sa tendresse et a donné le premier un écu de 6 francs. Le respectable président (1) et ses dignes collègues ont imité sa générosité, et tous les assistants, entraînés par un si bel exemple, ont prouvé que s'ils n'étaient pas également riches, ils avaient néanmoins des cœurs. Alors une multitude d'hommes, de femmes et d'enfants s'est précipitée sur nos pas, et l'on nous a moins accompagnés que portés jusqu'à la maison de notre généreux défenseur. Oh ! qui pourrait décrire et répéter tout ce que nous avons vu, tout ce que nous avons entendu sur notre passage, à notre départ et même dans la route ? Quelles acclamations, quelles louanges, quelle fête, quel triomphe ! Non : il n'y a qu'un jour comme celui-là dans la vie..... Je me trompe, mes frères, ce que vous avez fait hier le soir en est la plus douce et la plus touchante image (2). Que je m'estime heureux d'être votre pasteur ! Combien je m'honore d'avoir un troupeau aussi charitable et si aimant ! Ah ! les autres curés ont des admirateurs, et moi, je fais des envieux. Oh ! mes chers, mes estimables paroissiens, recevez l'hommage public et solennel de ma reconnaissance. Je n'oublierai jamais qu'à la simple voix de votre curé, charmés, ravis de le voir s'intéresser au sort d'un homme qu'il ne connaissait pas, mais dont l'innocence le frappait, et qui entendait les cris de quatre enfants qui redemandaient un père et du pain, vous vous êtes réunis à moi et vous avez appuyé de tout votre pouvoir la justice de mes réclamations. Ils seront toujours présents à ma mémoire, les nombreux sacrifices que vous avez faits pour

(1) M. Loisel présidait, à l'absence de M. Le Follet, membre de la légion-d'honneur, président.
(2) Cette attendrissante scène s'est renouvelée le lundi. Les honnêtes habitants de Foulognes, pénétrés de respect et de reconnaissance pour M. le curé de Balleroy, ainsi que pour les compagnons de son voyage à Coutances, sont venus les

Fourey (1), et j'espère bien qu'ils ne seront pas perdus. Je ne me repentirai point de lui avoir tendu la main, ni vous de lui avoir ouvert vos bourses avec vos cœurs. On ne le verra jamais dans ces lieux de débauche d'où la religion est bannie et où la raison même se noie ; il édifiera ses concitoyens et sera la consolation et la joie de son pieux et savant pasteur ; il élèvera ses enfants dans la crainte de Dieu, l'amour du travail et de la patrie, et leur servira de modèle. Au lieu de s'enorgueillir de sa victoire et d'humilier ses ennemis par des reproches odieux, il bénira le Tout-Puissant qui a daigné prendre sa défense, il pardonnera à ses persécuteurs et ne se vengera que par des services nouveaux. Ah ! puisse le Seigneur réunir deux familles depuis si long-temps divisées et n'en faire plus qu'une société de frères ! Puisse-t-il répandre ses grâces les plus abondantes sur eux et sur vous ! Qu'il diminue, s'il le faut, les faveurs qu'il me prodigue, pour augmenter et multiplier les vôtres ! Puisse-t-il, en un mot, vous faire, avec tout le bien que vous méritez, celui que je vous souhaite et dans le temps et dans l'éternité.

---

chercher chez eux, et tous ensemble ils ont ramené Fourey dans les bras de sa mère, de sa femme et de ses quatre enfants. Oh ! Caille, où étiez-vous ! Quelle jouissance pour votre cœur sensible ! Que de larmes délicieuses auraient arrosé vos mains ! Non : vous n'eussiez pu tenir à un spectacle aussi intéressant.

(1) Quoique M. Caille ait embrassé la défense de Fourey avec un désintéressement qui n'a guère d'exemple, qu'il soit venu à Foulogne pour examiner le lieu du délit, qu'il ait fait imprimer un mémoire à ses frais et qu'il ait plaidé la cause de l'innocent, devant la cour de cassation et la cour criminelle de Coutances, sans recevoir seulement *un centime;* quoique l'avoué, M. Marguerye et M. Débit, de Balleroy, se soient fait également un plaisir de consacrer leur temps *gratis* à servir la cause du malheureux ; cependant il a fallu quelque argent pour envoyer son frère à Paris, pour soulager le prisonnier, mourant de misère et de désespoir dans son cachot, et pour la dépense des témoins à décharge, etc., etc., etc.

N° 2.

COMPLIMENT

Adressé à M. le Comte de Balleroy, chevalier des ordres de Saint-Louis, de la Légion-d'Honneur, de Malte, de Saint-Ferdinand, etc., etc., ainsi qu'à Madame la Comtesse, son épouse, à leur arrivée dans le château, par M. le Curé du canton, environné de tous les jeunes gens de l'un et l'autre sexe, qui leur ont présenté un bouquet le jour de saint Charles.

    O toi, dont je n'ai vu l'enfance
    Que quelques rapides moments ;
    Toi, qui déjà de la science
    Dévorais tous les éléments,
    Et, par les vertus, les talents,
    Me donnais l'heureuse espérance
    Que bientôt dans le champ d'honneur
    Tu signalerais ta vaillance,
    Et ferais aussi mon bonheur ;
    De Balleroy, je te salue.
    Comme le pauvre désolé,
    Je soupirais pour ta venue ;
    Tu parais, je suis consolé.
    Qu'il est beau ! Qu'il est enchanteur
    Le tableau que les Delalonde
    M'ont déroulé de ta valeur
    Et de ta sagesse profonde,
    De la bonté, de la douceur
    D'une épouse plus tendre encore !

Ah ! dans un portrait si flatteur,
Sans y penser, traçant le leur,
Ils m'annoncent enfin l'aurore
Du jour que désirait mon cœur.
Non : dans un indigne repos,
Je n'entendrai plus l'industrie,
Appelant en vain les travaux,
Blasphémer le Dieu qui l'oublie.
Du malheur écoutant la voix,
A la félicité commune
Tu vas consacrer ta fortune :
Dans un prompt avenir je vois
D'artistes une colonie
Relever du château, des bois
La magnifique symétrie,
Mon Eglise même embellie,
Ne regrettant rien d'autrefois,
Des autres irriter l'envie ;
Enfin, tout prospère en ces lieux,
Et l'histoire de tes aïeux
N'est qu'une page de ta vie.

MOULLAND, curé de Balleroy,
(4 novembre 1827).

Monsieur le Comte,

Les jeunes gens qui se présentent devant vous, en me priant de me mettre à leur tête, me chargent d'une fonction aussi chère à mes yeux que glorieuse pour leurs cœurs. Ils prouvent qu'ils ont profité des leçons que je leur ai données, et qu'ils sentent vivement l'obligation d'honorer en vous le mérite. Daignez donc

JUSTIFICATIVES. 431

voir, dans l'hommage des enfants, le respect dont ils sont pénétrés pour votre personne et la reconnaissance qu'ils vous doivent pour les services éminents que leurs pères ont reçus de votre bienfaisante famille. Soyez persuadé qu'ils feront leurs efforts pour se rendre dignes d'en obtenir de nouveaux de votre part, et que leurs bras, comme les vôtres, seront toujours *au Roi et à la Patrie*.

Madame la Comtesse,

Si ces jeunes demoiselles ont été devancées dans les hommages que vous avez déjà reçus, n'en accusez pas leurs cœurs : ils volaient pareillement vers vous ; mais ignorant votre arrivée, elles n'ont pu se joindre à celle qui avait l'avantage d'être dans votre château, et qui n'a été que l'interprète de leurs sentiments. Elles n'envient plus son bonheur, puisqu'elles le partagent aujourd'hui ; mais elles veulent cependant vous manifester à leur tour la joie qu'elles éprouvent de vous posséder. Il est si doux de voir une mère et de dire : nous avons un nouveau modèle !

N° 3.

DISCOURS

Prononcé sur la tombe de M. Moulland, *curé de Balleroy, le 14 avril 1831, par* M. F. Villeroy, *docteur en médecine, maire de Balleroy.*

Messieurs,

Je ne chercherais pas à élever la voix en ce jour de deuil, si je ne devais, comme organe de mes concitoyens, payer une dette à l'amitié. C'est en leur nom, comme au mien, que je vais essayer de tracer quelques lignes, inspirées par de nobles sentiments et par un pressant besoin de rendre le dernier des devoirs à notre très-vénérable pasteur, aussi vertueux que distingué. Ah ! Messieurs, elles m'ont coûté bien des larmes, et leur source est loin sans doute d'être tarie parmi nous.

Mais s'il est facile en pareille circonstance de céder à de si nobles sentiments, il n'en est pas de même pour exprimer ses pensées, lorsqu'elles se rattachent à l'histoire d'un grand homme : une aussi belle tâche, vous en conviendrez, n'appartient qu'aux personnes versées dans l'art d'écrire. N'attendez donc pas de moi tout ce que ce sujet comporte. Je vais seulement rappeler ici ce qui est connu de nous tous, c'est-à-dire ce qui s'est passé sous nos yeux depuis qu'il vivait avec nous. Je laisse à mes concitoyens le soin de faire le reste ; le champ est vaste à parcourir, et il y a à moissonner pour tous, même après une abondante récolte.

Ainsi, Messieurs, ma tâche, comme vous le voyez, se borne à tracer ici les faits les plus remarquables de sa vie, pendant les trop courtes années qu'il fut avec nous. Je vais les dérouler à vos yeux avec la rapidité qui convient en pareille circonstance. Si je ne m'en acquitte pas au gré de vos désirs, vous ne m'accuserez pas, j'en suis sûr, si vous jugez de mes intentions au trouble qui se passe dans mon âme, à la vue de ces dépouilles mortelles.

Messieurs, dans l'exposé que je vais vous faire, je devrais d'abord fixer votre attention sur les efforts qu'il fit pour rétablir l'ordre et l'harmonie parmi nous, lorsqu'il parut à Balleroy. Mais je les abandonne seulement pour le moment, et j'appelle vos regards sur une époque un peu plus éloignée pour vous faire connaître de prime abord la trempe de son âme et la force de son caractère.

Moulland était curé de la paroisse de Saint-Martin-de-Bayeux dans les premiers temps de la révolution. Vous dire qu'il y remplit ses fonctions pastorales comme il le fit chez nous, c'est ne rien ajouter à ce que vous connaissez de lui, c'est dire seulement qu'il ne pouvait faire autrement, inspiré comme il l'était par des devoirs sacrés pour lui. Mais jugez jusqu'à quel point il les envisageait. A cette époque de fâcheuse mémoire, et au moment où la religion de l'Etat paraissait menacée, Moulland qui n'aimait de la révolution que ce qui en était bon, s'élance au milieu de l'orage et défend le christianisme au péril de sa vie. Il est jeté dans les prisons, chargé de fers et y attend avec calme l'heure de son trépas. Le croiriez-vous, Messieurs, sa captivité et les fers redoublent en lui ce feu sacré ; il combat encore, non avec ses discours, mais avec ses écrits pleins d'âme, de force et de logique. Les temps deviennent plus heureux ; il reçoit sa récompense. Hélas ! sa récompense : il obtient seulement sa liberté, et on oublie pour lui les places éminentes qu'il avait acquises à de si justes titres, et qui devaient être le prix de son courage et de son mérite.

Je laisse les autres faits plus ou moins marquants de la même époque et j'arrive, Messieurs, à ceux qui nous regardent particulièrement, avec la crainte encore d'affaiblir un sujet qui pourrait être mieux traité par des hommes plus capables de faire ressortir ses vertus évangéliques.

Moulland est nommé curé de Balleroy, en 1803, époque à laquelle les habitants étaient agités par des passions diverses. Cette cure, triste conquête pour lui, lorsqu'on sait ce à quoi il devait prétendre, devint le sujet de ses plus vives sollicitudes. Uniquement occupé, en arrivant au milieu de nous, du bien qu'il médite, il consacre ses jours et ses veilles pour y rétablir l'harmonie. Vous vous rappelez sans doute que ce ne fut pas sans peine qu'il y parvint ; car alors il avait à combattre divers partis, stimulés par des personnes cachées dans l'ombre, et il dut son triomphe à ses discours où respiraient les plus beaux sentiments et à ses exemples assez rares de nos jours, même dans certaines classes élevées de la société.

Mais ce n'était pas assez sous ce rapport pour un cœur bouillant de l'amour du bien, il prépare dans le silence ce qui l'avait tant occupé chez nos voisins où il laisse de si beaux souvenirs. Il cherche à rétablir parmi nous le culte du christianisme, l'amour de la religion, qui paraissaient s'y éteindre dans les premiers temps de la révolution ; il y parvint avec le charme de son éloquence, avec son entraînante conviction, aussi bien, je le répète, que par ses vertus, encore vivantes pour nous et faites pour être transmises après lui.

Voilà, Messieurs, comment il se signala d'abord ; voilà les premiers fruits qu'il cueillit au milieu de nous et qui firent plus tard le bonheur de sa vie. Il ne mettait de prix, nous disait-il souvent, à être notre pasteur que dans l'espoir de nous rendre heureux.

Cependant, après tant d'efforts si dignes d'un tel homme, vous savez combien ses dernières années eussent été abreuvées d'amertumes, si sa belle âme, plus forte que les coups qu'on lui portait, ne les eût affaiblis, moins sans doute par une résignation à toute épreuve, que par la conviction où il était de la pureté de la cause pour laquelle il combattait. Loin de moi la pensée de les reproduire ici ; j'insulterais à sa mémoire : il cherchait lui-même à les dérober aux yeux de ses concitoyens, et cette seule pensée trace ici ma conduite. Moulland, tu n'es plus ! Mais tes vertus ne sont pas perdues pour nous.

Ah ! Messieurs, quel vaste champ à parcourir que l'histoire de ce vénérable pasteur, seulement pendant les trop courtes années qu'il fut avec nous. Si nous le suivons dans la pratique des vertus sociales, quel tableau touchant !... Interrogez ceux avec lesquels il vivait en véritable ermite. Interrogez les opprimés, dont il était l'appui et le défenseur, et pour n'en citer qu'un seul, rappelez-vous l'innocent et l'infortuné Fourey, qu'il arracha des mains du bourreau !... Interrogez le pauvre, avec lequel il était un tiers de sa vie : il vous dira que tout en lui méritait notre admiration. Ne l'avons-nous pas vu, en effet, ce très-respectable pasteur, partager ses vêtements, ses aliments, son argent, allant de chaumière en chaumière, portant partout des secours et la consolation ; et comment le faisait-il ? Il le faisait dans le silence de la nuit, dérobant à l'occasion, aux yeux des curieux, le fruit de ses largesses. Je vous plains de toute mon âme, habitants de Balleroy, de n'avoir plus que le souvenir de ce grand et vertueux citoyen. Je vous plains surtout, habitants nécessiteux : vous perdez votre soutien et votre consolateur, vous perdez toute votre force dans la personne de Moulland.

Faut-il, Messieurs, que la source de tant de vertus soit à jamais dérobée à nos yeux !... Faut-il que la terre s'en empare sans fruit pour nous !... Si tel est le sort attaché aux destinées humaines, cherchons quelques consolations dans l'érection d'un monument qui les perpétue et les rappelle à l'homme de bien pour ne jamais les oublier. Que ce monument fasse connaître aussi à ceux qui nous suivront que nous étions dignes d'un tel pasteur.

Et vous, habitants des communes circonvoisines, vous étiez dignes de vous associer à de si nobles sentiments. Vous avez prouvé que le deuil était général, en accompagnant avec nous ses dépouilles mortelles jusqu'au lieu du repos. Vous avez mêlé vos larmes aux nôtres pour en arroser sa tombe, où resteront pour toujours de si précieux souvenirs. Vous nous avez disputé l'honneur de les rappeler à ceux qui nous survivront, en mêlant vos offrandes aux nôtres. Ah ! quel tableau pour des âmes élevées que la vue d'un spectacle si touchant ! Quel tableau, Moulland, pour ceux qui conjuraient l'orage contre toi !.... Quel tableau !.... Mais je m'arrête, et je m'aperçois que ton ombre m'impose le silence !

Moulland, reçois nos adieux, reçois-les de ce concours innombrable de personnes de toutes les classes de la société qui t'entourent pour te rendre le dernier des devoirs. Si tu échappes pour toujours à leurs yeux baignés de larmes, crois bien que tes vertus, profondément gravées dans nos cœurs, y resteront malgré le temps, pour nous rappeler le souvenir si touchant de ta vie !... Adieu !... Adieu !...

Liste des Souscripteurs

A

L'HISTOIRE DE BALLEROY

ET DES ENVIRONS.

MM.

Abel-Vaultier, député du Calvados au Corps législatif et membre du conseil général, à Caen.

André (Jacques-Napoléon), ancien notaire et ancien greffier de justice-de-paix, propriétaire, à Balleroy.

Artur, ancien professeur de mathématiques transcendantes, agrégé de la Sorbonne, membre de plusieurs sociétés savantes, rue Saint-Jacques, n° 56, à Paris.

Aubraye (Théodore), secrétaire des hospices, à Bayeux.

Bacon (Auguste), maître d'hôtel, rue du Goulet, à Bayeux.

Bacon (Pierre), marchand épicier, rue Saint-Jean, à Bayeux.

Baillet (François-Joseph), marchand boucher, au Molay (Calvados).

Beaufils (A.-F.), prêtre, vicaire à Carentan (Manche).

Bégouën (Paul), receveur général de l'Ardèche, à Privas.

Belhache (Dominique), marchand épicier, rue Saint-Loup, à Bayeux.

Bélissent (Pierre-Louis), notaire et conseiller municipal, à Lingèvres (Calvados).

Bertrand O✵, doyen de la faculté des lettres et maire de Caen, membre du conseil général du Calvados, etc., etc.

Bertrand (Charles), directeur de l'enseignement mutuel, à Carentan.

Bibliothèque de Bayeux.

MM.

Bibliothèque de Caen.

Bibliothèque de Saint-Lo.

Bidot (Emma), religieuse de l'Ordre de saint Benoît, sous le nom de sœur sainte Thérèse, à Honfleur.

Bidot (Charles-Fortunat), capitaine au 4e régiment d'artillerie à pied, à Metz.

Bidot (Eugène-Flavien), sous-lieutenant au 63e de ligne, à Neufbrisach.

Bidot (Henri-Stanislas) ✻, lieutenant d'état-major, à Paris.

Bidot (Jean-Vincent-Désiré), ancien huissier, agent d'affaires, à Paris.

Bidot de l'Isle, avocat-général, à Paris.

Blanchet, chapelain des bénédictines, à Carentan (Manche).

Blouet (Jean-Tenneguy), propriétaire, hameau de Bellefontaine, à Bayeux.

Bloüm, officier de l'Université, principal du collège de Bayeux.

Bottin ✻, membre du conseil général de la Manche, juge-de-paix et propriétaire, à Carentan.

Bréquehais (Jean-Alphonse), fondateur de l'Union fraternelle, à Bayeux.

Callipel, (François-Félix), huissier, à Isigny (Calvados).

Chigouesmel (Eugène), ancien magistrat, à Bayeux.

Chire (G. fils), orfèvre-bijoutier, rue Saint-Malo, à Bayeux.

Chuquet (Louis), rue Saint-Martin, n° 20, à Bayeux.

Conseil (Camille), propriétaire, place Saint-Sauveur, à Bayeux.

Costil (Auguste), propriétaire, (ancien presbytère), Saint-Loup-Hors (Calvados).

D'Agneaux (Frédéric), propriétaire, rue des Bouchers, à Bayeux.

De Barghon-Fort-Rhion (le baron François) ✻, membre de l'Institut historique de France, inspecteur de la société d'archéologie, propriétaire au château de Fort-Rhion (Puy-de-Dôme).

De Bellefont (le marquis) ✻, propriétaire, rue des Ursulines, à Bayeux.

De Bonnaire (Léon), propriétaire, place à Bois, à Bayeux.

De Caumont (Narcisse) ✻, membre de l'Institut de France, fondateur de la société des antiquaires et de plusieurs autres sociétés savantes, à Caen.

De Choisy (A.), propriétaire, membre du conseil municipal de la Bazoque, à Caen, rue des Quais, n° 90.

De Germiny (le comte Gustave Le Bègue), propriétaire, à Bayeux.

De Grimouville (le chevalier Gabriel) ✻, propriétaire, place Saint-Sauveur, à Bayeux.

MM.

Delafontaine (Charles-Auguste), négociant en dentelles, rue Saint-Jean, à Bayeux.

De la Londe (le comte Paul), propriétaire, au château de Maronne, à Meuvaines (Calvados).

Delamusse (Louis), horloger, rue Saint-Jean, à Bayeux.

Delaporte (Emile-Auguste), notaire, à Cherbourg (Manche).

Delarue (Pierre-Thomas), propriétaire et maire d'Arganchy (Calvados).

De Mandeville (le vicomte Georges), propriétaire, à Carpiquet, près Caen.

De Marguerye (le comte Arthur), rue des Ursulines, à Bayeux.

De Mibarent (Michel), entrepreneur de bâtiments, à Balleroy.

De Neuville de Bavent (le comte), propriétaire, au château de Bernières-Bocage, à Juhaye-Mondaye (Calvados).

De Savignac (le comte Emmanuel), propriétaire, rue de la Cambette, à Bayeux.

De Rougé (le comte A.), au château de Saint-Symphorien (Manche).

Deslandes (Paul), propriétaire à Juhaye-Mondaye, présentement à Ver (Calvados).

Despaillères ✻, docteur en médecine, maire de Bayeux, membre du conseil d'arrondissement.

Douesnel (Alexandre), député au corps législatif, membre du conseil général du Calvados, propriétaire et banquier, à Bayeux.

Du Chevreuil ✻, capitaine retraité, membre du conseil d'arrondissement, propriétaire et maire, à Equeurdreville, près Cherbourg (Manche).

Dubreuil (Jacques), propriétaire cultivateur, à Vaubadon (Calvados).

Du Fayel (Mme, née de Marchais), propriétaire, rue Saint-Jean, à Bayeux.

Dujourdain (Georges), propriétaire, place aux Pommes, à Bayeux.

Du Manoir de Juhaye (le comte), membre du conseil d'arrondissement et maire de Juhaye-Mondaye, au château de Juhaye.

Duperron, membre du Conseil général, juge-de-paix, à Torigni-sur-V.re (Manche).

Dupillier (Charles), marchand épicier-droguiste, à Paris.

Duprey, ancien brigadier des eaux et forêts, à Littry (Calvados).

Duval (Auguste), maître-d'hôtel, à Carentan (Manche).

Duval (Léon), propriétaire, au Molay (Calvados).

Elie (Théodore), imprimeur, membre du conseil d'arrondissement et 1er adjoint au maire de Saint-Lo.

MM.

Enault (jeune, père), propriétaire, à Carentan.

Enault (Georges, fils), médecin de marine, à Marseille (département des Bouches-du-Rhône).

Etcheverry (Ferdinand), négociant en vins, à Saint-Vigor-le-Grand, maison de M. Acard (Calvados).

Faivre, restaurateur, rue des Abattoirs, à Caen.

Fémien (Pierre), propriétaire, rue de Thorigny, à Saint-Lo.

Flaust (Eugène), entrepreneur de bâtiments, à Balleroy.

Fontaine-Courtemer, propriétaire, membre du conseil municipal et lieutenant des sapeurs-pompiers, à Balleroy.

Fontaine-Le Teiller, propriétaire, à Vaubadon (Calvados).

Fouchard (François-Marc), propriétaire, à Noron (canton de Balleroy).

Fouquet (Mlle Aglaé), propriétaire, rue Saint-Loup, 67, à Bayeux.

Fourcade et Cie, négociants, rue Notre-Dame, 105, à Bordeaux.

Frandemiche (Charles), propriétaire, au Molay (Calvados).

Frestel (Camille), propriétaire et banquier, rue des Chanoines, à Bayeux.

Gardin de Villers (Georges), adjoint au maire de Bayeux.

Gardin (Léopold), banquier, rue des Bouchers, à Bayeux.

Garnier (Georges), avocat, rue Génas du Homme, à Bayeux.

Génest de Bouillon (le chevalier) ✻, capitaine d'état-major en retraite, à Fresnay-le-Puceux.

Génest de Bouillon (Louis), à Balleroy.

Génest de Bouillon (Paul), marchand, à Balleroy.

Gervaiseau (Louis-Charles), conducteur de chemin de fer, au Mans.

Godard, pharmacien, membre du conseil municipal, à Balleroy.

Gormier (Isidore), négociant, à Saint-Bon, province Tarentaise, canton de Bozelle (Savoie).

Gourdier des Hameaux (Anatole), propriétaire, à Bayeux.

Grosvalet ✻, capitaine retraité, rue Saint-Exupère, à Bayeux.

Guilbert-La Fosse, adjoint au maire de Balleroy.

Guillet (Arsène), propriétaire, à Tilly-sur-Seulles (Calvados).

Guillot, marchand papetier-libraire, rue Saint-Martin, à Bayeux.

Hallard, propriétaire, route de Port-en-Bessin, à Bayeux.

Hamel-Thibault (Jean-Pierre), négociant, rue Saint-Jean, à Bayeux.

Hébert, membre du conseil général du Calvados, notaire, à la Délivrande (Calvados).

Hébert (Richard), libraire, rue Saint-Malo, à Bayeux.

MM.

Héring (Louis), aubergiste, place de l'Ancienne-Comédie, à Caen.

D'Hérouville (Mme V^e, née Aubert), propriétaire, rue de Thorigny, à Saint-Lo.

Huet (Eugène), principal clerc d'avoué, place Saint-Sauveur, à Bayeux.

Jacqueline (Jean-Alexandre), homme d'affaires, à Balleroy.

James (Paul), cultivateur, au Molay (Calvados).

Jeanne des Mares (Stanislas), élève du collége de Bayeux, chez son père, marchand épicier, rue des Cuisiniers.

Jéhanne (Victor-Charles, père), propriétaire, à Balleroy.

Jéhanne (Auguste, fils), propriétaire, à Balleroy.

Jouanne (Auguste), négociant en vins, à Saint-Vigor-le-Grand, route de Caen.

Juhel (Alfred), lieutenant au 3e lanciers, présentement en congé, à Vaubadon.

Labbey (Théodore), docteur-médecin, membre du conseil municipal, à Bayeux.

La Brecque (Wilfrid), médecin, à Formigny (Calvados).

La Fosse (Ed.), vicaire, à Carentan.

La Loë (Urbain), instituteur communal, à Englesqueville (Calvados).

Lambert (Edmond), conservateur de la bibliothèque de Bayeux.

Lanquetot (Thomas), négociant, à Isigny (Calvados).

La Roche (Pierre), propriétaire, au Molay (Calvados).

Lassery, commissaire de police, à Balleroy.

Laurent (Mme V^e), fabricante de dentelles, à Balleroy.

Lavoisy (Mme V^e), marchande épicière, place à Bois, à Bayeux.

Le Bœuf (aîné), menuisier, à Balleroy.

Le Bourgeois (Désiré), maître d'hôtel, à Littry-les-Mines.

Le Bas, serrurier-mécanicien, à Littry-les-Mines.

Le Caplain, ancien capitaine de navire, propriétaire, à Bayeux.

Le Carpentier (Auguste), boulanger, rue Saint-Jean, à Bayeux.

Le Carpentier (Tranquille), rue Saint-Loup, à Bayeux.

Le Cordier, gardien-chef de la prison, à Bayeux.

Le Cordier (Victor-Edmond), boulanger, à Balleroy.

Le Duc, propriétaire, à Saint-Vigor-le-Grand, près Bayeux.

Le Daim-Poidevin, maître-d'hôtel, à Balleroy.

Le François (Félix), ancien libraire, place Saint-Sauveur, à Bayeux.

MM.

Le Fevre (Romain), propriétaire, hameau de Brunville, à Saint-Loup-Hors.
Le Guedois, banquier et entrepreneur de voitures publiques, à Bayeux.
Le Gost-Clérisse, libraire, rue Ecuyère, n° 36, à Caen.
Le Gros (Jean-Baptiste) ✣, contrôleur des douanes en retraite, à Bayeux.
Lélu ✣, juge honoraire, rue Saint-Loup, à Bayeux.
Le Marié d'Archemont (Léopold), receveur des contributions indirectes, à Bayeux.
Le Mière (Félix), prêtre, vicaire de Grandcamp (Calvados).
Le Lievre-Gombault, orfèvre-bijoutier, rue Saint-Jean, à Bayeux.
Le Maître (Justin), horloger, rue Saint-Malo, à Bayeux.
Le Ménicier (Félix), marchand herbager, rue Saint-Loup, à Bayeux.
Lenault, marchand de vins et charbons, rue de la Juridiction, à Bayeux.
Le Noircy (Michel), propriétaire, rue Saint-Loup, à Bayeux.
Le Nourrichel (Félix), professeur de langues, à Bayeux.
Le Héribel (Paul), 16, Montagu-Street, Portman-Square, Londres (Angleterre).
Le Tourneur, propriétaire, rue de la Maîtrise, à Bayeux.
Le Roux, ancien contrôleur, à Bayeux, présentement contrôleur hors cadre, à Bordeaux (Gironde).
Le Villain (Léon), marchand, à Littry-les-Mines (Calvados).
Le Vannier des Vauviers (Alfred), propriétaire, rue de la Poterie, à Bayeux.
Lubin (Eugène), chez M. le comte de Rougé, au château de Saint-Symphorien (Manche).
Le Paulmier, docteur en médecine, membre du conseil municipal, à Bayeux.
Lorillu, marchand, rue Saint-Martin, à Bayeux.
Mallet, ancien notaire, membre du conseil municipal, à Bayeux.
Mahieu (Louis-Eugène), employé de la Régie, à Bayeux.
Malherbe (Félix), conducteur des ponts-et-chaussées, à Port-en-Bessin.
Mancel (Georges), conservateur de la bibliothèque de Caen.
Marais (Louis-Alexandre), marchand tailleur, à Balleroy.
Margerie, libraire, rue Saint-Malo, à Bayeux.
Marie (Amand), domestique, chez M. Paul James, au Molay.
Marie (Charles), négociant, rue Saint-Martin, à Bayeux.

DES SOUSCRIPTEURS.

MM.

Mariette du Mesnil, propriétaire, rue de Nesmond, à Bayeux.
Mariette (Georges, père), marchand épicier, à Balleroy.
Martin (François), marchand sellier, rue des Forges, à Balleroy.
Michel (Paul-André), perruquier, rue Saint-Jean, à Bayeux.
Millet (jeune), maître d'hôtel, rue des Etangs, à Balleroy.
Monceaux (Louis), entrepreneur de voitures publiques, à Balleroy.
Moreau (Camille), propriétaire, rue du Sapin, à Balleroy.
Morière, professeur à la faculté des sciences, rue de Bayeux, 38, à Caen.
Mosselmann, concessionnaire des canaux de la Manche, à Saint-Lo.
Moularde, libraire, à Bayeux.
Mouillard, pharmacien, rue Saint-Jean, à Bayeux.
Moulinier (Auguste), employé au chemin de fer, à la gare de Carentan.
Niobey (Louis-Eugène), notaire, adjoint au maire de Bayeux, membre du conseil général et juge-de-paix suppléant, à Bayeux.
Obremski (Casimir), capitaine polonais, caissier du gaz, à Caen.
Pagny (Mlle Alice), rue Saint-Malo, 68, à Bayeux.
Pagny (Edmond), propr. et fabricant de chaux, à Cartigny-l'Epiney.
Paul (Adrien), fabricant de soutanes et d'ornements d'église, à Bayeux.
Pesquerel, juge-de-paix et conseiller municipal, à Balleroy.
Pézet O✻, président du tribunal civil de Bayeux, membre du conseil général du Calvados et du conseil municipal de Bayeux, etc., etc.
Porée (Pierre), propriétaire et maire de Saint-Martin-des-Entrées.
Prémesnil, commis négociant, chez M. Jobert aîné, quai des Abattoirs, à Caen.
Renault, instituteur communal, à Noron (canton de Balleroy).
Riembourg, propriétaire, rue Saint-Laurent, à Bayeux.
Robert (Gervais), propriétaire, proche l'abbaye de Saint-Vigor-le-Grand.
Roger (Mme V^e, née du Hamel), propriétaire, à Livry (Calvados).
Roger (Marin), directeur d'assurances, rue Saint-Patrice, 33, à Bayeux.
Samson-Tirel, propriétaire, rue des Forges, à Balleroy.
Sanson-La Fosse, propriétaire, rue des Etangs, à Balleroy.
Savary (Pierre), chanoine de Coutances, curé doyen de Carentan.
Savarin (Jean-Baptiste), marchand épicier, rue Saint-Loup, à Bayeux.
Seigneurie (Charles), médecin vétérinaire, à Balleroy.
Skrodzki (Joseph), capitaine polonais, propriétaire, à Balleroy.
Stapleton (Robert), religieux dominicain, à Westminster (Angleterre).

MM.

Sureau, propriétaire, rue Saint-Loup, 66, à Bayeux.
Tavigny (Virgile), avocat, à Bayeux.
Thibault (Joseph), négociant, rue Saint-Malo, à Bayeux.
Thillard (Ferdinand), propriétaire, à Bayeux.
Tomasse, notaire et membre du conseil municipal, à Littry.
Vassal (Léon), fabricant et marchand de meubles, rue des Croisiers, à Caen.
Vaultier (Victor), ancien notaire, rue de la Cave, à Bayeux.
Vaussy (Pierre), négociant-banquier, rue Saint-Jean, à Bayeux.
Vidal (Pierre), directeur des écoles chrétiennes, rue Saint-Laurent, à Bayeux.
Vieillard (Félix), rue Saint-Nicolas, n° 14, à Bayeux.
Violette (Mlle Mathilde), sous-directrice à la porcelaine de Bayeux.
Viomesnil (Alexandre-Napoléon), propriétaire, à Paris.
Et un bien grand nombre d'autres qui gardent l'anonyme.

AVIS DE L'AUTEUR.

Outre cette histoire de Balleroy et quelques opuscules en vers et en prose publiés sous le voile de l'anonyme, je possède encore les ouvrages suivants que je me propose de dédier aux honorables et illustres personnages dont j'ose citer les noms :

1° Un *Commentaire littéral-chronologique-harmonique et moral sur les quatre évangiles, les actes des apôtres et l'apocalypse*, dédié à S. G. Monseigneur Charles-Nicolas-Pierre Didiot, évêque de Bayeux et Lisieux, prélat et comte romain, chevalier de l'ordre impérial de la légion-d'honneur, etc. 12 volumes grand in-8°.

> Les huit premiers volumes manuscrits reliés de ce commentaire sont entre les mains de Monseigneur l'évêque de Bayeux et Lisieux auquel je les ai soumis. M. l'abbé Victor Hugot, chanoine titulaire, qui les a lus, en a dit, dans le temps, tout le bien possible à plusieurs de nos honorables et vénérés confrères. Cet ouvrage a été commencé en 1854.

2° *Lettres d'un Bas-Normand à un docte Parisien, ou le catholicisme prouvé par l'histoire*, dédiées à S. E. Monseigneur le cardinal Wisman, archevêque de Westminster (Angleterre). 4 volumes grand in-8° (manuscrits reliés).

> Le premier volume est entre les mains de M. Le Gost-Clérisse, libraire éditeur à Caen. M. de Lauzac, l'un des directeurs de l'école des Carmes à Paris, auquel cet ouvrage a été soumis, en a porté un jugement très-favorable. Un de mes amis qui est à Londres le soumettra très-prochainement à S. E. le cardinal Wisman. Cet ouvrage date de 1848.

3° *Histoire de l'église de Bayeux depuis sa fondation jusqu'au schisme de* 1790, dédiée au clergé du diocèse de Bayeux. 2 volumes grand in-8° (manuscrits reliés).

<blockquote>Le premier volume est annoté par M. l'abbé J. Vincent, curé-doyen de Mortcaux-Coulibœuf, qui l'a trouvé très-intéressant : il m'engage fortement à faire imprimer cette histoire. Cette histoire remonte à l'année 1842.</blockquote>

4° **Histoire de l'église schismatique du Calvados**, dédiée à la mémoire de Jacques-Marin-Barthélemy Le Coursonnois du Bois, curé de Saint-Manvieux, confesseur de la foi. 1 volume grand in-8° (manuscrit relié).

<blockquote>Ce n'est pas le manuscrit que j'ai prêté à M. l'abbé Laffetay, chanoine et historien du diocèse : ce dernier n'a reçu de moi que des notes sans ordre et bien incomplètes, écrites sur de simples cahiers petit in-4°. L'*Histoire de l'église du Calvados* fut terminée en 1844.</blockquote>

5° **Histoire de l'église concordataire de Bayeux et Lisieux**, *administrée en grande partie d'après les trop fameux articles organiques du concordat*, dédiée à M. l'abbé Pierre Michel, grand-doyen du chapitre de l'église cathédrale de Bayeux, vicaire-général du diocèse, chevalier de l'ordre impérial de la légion-d'honneur, etc. 2 volumes grand in-8° (manuscrits en feuilles dont l'un est terminé.)

<blockquote>Cette histoire a été long-temps chez M. le président Pézet qui avait eu la bonté de me donner des notes précieuses et de me guider dans le classement des faits ; il a vu et corrigé tout le premier volume et quelques cahiers du second qui, je l'espère, me conduira jusqu'en l'année 1860 : elle fut commencée en 1846.</blockquote>

6° **Biographie cléricale du Calvados depuis 1790 jusqu'à nos jours**, dédiée à S. G. Monseigneur Frédéric-Gabriel-Marie-François de Marguerye, évêque d'Autun, premier chanoine d'honneur de l'église cathédrale de Bayeux, chevalier de l'ordre impérial de la légion-d'honneur, décoré du *Pallium*, etc. 3 forts volumes in-8° (manuscrits reliés ; le quatrième inachevé est en feuilles).

<blockquote>Trois de ces volumes sont entre les mains d'un de nos académiciens qui aura la bonté de les annoter et de les corriger. Ces biographies, rangées par ordre alphabétique, sont écrites dans le genre des biographies du clergé contemporain, dont on m'a cru bien à tort l'un des collaborateurs : j'ai commencé ces biographies en 1839</blockquote>

7° *Histoire des Officialités de Bayeux et de Caen*, dédiée à S. G. Monseigneur Jacques-Louis Daniel, évêque de Coutances et d'Avranches, ancien recteur de l'académie de Caen, chanoine d'honneur de l'église cathédrale de Bayeux, officier de l'université, commandeur de la légion-d'honneur, etc. 1 volume grand in-8° (manuscrit relié).

> Cette histoire est commencée le 22 janvier 1860 avec la suivante qui est la suite de celle-ci.

8° *Histoire des prisons et des lettres de cachet des officialités du diocèse, suivie d'un appendice curieux sur le château de Bayeux et l'abbaye de Saint-Gabriel*, dédiée à M. l'abbé Gabriel Le Faucheux, official du diocèse, archiprêtre curé de la cathédrale. 1 volume grand in-8° (manuscrits en feuilles).

9° *La Papauté dans le passé, le présent et l'avenir*, dédié à Sa Sainteté le pape Pie IX. Brochure grand in-8° (manuscrits en feuilles).

> Cet opuscule fut remis au mois de mai 1859 à M. Georges Mancel, conservateur de la bibliothèque de Caen, pour être imprimée sous le pseudonyme de *Amédée de Walzour*. Il est resté entre ses mains inédit.

10° *Droits inaliénables et imprescriptibles du prêtre*, ouvrage dédié à S. G. Monseigneur Henri-Marie-Gaston de Bonnechose, archevêque de Rouen, primat de Normandie, chevalier de l'ordre impérial de la légion-d'honneur, etc., etc. 2 volumes grand in-8° (manuscrits reliés).

> Cet ouvrage, que tous les ecclésiastiques devraient connaître, est en quelque sorte celui des frères Allignol refondu, corrigé et considérablement augmenté. Quelques annotations y sont faites de la main même de Monseigneur le comte de Forbin-Janson, mort évêque de Nancy et de Toul, qui m'en donna le premier l'idée en 1859. Ce digne prélat, qui avait pour l'église une si profonde et si grande vénération, gémissait souvent sur le sort qu'avaient fait à l'église gallicane, mais surtout au clergé du second ordre, les trop fameux articles organiques du concordat publiés à l'insu de S. S. Pie VII et qui ont encore force de loi, malgré ses justes et vives réclamations, celles de ses successeurs et de tout l'épiscopat français, notamment de NN. SS. Affre et Sibour.
> On y lit *in extenso* la savante et admirable lettre de ce dernier à l'archevêque de Paris, contre l'interprétation qu'on a voulu donner en 1844 à l'article 4 de cette même loi du 18 germinal an X.
> Les principes qui ont dicté les lois organiques du culte en France, les

conséquences qu'à tort ou à raison on en peut tirer, détruisent l'indépendance essentielle de l'Eglise et donnent à l'Etat une sorte de suprématie qui ne différerait pas beaucoup de la suprématie protestante, si jamais il se rencontrait des hommes qui eussent la volonté et le pouvoir de les appliquer jusqu'au bout. Or, de tels principes sont subversifs de l'Eglise; on ne saurait l'asservir sans la détruire L'air et la vie pour elle *c'est la liberté.* En vain dirait-on que l'Eglise est dans l'Etat : l'Eglise, il est vrai, est dans l'Etat pour *obéir dans tout ce qui est temporel.* Elle ne prétend alors à aucune indépendance, à aucun privilège; mais quoiqu'elle se trouve dans l'Etat, *elle n'en dépend jamais pour aucune fonction spirituelle.*

11° **Histoire de Monseigneur le comte Charles de Forbin-Janson, évêque de Nancy et de Toul, primat de Lorraine,** etc., dédiée à S. G. Monseigneur Alexis-Basile Menjaud, archevêque de Bourges, primat d'Aquitaine, premier aumônier de la maison de S. M. l'Empereur, chanoine-honoraire de premier ordre du chapitre impérial de Saint-Denis, comte romain, assistant au trône pontifical, etc. 1 volume grand in-8° (manuscrit relié).

12° **Bayeux et son arrondissement au XIXe siècle ou Guide des étrangers sur les côtes saxoniques du Bessin et dans l'intérieur du pays pendant la belle saison,** ouvrage dédié à M. le président Pézet, membre du conseil général du Calvados. 1 volume grand in-8°.

M. Lambert, bibliothécaire de la ville de Bayeux, ainsi que plusieurs savants de notre ville ont trouvé ce travail très-exact. Cet ouvrage est sous presse.

13° **Histoire de la Vierge Marie, mère de Dieu,** dédiée à M. l'abbé Charles-Désiré Michel, ancien curé de Balleroy et ancien supérieur du petit-séminaire de Villiers-le-Sec, chanoine honoraire de l'église cathédrale de Bayeux. 1 volume grand in-8° (manuscrit en cahiers.)

Cette histoire qu'ont vue MM. les curés de la cathédrale et de Saint-Loup n'est pas encore terminée.

Aucun de ces ouvrages ne sera imprimé sans avoir été au préalable soumis à l'examen et à l'approbation de chacun de ceux auquel il est dédié.

Mes moyens, le temps et des circonstances peu favorables m'ont empêché jusqu'à ce jour de faire éditer ces divers ouvrages.

Si la mort allait me surprendre avant de pouvoir les faire imprimer, j'en offre et donne les manuscrits à la bibliothèque de la bonne ville de Bayeux, ma patrie d'adoption.

Le vingt-cinq avril mil huit cent soixante.

J. BIDOT, prêtre.

www.ingramcontent.com/pod-product-compliance
Lightning Source LLC
Chambersburg PA
CBHW070535230426
43665CB00014B/1693